你不可在这童子身上动手

——劳拉比回忆录

[以]伊斯雷尔·梅厄·劳拉比 著
田在玮 莎文 译

世界知识出版社

图书在版编目（CIP）数据

你不可在这童子身上动手：劳拉比回忆录 /［以］劳拉比著；田在玮，莎文译. —北京：世界知识出版社，2009.7

书名原文：Do Not Raise Your Hand Against the Boy

ISBN 978-7-5012-3584-1

Ⅰ.你… Ⅱ.①劳…②田…③莎… Ⅲ.劳拉比—回忆录 Ⅳ.K833.825.19

中国版本图书馆CIP数据核字（2009）第102153号

图字：01-2009-0422号

责任编辑　逯宏宇　周　曦
责任出版　刘　喆
责任校对　韩玉清
装帧设计　小　月
内文排版　北京世知文化创意有限公司

书　　名　你不可在这童子身上动手——劳拉比回忆录
Nibuke Zaizhe Tongzi Shenshang Dongshou—Lao Labi Huiyilu
作　　者　［以］伊斯雷尔·梅厄·劳拉比
译　　者　田在玮　莎　文

出版发行　世界知识出版社
地址邮编　北京市东城区干面胡同51号（100010）
网　　址　www.wap1934.com
经　　销　新华书店
印　　刷　世界知识印刷厂
开本印张　980×680毫米　1/16　19¾印张　4插页
字　　数　328千字
版次印次　2009年9月第一版　2009年9月第一次印刷
标准书号　ISBN 978-7-5012-3584-1
原版书号　ISBN 965-511-754-5
定　　价　36.00元

目　录

前　言

“您感受到了什么？”“您当时在思考什么？”“您想起了谁？”这只是在我诵读完《卡迪什》和几段《诗篇》后，听众向我提出的一些问题。当时我在参加奥斯威辛—伯克瑙集中营解放60周年的纪念典礼。天气寒冷，漫天飞雪，典礼持续了整整三个小时，我对与会的几千人，其中包括以色列总统、美国副总统和欧洲主要国家的总统和首相们，不禁心生怜悯。这种抱歉的心情甚至超越了我对在场的许多大屠杀幸存者，也包括我哥哥拿弗他利的同情。我们早已习惯如此，我们可以穿着褴褛的条纹制服，光脚蹬着木屐，列队站立数小时。然而，60年后的今天，我们站在这里，我们还活着，尽管我们遭受了种种磨难。

我闭上眼睛，诵念着《诗篇》:“我虽然行过死阴的幽谷，也不怕遭害，因为你与我同在。因为你救我的命，免了死亡……我要在耶和华面前，行活人之路。”我在“愿你伟大的名被尊为圣”的祈祷中结束了吟诵。

眼睛虽然闭着，受害者的模样却清晰可见。我看见他们从我身边走下火车。我看见他们就站在原地接受“挑选”，“那些去死，那些可活。”我看见他们意识到自己被骗时，眼中流露的惊诧。我看见盖世太保和他们的乌克兰仆从们将那些人推来搡去，拳打脚踢，还有他们牵来的张着血盆大口的恶狗。我看见士兵们强行从父母亲的怀里夺走孩子。我看见无数家庭因残暴而支离破碎。直至今日，与我童年梦魇相关的三样东西：火车、皮靴和狗，仍然令我心绪纷乱。

我听见“快，快！再快点，再快点！”的喊叫。我听见犬吠。我听见孩子们“妈妈！爸爸！”的尖叫。我听见母亲们痛苦的哭泣，看见父亲们为保护怀中的孩子而被步枪托打得鲜血直流的脸。

尽管我对总统和首相们心怀应有的尊敬，尽管我对与我命运相通、逃离水火的兄弟姐妹们满怀爱意，我却一个也看不见他们。相反，我看见的是，那些在这里，在奥斯威辛—伯克瑙被残忍地切断生命的人们。我为他们祈祷，也为那些死于其他灭绝营、集中营、隔都[①]、森林和强行军的人们祈祷。

2005年1月27日举行的祈祷会是一起独立事件，而握在你手中的这本书将变成一盏永恒的明灯、一份不朽的纪念。它会告诉我们的后代，那条阴暗的隧道中发生了什么，告诉他们冲破黑暗的火花，以及随之而来的希望和信念之光。

尽管大家不断请求我撰写自传，而我亦有此意，却一再拖延。即便是现在，这也不是一本常规意义上的自传。我供职拉比的那44年，从一个特拉维夫低收入社区的拉比成长为以色列的首席拉比的每个阶段我都不会做交代。书中没有讲到我在特拉维夫的拉比法院担任首席法官以及我在耶路撒冷的高等拉比法院当院长的15年，也没有提及发生在那些墙垣内的奇闻趣事。在这里我也不会描述自己在宗教和世俗高中任教的那11年。更不会讲述我在以色列国防军预备役那25年的经历——从埃及的陶菲克港到南部，到黎巴嫩的那巴提亚，再到北方。你面前的这本书不会详记我如何支持无数的公共服务机构，其中包括苏联犹太人公共事务委员会、国家交通安全委员会以及临床试验委员会，它是以色列试管婴儿领域的开拓者。我没有讨论我在解决复杂的争端，比如提比利亚亵渎坟墓事件中所扮演的角色。这本书也没有记述我在大拉比委员会的心脏和肾脏移植部门以及在内坦尼亚的青年进步公共事务委员会任职的情形。我和慈善组织共同完成的大量工作以及其他为公共事务所做出的努力也未在本书中提及。

你会在这本书中读到什么？是我对于大屠杀的私人记忆，我如何从身心的折磨中逃脱，以及我是如何在没有父母、无家可归的情形下成长起来的。这本书也会谈到我的一些熟人，他们是非常特别的个体，既有犹太人，也有非犹太人，他们在拯救民族和个人的奇迹中发挥着重要作用。我从烈焰熊熊的熔炉中获救，在我们的故土上建立起一个民族的家园，从大屠杀转变为复兴——这就是此书所要讲的故事。

随着时间的流逝，幸存者的烈焰已然渐变成发光的余烬，自然而然地减弱直至熄灭。我正在试图煽风点火，让这些余烬复燃，不至于从此消亡。安妮·弗兰克，一个14岁的女孩，成功地震动了全世界人的心。希望我这个与她不同的故事能够触动读者的良知，激励他们重新思考，追问灵

① 犹太人隔离区。

魂，或许还能得出如此的结论：无论大屠杀带来怎样的谜题和困境，我们将在上帝面前，行活人之路。

所罗门王向圣殿献祭时宣称："耶和华曾说，他必住在幽暗之处"。有时，神灵就栖息在一个隐匿的世界里，一块神秘的幕布后面。克兹克的梅纳赫姆·门德尔拉比曾经说过："我无法崇拜一个一路走来步步清晰的神。"如果凡事都是可见可解的，那是友谊，不是神性。当约瑟发下神秘的指令，命他的哥哥们将卞雅悯带到他面前时，他说："从此就可以把你们验证出来了。"信仰是通过深不可测、无可言明得到检验的。我是一名信徒——此生不渝，直至身死。上帝用苦难考验我，却还未将我交予死亡。我不相信巧合，但我相信神意。那些还未找到答案的问题仍旧是个问号。为什么它必须发生？为什么我的哥哥米雷科——愿主为死去的他复仇，被人从我们的母亲身边夺走，而后走向死亡，而我与她分离，却活了下来？显然我将永远不会明了，但是这并不会削弱我对造物主的忠心。就像我们每天在晨祷中复诵的那样："我将我的灵魂交托在他的手中"。

"我要在他众民之前向耶和华还我的愿"。每天醒来，我都虔诚地吟诵着"我感谢您，永存的主，感谢您怜悯地归还我的灵魂"。

我对我哥哥拿弗他利心存无限的感激。为了完成父亲的遗愿，他无数次冒死保护我，确保家族拉比传统的延续。本书仅仅表现了拿弗他利为此所做努力的很小一部分。来到以色列时，我们在阿特利特遇见了大哥耶霍舒阿。他和拿弗他利，以及我的姑姑、姑父和老师一起，在对我的教育上倾注了很多心血，并尽一切可能帮我忘却自幼成孤的苦痛。

我在心中对妻子查娅—依塔存留着一份特别的感激之情。她承担起组建家庭的使命，与一个根本不知道家为何物的人结成了终身伴侣。对她而言，这份努力需要极大的勇气和耐心，而且她出色地应对了我们共同面临的所有挑战。

本书的最重要读者是我的孩子们。尽管我们在人生的旅途上共同经历了一些苦难，但我从未把这些故事原原本本地讲给他们听过。拥有这些孩子、他们的配偶以及我们的孙子们是我和妻子的福气，他们每个人都对上帝心存敬畏，承蒙上天眷顾，赐予他们宝贵的才华。他们实现了我们最最由衷的心愿，他们是我们胜利抗敌的非常成果。

我相信，阅读这本书时，他们以及他们的同龄人会了解生命神圣的崇高价值，以及以色列永恒荣光的秘密。

在此我要感谢新消息出版社的杜夫·艾肯沃尔德社长，是他鼓励我用原汁原味的希伯来语撰写这本回忆录，他废寝忘食地工作，直至辛劳得到报偿。同时，我也要衷心感谢阿娜特·梅丹的倾听和关注，感谢提尔查·阿拉兹完美的工作和敏锐的感受力。我也要深深地感激西蒙舒斯特公司，有了他们不知疲倦的努力，这本书才能呈现在英文读者面前。

我将以造物主的一段祷文结束前言，“这国不举刀攻击那国，他们也不再学习战事。”我向天祷告，祈求世界上没有一个孩子会像我和我的同伴、这些“归家的孩子”那样，在抵达目的地之前被迫穿行于苦痛的道路之上。

伊斯雷尔·梅厄·劳

特拉维夫

2005年3月（希伯来历5765年亚达月Ⅱ）

引文出处：

你不可在这童子身上动手——《创世纪》22:12

我虽然行过——《诗篇》23:4

因为你救我的命，免了死亡——《诗篇》116:8

那些去死的人——犹太新年《密西拿》1:2，在敬畏节日的礼拜仪式上诵读

我要在耶和华面前——《诗篇》116:10

耶和华曾说，他必住在幽暗之处——《列王记上》8:12

从此就可以把你们验证出来了——《创世纪》42:15

耶和华虽严严地惩治我——《诗篇》118:18

创造世界之主——《巴录书》晨祷祷词

我要在他众民面前向耶和华还我的愿——《诗篇》116:14

我感谢——早晨起床后祷告的第一句

这国不举刀攻击那国，他们也不再学习战事——《以赛亚书》2:4

归家的孩子——《杰里迈亚书》31:16

第1章 最初的记忆——蹂躏

父亲站在驱逐点——无论我走到哪里，这个画面始终伴随着我。这是铭刻于我脑海中的最初的儿时记忆。

那是1942年的秋天。当时我五岁零四个月，个头矮小，惊恐万分。为了能瞥上父亲一眼，我把脖子尽量伸长。他正站在被驱逐者的集合点，这个地点就在我们生活的小镇，波兰的彼得库夫的犹太大会堂旁边。父亲留着令人印象深刻的胡须，穿着拉比的黑色长袍，站在人群中间，周围都是犹太人。男人们站一边，妇女和孩子站在另一边。

我和母亲以及13岁的哥哥塞缪尔（我们叫他米雷科）站在一起。我16岁的哥哥拿弗他利（或图雷科），住在附近他工作的霍滕西亚玻璃厂里。去年，纳粹把他从彼得库夫的家中抓走，送到了奥斯威辛。两名纳粹党卫军军官身穿黑色制服，佩戴着中心绣有纳粹党徽的红色臂章，闯进我家的大门，冲着拿弗他利大声地嚷嚷，问拉比在什么地方。他们没有找到父亲，就把拿弗他利抓走了，并把他关进盖世太保总部的地下室里审问拷打。1941年6月30日，他们将他塞上直达奥斯威辛的卡车。拿弗他利被送去强制劳动，但他拟定了逃跑计划。在被捕后的第40天，他实施了逃跑计划，并成功地逃离了那座地狱，回到了家中。

与此同时，噩梦也开始侵袭身在彼得库夫的我们。

那天站在会堂前的集会广场上，我们的精神高度紧张。危险的寂静萦绕四周。彼得库夫的盖世太保头子走近我父亲，眼里冒着杀气。他停下脚步，抽出军棍，那是一根长约三英尺的橡胶棍。他开始用尽全力抽打父亲的后背。第一棒从后面打到父亲的时候，由于太突然且力量过大，父亲禁不住向前踉跄了几步。他的身体弯了下去，好像马上就要摔倒了。然而顷刻间父亲便挺直了身子，向后退回到原来的位置上。他笔直地站在那里，强忍着身体的疼痛和强烈的屈辱感。我看见父亲鼓足浑身的力气保持身体的平衡，以免倒在那名德国军官的脚下。父亲知道，如果他倒下了，那么我们小镇的犹太精神也就垮掉了，而这正是他拼命想要阻止的。

那里的每个人都知道德国人为什么要打他。当纳粹命令犹太人剃掉他们的胡须时，彼得库夫的许多犹太人都来问父亲是否要服从这个命令。父亲的回答是坚定的：如果为了让自己免于处罚，那么就照他们说的做。然而，父亲对自己要求得更严格，他保留了胡须和侧边发辫，这不仅仅是为了捍卫古老的传统，也是为了维护小镇拉比的尊严。他的抗令不遵招致了这顿毒打。

但这次殴打还有别的原因。纳粹的盖世太保头子单单挑父亲打，是因为父亲是小镇的首席拉比，也因为父亲讲一口流利的德语。对于德国人来说，父亲就是犹太人的代表。盖世太保和彼得库夫的犹太人联系需要通过父亲，反之亦然。在犹太人社区，他是一个备受尊敬的人物。对于德国人来说，殴打他、尤其是羞辱他，比殴打其他犹太人意义更大；这对影响民心有着强烈的象征意义。

也许还有一个原因，或者至少是一个巧合。许多年后，我从亚伯拉罕·格林伯格博士那儿听到了这个故事，当时他是彼得库夫犹太医院的院长，后来从地狱获救后，成为特拉维夫著名的妇科大夫。那时，他和小镇的犹太长老会的长老们一起站在会堂前的广场上，他们的身边就是我父亲。他听到父亲对旁边的犹太人说："我不知道我们为什么要交叉着双臂站在这里。即使我们没有武器，也可以用指甲攻击他们。我认为这样站成一圈并不能拯救我们其中的任何一个。跟他们对抗，我们不会失去任何东西。"父亲的话音刚落，盖世太保头子的军棍就落到了他的背上。

这一形象深深地印刻在我的脑海里，因为我亲眼目睹了这种可怕的屈辱。身为小孩，我还无法真正理解胡须的事情以及下令剃掉胡须的意义何在，但是我明白他们正在殴打我的父亲。一个孩子是无法忍受眼见他的父亲受辱的，因为对他而言，他的父亲就是英雄的化身。我知道父亲是小镇的首席拉比，所有人都尊敬他爱戴他。我无法看着他被打被羞辱，因为他是我的父亲，同时也是小镇的拉比。今天当我回顾战争那六年时，我认识到，大屠杀中所要忍受的最糟糕的事情不是饥饿、寒冷或是殴打，而是羞辱。不公正的羞辱所带来的无助感几乎令人无法忍受。伴随无助而来的，是耻辱。在整个战争期间，"lachago"（为什么）这个波兰单词一直在我的脑海里进进出出。我们究竟对你们做了什么，让你们如此践踏我们的灵魂？我们究竟犯下了何等滔天的罪行，让我们遭受如此的惩罚？我找不到任何答案。我们知道的只有一点：我们是犹太人，而他们是纳粹党人，他们认为我们是世界上一切罪恶之源。

当一个孩子看到父亲被盖世太保头子用军棍击打、用钉靴踢踹、被恶狗恐吓，被打得踉踉跄跄，受到如此公开的羞辱时，这种可怕的画面将会一直伴随着他，直至度完余生。然而另一方面，我也同时记住了另一个瞬间——我父亲用惊人的意志支撑着自己不要跌倒，他拒绝求饶，并在盖世太保头子面前再次挺直了腰板。对我而言，父亲那充满内在精神力量的形象完全消除了伴随羞辱而来的无助。

在那次“挑选”结束的时候，卫兵们把妇女和孩子同男人们分开。他们命令母亲、塞缪尔和我走进大会堂，在那里我们目睹了非人的场景。尽管当时年幼，有一件事我还是清楚地记得。一个身体结实、满脸皱纹的80岁老奶奶坐在妇女专区。她双手紧抓着木栏杆，手上戴着一枚特别耀眼的戒指。有一个荷枪的乌克兰士兵偶然瞥了一眼妇女专区，眼角的余光很快扫到了老夫人手上的戒指。他用俄语对她喊道：“把它给我！把它给我！”在老奶奶还没有反应过来时，他已经跑上了楼，如饿虎扑食般，双手抓住她的肩膀，将她掩倒在地。他用靴子使劲地踩着老奶奶，并把戒指从她的手指上扯了下来。

这就是会堂里的气氛。我们的生命一文不值——一枚戒指都比我们值钱得多。与此同时，夜幕降临，我们的周遭一片黑暗。数百名妇女和儿童被塞进会堂的小厅里。纯粹的恐怖以及对死亡的恐惧将我们钳制。那天深夜，会堂的大门打开了。两名盖世太保提着一盏灯走了进来，他们面对面地站在门口，中间留了一条窄窄的通道。其中一个人用雷鸣般的声音宣布着：“我现在宣读一份名单。念到名字的人立即起身，马上回家。”他开始念被释放者的名字。第一个名字是“查娅·劳”，那是我母亲的名字。她没有站起来，她在等他念出两个儿子——塞缪尔和伊斯雷尔的名字，那样我们就可以一起离开了。德国人把名单念完了，但我和哥哥的名字并不在其中。每个人都意识到没有被点到名的人将继续留在会堂里，他们的命运已经注定。

秩序和纪律是德国人的第二天性，其中一人喊道：“有一个被点到名的人没有出去！”接着他们认真清点了所有离开的人，并对照名单逐一核对。确实有个人没有离开，那就是我的母亲，她伟大的母性苏醒了。她仔细观察着门口那两个士兵之间窄窄的通道，迅速并精确地计划着我们的行动。她一只手抓着我，另一只抓住塞缪尔。“到这儿来！”她命令道。我们跳到她的身边。无须多言，我们都知道要保持完全的沉默，更重要的是要尽量贴近母亲。我们三个人必须融为一体。母亲打算在夜色的掩护下将我们俩同时偷带出去，就像我们是她身体的一部分。为了阻止德国人关闭出口，她朝门口喊道：“我来了！我来了！”我们仨如一个人般侧着身走出大门。也许是他们之间的距离太近了，三个人一起不可能通过德国人留下的狭窄通道；这个通道本来就是为了一次只过一个人设计的。我是第一个出来的，母亲紧跟在我身后，接着是塞缪尔。但是，其中有一个德国人注意到了比往常更多的动静。他面向我们，同时举起双臂，手掌朝下，向我们用力挥去，一只手向左，一只手向右。塞缪尔在左边，摔倒在地，不得不回到会堂里面。母亲和我在右边，一下子被推倒在会堂前的水坑里。我们出来了，但塞缪尔还在里面。我们两个人得救了，塞缪尔和我们分开了，从那以后我们再也没有见过他。后来我们才知道就在那天他被送到了特雷布林卡。

母亲知道，她无能为力了，她无法带回自己的儿子了。我们两个心情沉重，默不做声，快速朝着会堂附近的毕苏斯基大街21号的家中走去。共有七个房间的平房里空无一人。拿弗他利在隔都的玻璃厂工作，塞缪尔和那些被判处死刑的人留在会堂里，而父亲在盖世太保手中。只有我和母亲在家，孤独的两个人。母亲设法让我入睡，我却合不上眼睛。白天的情形一直在我的脑海中翻腾，令我心神不安。

几个小时后，我再次目睹了一幕惨剧。我听见窗外的大街上传来一声刺耳的尖叫声。我站在床上，向外看去，只见一名年轻的妇女躺在血泊之中，怀中紧紧抱着一个婴儿。一个盖世太保站在她身边，厚重的靴子把她的身体踢过来踢过去，搜寻着脖子或手指上可能留下的任何首饰。我惊恐地看着，身子动也不敢动。突然，我感到母亲的手放在我的肩头。她也无法入睡，也听到了窗外的尖叫声。母亲努力保护着儿子的单纯。她给了我一个深情的拥抱，轻轻地把我从窗边拉开，让我躺在床上。

我仍然无法入睡，翻来覆去，徒劳地不去想这恐怖的一天，不去想塞缪尔，不去想那名妇女和她的孩子。后来门开了，有人走了进来。我一下子蹦了起来。一开始我们没有认出父亲，那个剃了胡须回到家中的父亲。这是我第一次看到没有胡须的父亲，看上去是那么的奇怪。父亲把我和母亲离开会堂后发生的事情告诉了母亲。泪水从他的金边眼镜后面的蓝眼睛里流出。父亲尽管敏感，却一直如岩石般坚强而且非常克制，现在他却在哭泣。他告诉我们，当他得知塞缪尔与我和母亲分开，独自一人留在会堂里时，他就感觉塞缪尔注定会死。由于盖世太保认识父亲，父亲就到纳粹头子的办公室，求他放了塞缪尔。他提议用父亲的怀表交换塞缪尔，那只怀表是镶着金链子的贵重的沙夫豪森金表。父亲立刻掏出怀表，递给了他。那个德国人心满意足地接过怀表，却没有兑现释放塞缪尔的诺言。他只是笑着，转过身去。“我们再也见不到塞缪尔了。”父亲含着眼泪说道，那时，我明白可怕的事情降临在我们身上，而我们却无能为力。

父亲告诉母亲有关大搜捕的传闻，说纳粹将在小镇展开搜捕犹太人的行动，他们要对剩下的犹太人做彻底的搜查。他又补充说，这些犹太人将被送到特雷布林卡去。

父亲低声告诉母亲，杰诺利姆斯卡大街有一套房子，在那里躲起来比待在家里更安全。但他告诉母亲，他自己不打算藏起来。他很清楚，这将是一次严密的搜查行动，而德国人都认识他，在找到他之前是不会放过其他任何一个犹太人的。“如果我藏起来了，他们会把整个隔都翻个底朝天。他们会把镇子里的每块石头翻过来，直到找到我为止。如果我公开地站在他们面前，也许他们的搜查会表面化一些。也许这样会给其他人一个继续躲藏的机会。”父亲向母亲这样解释着，这些话一直深深地印在我的脑子里。父亲向我们告了别，又回到了会堂，他一直站在那儿，怀中抱着《托拉》，直到德国人到来，把他赶了出去。然后他向火车走去，头昂得高高的。火车带着他和28000名彼得库夫的犹太人，开向特雷布林卡。

父亲到特雷布林卡的那天，发生了一件怪事，我认为这是神的旨意。当天还有一辆火车抵达特雷布林卡，车厢里装满了来自斯洛伐克普雷肖夫的犹太人。八年前，父亲结束了在普雷肖夫的拉比任期，而小镇尚需选出接替父亲的拉比。普雷肖夫和彼得库夫是完全不同的两个世界：普雷肖夫的居民讲德语和匈牙利语，而彼得库夫的居民说希伯来语和波兰语。它们只有一个共同点，那就是普雷肖夫最后的拉比正是彼得库夫最后的拉比——我父亲，摩西·哈依姆·劳拉比。普雷肖夫的犹太人、彼得库夫的犹太人以及他们的首席拉比齐聚在特雷布林卡的火车站台上、相会在通往毒气室的路上。

父亲向他们发表了演说，重述了阿齐瓦拉比最后的演讲。阿齐瓦拉比是“以色列10大殉教者”之一。当罗马人用铁梳子耙过他的身体时，他的信徒们问他是怎样忍受住这种折磨的。阿齐瓦拉比引用《施玛篇》回答他们，并宣告自己的信仰，“以色列啊，你要听。耶和华神是我们独一的主。”“我一生都在思量《施玛篇》祈祷文最后的那句‘你要尽性……爱着你的主’”，阿齐瓦拉比沉思自语。“我已经理解了它的含义，‘爱你的主，即使他要取走你的灵魂’。我问自己，我什么时候才有机会履行这一戒律？既然现在有这个机会了，我又怎能不去完成它呢？”接着，阿齐瓦拉比背诵了《施玛篇》，并把最后一个“主”字的音拖得很长，直到他的灵魂升天。

“犹太人们！”父亲大声喊着，以便在场的所有人都听到他的结束语。“在总共613条戒命当中，我们还剩下一条要去完成：‘我在以色列人中，要被尊为圣’。以主之名，放弃我们的生命，因为主之名已包含在以色列人民的名字之中。来吧，我的兄弟们，让我们欣然地完成这条诫命。这个世界是无价值的、虚空的，是一场充满仇恨的滚沸的血雨。对我们而言，剩下的诫命就是尊崇主的名字。来吧，兄弟们，让我们欣然地完成它。我向你们复述普希斯查的西姆查·邦尼姆拉比的话：‘因为你将快乐地离去——快乐的力量将使我们舍弃世上一切的烦恼、苦难和忧虑。’”接着，父亲提高了声音，开始背诵忏悔祷文，“为我们在您面前所犯的罪忏悔”。人们重复父亲说的话。祈祷渐渐从低语变成了呼喊：“以色列啊，你要听。耶和华我们神是独一的主。神统治着我们，神已经统治着我们，神将永远统治着我们。”①

自从那次在彼得库夫的家中见过父亲后，我就再也没有见过他，那天他告诉我们我哥哥塞缪尔的命运以及即将发生的搜捕行动。我的记忆中罕有父亲的形象。第一次是非常早的往事，与战争无关，那是更久远的纯真年代，战争阴云尚未笼罩这个世界。我还是一个坐在父亲膝头的小男孩，玩着父亲卷曲的发辫。下一段记忆则完全不同：人们聚在我家里，父亲正

① 第一次听说父亲那次感人的演讲时，我还在彼得库夫的隔都里，是我们镇上一个叫大卫（杜德克）·雷乌科维奇的青年告诉我的，他从特雷布林卡逃了出来。纳粹第四次和最后一次搜捕的时候，他一直在特雷布林卡，父亲就是在那时被抓去的，他听到了那次演讲。战时，部分意第绪语讲稿刊登在美国的报纸上。1952年，彼得库夫犹太人大屠杀十周年纪念时，我的老师约瑟夫·耶胡达·瑞纳拉比（他曾是我父亲的学生，在耶路撒冷考尔托拉经学院教过书）将那篇演讲的全文发表在《舍阿里姆》杂志上，标题是根据大卫为约拿单所作的哀歌（撒下1:23）定的：“普雷肖夫和彼得库夫，活时相悦相爱，死时也不分离。”

在谈论时局，脸上写满了忧虑。那种不安的感觉始终伴随着我。

在这一生当中，无论我在做什么，父亲都陪伴着我。我端详挂在家里的他的照片，常常会想起他。无论喜或悲，或者面临两难抉择时，我都会想念他。据那些认识我父亲的人说，我父亲，摩西·哈依姆·劳拉比，是一个天才演说家。每次发表演讲前，我都会问自己，换作父亲，他会怎样表达。之于我，他无处不在。

但是，当我和母亲躲在家附近父亲为我们安排的藏身之所，杰诺利姆斯卡大街12号的房子里时，父亲并没有和我们在一起。这座大房子里曾经住满了犹太人，后来不知什么原因（对我而言）弃之而去。顶层的一个房间里，地上堆满了木板；如果进入阁楼就必须通过这个房间。我和母亲，还有另外10个犹太人挤在这个阁楼里。他们时常向我投来可怕的目光，仿佛是在威胁我别出声。他们也用同样的眼神看着母亲，好像是在责怪她不该带我来这个藏身之所，那样可能会把他们置于险境。至少我这么认为。当时我只有五岁半，他们怀疑我会大声地哭闹或者高喊“妈妈，妈妈”，那样会把他们推向死亡。他们忙着想办法让这个小孩保持沉默，但这个小孩连嘴都没张过。在离家之前，母亲准确地预见了我们的处境，她给我烤了我最喜欢吃的蜂蜜饼干。她知道吃饼干可以分散我的注意力，而且更重要的是，饼干可以塞满我的嘴巴，让我无法出声。

很久以后，我把这个故事讲给我的岳父——伊扎克·耶迪亚·弗兰克尔拉比听。他让我注意到我的藏身之所与婴儿摩西的类似。“她取了一个蒲草箱，抹上石漆和石油，将孩子放在里头……法老的女儿来到河边洗澡……她看见箱子在芦荻中……她打开箱子，看见那孩子。孩子哭了。一个年轻人在哭泣。”即便摩西只是一个三个月大的婴儿，他却像青年男子一样，无声地哭泣。

1942年10月，我们藏在那个阁楼里面。战争在三年前就爆发了；我们一直经历着战争，熟悉它的恐怖。我能听出从远处传来的盖世太保的摩托车的隆隆声。我很清楚军棍打的是什么，也知道一直挨饿的纳粹的恶狗为何有如此旺盛的食欲。就像有着敏锐的求生本能的动物，我知道我必须保持沉默，直到外面的骚乱平息下来，在我们的藏身之处，我无意表现得像个幼童。

即使是在今天，那些恐怖的日子已经过去了很多年，当我闭上眼睛，回想起来的时候，我仍能精确地记得母亲烘烤的蜂蜜饼干的甜美味道。这份回忆是困境中的安慰，是将苦涩日子变甜的那滴蜂蜜，是渴盼的焦点。但是，同时，我也清楚地记得，我嘴里塞满了饼干，用洞察世事的眼神看着母亲，似乎在说："妈妈，没有必要用饼干来让我安静。我知道我不能说一句话，因此我打算保持沉默。我们已经面对了各种各样的'挑选'，尽管我只是个小孩，可我很清楚正在发生什么。"

一天，我们听到房子里传来沉重刺耳的脚步声，令人一动也不敢动。我们知道德国人正在进行搜查。他们找遍了那幢房子的所有房间，最后来到我们藏身的地方。接着，奇迹发生了，真是令人搞不懂。每个进入房间的人都能立即发现阁楼的入口，但幸运的是，德国士兵只注意到了堆在地上的那摞木板。他们确信一定有人藏在木板下面。他们好像魔鬼附身一般，左右翻动着那些木板，用刺刀和步枪的枪托使劲刺着，希望能刺穿藏在木板中间的人。不可思议的是，他们竟然没有想过抬头看看阁楼入口。他们检查完那堆木板后，离开了房子，我也可以慢慢地松一口气了。

那天晚上，搜捕行动结束了，火车开走了。第二天，我们离开了那个藏身之所。

此后过去了很多年。20世纪80年代末，我在特拉维夫担任首席拉比，有一天，一位来自伦敦的犹太人突然造访了我的办公室。"是一个白胡子老头。"我的秘书这样描述他，"他的希伯来语说得不太地道。"我无法拒绝秘书的请求，尽管我的日程排得满满的，还是接待了这位来访者。他走进我的办公室，手上拿着一个用塑料袋包着的包裹。里面是一本书，书名是《夜晚将至》。"我是莫特尔·莫迪凯·卡明斯基。"他用意第绪语自我介绍道。我根本猜不出这个人是谁。"我是来请求您的宽恕的。我曾经和您以及您的母亲一起藏在彼得库夫。"他继续说道，"我曾经从您那儿偷了一个苹果。您很可能对此一无所知，但这件事一直压在我心上。"说完，他将自己写的回忆录的影印本递给我，书中记录了他在彼得库夫的阁楼里偷苹果的故事。

书中描述了没有家人的他如何一直躲藏在那间阁楼里。他比我大几岁。我母亲从家里带了一袋苹果过去。有一次，莫特尔·莫迪凯·卡明斯基看见我把视线移到别处，于是他忍不住了，从我的包里拿了一个苹果，然后转过身开始咬了起来。就在那时，外面传来了德国搜查者的脚步声，于是他放下苹果，嘴里还叼着一块。那块苹果实在太大了，无法整个下咽，但他又不敢嚼，生怕弄出动静来，暴露了所有的人。他太尴尬了，不敢还回那个苹果。德国人在房子里搜查了一个小时，这期间那个苹果一直塞着他的嘴，就像悔恨一直充塞着他的良心，他不应该从拉比的儿子那儿偷苹果。他一直怀着这种愧疚生活了45年。我向他保证我对他没有任何怨恨。他在特拉维夫首席拉比的办公室里接受了我的宽恕，最后放心地回到伦敦，继续过他的生活。

木板事件发生后，我们度过了一个平安无事的夜晚。第二天早晨，我和母亲以及其他犹太人一起走下阁楼，回到家中。

那天晚上，阴暗处现出一个背着包的模糊身影，接着那个人出现在门前。当那个人影热情地拥抱母亲时，我才知道是我的哥哥拿弗他利。拿弗他利是从劳动集中营来的。我记得那是一次安静且含泪的会面，他和母亲嘀咕了一整夜。尽管母亲坚持说我们需要他工作来维持生活，但拿弗他利拒绝回到劳动集中营去。拿弗他利的心被左右撕扯着，一方面，看到母亲正在遭受失去丈夫和儿子的痛苦，想留在她身边；另一方面，他感到家庭的命运落在自己的肩上，他的工人身份给予了我们生存的权利。

他回忆起与父亲的最后一次谈话，当时父亲列出了父母双方37代的拉比。父亲这样做，是为了表明无论是谁从这次灾难中获救，都有责任延续家族的传统。父亲朗读了《杰里迈亚书》中的句子："耶和华说，你以后必有指望。你的儿女必回到自己的境界。"他强调，如果我们能安全地从这个地狱中逃脱，我们将知道如何找到自己的家园，此家不是现在这个家，也不是任何一个敌人土地上的家。"你的家应该在以色列地，纵然要历经磨难才能拥有它。"父亲说完，和拿弗他利相拥而泣。在紧紧拥抱彼此后，拿弗他利返回隔都继续工作。父亲的话在他耳边回响着：父亲一直相信，劳家的小儿子，将安全地逃离这个地狱，并传承纳粹企图毁灭的传统。

拿弗他利就像从天堂来到了我们身边。"一代过去，一代又来。"父亲走了，当时16岁半的哥哥来了，承担起家庭的重任。

不过，拿弗他利回家所带来的喜悦并没有持续很久。两天后，德国人把我们带到彼得库夫的隔都，这是在波兰的土地上建起的第一个隔都。我和母亲、拿弗他利在一起，但父亲和塞缪尔的离去让我们觉得一种痛苦的空虚感渗透进我们的生活里。有时，我们会谈起它，但大多时候我们压抑着它。我们每个人都在默默地忍受着这份痛苦。

在隔都，我不得不通过工作来证明自己有权利活着。他们将我和哥哥一起安排在霍滕西亚的玻璃厂里。工人们在24小时运转的高温熔炉旁轮班吹玻璃。我负责一辆装有铁轮的木制手推车，车上装着60个瓶子，我从工厂外的一个水龙头上接水，把这些瓶子灌满。等灌满水后，再把车子推回火炉一般的工厂里。我在吹玻璃工人和熔炉中间穿行，每个工人拿一瓶水，以免因为酷热和大量出汗造成脱水。绕完一圈，我再推着车回来把空瓶子收起来。然后回到外面，重新把瓶子灌满，如此循环往复。我要这样连续工作八个小时。在霍滕西亚工作时，因为经常从屋外的风雪和严寒中走到屋内的火炉旁，我患上了风湿病。一天当中我要来回走上几十次。我当时只有六岁，这份工作我辛辛苦苦地干了一年半。但是我还要感谢玻璃厂的这份工作，正是因为有了它，我才能活着，并且像其他工人那样每天领到定量的面包。

除了在霍滕西亚当水童外，我还主动帮助母亲，母亲在隔都开了一个汤铺。她向病人、老人和残疾人，向所有不能工作，因此也无法获得定量食物的人提供食物。母亲给她的汤铺取了一个名字，叫"Beit Lechem"，意思是"发放面包的房子"。这个名字也是伯利恒的意思，让人联想起以色列地和《圣经》中拉结的埋葬地。《圣经》中，耶和华曾向她允诺让她的孩子回到自己的家。每到周四的晚上，我会在玻璃厂的工作结束后来到母亲的厨房。在那儿我主要是帮母亲削土豆皮，有时也削一些胡萝卜，这样在第二天，也就是星期五日落之前，安息日开始时，所有必需的烹饪活儿就能做完了。而拿弗他利会一直在煤厂里工作到那个时候。

这种生活一直持续到1944年11月，也就是父亲和塞缪尔离开我们两年后。这两年来，我们一直生活在隔都，与世隔绝，不知道外面发生的事情。我们不知道战事是缓和了还是升级了，不知道德国人的处境如何，也不知道世界上的其他国家是否知晓我们的境况。我们唯一能确定的是，在彼得库夫的隔都里，犹太人的人数正在稳步减少。犹太人死于殴打、疾病、体弱和各种灾祸。小镇的两名盖世太保头子，先是赫尔福德，接着是乌伊拉德，都对他们殴打犹太人的情况做了记录。他们中的一个——我想是乌伊拉德，每次出门都要带着他那条恶狗。他向那只狗发出令人毛骨悚然的命令："小子，去把那条狗撕碎。"对他而言，犹太人是狗，而狗却是人。

1944年11月，俄国军队的飞机开始在我们地区的上空盘旋。德国人一意识到俄国军队在靠近，马上就把阻止解救犹太人当做头等大事。隔都将遭清洗的传言开始到处弥漫。母亲没有立即驳斥这种传言，相反，她开始为最糟的结局做准备。她把我们赖以生存的财物装进背包。很快，传言被证实了；德国人让隔都里的犹太人在几分钟内赶到集合点。每个人都从工作地点来到火车站的站台，在站台上他们要进行一次“挑选”。我清楚地记得德国人高喊着“快点，快点”，以及他们是如何把我们塞上站台的。根据指令，妇女和儿童聚集在一个站台，男人则站在另一边。那时我七岁半，但看上去却像是一个五岁的小孩。很自然地，我跟着妈妈走，和她待在一起。拿弗他利已经快18岁了，于是他走到了男人那边。

在火车站的站台上被分开，对我们来说，不是好兆头。多年以后，我偶尔会问自己，在大屠杀的那段日子什么才是最强烈、最容易唤起的回忆。我发现自己挑出了三样东西：狗、靴子和火车。这三样东西都出现在彼得库夫的站台上。狗们狂乱地奔跑着，德国士兵的靴子到处咔咔作响，火车上挤着越来越多的犹太人。空中“快，快”的喊声不断地传来，人们提着行李，恐慌得四处奔跑。我们早就知道，待在隔都只是暂时的，总有一天他们会把我们赶到一个未知的地方去。我们每个人都准备好了自己的“驱逐包”，并一直等待着那个痛苦时刻的降临。母亲给我配了一个大大的绒毛枕头，还在枕头上缝了两根带子。因为我个子小，这个枕头可以像毯子一样几乎盖住我整个身子，这样我就不会被冻死。“路雷科，无论你走到哪儿，它都是你的背包。”我母亲说着，将一些食物和衣服藏在里面。有很长一段时间，我都很宝贝那个枕头，尽全力抓着它，直到别无选择。我哥哥拿弗他利有一个小小的背包。包里装着母亲送给他的经文护符匣[①]，还有他设法藏起来的父亲留下的书稿。

母亲和我站在站台上，站台上挤满了惊慌的犹太人和喊叫的德国人。在我们面前的是一节运货车厢。车厢顶部有一个极小的开口，上面铺着带刺的铁丝，滑动门在里面闩着。德国人把这些门打开，把犹太人塞到里面。依照惯有的有条不紊的方式，他们把男人引入某些车厢，把女人和孩子带到其他车厢。军棍、哨子和狗协助他们完成这项工作。在短短的几秒钟内，我母亲意识到这次分离意味着什么。她立即做出了决定；因为下一秒钟我就会随着她进入车厢了。由于我肩上的枕头把我们隔开了，母亲双手抓住我的后背，将我推向了男人那边。我不明白发生了什么事，只听见她在喊：“图雷科，带上路雷科。再见，图雷科。再见，路雷科。”从此我

① 犹太教宗教用品。犹太教徒晨祷时系在额上和左臂上的经匣。两个一副，为黑色小型皮匣，匣作方形，内藏羊皮纸条。该教规定13岁以上男子每日晨祷时须佩戴。

再也没有见过我的母亲。

母性的本能在那几秒钟内发挥到了极致，她知道妇女和孩子活下来的机会更小。我想也许是基于战争的经历，让她迅速做出了这个推断。那是1944年，战争已经持续了五年。她一定已经明白，随着俄国人的不断推进，德国人需要人手来维持战争机器，于是他们会一直压榨我们，直到我们生命的最后一刻。她一定是觉得我跟着拿弗他利比跟着她好，于是把我推向了拿弗他利。我们没时间交谈或商量，连说再见的时间都没有。当母亲把我推向拿弗他利时，他双手抓住了我，朝着母亲的方向，大声地喊道："我该怎么做啊？"她只是朝我们挥了挥手，就和其他妇女一起被德国人推进了车厢里。

那一刻给我造成了极大的伤害。德国人把我和拿弗他利推进了男人的车厢，几秒钟后，我们身后的车门就锁上了。我清楚地记得拿弗他利用拳头使劲凿着关闭的门，用波兰语喊着："错啦！这里关着一个小孩！你们必须把他送回到他母亲那儿！"但是没有人听他讲话。没有人听到他的请求。我害怕地尖叫起来，将所有的愤怒发泄在拿弗他利——我哥哥的身上。我用我的小拳头不停地捶打着他的胸膛。拿弗他利试图抱住我，让我平静下来，但我拒绝他的安慰。我一直打他，尖叫着："你都对我做了什么？为什么你要带着我？我想和妈妈在一起！"几个男人和拿弗他利一起试图安抚我。

不知道怎么地，我在拥挤的车厢里躺了下来，痛苦地哭泣着。我感到刺骨的寒冷穿透了我的身体，那是1944年11月的寒冷。周围的人给了我一杯热腾腾的黑咖啡，我却把它吐了出来，继续哭喊着要妈妈，直到我躺在地上睡着了。今天回想起来，这是六年的战争中我所经历的最困难的时刻。之前或以后我都未像那天与母亲分开那样哭过。与母亲分开是多么难以想象啊；它伤害你整个人，让你痛苦一生。我花了很久才明白过来，当母亲把我推向拿弗他利时，她拯救了我的生命。

母亲走她的路，我们走我们的路。我们原以为她被带到卑尔根—贝尔森集中营去了。战争结束后，我们才知道那天母亲被送到了拉文斯布吕克集中营，她是在那里遇害的。我和拿弗他利则在波兰小镇琴斯托霍瓦的一个劳动集中营下了火车。

引文出处：

要被尊为圣——《利未记》22:32

她取了一个蒲草箱——《出埃及记》2:3~6

你以后必有指望。——《杰里迈亚书》31:16

一代过去，一代又来——《传道书》1:4

你的儿女必回到自己的境界——《杰里迈亚书》31:16

第2章 家族事务

1994年，在波兰向以色列公民开放边界后不久，我和拿弗他利开始了一次“寻根”之旅，同行的还有其他九名家庭成员和一些朋友。拿弗他利充当我们的向导。

我出生在波兰中部的彼得库夫，父亲是那个城市的首席拉比。我是摩西·哈依姆·劳拉比和他的妻子查娅的第三个儿子，也是连续存在千年以上的两个拉比家族的第38代中的一员。战争期间，我的年纪太小无法体会这份遗产，但拿弗他利的年龄已经足够让他认识到它的分量。因此，拿弗他利牢记了父亲的临别之言，父亲嘱咐他好好地保护我，让我能够继续家族的传统。这也是他奋力让我们活下来的动力之一。

我父亲的第一个职位是在斯查兹–首查瓦（罗马尼亚）的一个社区做拉比。随后他去了普雷肖夫（斯洛伐克），最后来到了彼得库夫（波兰）。他的外祖父是什穆埃尔·伊扎克·肖尔拉比，当时伟大的释疑解答作者。（在他去世后，他的妻子吉泰尔，即我父亲的外祖母嫁给了尊敬的犹太教权威舍洛姆·莫迪凯·哈柯亨·施瓦德隆拉比。据说，她的墓碑上刻着这样一句话：“两盏明灯的妻子。”）

肖尔拉比的儿子亚伯拉罕·兹维，也就是我父亲的舅舅，曾是耶路撒冷哈西德宗教法院的院长。肖尔拉比唯一的女儿马格拉嫁给了雅阿可夫·桑松·沙皮拉拉比，他们的儿子梅厄·沙皮拉拉比人所共知的身份是卢布林的拉比以及霍霍梅卢布林犹太经学院（叶希瓦[1]）的创立者。他最有名的成就是一次彻底的革新——“每天一页”的研习《塔木德[2]》的方法。《塔木德》总共有2700多页，被分割成许多短篇，其中一部分相对于其他部分而言会被经常拿出来加以研究。梅厄·沙皮拉拉比建议，每个星期全

① 犹太教学习《塔木德》及拉比文献的学校。

② 《塔木德》：犹太教口传律法集。为该教仅次于《圣经》的主要经典。

世界的犹太社团都要诵读同一内容的《托拉》[1]，这样一年之内就能读完全部的《托拉》。同样，全球每个社团的学者和信徒每天都要研究同一页《塔木德》的内容，那么用七年半的时间就能读完整部《塔木德》。在每天的下午和晚礼拜之间，云游的犹太人可以走进世界上任意一间会堂，他会发现这里的信徒和家乡的信徒一样都在研究同一页经文。沙皮拉拉比的这个建议是1923年在维也纳召开的以色列正教第二次会议上提出来的。他宣布这个研究周期从即将到来的犹太新年开始，但没有人知道他的建议是否会被取消。

犹太新年的前一日，数千名犹太人聚集在波兰哥拉卡华里亚的古尔拉比的庭院中，接受拉比的新年赐福。几个小时后，拉比让来访者停止走动，请他们等待片刻，然后坐下来学习《塔木德》第一章的第一页。几千名等候节日祝福的犹太人加入读书会，整个小镇也是如此。节后的第二天，在哥拉卡华里亚，没有比一卷《塔木德》更有价值的商品了，而这充分证明了这个建议已经深入人心。

身为以色列正教领袖，梅厄·沙皮拉拉比也是当选波兰下议院议员的为数不多的犹太人之一。梅厄拉比离开彼得库夫后，父亲接替他的朋友兼表哥成为彼得库夫的拉比。他们俩都在很年轻的时候就成为世界托拉贤人委员会的委员。

什穆埃尔·伊扎克·肖尔拉比的二女儿利亚·亨达与利沃夫犹太社团的领袖兹维·耶胡达·劳成婚，并养育了一家子受人尊敬的学者。他们的大儿子伊斯雷尔·约瑟夫·劳拉比是加里西亚省科龙密亚的拉比。战争爆发后，盖世太保命令伊斯雷尔·约瑟夫·劳拉比去执行一道他们凭空想象出来的极其骇人听闻的命令：去毁掉当地犹太公墓里的墓碑，因为纳粹要用这些大理石铺路。

拉比清楚形势的严峻。他召集社团成员在小镇的主会堂里集合，进行斋戒和祈祷。然后，他把会众带到公墓。他手里握着镐，站在前任拉比希勒尔·李金斯坦的墓碑旁，向人群说道："如果我向这位伟大的拉比和安息在这里的你们所有的祖先和家庭成员询问我是否应该执行这道命令，我对他们的回答坚信不疑。如果这意味着我们每个人能多活一天——他们肯定同意我们这么做。宇宙之主，最高的见证人，知道我们这样做是迫不得

---

① 《托拉》：犹太教律法的泛称。狭义是指《希伯来圣经》的第一部分"律法书"，又称"摩西五经"。

已。”接着，他一边背诵《祈愿祷》，一边挥着镐，掘了拉比的墓。其他社团领导人也依样而做，随后，社团成员们也掘出了各自家人的墓碑。

我父亲是兹维·耶胡达·劳拉比和利亚·亨达的第二个儿子，他们的第三个儿子是雅阿可夫·拉比，也是利沃夫的领导人，他在贝尔泽克集中营遇害。他们的大姐，即我的姑姑查娅也死在那里。父亲的另一个姐姐是米里亚姆·埃塞尔，我们都叫她好心姑姑。她和我姑父布鲁诺·舍恩泰以及两个年幼的孩子阿维娃和乌里一起成功地从捷克斯洛伐克的伯尔尼逃了出来。他们逃到了古巴，那是世界上少数几个向犹太人敞开大门的地方之一。后来，舍恩泰一家搬到了美国，然后去了以色列。因为接到姑姑不同寻常的请求，我才了解她是多么渴望成为家族链条上的一环。即使姑父被葬在佩塔克提瓦公墓，姑姑还是请求我把他葬在俯瞰加利利海的太巴列老公墓的瑞金拉比家族墓群当中。她通过这种方式，保持了她与身为科塔克夫哈西德派信徒的父母之间的联系。

他们的女儿阿维娃能流利地讲10种语言，后来成为以色列巴—伊兰大学法国文学系的系主任。他们的儿子乌里·耶胡达·约瑟夫拉比是巴黎郊区的贝特瑞乌卡慧智知派教师神学院的院长。我的伯父、科龙密亚的约瑟夫拉比的家中只有他的儿子什穆埃尔·伊扎克（是用伯父的外公什穆埃尔·伊扎克·肖尔拉比的名字命名的）幸存了下来。什穆埃尔·伊扎克在20世纪30年代作为先行者来到了以色列，他的独子雅阿可夫·劳现在生活在拉马特甘。

父亲的妹妹贝拉嫁给了卡托维茨的拉比莫迪凯·沃格尔曼。战争开始时，他们和年幼的女儿逃离波兰，移居到以色列，我姑父在海法海滨郊区的基雅特莫茨金做了45年拉比。战争结束后，他们邀请我去他们家，做了我的养父母。

正如我先前提到的那样，我的曾外祖父什穆埃尔·伊扎克·肖尔拉比是肖尔犹太家族的子孙。这个家族链条的第一环是伊扎克·贝格尔·肖尔拉比，他是《塔木德》的“补遗”《托萨福》的评注者之一。我有一份这个不寻常家族的详细族谱。族谱中记载了这样一些人物：约耳·斯尔吉斯拉比（律法评论者）、以赛亚·哈列维·霍洛维兹拉比（《Shnei Luhot Ha-Brit》的作者，此书是有关宗教实践、道德规范和神秘主义的简编）、梅厄·卡兹耐伦伯根拉比（帕多瓦的马哈拉姆）、马哈拉姆·明兹（一位重要的释疑解答作家）和大卫·哈列维·西格尔拉比（律法评论家）。

关于最后提到的那位祖先大卫·西格尔拉比，据说还有一个令人心碎的故事。20世纪70年代末，在我参选内坦亚拉比时，有机会见到了该市的市长鲁本·克列格勒，并和他一起分享了下面这个故事。西格尔曾经是普洛维兹内的拉比，令我吃惊的是，克列格勒市长竟然就是那里的人。在这次会面中，我有机会向市长讲述了一个西格尔是如何被开除普洛维兹内拉比教职的悲喜剧。“克列格勒市长，我真心希望，在您的家乡普洛维兹内，无论谁被选为拉比，他都将得到比我的曾曾祖父西格尔拉比更为体面的待遇。”

西格尔拉比穷得要命——这个小镇几乎养不活这个镇的拉比，更不用说拉比的妻子和孩子了。他日夜沉浸在对《托拉》的研究之中，被公认为杰出的学者。一天晚上，当拉比的家人和镇里的其他人都睡去时，钻心的牙痛让他无法集中精力进行研究。那是凌晨三点钟。任何药片和漱口水都无法减轻疼痛。于是他停下研究，打算睡觉。他想着：“等我醒来后再去寻求帮助。”可是他翻来覆去，片刻都无法入睡。

已经是凌晨四点了。外面是刺骨的寒冷。拉比想起在小镇的入口处，犹太人齐力格所开的旅馆里有间酒吧。他想向齐力格要些酒来缓解疼痛。他穿上补丁摞补丁的外套，在风雪中艰难地摸黑前进。当他推开酒吧的门时，看见酒吧里挤满了当地的波兰车夫，他们为了暖暖身子再干活，就来酒吧喝杯威士忌。拉比走向站在吧台后面的齐力格，可是他的嘴巴肿得很厉害，一句话都说不出来。

齐力格已经注意到门被打开了，看见进来的不是车夫，而是小镇的拉比。齐力格害怕得直发抖——拉比想从我这里得到什么呢？我到底做了什么，为什么拉比要来找我？拉比——在我的酒吧里，而且是在日出之前？但是拉比只是默默地指了指自己的嘴巴。齐力格给他倒了一杯威士忌。拉比一饮而尽，然后松了口气。最后，当他能再次呼吸并开口说话时，他问齐力格应该付多少钱。酒吧老板拒绝收小镇拉比的钱，说：“算在我头上。”但拉比坚持要付钱，他争辩道：“我不想从雇主那里得到免费的礼物。社区支付了我的工资，而且我想付钱。这杯威士忌多少钱？”“一戈比。”齐力格妥协了。拉比摸遍了全身的口袋，但连一个戈比都没找到。“在你的账簿上写上，我欠你一戈比。”拉比天真地请求道。因此，齐力格写道：“拉比，愿他长命百岁——一戈比。”

在那期间，小镇的犹太人们都醒过来了，向会堂走去。因为天气寒冷刺骨，在去会堂的途中，他们急忙赶到齐力格的酒吧，喝杯威士忌来暖和一下身子。但是当他们去吧台结账时，却惊讶地发现拉比的名字赫然出现在齐力格的赊账名单上——瓦西里、格雷戈里、斯特凡，拉比欠了一戈比。接下来他们来到会堂，小声嘀咕着他们所见的那一幕。“我们选了一个什么样的拉比啊！没有坐在那里研究《托拉》，却整夜和老百姓混在酒吧里！”人们激动起来。三位小镇的领导人召开了一次会议，决定在给他们带来更大的难堪之前，要解除他的拉比职务。他们派加巴伊[①]，拉比的得力助手去告知拉比这个决定。

加巴伊驾了一辆空车来到拉比的家门口，那辆马车是用来装载拉比、拉比的妻子和孩子，以及他们微薄的家产的，其中主要是书籍。加巴伊打算尽快把拉比带离普洛维兹内。当他走进拉比的家时，发现拉比正坐在书桌旁，埋头研究。加巴伊鼓不起勇气告诉拉比，他已经被驱逐出这个小镇了。加巴伊的眼睛盯着地板，踌躇不决。正在专心读书的拉比察觉到身边有异样的动静。他抬气头来，问道：“扬克尔，你在找什么呢？”加巴伊回答道：“我在找普洛维兹内的拉比。他已经迷失了。”听到这句话，拉比无须更多的暗示了。当天他就离开了普洛维兹内镇。

我的母亲查娅是西姆察·弗兰克尔·特奥密拉比，也就是著名的斯卡维纳拉比的女儿。她是19世纪杰出的《托拉》学者巴录·弗兰克尔·特奥密拉比的后裔。我母亲的父母西姆察拉比和他的妻子米里亚姆，娘家姓哈伯斯塔姆，是堂兄妹，两人都是桑兹哈西德王朝的创始人哈依姆·哈伯斯塔姆拉比的孙子女。他的次子，切尔扎诺夫的大卫拉比是切尔扎诺夫的拿弗他利拉比的父亲。我哥哥拿弗他利和纽约波波夫哈西德社团的已故拉比都借用了他的名字。切尔扎诺夫的R·拿弗他利是我的外祖母，斯卡维纳拉比的妻子米利姆亚·哈伯斯塔姆的父亲。桑兹哈西德派的血液融入了许多哈西德家族，包括波波夫、切尔扎诺夫、欣尼夫（锡耶纳瓦）、克劳森伯格、格尔利茨、斯特罗普科夫、特斯欧伊夫和拉策夫特。

我们去波兰时，来到了彼得库夫，大会堂依然矗立在那里。那是我举行割礼的地方，也是哥哥塞缪尔（“愿主为他复仇”）被带走杀死前和

① 犹太社团的任何官员，主要是会堂司库或监督的称谓。

我们告别的地方。宏大的会堂令人赞叹。战后会堂被分成两层，一层是研究室，二层被重建成一座大图书馆，墙上、地上、甚至天花板上都堆满了书。在堆得满满的书架上翻找时，我们发现了一块似乎没有什么用的窗帘。把帘子拉开后，没有看见窗户，相反，这里藏着由一对狮子支着的两块约板。《摩西十戒》的文字上以及那对狮子的身上，都是密密麻麻的弹孔。

约板原先是放在装有《托拉》的约柜上面的。波兰人为了消除所有关于市中心这座惊人建筑的原始目的的痕迹，才把它藏了起来。但是，任何一个人只要走出会堂，用敏锐的眼光观察它，都会发现东墙上有一块凸起，那就是盛放约柜的壁龛。波兰人设法把犹太人的所有标记都从这里抹去，但他们没有注意到会堂入口处的枝形吊灯下面的大卫星，即犹太人的六角星。他们也没有注意到门锁也呈大卫星的形状。门还是原来那扇门，就是在这个门口，纳粹把我和母亲推向大街，并强迫塞缪尔回到了会堂。那扇门勾起了我的回忆，母亲紧握着我的手，让我想起了她在发现塞缪尔还留在里面而且前途未卜时的恐惧。门依旧，锁依旧，其他的一切都变了。

我出生的皮首德斯凯大街21号的那栋房子还在。很显然，我的模样和父亲极其相似，因此当住在这座房子里的几位长者看见我时，他们吃惊地在胸前画着十字。他们指着我，喊道:“拉比回来啦！首席拉比，纳克则尼拉比，劳先生回来啦！”

我们还去了华沙和卢布林，并参观了由父亲的表哥梅厄·沙皮拉拉比创办的霍霍梅卢布林犹太经学院。以前，父亲就是在这里审查学生的入学和毕业资格的。

我们又去了麦达内克和特雷布林卡的死亡营，接着去了克拉科夫。在克拉科夫的杰诺利姆斯卡大街3号，我们找到了祖父的家，那是一座大房子，他的孩子和许多孙子女都是在那里长大的。在他的47个孙子女中，只有包括我和拿弗他利在内的五个人在大屠杀中幸存下来。另外三位之一是已故的西蒙·耶赫兹克尔·弗兰克尔·特奥密拉比，他在基雅特奥诺担任了40多年的拉比。还有住在布鲁克林的阿龙·弗兰克尔·特奥密和索尼亚·科恩列。

从克拉科夫去奥斯威辛的途中，我们经过了切尔扎诺夫镇。拿弗他利说犹太人公墓里有一块标明是我们家族，哈伯斯塔姆家族的拉比的墓地。

我们找到了保管钥匙的那个波兰人，他为我们打开了公墓的大门。我们进入一个墓群，那里总共有九座坟墓。中间躺着的是大卫·哈伯斯塔姆拉比和他的儿子拿弗他利，也就是切尔扎诺夫的拉比，我母亲的祖父。突然，我儿子大卫·劳——莫迪恩镇的拉比，兴奋地喊道："快看！今天是你曾外祖父拿弗他利拉比的忌日呢！"犹太人的忌日是刻在墓碑上的，搭模斯月29日，正是我们到访的日子。这看起来好像是他邀请了他的后代在他忌日那天来为他扫墓似的——仿佛地狱之火从未猛烈燃烧过，也从未血流成河。我们恰好是在曾外祖父去世67年的那天从以色列来到了他的坟前。

第3章 一次拯救生命的演讲

火车在深夜里继续前行，在这个拥挤得令人窒息的车厢里，我紧挨着拿弗他利，不停地哭泣着。1944年11月26日，星期五，火车停了。车门“咣当”一声打开了，一个党卫军军官用手电筒刺目的光束照着我们。他站在车厢里，用步枪的枪管指着我们。我们到了一家工厂，它位于有火车停靠的琴斯托霍瓦小镇，临近工业城市罗兹。德国人占领罗兹后命令所有的工厂为他们的军队制造军火。

实际上，琴斯托霍瓦有四个劳动集中营，一个挨着一个，每一个都建在武器工厂附近。我们所在的那个叫哈萨格。

一名德国士兵大声叫喊着，让我们从货运火车上下来。我和拿弗他利，随着其他几百名彼得库夫犹太人一起来到了站台上。我们见到的第一个人是这个集中营的司令官——一个长相恐怖的纳粹党卫军军官，他有着一个令人难忘的名字“巴顿施拉格”（在德语中，施拉格的意思是“打击”）。他用威胁的语气，说了一通我们早已熟悉的话：“如果你们好好表现，规规矩矩地工作，服从纪律，就让你们活着。否则，你们将被判处死刑。”简短扼要是纳粹最好的传统。正讲到兴头上，巴顿施拉格看见站在他面前的男人堆里有一个小男孩。他的脸上露出吃惊的神色。集中营里有一条众所周知的规定，就是孩子和女人在一起，而不能和男人们在一起。因为他的集中营只要劳工。他能从我这么一个没有劳动力可言的干瘦小孩那里得到什么呢？他命令我站出来。然后他的眼睛一扫，发现了站在我身旁的拿弗他利。“你是他父亲？”他问，不等作答，他又问：“你是什么时候有孩子的？”拿弗他利18岁，和其他人一样瘦，根本就不像一个孩子的父亲。“我是他的哥哥。”他向集中营的司令官解释道。巴顿施拉格把我推回到队伍当中。很幸运，他没有在我的存在上做文章。可能因为那是忙碌的一天，犹太人刚到，有很多事情等着他处理。

纳粹将我们送到一个条件很差的营房。从那以后，我们就与世隔绝了，只有我们两个人。我的哥哥发誓要保护我，在这么恐怖的地方担负起这样一个使命，事实证明他将面对超乎寻常的困难。拿弗他利在地上铺了一张毛毯，让我躺在上面。我哭了，我想妈妈。

那是我们在琴斯托霍瓦的第一个晚上。那是一个星期五的晚上，安息日前夕。当拿弗他利挨着我躺下时，一段旧日熟悉的旋律从营房的尽头传到我们的耳朵里。领唱者约瑟夫·曼德尔鲍姆正在吟唱《Lecha Dodi》中的《Mikdash Melech》，这是人们在星期五晚上唱的一首迎接安息日的传统歌曲。歌声把我带回到了过去，带到了对家的遥远记忆中，它让我忘却了最近几天来发生的事情，把我带入了梦乡。

罗森茨维格，这个集中营里的犹太指挥官，命令拿弗他利必须保证我待在营房里，不许任何人看见我。他解释说：是乌克兰人，而不是德国人，看守着犹太人。乌克兰人四处走动的时候，枪托朝上，枪管向下，这样他们就可以用枪托打人，想打谁就打谁。所以，他解释说，这个男孩最好待在营房里，不要露面。

刚到的第一天，他们就带着拿弗他利去干分配给他的活。“路雷科，你待在这儿等我回来。”离开前他嘱咐我。他让我躺在营房的地板上，那根本不是什么地板，而是潮湿发霉的泥地。我很难入睡，我还没有从和母亲分离的痛苦中恢复过来，但是我知道我不得不听他的话。

琴斯托霍瓦一共有11个孩子，其中我是这帮孩子里最小的一个，我不得不为了生存而努力挣扎。

指挥官经常折磨我们。最厉害的一次是我们在排队的时候，一个名叫基思林的盖世太保指挥官大声叫道：“孩子出列！”我们没有一个人动地方。他又吼了起来，而且还补充道，“快点，快点！”我们别无选择了。负责管理我们的犹太指挥官们把我们从人群中拉出来，然后把我们推向前去。“我想看到每个孩子的父亲站在他们身后！”指挥官命令道。10个孩子和他们的父亲站在一起。只有我还是一个人。我用眼角的余光扫了一眼拿弗他利，我担心可能会暴露他。纳粹集中营的指挥官站在我面前，面目僵硬。我在令人恐惧的指挥官基思林面前把腿从这边拖到那边，刮着地上的雪和泥。那一刻，我逃入了幻想的世界。在想象中，我用泥堆了一个小土堆，站在上面好让自己看起来高一些。至死我也不会忘记那个土堆。

突然，拿弗他利挪动脚步站在了我身后。罗森茨维格，那个犹太人，向那个叫基思林的德国人解释说，这是我哥哥。基思林听完，怒吼起来。我仍能回忆起他用德语说过的每一个字，然而我当时并不明白他说的是什么意思：“我要这些肮脏的孩子做什么——他们全是废物！他们在这儿只会吃！”他的话像锤子一样重重地砸在我的头上。我不知道接下来我到底是怎么了，是谁给了我勇气张开嘴，又是谁把这些话放进我的嘴里。很显然，纳粹用他们的手枪、军棍和狗表现出来的蔑视，迫使我懂得在琴斯托霍瓦的生活一钱不值，或者更糟。正是出于那个原因，我——一个在这里毫无用处的男孩——有话要对这个指挥官说。在琴斯托霍瓦泥泞的雪地里，我发表了人生中的第一次演讲，这也是我生命的演讲，我要为生命而战。我是用波兰语讲的，波兰语是我当时讲得最流利的语言，罗森茨维格为基思林作了同声翻译。

“长官为什么要这样说我们呢？我们没用吗？我们无能吗？在彼得库夫的霍滕西亚玻璃厂，我每天要工作12个小时。我推着装满60瓶水的车在吹玻璃工人劳作的熔炉间进进出出，装满水，他们喝光了，我再去装，这已经是一年前的事情了。现在，我长大了，我能做更多的事。我，最年轻的我，以及比我年龄大的朋友们——我们也有权利生存。”

我这辈子发表过几千次演讲，但是没有哪次能和这次相比。基思林，这个盖世太保，被我气得满脸通红，命令手下人立即把所有的11个孩子带到盖世太保的总部去。孩子们的父亲和拿弗他利本能地想要陪着我们一起去，但是基思林又把他们推回到队伍当中，大声吼叫着，他只要孩子。罗森茨维格试图让父亲们冷静下来。他命令成年人返回营房，并向他们保证基思林已经答应了要亲自和他讨论孩子们的命运。时间过去了半个小时，这半个小时就像是永远，罗森茨维格返回到父亲们和拿弗他利中间。他通知他们，基思林愿意归还孩子，条件是要交一大笔钱——用1000马克保住每个孩子的人头，并确保孩子们暂时活下来，有什么事会另行通知。邪恶的基思林明确表示，他不能保证这是最后一次。幸运的是，母亲已经预料到会出现这种情况。我们还在彼得库夫的隔都时，她已经给我们带上了两颗钻石和一块金表。她在拿弗他利的上衣衬里缝了一个口袋，里面藏着两克拉的钻石，那是从她的戒指上取下来的。“这能帮助你遵守对父亲的承诺，好好照顾路雷科。”她向拿弗他利解释说。

拿弗他利去找和我们一起从彼得库夫来到琴斯托霍瓦的金匠，让他估算一下这颗钻石的价值。金匠认定这颗钻石的价值远远超过了1000马克。“就这样浪费实在是太可惜了——你没有别的东西可以救这个孩子吗？”他问道。

我们还有一颗小一点的钻石，但是它更不容易取出来。母亲让犹太牙医西格蒙德·罗森伯格将这颗钻石嵌在了拿弗他利的一颗后牙里。医生照母亲说的做了，并用齿冠盖在上面，将这颗钻石隐藏起来。拿弗他利想起了埋在牙里的宝石，于是问金匠能不能去掉齿冠，将里面的钻石取出来。金匠敲碎了齿冠，并取出了这颗钻石。犹太人指挥官罗森茨维格将它呈献给了基思林，作为交换，我保住了性命。

这件事发生的几个月后，基思林又谋划着除掉这些孩子。拿弗他利别无选择，只好用母亲缝在他上衣口袋里的大钻石来救我的命。我们现在只剩下父亲的金表了，它被藏在拿弗他利的鞋子里，鞋底和鞋后跟之间的地方。他从来不脱鞋，因为他知道总有一天要派上用场，不知什么时候、什么地方就会出现一个新的基思林，提出属于他自己的疯狂要求。

从那次为自己的生命抗争后，大部分时间我还是继续藏在营房里，而拿弗他利则被迫在磷酸盐厂做一名技工。偶尔盖世太保们会把靴子拿来让我擦，这份工作让我有了活下去的一点权利。我在营房里储存了一点吃的，等拿弗他利晚上下班回来时拿给他吃。有时，为了逃避劳动集中营的折磨，我会把思绪带回到我们刚到琴斯托霍瓦的那个晚上，那是安息日的前夕，我听见约瑟夫·曼德尔鲍姆的歌声。

拿弗他利躺在我身边，试图温暖我的身子，驱散地上的寒冷和潮湿，这时我们突然听到哈西德派的曲调。听到这首歌，拿弗他利回想起了克拉科夫，那是他出生的城市。童年的气息弥散在空气里，令他心潮澎湃，那是遥远时光的痕迹。在他的孩提时代，拿弗他利曾多次拜访母亲的堂兄本·锡安·哈伯斯塔姆拉比，他是波波夫的拉比、桑兹王朝的后人（他死于大屠杀，这是我们后来才知道的）。约瑟夫·曼德尔鲍姆——一个波波夫哈西德派信徒，是克拉科夫的领唱者，也是世界上最伟大的领唱者之一。我们那天晚上听他唱的歌是：

啊，国王的圣殿，皇家的都城

在历史的剧变中兴起衰落

你居住在哭泣山谷太久太久了

他将赐予你无限的怜悯

拿弗他利匍匐在地，寻找着歌声的源头。是的，他的确是克拉科夫的约瑟夫·曼德尔鲍姆，他被哈西德派信徒围在当中。他看不到童年记忆中曼德尔鲍姆的大胡子。除了唇上的一抹胡茬，曼德尔鲍姆和周围的所有人都把胡子剃得干干净净。只留下领唱者美妙的声音——确定无疑、独一无二。拿弗他利确信他的声音一定是上天所赐的礼物。他坐在哈西德派信徒中间，介绍自己是彼得库夫的劳拉比的儿子。他们认识我的母亲和她的家人。他们真的比我和拿弗他利还要了解我们家族的情况。那晚，他们用温暖和怜爱包围着他，向我们黑暗的生活里投下了一道光。

后来哥哥告诉我，约瑟夫·曼德尔鲍姆看见我们时想起了自己的儿子们，他们和母亲一起被害了。他保护着我们，和我们聊天，在我们沦为孤儿的最初的那段日子里给我们安慰。

就像他在劳动集中营里还记得安息日前夜一样，约瑟夫·曼德尔鲍姆也记着犹太人的节日。在有一年的12月前夕，他用一个空子弹盒做了一盏油灯，点燃了光明节的第一道光。他带头唱起了鼓舞人心的《万古盘石》。在这个仓库里，我们还分享了烤土豆。这种感觉就像是和亲密的朋友在一起，他们认识我们的家人。我们知道他们会尽全力照顾我们。但是1945年1月，纳粹把曼德尔鲍姆和那些与他一起从克拉科夫来的追随者送到了德国，从此我们和他们失去了联系。在他们离开之前，拿弗他利送给曼德尔鲍姆一个礼物，是一本属于我姑父莫迪凯·沃格尔曼拉比的《圣经》。

1940年，沃格尔曼拉比离开了卡托维兹，绕道去了以色列。他不能把他的藏书全部带在身上，于是他把它们寄到了我们在彼得库夫的家里。我们离家的时候，母亲让拿弗他利随身携带姑父的《圣经》和他的经文护符匣。

就像我要讲的那样，后来我们来到了布痕瓦尔德。当我们走进集中营的时候，他们命令所有人把所有的财物扔到火堆里烧掉。拿弗他利看着火堆，发现灰烬的一角露出姑父的那本《圣经》。“约瑟夫·曼德尔鲍姆在这儿，”他告诉我，“他比我们早到的。”但是，我们在集中营里从来没有见到他，我们猜想他和来这儿的大部分人一样已经死了。

40年后，拿弗他利担任以色列驻纽约的总领事。因为要参加一个家庭聚会，他去了位于布鲁克林的当时的波波夫拉比——舍洛姆·哈伯斯塔姆拉比的大自修室。拉比以最高礼仪接待了拿弗他利，让拿弗他利坐在他的右边，这令在座的哈西德派信徒们大为惊异。他们大部分人并不知道拉比和拿弗他利之间的血缘关系。他们将拉比对拿弗他利的热情接待归因于他是以色列国的官方代表。那天晚上，拉比和我哥哥进行了交谈，拿弗他利向他谈起了约瑟夫·曼德尔鲍姆，说我们在琴斯托霍瓦的时候，他在安息日前夕唱起了《Lecha Dodi》，他在不经意间对我们的精神生活做出了宝贵的贡献。尽管当时的环境凶险，曼德尔鲍姆还是让我们感受到了家庭的温暖。“只可惜我们在布痕瓦尔德和他失去了联系。”拿弗他利叹息道。拉比对他的一位助手耳语了几句。几分钟后，这位助手又出现了，手里搀扶着一个胡须雪白身材瘦小的犹太人。“约瑟夫·曼德尔鲍姆在这儿！”拉比说。然后，他请这位年逾八旬的老人唱起了《Lecha Dodi》。拿弗他利听了，非常震惊。尽管已经过去了40年，尽管他的个子也变矮了，但约瑟夫·曼德尔鲍姆的声音没有变，仍然和当年一样清晰有力。

当约瑟夫唱到那句“在历史的剧变中兴起衰落”时，拿弗他利看到的仿佛不再是布鲁克林拉比的哈西德派信徒，而是那些1944年11月末安息日前夕坐在琴斯托霍瓦仓库阴冷潮湿的地板上的可怜的人们。

1945年1月中旬，我们听到集中营周围响起了炮声。人们开始争论这些大炮是俄国人的还是德国人的。没有一个人得到可靠的消息，但每个人都情绪激昂地争论着。回想一下，显然俄国人和德国人都在射击。

纳粹命令我们立刻撤出营房，并且像往常一样，五个人排成一行。他们宣布我们即将离开这座集中营，但是没有提供任何细节，也没有作任何解释。他们给我们排成一行的每三个人发一块面包。拿弗他利在我的左边，走在我右边的是大卫·费尼尔。他也是彼得库夫人，他是霍霍梅卢布林犹太经学院的一名学生。[①]拿弗他利扛着装有我们财物的袋子，我拿着面包。我们踩着厚厚的积雪，吃力地朝着一个未知的目的地前进。一路上，乌克兰人和德国人看着我们。突然，一阵可怕的扫射向我们这边袭来。那些看守躲到了路边的沟里，我们则扑倒在雪地上。子弹在我们的头顶呼啸而过。几分钟后，那些看守开始在沟里向我们射击。我右边的雪地

① 大卫·费尼尔是记录大屠杀的作家耶希勒·迪努（他的笔名是Ka-Zetnick，集中营里对“囚友”的称呼）的堂兄弟，迪努原本也姓费尼尔。

染红了，形成了一个血泊。血泊的中央躺着大卫·费尼尔的尸体，这一幕真是惨不忍睹。我和拿弗他利没有受伤，但我们的朋友死了。这种痛苦真是令人不可思议。

我们甚至不能停下来向他致哀，因为射击一结束，看守就强迫我们站起来继续行进。我们如僵尸一般继续行走，直至走到一个火车站。在这里我们又排好队，为的是检查谁失踪了，然后再将其他人补充到队伍里来。然后他们把我们整齐有序地装进火车车厢，这是真正的德国风格。秩序是至关重要的。首先，他们记录了进入每节车厢的确切人数。我们上车的时候，负责这次行动的盖世太保指挥官将目光瞄准了我——一个小男孩，尽管我紧贴着拿弗他利。那个指挥官用手杖戳了戳我的脸，然后抓住我的后脖颈，大声地喊道："小孩和母亲在一块儿！"然后，他把我扔进了约有50名妇女和几个孩子组成的人群中。他们来自琴斯托霍瓦附近的其他集中营，现在正挤着上火车头后面的一节车厢。拿弗他利突然意识到，这节车厢和其他车厢是分开的，其他车厢里只有男人，他们将被送往另外一个集中营。后来，哥哥告诉我，在我完全消失在装有女人和孩子的车厢后，他最后看到的是那块面包。我坚定地攥着那块面包，将它双手举过头顶，用我的生命来保护交到我手上的宝贵食物。这就是拿弗他利眼中我们分别的情景。

我被扔进的那节车厢让我回想起来的主要是难闻的气味、尖叫声和孩子的哭声。我们时常听说在纳粹搜捕行动中死去的受害者的故事，却极少听人谈起有人在没有水也没有厕所的拉牲口的令人窒息的火车车厢里断气的那些日夜和时分。这些火车根本不适合人类。正是在这种非人的条件下，许多妇女和儿童在那节车厢里把灵魂交还给了上帝。

当我被扔进第一节车厢时，拿弗他利和其他男人一起被推到了同一列火车的后面一节车厢里。这样一来，虽然我们在同一列火车上，但是彼此相隔很远。拿弗他利很担心。他不知道我们之间隔着多少节车厢。他对父亲许下的承诺在耳边回响。在彼得库夫我们家的楼梯间里，他发誓不让我远离他的视线，为了使我们的家族延续下去他可以付出一切。

火车开动了，拿弗他利有了一个主意。他和从彼得库夫来的两个朋友开始转动火车车厢的门把手，直到把它打开。但是火车还在行进，即使门被打开了，也根本无法付诸行动将我解救出来。在火车停靠的第一个车站，拿弗他利和他的朋友慢慢地打开车门，向四处张望。接着，拿弗他利弯下身，爬到车厢下面，然后在铁轨中间伸直身体，用肘部撑地，向前爬到下一节车厢的门口。他捶打着车厢门，大声地喊着我的名字："路雷科！路雷科！"就在这时，火车发出尖叫，汽笛声响起，这是火车将要开动的信号。拿弗他利快速爬回他刚才离开的那节车厢。因为这次他是空手而归，所以他在下一站又把这一套动作重复做了一次，一次又一次，已经试了四次了，但是每一次都失望而归。他不去理会那些抱怨门开着，冷空气透进车厢的人，而是坚持要把解救我的任务完成。

他接下来的尝试成功了。当他到了第七节车厢，也就是火车头后面的那节车厢时，他又一次大声呼喊我的名字。我在车厢里面，背着母亲给我的大枕头，手里拿着变硬了的面包。一名妇女在我的面包上洒了几粒细砂糖，但是砂糖滑了下去，撒在挤满了人的车厢地板上。我开始忙着找它们，我太渴望往嘴里放点甜的东西了！就在我找这些糖粒的时候，我突然听到自己的名字。我以为自己是在做梦，尽管如此，我还是循声而去。我在人们的头顶和身体间穿行，在女人和孩子之间开出一条路来，直到我投入我哥哥拿弗他利的怀抱。他用早就准备好的大头针打开了车门。

我想拥抱亲吻他，但是他阻止了我，叫我别出声。他把我从车厢里拉下来，再次把手指放在嘴唇上，示意我保持安静，以防被车顶上站岗的看守发现，说不定火车头里的人会注意到站台上的动静。这都是在夜里发生的事。浓重的夜色笼罩着我们；我只能看见他的眼睛。但是我明白我们所做的事情意义重大。我表现得极为小心，学着拿弗他利的样子，用胳膊肘和膝盖支着有节奏地向前爬。他数了七节车厢，然后伸出头，把我从他的身后拉出来。两双手把他拉进里面，然后他拉着我，把我举到车厢里。他是那么的聪明，同时又有实践经验：我们挤进车厢的前一秒钟，他用帽子装满雪，这样雪融化以后，我们就能喝到纯净的水了。那两个彼得库夫的朋友把我们拉上车，关上车门以后，我们这才紧紧地拥抱在一起，放声地大哭起来。

经历了一场我们原以为不可能战胜的生死别离之后，我们又重新在一起了。几个小时以后，事实证明拿弗他利的直觉是对的。在途中的某处，车厢被分开了。妇女和孩子乘坐的车厢继续驶往卑尔根—贝尔森或者是拉文斯布鲁克，我也不能确定是哪儿，我们却要继续走很久，路过无数个车站。有些人熬不住旅途的艰辛倒了下去。不少人死在了那节货车车厢里。那些经过长途旅行幸存的人们在三天后发现，他们来到了布痕瓦尔德集中营的门口。

从小小的车窗望出去，通往布痕瓦尔德的道路仿佛与我的生活毫不相干，这好像是一部电影。这里的建筑物完好无损，排列有序，没有任何轰炸过的迹象。我周围的人得出结论，说我们已经跨越边境，进入了德国。

我注意到了莱比锡城的标识，然后有人说他看见了“魏玛”的标识。魏玛是德国文明的摇篮，是歌德、海涅和席勒的出生地。但是火车没有停下来。它继续向前走，直到布痕瓦尔德的名字出现在我们眼前——这是一个我们早已熟悉的名字，很多乘客都知道这对我们来说意味着什么。作为所有集中营中最糟糕的一个，它的恶名已经传遍了犹太人社区。

20世纪30年代，纳粹党为共产主义者和持不同政见者修建了这座布痕瓦尔德集中营。后来，他们将他们最讨厌的敌人——犹太人——也送到了那里。那里的焚尸炉烧掉了无数具尸体。布痕瓦尔德是纳粹党建造其他集中营——例如麦达内克集中营——的模板。

在我们的车厢里，人们就他们是否会在布痕瓦尔德用毒气杀人，展开了一场辩论。每个乘客都或多或少地听说过有关这个地方的一些消息。布痕瓦尔德这个名字是臭名昭著的，但是没有人确切地知道等待着他们的是什么。

拿弗他利过去常常跟我说，他从车窗看到的第一幅场景是穿着条纹制服的囚犯在铲雪。当吓坏了的乘客问他们自己到哪儿了的时候，那些勇敢的囚犯用手做着割头的动作，这个手势意味着屠杀。

第4章 布痕瓦尔德——黑暗隧道与光之火花

到了集中营的铁门前，他们催促我们下车，铁门上写着这样一句德文——“Jedem das Seine”。对于德国人来说，这句话的意思是“每个人都听天由命吧。”这句话给我留下了很深的印象，直到今天我都无法忘记。有时我会想想这句话，想想这三个单词里包含的残酷与犬儒思想。那个鬼地方等待着人们的是多么可怕的命运啊——在那里，其他人随心所欲地剥夺着受害者的人权。那句话包含了那么多的与世隔绝、那么多的冷嘲热讽，因为走进布痕瓦尔德大门的人没有一个能将命运掌握在自己的手里。纳粹党人、集中营的指挥官以及他们的士兵对我们有绝对的控制权。

被焊在铁门上的那句话，后来多次浮现在我的脑海中。2004年5月，以色列国防军（IDF）在加沙城的齐墩地区展开了一次军事行动。一辆军用载人装甲车压上炸弹后爆炸，士兵的尸体被炸飞了。对这次爆炸事件负责的恐怖分子属于伊斯兰圣战组织，他们保留了尸体的残骸。以色列国防军和我取得联系，问我是否应该和恐怖分子谈判，要回尸体的碎片，哪怕是很小的一片，也应该把士兵的尸体带回来埋葬。我的答复非常明确：不管是战士还是尸体残片，都不会倒在那句“每个人都听天由命”的标语下面。

以色列政府和以色列国防军有义务将所有的士兵带回到他们家人的身边。尽管苍天不容，灾难还是要降临，那么尸体必须被体面地运回来，以确保没有一个名字从以色列抹去。如果情况不是这样，那么士兵们战斗和执行任务的士气就会被削弱。一旦受了伤，他会被自己将被遗弃在战场上的疑惑困扰。因此，为了生者的安全和幸福，也为了尊敬亡者，我们争取把所有的士兵带回家的努力是值得的。

指引着以色列国防军和以色列国的道义力量便是那句众所周知的话——“所有的犹太人都要为彼此负责”。这与反映了我们在布痕瓦尔德的经历的那句“每个人都听天由命”是截然相反的。

集中营里的人形形色色。在布痕瓦尔德待了几天后，我们发现关押在这里的囚犯来自几十个国家。其中包括曾经担任法国总理的社会党籍犹太人莱昂·布鲁姆，以及科隆前任市长康拉德·阿登纳博士，他因为参与反纳粹的活动而被送到这个集中营，但是几十年后，他被选为联邦德国的首任总理。相反，这里也有“布痕瓦尔德的女巫”——伊尔丝·科赫，据说她曾经剥下犹太人的头皮作灯罩来装饰自己的房间。

拿弗他利担心在布痕瓦尔德他不能再次救我的命。这个集中营的规定是铁打不动的，因此，让我这样一个七岁的孩子和男人待在一起的机会微乎其微。但是和往常一样，拿弗他利没有放弃。在他那两个朋友的帮助下，拿弗他利用母亲留给我们的羽毛毯把我包起来，然后把我放进自从和母亲分开后就不离身的袋子里。我已经习惯了不停换地方，在劳动集中营里进进出出，他不需要提醒我闭上嘴，直到安全了，可以从袋子里出来为止。尽管我年纪小，但我很清楚这个程序。我像兔子一样，跳进袋子里，然后把身体蜷缩得尽可能小，我就是这样和哥哥一起进入布痕瓦尔德的。德国人让新来的犹太人排队站好，三个人一组。我从袋子里听到了熟悉的喧闹声：“快！快！”的叫喊声、军棍的击打声和狗的狂吠声。我在拿弗他利的背上弓起身子，一动不动，就像一块冰。接着，我感觉拿弗他利从背上取下装着我的袋子，把它放在脚边。一股奇怪的味道扑鼻而来，一种我无法辨认的刺鼻的气味。后来，我听说这就是纳粹用作消毒剂的氯气。

德国人让所有人进入一个大厅，并在那里对我们进行分类。拿弗他利克制着自己的恐惧，研究着周遭的情况。很快他便破解了囚犯分类的方法。纳粹命令犹太人脱去所有的衣服。医务人员对他们进行检查并给他们注射各种疫苗。接着，他惊恐地发现德国人将犹太人所有的东西——包括他们脱掉的衣服——都扔进火炉里焚烧。德国人认为，通过这种方式，他们就能防止犹太人身上携带的细菌——他们是这么认为的——传染开来，这样就能让布痕瓦尔德集中营保持干净无菌。拿弗他利也不得不丢掉他身上的袋子。我永远都不会忘记他的喊声：“路雷科，到这儿来！”我疑惑地向外偷看，怀疑我是不是听错了。从我哥哥脚边的袋子里，我小心地抬起头，向四周张望。先前，我已经听到了声音，闻到了气味。但是现在我看到了刚才错过的场景。

德国人挥动着手中的军棍，向囚犯们发出威胁的命令，他们的恶狗狂叫着、撕咬着。老囚犯给新来的人刮胡子，再把他们带到一个肮脏的氯气浴室里消毒。当我从袋子里出来的时候，一个看守，显然也是囚犯，注意到了我。他走到拿弗他利跟前，问他我这样一个男孩到这个地方做什么，他的意思是这个地方只有成年男子才能来。拿弗他利用最仁慈的眼神看着他的眼睛，向他解释说这个孩子既没有父亲也没有母亲。“那我该怎么办？”他问道，“把他一个人扔在外面的雪地里吗？”

那个看守向我们提供了集中营杀人方法的第一份权威证词。他向拿弗他利解释道，这个地方没有毒气室，但是有一个焚烧炉。他朝着那个炉子的方向看了一眼说，那个炉子一天24小时不停地冒着滚滚的浓烟。所有的“穆斯林人”①都死在这里。“每一个来这个集中营的人都将变成‘穆斯林人’，”他说，“不管他是5岁还是15岁、7岁还是13岁，不过，”这个囚犯看守又补充了一句，就是这句话又一次救了我的命，“你应该知道如果这个小孩能到8号区，他就没事了。”说完这番该说的话，他便不再理睬我们，好像什么也没看见。

他走开的时候，一个德国看守用眼神捕捉到了我。当拿弗他利看见德国人的目光集中在我身上时，他害怕极了，他更害怕这个德国人会像其他看守那样问我怎么会出现在这里。到现在，拿弗他利已经习惯了致命的危险。他脱掉鞋子，把它折成两半，从鞋底取出了父亲的金表。它是母亲留给我们应急的最后一件宝贝。拿弗他利把这块昂贵的金表扔给看守，看守弯下腰好像是在系鞋带，然后捡起了那块表。他继续巡逻，完全不再理会我们两个人。

我们身上还有一样宝物，性质完全不同。拿弗他利发誓要保护它免受任何损害，但是就在同一天他把它弄丢了。从集中营里放出来后，我们多次谈到在布痕瓦尔德的那些日子，在一次谈话中，他向我承认，在保护父亲的书稿《犹太教法典和传说中视主名为神圣》时他感到无比的焦虑不安。“视主名为神圣”这个短语的意思是指在困境中殉难或者履行诫命的行为。父亲花了很多年来写这本书。书中他提出了许多先前未曾探究过的命题。人们经常问他为什么会选择写这个特别的主题。在那段时间，即20世纪20年代，来自犹太世界各个角落的拉比向他发来了数千个问题，这些问题涉及：有关安息日的犹太教法典、洁食认证的膳食、婚姻法以及离婚

① 在集中营面临饥饿与疾病的痛苦者，他们在濒临死亡状态的剧变中转为对一切冷漠和无生气，犹如活死人。

诉状。他们向他提出有关法律、人际关系和节日的问题，但是几乎没人问过“视主名为神圣”这个问题。当人们问他为什么会选择这个主题时，他回答说，他有一种感觉，每个犹太人都需要知道这些问题的答案的时代很快就要到来了。他当时并不知道他是多么准确地预见了未来。

这本书中提到了这样一个问题：一个初学走路的孩子和一群人藏在一个避难所或掩体里。就像我们预料到的那样，这个小孩开始哭，他的哭声危及了他人的安全。为了不让他暴露其他人，他们就可以冒着令他窒息的危险捂住他的嘴吗？如果是这样的话，谁来做这件事——他的父亲、母亲，还是陌生人？父亲深入地研究了这个人性的两难境地。他关心的另一个问题是，在极其危难的情况下，一个人需要将戒律和犹太律法履行到何种程度。例如，在犹太新年的时候，一个人能否吹响羊角号[①]——一种传统的用公山羊羊角制成的号，它的声音能飘到很远的地方，这样一来就有声音传到看守或者迫害者耳朵里的危险，从而可能伤害到所有在场的犹太人？一个人应该怎样严格地遵守“宁愿死也不触犯三条重罪（谋杀、偶像崇拜和通奸）”的戒律？为了生存，一个人应当在什么时候忽视这些禁令？

父亲把他的书寄给欧洲重要的希伯来学者，希望收到他们的批准信和批评意见。被保留下来的这本书的导言页上有一个划分成10章的目录，以及收到这本书的部分大拉比的名录。

拿弗他利用生命保卫着这份书稿。他设法将它从彼得库夫隔都我们家的地下室里抢救出来，然后在我们停留在琴斯托霍瓦的那七天时间里，将它放在背包里带在身上。当纳粹把我们驱逐到布痕瓦尔德时，拿弗他利把这本宝贵的书装进袋子里扛着。他把我从注定要化成灰的袋子里解救出来后，又设法挽救这份手稿，他把它藏入另一个空背包里。他并不知道最终会永远失去这本书。

尽管我们丢了这本书，但是在很多年里，这本书还将多次重现。距离我们到布痕瓦尔德已经过去37年了。1982年夏初，我接到了曼哈顿第五大道会堂的一个代表打来的电话。打电话的人让我准备在一年后召开的一次会议上发表有关犹太人口头传统的演讲，而且他想知道我演讲的主题。我不假思索地说，我想谈论的主题是“视主名为神圣”的戒律是否适用于未成年人，因为如果不适用的话，纵观整个犹太历史，犹太父母又怎么会心

---

① 羊角号：犹太宗教礼仪用品。用于重要的公共和宗教活动。在庆祝犹太新年的仪式上，要三次吹响号角。

甘情愿地牺牲他们的孩子呢?

那年的7月，我有生以来第一次去遥远的澳大利亚旅行。因为我收到一个陌生人——哈伯先生写给我的信，他在墨尔本的酒店里等我。因为当时正值黎以战争期间，我先前就接到了安全简令，于是谨慎地把这个奇怪的信封移交到当局手中。他们刚一打开信封，我就看见了几页书：那是耶希埃尔·米歇尔·哈柯亨·霍兰德写的《Imrei Cohen Responsa》一书的影印本，是1937年在彼得库夫印刷的，那正是我出生的年份和我出生的地方。

书上贴着一张纸条。“这本书属于我的姑父。我复印了几页给您。请看第34章。”我翻到了那一页，上面写着:“致摩西·哈依姆·劳拉比：很荣幸收到您寄来的书，我已经按照您的要求写下了自己的意见。首先，就‘视主之名为神圣’对于孩子而言……”

父亲的书已经丢了38年了。我并不清楚他在书中涉及的问题。但是很凑巧，或者是直觉使然，我提议讨论的一个主题原来他在书中已经谈到了，一个月的时间内我收到了父亲的确在书中探讨过这个主题的确凿证明。

六个月后，我去布鲁克林作有关大屠杀的演讲。那是提别月的10日[①]，全世界的拉比把这一天定为纪念日，纪念那些死于大屠杀、但死亡时间不详的犹太人。一个我不认识的犹太人再次走到我的面前，送给我一份礼物：完整的《Imrei Cohen Responsa》。

那时，拿弗他利正在担任以色列驻纽约的总领事。我带着这本书去见他。直到那时，我才发现拿弗他利也有这本书的部分内容——其中有一页是父亲手抄的。父亲赠书的大拉比之一，便是塔赫斌的杜夫·贝丽什·威登菲尔德拉比，战争期间他被流放到乌兹别克斯坦的撒马尔罕，最后他去了耶路撒冷。在整个旅途中，他把父亲的信带在身上。到了以色列以后，我和拿弗他利去拜访过他，他把仅存的那一页作为礼物送给了拿弗他利。在那里，在遥远的纽约，拿弗他利拿出了那页纸，他已经带着它走遍了全世界。令我惊奇的是，我看见那页纸上有父亲对威登菲尔德拉比有关“视主名为神圣”是否适用于那些法律上未成年人的评论的回复。

① 希伯来历的十月份，即约公历的12月中旬至翌年的1月中旬。

到布痕瓦尔德的第一天，我们不得不脱掉所有的衣服和鞋子，然后把它们扔到大厅中间，那里已经堆了高高的一摞。当轮到我理发和修面的时候，没有人再纠缠着问我来这里做什么。没有人在乎我是一个瘦小体弱的孩子。他们都像机器人一样工作。没有人对有血有肉的活人感兴趣。多年以后，我才明白这是被派去做看守的囚犯们采用的一种心理防御机制。防止自己因为意识到他所面对的那些人即将赴死而崩溃，那些进行消毒工作的人不把其他囚犯当人。他们在心里筑起了一道保护屏，封闭了所有的情感。

他们像机器人一样，给那些男人从头到脚地清洗、剃毛，用刷子为剃过的部位消毒。他们将这些刷子蘸入一个盛着液氯的发了霉的大黑桶里。可能是因为我年龄小，我成功地避开了从恶臭、恶心的大桶里捞出来的刷子，这在集中营里并不多见。

我站在一个很长的队伍里，被无情地推挤着。然后我经过剃毛处（当然这项免了）和理发台，最后来到一个穿着白大褂的注射疫苗的医生面前。和其他人一样，他也像机器人一样工作着。他将针管扎入男人们的身体里，好像他们在传送带上一般，他看也不看站在他面前的那些人的脸，也不注视他们的眼睛。一切都是那么冰冷、陌生，最主要的是机械。当轮到我的时候，这位医生不得不弯下腰，这时他才注意到站在面前的是一个小男孩。他的脸上露出惊讶的表情。待在布痕瓦尔德的那段时间里，他从来没有遇到过这样的事情。“Wie alt bist du?”他用德语问我的年龄。我已经经历过这样的问题，于是充满自信地回答：“F ü nfzehn。15岁。”这位医生怀疑地看着我的眼睛。他又把问题重复了一遍，我仍然态度坚定。“我告诉过您了，我15岁。”这位医生对我不再抱希望，然后转向拿弗他利，他站在我后面。他问拿弗他利是不是我的父亲。“不是，”拿弗他利回答道，“我是他的哥哥。”

这位医生告诉我们他是来自捷克斯洛伐克的囚犯。他不是犹太人，但是他不想伤害我。他向拿弗他利解释说，如果我注射了针管所含剂量的疫苗，我会当场死亡。“告诉我他的真实年龄，这样我才知道应该给他注射多大的量。”医生请求道。“他七岁半。”拿弗他利立刻告诉了他，因为每件事都必须尽可能快速高效地完成。就在那时，这位机器人医生变成了我的捷克斯洛伐克天使。他向四处看了看，确定盖世太保确实没有盯着我们，接着他把注射器里的一半溶液倒在了地上，然后强行把剩余的一半注射到我的身体里。注射完成后，他把我往前一推，以便保证进度，让队伍继续前进。凭着他的急智、顽强以及他身上尚存的人性光芒，这位捷克斯洛伐克医生——很显然，他是作为共产主义者被送到布痕瓦尔德的——救了我的命。多亏了奇迹的发生和我遇到的好心人，我才通过了挑选过程，并活了下来。当我想起我在战争时期度过的童年时，我时常会为自己经历的一系列奇迹感到惊讶，我告诉自己，发生任何事情都不是偶然的，天主之手指引着一切。

当接种疫苗的阶段结束后，纳粹催促我们进入一个长长的隧道，隧道里有一个拱形的顶棚，上面悬挂着淋浴喷头。就好像是一个人一样，震惊的我们齐刷刷地抬头向上看。我们看着彼此，面容扭曲，因为到了1945年1月，每个人都知道淋浴在纳粹集中营里究竟意味着什么。我们知道，正是因为那些淋浴，它们才被称为死亡集中营。那些逃跑后幸存下来的人告诉我们，那些看起来像淋浴间的就是毒气室，在那里，成群的人失去了生命。我们知道，从喷头里流出来的是毒气而不是水，它会导致人们因窒息和可怕的痉挛而当即死亡。我们确信最恐怖的事情即将变成现实——就在我们到达布痕瓦尔德的第一天。

突然，我们的队伍中有一个人倒在淋浴区光滑的地板上死了。他的名字是斯洛莫维兹，是彼得库夫附近一个镇子里的裁缝。他的朋友讲，自从离开彼得库夫隔都那时起，这个裁缝就已经将一粒包着毒药的胶囊放在了自己的牙齿间。他说，当他感到那一刻真的到来的时候，要去另外一个世界的时候——他会自己结束生命。在这儿，在喷头下面，他把藏在一颗牙里的暂时填充物下面的胶囊取出来，吞下去，死了。

接下来，我们听见门“咣”的一声响——一股冰冷强劲的水流从淋浴喷头里喷射出来。用这么冰冷强劲的水柱浇我们是为了洗掉他们认为我们随身携带的细菌和可怕的疾病。人们哭了起来，喜悦的泪水夺眶而出。在这之前，所有人的脑袋里都闪现着同样的想法：淋浴间是我们的最后一站。我们不可能活着从这里走出去。我们永远也见不到彼此了。接下来，当冷水冲洗我们的身体时，我们才意识到这不是致命的毒气。说起来荒谬，但事实上，刺骨的冰冷却温暖了我们的心。

淋浴过后，他们把我们带到下一站，去领我们的囚服。这套制服包括一件条纹的、棕了吧唧颜色的套服、一双荷兰木屐，还有一个编号。从那一刻开始，每个人彻底不再是人。我们的名字被抹去了，我们只能是一个编号。拿弗他利领了他的条纹制服，他的编号是117029；我的编号是下一个——117030。捷克医生和他的一个也是囚犯的朋友给我找到了合适我的小号衣服。因为穿着荷兰木屐在雪地里行走非常困难，他们给了我一双普通的鞋子。这双鞋很旧，打着补丁，而且比我的脚大很多，但是可以用鞋带系上，所以我还是可以穿着它们走。纳粹在条纹制服的袖子上缝上了一个号码和囚犯国籍的第一个字母："P"代表波兰，"R"代表俄国。我们犹太人则是"犹太"。因为我的头发是金色的，肤色很浅，所以能拥有一个新的、非犹太身份。医生和他的朋友从一个波兰囚犯的尸体上取下一块红布，剪下印在上面的字母"P"，然后把它用别针固定在了我的袖子上。他们还为我编好了一套说辞，说我是一个波兰小孩，父母是华沙人，他们在一次轰炸中被炸死了。这个孩子误打误撞，最后和犹太人一起进了这个城市的转运站，和他们一起坐车途经琴斯托霍瓦来到了布痕瓦尔德。我采用了这个故事。捷克医生和他的朋友又在拿弗他利的耳边小声地说了一遍，如果这个孩子去"8号区"，就有机会获救。我听着他们的话，并没有真正理解其中的含义，但我看见哥哥眼中闪烁着光芒。

看守带着我和整个队伍来到了52号区。眼前的情景令人毛骨悚然。几千人住在那个拥挤的地方，其中大多数是"穆斯林人"，忍受着饥饿和疾病的折磨。人们就在这里面方便，这里恶臭熏天，令人难以忍受。每天早晨，看守们会把没醒过来的大约40具尸体搬走。

在这个营区的角落里放着满满一桶黑水，那应该就是我们的饮用水了。我们没有更多的选择，因为这里没有其他的水可以饮用。也没有杯子或者其他可以盛水的容器。为了避免脱水，囚犯们把手合成杯子的形状喝水。

我们刚为自己腾出点儿地方，就听见威利，这个区的管理员，大着嗓门问道："那个波兰小孩在哪儿？"拿弗他利从平台上下来，把我也抱了下来，然后走向威利，告诉他："他在这儿。"这个德国人通知我们，我暂时留在52号区，但是将来他们有可能把我转到另外一个区。当时我紧紧地靠着拿弗他利。

我们吃了晚餐，五个人分一块变了味的面包。我们用一根带刺的铁丝锯开了面包，喝了一些黑糊糊的液体。后来，威利又问："那个波兰小孩在哪儿？"我和拿弗他利站了起来，他给了我们一条毯子。我们两个用毯子把自己裹起来，互相取暖。那天晚上我睡得比较好，因为拿弗他利在我身边。

我醒来的时候，外面还很黑。一盆冷水浇在我身上。那种寒冷真是可怕极了。我的牙齿直打架，膝盖直打颤，淋湿的条纹制服贴在身上。命令声在整个营区回荡——赶快起床。我们还没来得及弄明白发生了什么事，他们就把我们推到了外面的雪地里，那雪大约有10英寸厚。在那种环境下受过训练的我们立刻五人排成一行，等待点名。他们命令我们摘下帽子再戴上帽子，一次又一次。下、上、下、上。一个毫无目的的行为，只是为了残酷而残酷。因为他们那么突然地叫醒我们，所以没有一个人有时间去上厕所。如果一个黄色的小水坑出现在某人的身边，看守就会用胶皮棍打他，抽打常常使受罚者弯下腰去，倒在雪地上，再也站不起来。现在我还记得，我看着那些男人，漆黑的夜里，白雪映亮了他们的脸。我回想起那些男人是如何把两条腿夹得紧紧的，以免在雪地里小便，以免遭受和那些埋在附近雪地里的人同样的命运。

我在这个恐怖的52号区待了两天。他们分配给拿弗他利的工作是将尸体运送到焚尸炉那边。他推着一辆用两块斜木板制成的手推车，车上放着死人。囚犯们被他们当做套在手推车上的马。他们给一个手推车配四名囚犯，两个在前，两个在后，就这样将尸体运送到焚尸炉那边去。有时，很难将运送者和被运送者区分开来。当运送者们推着嘎嘎作响的手推车时，他们几乎站不住。

这些推车的场景对我刺激很大，以至于后来当我听到或者以为自己听到“手推车”这个词时，恐惧感就会莫名其妙地冒出来。在希伯来语中，手推车是agala。获得自由后，我来到了以色列，并在那里学会了诵读《卡迪什》——哀悼亡者的祈祷文。当我读到ba’agala u-vi-zeman kariv这句话时，我肯定agala指的就是布痕瓦尔德集中营里囚犯们推的手推车。后来，我得知《卡迪什》是用阿拉米文写成的，它是一种与希伯来人有关的古老语言，《卡迪什》讲的不是手推车或者死亡，实际上它是在赞颂上帝的伟大。那个被我误解的包含agala的短语的意思是“很快和不久”，是指上帝之国很快将在世上建立。

在52号区停留了两天后，威利宣布我将搬到8号区。和拿弗他利分开是令我难以想象的。自从我们和母亲分开后，我就一直待在他的身边，我不知道没有他的日子会怎样。

经历了那次大屠杀，分离成了我生活中最严峻的挑战。每回当我离开待了一段时间的岗位时，我都要求我的同伴不要为我安排告别聚会，因为我很难应对正式的分离。对我来言，“分离”是现存语汇中最刺耳、最伤人的一个，甚至可能比“死亡”这个词还要糟糕。“死亡”可能是一个可怕的、吓人的词语，但是它仅仅持续片刻。因为我相信灵魂是不朽的，我理解死亡只是穿过走廊进入大厅，从这个世界进入未来的世界。相比之下，“分离”则意味着断裂，对我来说，分离是危险的，我很难面对它。

拿弗他利试图说服我待在8号区对我更有利，只有在那里我才能继续活下去。谁的袖子上有字母“P”，谁就有可能活下去，而我就是那些衣服上佩带着那个字母的幸运儿之一，他补充说，犹太人是根本不允许去那儿的，所以他提醒我不要对任何人说我是犹太人。他答应会去那里看我，然后我流着泪和他分别了。

一道围墙和一个看守把我和拿弗他利所在的集中营分开，他所在的集中营被称为“犹太人集中营”或“小集中营”，而8号区，是在大集中营里，中间没有通道。过了几个小时，拿弗他利站在铁丝网边，叫我的名字。直到那时，我才平静了一些。我明白我别无选择，我不得不搬到靠近集中营大门的新区里。我是住在这里的人中最小的一个，尽管这里也有几个年轻人。有一个叫马戈利斯的犹太人出来进去，偶尔为我和哥哥作中间人，告诉拿弗他利我还活着。这里的大部分囚犯是被纳粹抓来的俄国俘虏。他们热情地欢迎我，我成了8号区的吉祥物。甚至这个区的指挥官对我也不赖。具有讽刺意味的是，他的名字叫威廉·哈曼，和《以斯贴记》里谋害犹太人的恶人哈曼的名字类似。他也许是历史上唯一一个配得上“正义外邦人”称号的哈曼。我想，除了犹太人马戈利斯外，他是这个区里唯一一个知道我是谁的人。我谨记拿弗他利的嘱咐，将我的真实身份严格保密，不告诉任何人。

许多年以后，当我读了集中营囚犯撰写的回忆录后，我才知道集中营里流传着一个传奇故事，一个在布痕瓦尔德集中营还活着一个犹太小孩的传奇故事。尼尔加里姆莫沙夫[①]的泽伊夫·卡茨在他的书《纪念证言》中写道，“我正在干活的时候，有人告诉我一个奇迹，这个世界还没有停止创造奇迹。他们告诉我有一个犹太孩子，他是拉比的儿子，他在布痕瓦尔德，乔装成了一个波兰小孩。”那时候，没有人能想象得到我就是那个孩

① 莫沙夫：是巴勒斯坦地区犹太人的农业合作居住点，是最基层的农业组织单位和行政管理单位。

子，就活在8号区。

他们把我们分开后，我有几周的时间都没有见到我哥哥。我感到孤独无助，而他却要面对一个无法形容的地狱。大部分时间他继续生活在犹太人的“小集中营”里，最初是在52号区，后来在其他的区。他的周围有的只是痢疾和尸体，而我则生活得相对舒服一些。我所在的区里有个囚犯叫费奥多，是一个来自罗斯托夫市的俄罗斯军官，他就是我的守护天使。他常常会偷一些土豆给我做热汤。他从工人那里找到一件深色的打着补丁的毛衣，他把毛线拆了，用自己临时做的钩针给我织了一副护耳。德国人常常在晚上把我们叫出去行军和点名，命令我们摘下帽子。光着头站在德国东北部布痕瓦尔德刺骨的寒风中，我们的耳朵都被冻青了。

每天晚上，睡觉之前，我们14个人就像罐头里的沙丁鱼一样躺在平台上，紧紧地挤在一起，如果有一个人想翻身，那么我们所有的人都不得不和他一起翻身。费奥多会从我的身边经过，检查我是否戴着护耳，这样如果他们为了那该死的点名在半夜里叫醒我们，至少我的耳朵是暖和的。我清楚地记得有几次我戴着毛线护耳站在队伍里时，感觉很幸福。而费奥多站在被点名的队伍里时，耳朵却露在寒风中。

费奥多，这个俄国人悉心地照料着我的日常生活，就像父亲对他的儿子一样。他的关照和体贴给了我安全感，显然这要归因于我仍旧相信人性，即便是在最黑暗和最艰难的时期。美国军队解放集中营的那天，来自不同方向的子弹从我们的头上飞过，有的是来自美国军队的子弹，有的是来自被包围的德国人的子弹。费奥多紧紧地抱着我，用他的身体掩护我。当美国人攻破布痕瓦尔德的大门、开着他们的吉普车进来的时候，他拉着我的手跑到门口。费奥多是我童年时代的英雄。在这样一个剥夺人权的地狱里，他却散发出人性中诚实可靠的光辉。

44年后的1989年初，我终于有机会去了苏联，讲述有关费奥多的故事，并向他表示敬意。当时刚刚开放，就在苏联解体为15个共和国和“铁幕”收起之前。戈尔巴乔夫的顾问建议他与犹太世界建立联系，苏联人还没有完全同意犹太人在国际上提出的“容我的百姓去”的要求，抗议还在继续。苏联政府意识到，国际媒体有关犹太人在苏联受迫害的报道正在干扰他们与西方国家的关系。这导致他们邀请了来自世界各地不同地区的六位拉比到苏联——列宁格勒和莫斯科——进行正式访问。苏联当局决定允许拉比们会见这两个城市里依然存在的犹太人社团，并参观他们的会堂。当时我担任特拉维夫—雅法的首席拉比，在这个代表团里代表最大的犹太人社区。这也为我赢得了当发言人的权利。

我们在莫斯科的阿奇波娃大街的科尔雅科夫会堂见到了几位年长的犹太人。我们问他们，如果苏联政府允许我们在克里姆林宫讲话，他们需要什么，希望我们代表他们说些什么。我们都很清楚苏联犹太人的生存困境和每天面对的问题。然而，在这个会堂里没有一个犹太人要求食物、药品或者出境签证。相反，他们中间最年长的那位宁愿向我们提出社团成员最迫切的要求，那就是恳求他们允许犹太人安葬在独立的犹太人公墓里。当我问他为什么这是最重要的事情时，他回答说："我是一个老人，一只脚已经踏进了未来的世界。但是我有一个女儿和两个孙子，他们都是犹太人。如果我和所有的党员埋在一起，我的孙子们将永远不会问任何问题，而且他们会被同化。但是如果我被埋在单独的一个地方，他们可能会问为什么，我的女儿会告诉他们我是犹太人。这样他们才有机会继续做犹太人。"

我问在苏联是否有独立埋葬区的先例，莫斯科会堂的犹太人告诉我，亚美尼亚社团已经拥有了自己的公墓。我把老人的要求记在了心上。

我们是在5月1日"国际劳动节"那天抵达苏联的，5月3日，我们被邀请去克里姆林宫。按照希伯来历，那天是尼散月的28日，前一天是以色列的大屠杀烈士和英雄纪念日。作为代表团的发言人，我上台讲话。在感谢了苏联人的热情接待后，我突然想起了这个日子。我向会议主持人——最高苏维埃主席团书记田吉兹·门特沙什维利致辞。"门特沙什维利同志，今天是我的44岁生日。"我宣布。他注视着我，面容僵硬。他真的对我有多大年龄不感兴趣，尽管如此，我还是继续说下去。我解释说，事实上我52岁，但是我仍然要把这一天当做44岁生日来庆祝。那时，我想，他一定认为我有点精神错乱，但是我依然继续讲着自己的故事。

"按照希伯来历，今天是尼散月28号，昨天是我们的大屠杀纪念日。当美国军队解放布痕瓦尔德集中营时，我是那里的囚犯，如果不是有一个人紧紧地抱着我、用他的身体保护我，我很可能已经死在美国人和德国人的枪林弹雨中了。我只知道他是一个非犹太族的俄罗斯囚犯，他的名字叫费奥多，来自罗斯托夫。门特沙什维利同志，我想告诉您的是，在布痕瓦尔德的那些恐怖的日子里，俄国人民和犹太人民肩并着肩，与纳粹斗争，与撒旦斗争，与邪恶斗争，与屠杀无辜者的行为斗争。从解放那时起，我会在这一天庆祝我的生日，因为如果不是费奥多这个俄国人，生命对我来说毫无价值可言。44年前的这一天，八岁的我获得了重生，很大一部分原因是由于费奥多的存在。如果我们能想方设法地在那些困难的日子里合作，我们今天为什么不能继续这么做呢？我们此次访问的目的就是联合你们的力量与邪恶作斗争，与仇恨作斗争。我想让您知道我们有许多共同之处。”

其他和我一起来的拉比并不知道我的故事，他们告诉我，当他们听到我向苏联领导人讲述这个故事时，他们感动得热泪盈眶。门特沙什维利从桌子上拿起一支笔。他的一个助手递给他一张黄色信笺纸，这位领导人用斯拉夫字母写道：“罗斯托夫的费奥多”。

第二天，苏联政府机关报《消息报》上刊登了一篇有关拉比代表团来苏联进行正式访问的文章。在另一页上，他们刊发了一则公告：“有位名叫费奥多的男子，原籍罗斯托夫，于1945年4月11日从布痕瓦尔德集中营获释，凡认识费奥多者，请按照此处列出的号码给克里姆林宫打电话。”我没有听到有关这条公告的任何反馈信息，其他想要找到他的尝试也没有获得成功。但是讲述有关费奥多的故事，打破了克里姆林宫红木桌上的僵局，我也因此与门特沙什维利的班子成员进行了一番友好的交谈。那时，我向苏联领导人提出了犹太人的要求，希望能给犹太人一个单独的墓地。通过翻译科里尔，门特沙什维利问我是否知道在苏联有过此类的先例。他猜想我在提出此等请求之前已经作了这方面的调查。我以自信的口吻告诉他，亚美尼亚人有单独的墓地。他认真地听着，拿起了他写“罗斯托夫的费奥多”时用的那支削得尖尖的铅笔，他轻轻地拍了一下桌子，然后用洪亮的声音宣布：如果是这样，那么我们不会区别对待！如果亚美尼亚人有，那么犹太人也应该有。同时，他又说：“今天是5月3号，对吗？1989年的9月1日，我们的教育部长亚历山大·亚古丁将宣布，和其他少数民族一样，犹太人将享有送他们的孩子到任何一所他们想去的学校的权利。尊敬的拉比，您向我谈了有关墓地的事，在这儿我也承诺解决犹太人上学的问题。”

这完全出乎了我的意料。我没有期待得到如此盛情的称赞，我真是万分高兴。在我的想象中，那个会堂老人梦想的墓地已经变成了现实。

那个布痕瓦尔德的俄国军官费奥多的故事，消除了我们的拉比代表团和苏联领导人之间的壁垒。我们在布痕瓦尔德分开这么多年以后，费奥多间接地做出了贡献，幸亏有他，苏联犹太人才得到了自己的教育系统和墓地。我很怀疑他是否知道自己与这个成就有关。然而，在布痕瓦尔德集中营那段可怕的日子里，他一定知道，我之所以能在8号区活下来，主要归功于他。

尽管我是一个“波兰小孩”，而且拥有救命的字母“P”，但每天的生活还是很艰难。然而，在黑暗之中，我坚持要看到眼前的那么几点光亮。时常在我脑海里闪现的一幅场景是拿弗他利经常来到围住我们营区的铁丝网前。每一次他来看我，看起来都比前一次糟糕——越发憔悴，更加瘦弱。我，路雷科，他的弟弟，会给他一片涂着黄油的面包，那是我特意为他小心翼翼地保存起来的。我回想起自己带着极大的满足感看着他啃那片薄面包。我为我的成功感到骄傲——我为我的哥哥得到了一片面包，我可以让他吃到东西，也许是因为我，他才少掉了一点肉。我甚至想为他弄双鞋，但是没有成功。

尽管我的身份是一名非犹太的波兰小孩，但是拿弗他利不断地向我通告集中营里犹太人之间发生的事情。因为我太小，还没有时间了解犹太教，有关风俗习惯和节日的知识也非常有限。

随着逾越节[①]的临近，拿弗他利和他的朋友们决心在节日期间无论如何也要避免吃任何有酵的食物。尽管这样的食物就是每天配发给他们的3.5盎司的面包，但是遵守逾越节的规定对他们来说很重要。几个月前，在1月初，他们就开始收集土豆做准备。他们把安排告诉我，并试图向我解释这么做的意义。1月份以前，囚犯们就已经组织了一场土豆交易会：三个土豆的价值相当于每天配发的面包。但是当节日临近时，交易规则发生了变化。我当时不过逾越节，主要是因为我对它一无所知。有一天，虚弱的拿弗他利拖着腿，向8号区走来，站在铁丝篱笆旁边。听到他用微弱的声音叫我的名字，我赶紧跑了过去。他从口袋里拿出几个土豆，并解释说他不能随身带着它们，因为这些土豆打扰他向焚尸场运送尸体的工作，所以他把为逾越节准备的东西给我带来了。他要求我仔细看好它们。然后他第一次向我解释，为什么土豆如此重要，另外他还说了一些严禁吃有酵食品的话。我用生命保护着那些土豆。

① 犹太民族和犹太教三大节日之一。在希伯来历尼散月15–22日举行。犹太教视为获取自由的节日。

与此同时，当我哥哥和他的朋友们为迎接逾越节收集一个又一个的土豆时，普林节[1]到了。很久以后，我才听说了在集中营里庆贺普林节的故事。

像逾越节一样，布痕瓦尔德的犹太人决定尽全力庆祝普林节。他们无法履行“设筵欢乐，彼此馈送礼物，周济穷人”等戒律，但是他们试着诵读《以斯帖记》。没有人有那本《弥基拉》，但他们不愿意承认失败。在普林节的前几天，一些年长的犹太人在集中营里开了一次会。他们下决心摆脱掉失望情绪，试图在记忆里重构《弥基拉》。每一个人把他们记得的句子写下来，然后由这个区的长老会成员试着重新安排文本的合适顺序。

每一个人都回忆起最重要的句子，例如：“在亚哈随鲁作王”“犹太人有光荣欢喜快乐而得尊贵”“书珊城有一个犹太人，名叫末底改”“末底改不跪不拜”。他们用木炭在从装有小米的麻布袋里搜出来的黄纸上写下这些句子。普林节前夜，布痕瓦尔德的犹太人读着临时拼凑的经卷。他们不能诵读感恩祷文，因为经卷不完整，而且没有写在羊皮纸上，因此不符合律法的要求。尽管条件简陋，他们仍旧凭着从记忆深处挖掘出来的句子，成功地营造出了传统的普林节氛围。那晚活动的尾声，犹太人唱起了充满象征意味的诗句：“雅阿可夫的出现令我们欢喜雀跃……/你永远是每一代人的救星和希望/……所有对你寄予希望的人都不会感到羞愧/所有信任你的人将永远不会受辱。”当他们唱到“诅咒哈曼吧，他企图毁灭我”时，没有人怀疑这句话指的是谁，而且这句“神圣的犹太人末底改”鼓舞着我们，给予我们巨大的希望。

那个受限制的节日庆祝会过后，第二天黎明时分犹太人又被迫出去劳动了。他们中的有些人就连走路也成了问题。那些跌倒的人被埋在雪地里，要不然就被乌克兰看守用步枪的枪托击打头部，这样他们就再也站不起来了。告诉我在布痕瓦尔德庆贺普林节的情况的犹太人，也谈到了一个叫亚伯拉罕·以利叶胡的古尔哈西德派教徒。他成为我童年时的另一个英雄，我每次想起他都备感亲切。他是一个宽肩膀的高个子男人，属于那种我们称之为“真正的歌利亚[2]”的类型，强壮有力，走起路来与众不同。不像大部分犹太人，他走着去工作没有任何问题，他总是身板挺得直直的，

---

① 普林，原意为“签”，故此节意译为“签节”。《以斯帖记》载：波斯王的大臣哈曼曾抽签择定阿达月13日屠杀犹太人，后来犹太人化险为夷，故犹太人以该月14日为节日。

② 巨人。

信心十足的样子。从营房出来时他没有做先锋，而是坚持殿后，一路上，他搀扶着那些走路困难的人。“亚伯拉罕推动者”“亚伯拉罕助推者”，他们总是用意第绪语这么称呼他。他用右手扶起体弱的人，用左手撑起弯腰的人，用胸膛推着他们前进。如果看见他的犹太同伴摇晃着要摔倒，他就赶紧抓住他，推他一把，让他自己继续向前走。他是一个公认的了不起的人物，就连乌克兰人都很钦佩他。

在普林节前夕过去的那天，读完了大家临时拼凑的经卷后，亚伯拉罕还和往常一样，推动帮助着那些步履蹒跚的犹太人。非常尊敬这位硬汉犹太人的乌克兰看守再也忍不住了，他在亚伯拉罕的耳边悄悄地说了两句话：“希特勒走了，希特勒完蛋了。”没到一分钟，这个消息便像野火一般从亚伯拉罕·以利叶胡所在的队伍后端一直传到了前面。最虚弱的那个“穆斯林人”立即挺直了腰，不用人扶着就开始走了起来。队伍的中间，有个人开始咕哝，随后，其他人也加入进来。“诅咒哈曼吧，他企图毁灭我/雅阿可夫的出现令我们欢喜雀跃。”那晚的歌声一直持续到第二天早晨，这大概是解放前一个月的事情。这是唯一的一次犹太人在去布痕瓦尔德劳动的路上也在唱歌。

犹太人还在布痕瓦尔德摆下了逾越节家宴。他们凭着记忆一遍又一遍地唱着节日歌曲《Karev Yom》：“这一天就要临近，没有白天或黑夜/他已经派人守护你的城市，日日与夜夜/夜晚的黑暗将被白天的光线点亮。”他们没有哈加达[①]，也没有无酵饼。在他们中间仍然看不到有酵的食品——只有土豆。在集中营这么艰苦的条件下，犹太人还是竭尽所能地保护着他们的犹太教。

4月初的那几天，我们听见炮声响起又落下。流言四起，战争就要结束了，纳粹被打败了，有希望了，也许我们还有机会活下去。8号区的居民对这种希望更有把握，因为与其他人相比，他们的生活条件相对舒服一些。我们每隔一天就能领到一杯汤，我们挨打的次数少些，我们也不需要像集中营的其他居民那样被迫劳动。我知道如果不是被转到8号区，我也活不下来。

德国人计划在战争结束前从集中营撤走，用火车把囚犯们转移到其他地方去。拿弗他利也被列到乘坐这些火车的囚犯名单里。离开之前，他来

① 犹太教讲解《圣经》用的各种传奇轶事。

和我道别。我知道，通知我他们要把他带走，对他来说很重要。他离开队伍拖着腿向我所在的区走来会给他带来危险。这是他第一次看见纳粹党卫军的军官站在我们区的门口，这在他的脑子里亮起了一盏红灯。他想德国人将要像他们对待其他集中营居民那样把8号区的人也一并除掉，或者至少会杀掉其中的那几个孩子。

尽管有党卫军军官在，拿弗他利还是没有放弃和我道别的打算。他寻找着安全的见面地点，他绕到这个区的后面，那里没有党卫军。他用剩下的一点力气喊着我的名字。他只和我讲了一分钟，但从他嘴里说出的每一个字都刻在我的脑子里，就像是他的临终遗言。

“路雷科，”他说，“他们要带我走。我希望，但是我不能保证，我们什么时候还能再见面。他们带我们去的地方没有回来的路。你现在是个大男孩了，再过几个月就八岁了。我不能也不会向你隐瞒事实真相。我看我没有机会从这个地狱里逃走了。这是世界末日。我们失去了父亲，他们也带走了米雷科，我也不知道母亲那边发生了什么事。她可能无时无刻不在挂念我们，念叨着我们，但我不能确定她还活着。现在他们也要带走我，就剩你一个人了。我看见你在这儿有朋友。哈曼，这个区的指挥官，他是个好人。费奥多喜欢你，马戈利斯也会关照你一点。也许会有奇迹发生，你还能继续活下去，所有这些都将在某一刻结束。我过来告诉你，世界上有一个地方叫以色列地。说‘以色列地，以色列地’，再跟我重复一遍。”

我一句希伯来语也不会说，但是我重复着这个词——以色列地——我并不理解它的意思。拿弗他利解释说：“以色列地是犹太人的家园。很久以前，外来民族把我们从那里赶出来，现在我们必须回到那里。这是世界上唯一一个不杀犹太人的地方。如果你还活着，你一定会遇到想带你和他们一起去别的地方的人，因为你是个可爱的小孩。但是，你不要去任何地方。记住我说的话，只能去以色列地。我们有个姑父在那里。”

拿弗他利指的是沃格尔曼拉比，他曾经是卡托维兹的拉比。1940年他逃到了以色列，成为基雅特莫茨金的拉比。但是拿弗他利没有告诉我详情。他只是提到我们有个姑父，他继续说道：“我们在以色列地的姑父一定想了解我们的情况。在你获救并到达以色列地时，报上你的名字，说你是彼得库夫劳拉比的儿子。把你知道的都说出来。他们应当会根据你的名字帮你找姑父。那样他就能找到你了。再见了，路雷科。记住，以色列地。”

他就对我说了这么多。他朝着集中营大门的方向走去。我望着他的背影渐渐远去，直到完全消失在我的视线里。拿弗他利回忆说，他走得越来越远，但是仍能听到我不停的哭泣声。

德国人把每一个人带出营区，再把他们转移到门口。他们不会在这儿留下活口，让这些囚犯成为他们所犯暴行的见证人。然后他们把这些囚犯装上火车。事实上，这些上火车的人再也没下来。解放后两个星期，美国人发现了一列废弃的火车，车厢里有几百具尸体。布痕瓦尔德囚犯的尸体。拿弗他利还留在站台上，因为火车没有足够的空间装下所有的囚犯。德国人将剩下的人带到一个曾是木工房的建筑物里。他们要在那儿等着，一直等到下一趟火车到站。拿弗他利想找机会逃跑。他打破窗户，从三楼跳到了集中营内。

尽管作了这样的尝试，4月5号那天，他发现自己还是和其他几十个同样试图逃跑的犹太人挤在了一列火车里。他决定在火车开动时从火车上跳下去。快一个星期了，他的力气在减弱，但强大的使命感推着他向前。他听见母亲的声音在耳边回响，那是1944年11月母亲对他说的话："照看好这个男孩。"他听见1942年10月的时候，父亲要他救路雷科，这种责任感促使他屹立不倒。他在森林和田野里穿行了很长时间，直到返回集中营的门口。他用最后的一点力气爬到8号区，而后瘫倒在一边。两个小时后，1945年的4月11日，美国人的飞机降落在布痕瓦尔德附近。美国人将拿弗他利送进医院，他在那儿被隔离了起来。我所在的营区有个人带我去看他。他的样子把我吓坏了，但是我很高兴他还活着。我听说他患上了斑疹伤寒。每天我都到他床头的窗户边，这样我们就能看到对方。他恢复得很慢，后来我得了麻疹。

我的哥哥拿弗他利是我心目中真正的英雄。生命中的每一天，我都会看到那一幕，拿弗他利从死亡列车上跳下去，不是为了救自己的命，而是因为他把我——路雷科——一个人留在了布痕瓦尔德集中营的8号区。他的耳边响起母亲在1944年11月对他讲的话，那时她在彼得库夫喧嚣的火车站把我投入他的怀中："图雷科，照顾好路雷科。"是父亲的命令让我们代代相续。拿弗他利肩负使命，他不允许自己失败。这个使命帮助他活了下来。他忍受了长时间的失眠、饥饿和疾病，这使他对生命失去了所有的兴趣。但是，他知道他不能消沉，他不能放弃。

我想用拿弗他利自己的话来结束这一章，这段文字是他撰写的《巴兰的预言》一书的结束语。

"50年来，我一直肩负着父亲在特雷布林卡去世前交给我的任务。他把看护一个瘦弱小孩的重担交给了我，那个孩子五岁了，但是看起来只有三岁或者更小。那三年，我给我的弟弟伊斯雷尔·梅厄（或路雷科，我们都这么称呼他）既当妈又当爸，我既是他的监护人，又是他的保护人。我经常感到绝望向我袭来，无助地将我抛向毁灭。我想是我父亲赋予我的使命让我活了下来，我要保证弟弟的安全，确保我们家族的拉比传统继续下去，正是这个使命给予了我坚强的意志，让我继续为我们的生活战斗，而不是向降临在我们家族其余人身上的可怕命运屈服。"

"1993年2月21日，即希伯来历阿达尔月的第一天，我和我的弟弟站在耶路撒冷的西墙[①]前，对于犹太人来说，这里是世界上最神圣的地方，我们一起诵读午祷文。48年前，当我们第一次到耶路撒冷的时候，我们就站在同一个地点。那时，年轻的伊斯雷尔·梅厄盯着墙上的石头，并不明白他看到了什么。这次，他却在祷告，就在以色列最高拉比院开始选举前的两个小时。我的弟弟，从死亡集中营的灰烬堆里站起来的弟弟当天被选为以色列国的首席拉比。我近距离地看着他，感觉泪水从我的眼眶里涌出。离开西墙的时候，我感到一种彻底的解脱，好似一副重担从我的肩膀上和意识中卸了下来。最终，我完成了这个几乎不可能完成的任务。"

① 犹太教圣地。第二圣殿护墙的遗迹。因犹太人常在墙前哀悼哭泣，故又称"哭墙"。

第5章 解放

天黎明了，容我去罢

1945年4月11日，布痕瓦尔德解放的那天，我如一片随风飘落的叶子蜷缩在8号区。我唯一的想法就是活下来。我嚼着收集来的土豆皮，直到它们成为回忆。我蜷缩在一个藏身之所，希望没有人会发现我。我知道外面正在发生着什么。人们到处都在谈论着解放，但是我们不知道谁是解放者——美国人还是俄国人？每个角落里都有人在窃窃私语，担心即使是俄国人或者其他人来了，我们还是无法确定是否能获得解放。由于年龄小，我了解不到详情，但是我感受到了那种气氛，获取了只言片语的信息。费奥多，这个保护我的俄国囚犯，他说他担心在解放者到来之前，纳粹恶魔会意识到他们不会有什么损失，于是把我们全都除掉。当参孙拉倒他和他的敌人所在的大厅的柱子之前，他大声地喊叫“我情愿与非利士人同死”。不过，费奥多一定不知道这种表达方式。

这个荒谬的想法钉在我的脑子里，我告诉自己只要挺过了这最后的几天，我们的救世主就会到来。外面炮声隆隆，震得我们的营区摇摇晃晃。这些爆炸声一定是某种不同寻常的行动的标志，但是我无法领会其中的含义。我只能感受到身边人的紧张情绪、不停的耳语和强烈的期盼。

解放的那天早上，我站在8号区的院子里，那里靠近集中营的大门。囚友们在外面漫无目的地转来转去，这是一幅非同往常的景象。他们不顾集中营的严格规定，那天早上他们没有去干活。在“平常的”日子里，这种事情是不可能发生的，因为布痕瓦尔德的纪律是铁定的。然后有一天，一切都土崩瓦解了。巨大的规则塔倒塌了，摔成碎片，就好像这些规定从来就没有存在过。

几架飞机在集中营的上空盘旋。每绕一圈，都仿佛越降越低，好像飞行员想要看清那个黑暗扭曲的地方发生了什么。

在我的心中，解放是和这些飞机以及周围人们的反应连在一起的。每次只要有一架飞机在我们的头顶盘旋，站在院子里的人们就会挥动他们的帽子，用嘶哑的声音喊着“万岁！万岁！”我不明白他们为谁欢呼，为何欢呼，但是我感觉到了他们想要表达的强烈的喜悦之情。

后来有传言，美国人的吉普车正在冲破大门，进入布痕瓦尔德集中营，一切都清晰起来。拿弗他利在《巴兰的预言》一书中这样描述当时的场景:“六个士兵从吉普车上跳了下来，有几个人摘掉了钢盔，吃惊地看着我们。我扫了一眼站在我身边的几十个囚犯的脸，他们和我一样惊奇。我们都盯着那六个士兵，其中有一个是黑人。我们知道他们就是我们等待已久的救世主。”

那六个士兵扔给囚犯们一些糖果和香烟，然后转身回到他们的吉普车里消失了，将剩余的工作留给随后步行而来的整装部队。

我们的苦难结束了。刹那间，刻在大门上那句傲慢的话——“每一个人都听天由命”失去了力量。这句话不再可怕。几秒钟的时间内，留在8号区的人们走了出去，他们要亲眼看看传言是不是真的，大门是不是已经被攻破了。

紧锁了六年的大门，突然间向自由敞开了。一个全新的生活，一个完全不同的世界开启了，伴随而来的是一种强烈的重新开始的感觉。

在这激动的时刻，突然从哨塔上传来一阵枪炮声。一发炮弹击中了集中营大门上的时钟，将指针停在了3点15分。许多年以后的1991年1月，我参观了这座集中营，当时它还属于东德管辖。令我惊奇的是，我发现那个时钟的指针仍然停在3点15分上。我问导游他们为什么不修修这个时钟，把它调到正确的时间。他的回答简单且意味深长，尤其是对于我来说。“这个时钟的时间停在1945年4月11日，布痕瓦尔德解放的那一天。从那时起它就作为提醒物和纪念一直这样保存着。我们是故意让它这样坏着的。”我凝视着时钟和它冻住的指针，思绪又被吸回到我在布痕瓦尔德度过的童年时光，我回想着从解放那时如一片落叶的我直到如今所走过的漫长的道路。

作为一个成年人，我继续参观集中营，我到了酷刑室，这里有厚厚的墙壁和一扇用铁片遮住的小窗户。我从远处看见深深地刻在混凝土窗台上的字母。我走到窗户前，认出了那五个希伯来字母，它们组成了一个意第绪语单词——复仇。那个受尽折磨的犹太人得有多大的决心才能仅凭他的双手把这些字母刻在坚硬的混凝土里啊。

我被这一发现感动了，我能感觉到，在这个犹太人最后的日子里，能量和难以置信的力气凝聚在他的身上。我能感受到他的痛苦，以及他想把“向纳粹的暴行复仇”留赠给犹太伙伴们的决心。恐怖过去了多年，我作为以色列国的官方代表再次站在了布痕瓦尔德的土地上，我凝视着那几个深深地刻在混凝土里的希伯来字母，一滴泪从我的眼角流出。

1945年4月的解放日那天，我和其他许多人像决堤的洪水般涌向大门口。费奥多紧紧抓住我的手，尽力地保护我。不知道为何，我松开了他的手，或许是人群把我们分开了。不管怎样，反正是我一个人朝着铁门跑去。

那时，我还不到八岁。对于那天发生的许多事我并不直接地记得，而是几十年后通过他人的转述才得以了解。

后来很多人向我讲述了解放日那天发生的事情，其中的一名男子来自内坦亚。1978年，这座以色列海滨城市的领导希望我响应号召，竞选那个城市的首席拉比。当时我41岁，还比较年轻，怎能担当如此重任，而且内坦亚是当时以色列的第六大城市。但是人们还是认为，我赢得选举的机会很大。我参加了一次会议，出席会议的有当时的市长鲁宾·克利格勒、市政官员和内坦亚劳动党的领袖们。我告诉市长，如果我当选，作为拉比世家的后人，我将追随祖先的足迹。[①]

我和市长以及他的班子成员交谈了四个小时。从始至终，一个头发花白卷曲的男子始终坐在我们身边，却没有开口讲话。

---

① 在我告诉市长我的父母是谁以及我的家乡在哪儿之后，我问他是从哪儿来的。“波兰东部的加里西亚，”他回答道，“我的父亲是利沃夫人，我的母亲来自克拉科夫。”“那您来自哪里？”我继续问。市长试图回避我的问题，解释说那是一个小地方，我不会知道那个名字的。我给他施压——即使是个很小的镇子，也应该有它的名字和身份，我争辩道。他让步了，说他出生在普洛维兹内。我告诉他，我的一位祖先，大卫·哈列维·西格尔拉比，曾在那个镇子担任过拉比（详见第20章）。“我的祖先曾是您家乡的拉比，而现在他的后人可能会成为您的城市的拉比。”我说。市长被深深地感动了，说他小的时候，父亲曾经带他去过西格尔拉比的会堂。

就在我起身握手想要离开的时候，这名男子开始对着我和其他人说："朋友们，尊敬的拉比，在我们散会之前，请允许我说几句。一会儿你们就会明白我为什么一直都没有开口讲话。不是因为我对内坦亚历史上的首次首席拉比选举不感兴趣。相反，我对此非常感兴趣，这就是我保持沉默的原因。坐在劳拉比面前的这几个小时里，我又重温了1945年的4月11日。我是从家乡萨喀被驱逐到臭名昭著的布痕瓦尔德集中营的。4月11日那天，美国飞机盘旋在集中营的上空。囚犯们，其中也有我，顿时冲出了营房。我们本能地跑向大门口，期盼着从这个待了六年的地狱里解放出来。我们正跑的时候，身边突然响起一阵枪声。我们不知道是谁开的枪，枪从哪儿打来的，为什么要开枪，或者发生了什么事。我们只知道我们的生命处于危险之中。

"奔跑的人群中有一个小男孩。后来，我得知他的名字叫路雷科，他还不到八岁。我知道布痕瓦尔德的任何一个孩子一定是犹太人。我跳到他身上，把他扑倒在地，然后趴在他身上，以防他被子弹击中。而今天，我看见他就在我的面前，他还活着，而且活得很好。劳拉比就是那个路雷科，那个来自布痕瓦尔德集中营的男孩。"

"现在我向大家宣布，我，大卫·阿尼勒维奇，从那场浩劫中得救，加入过帕尔马奇前国家武装部队，现担任以色列一个城市的副市长。如果我有幸见到这个我曾经用身体保护过的孩子，成为我的精神领袖，那么我要对你们说，"他用力地拍打着桌子，以至于玻璃都在晃动："上帝与我们同在。"在场的人都惊讶得说不出话来，也包括我在内，我以前从来没听说过这个故事。大卫·阿尼勒维奇热情地拥抱了我，我们分开时什么话也没说。接下来的九年，我担任了内坦亚的首席拉比。

大卫·阿尼勒维奇从枪林弹雨中救出了我，而我对此甚至一点也不记得。我还记得在我和费奥多分开后，子弹的呼啸声和大炮的轰隆声平息后，集中营的大门口处是堆得高高的尸体。

我还记得美国士兵走进集中营的大门。后来我得知他们是美军部队乔治·S·巴顿将军的属下。我回想起他们看见这些身着条纹制服、骨瘦如柴活像稻草人的"穆斯林人"的脸、尸体以及枪林弹雨过后地上的血泊时的表情。德国人用他们剩下的子弹向路上看到的每个人射击。我看见士兵们愣在那儿，震惊得说不出话来。我也呆住了，被进入集中营的新部队吓呆了。我不知道他们是我们的朋友还是敌人，于是我藏到尸体堆的后面。

美国第三陆军师的牧师是赫歇尔·夏科特拉比。他后来成为美国主要犹太组织主席会议的主席，他经常提起我们第一次见面的情形。

身着陆军服的夏科特拉比从他的吉普车上下来，站在尸体堆前。许多人还在流血，一些人在痛苦地呻吟着。突然，他看见了一双眼睛，睁得大大的，那个人还活着。他吓了一跳，凭着一个士兵的本能，他拔出了手枪。他开始慢慢地、仔细地绕着尸体堆转。然后——这一点我记得很清楚——他偶然间看见了我，一个小男孩，正在尸体堆后面睁大眼睛盯着他。他的脸上露出惊讶的神情：在这个杀人的战场，在一片血海之中——突然，一个小孩出现了！我没有动。但是他知道这个地方的小孩一定是犹太人。他把手枪放入枪套里，然后用双手抓住我，将我揽入他那父亲般的怀抱里，而后又用胳膊将我举起。他用带着浓重的美国口音的意第绪语问我："我的孩子，你多大了？"

我看见泪水从他的眼中流出。我仍然习惯性地时刻保持警惕，谨慎地回答道："这有什么关系？反正我比你大。"他破涕为笑，然后又问道，"你为什么认为你比我大呀？"我毫不犹豫地回答："你又哭又笑，像个孩子，而我已经很久没有笑了。我甚至都不哭了。所以我们两个谁大？"

然后，他向我介绍自己，谈话的气氛很轻松。夏科特拉比问我是谁。"从彼得库夫来的路雷科，"我回答道。

"那你的家人都是谁？"他询问道。

"我父亲是彼得库夫的拉比。"

"就你一个人在这儿，父亲不在身边吗？"

"我没有父亲，也没有母亲。但我有一个哥哥。他倒下了，病倒了，就在这个集中营里。"

当夏科特拉比告诉我他听说过我的父亲时，他完全赢得了我的信任。他还听说过父亲的表哥梅厄·沙皮拉拉比，知道他是卢布林的拉比，他发起了犹太律法学习的"每日一页"计划。这让我很激动。

然后，这位美国拉比牵着我的手，带我在营区里转，宣布解放的消息。有些地方是我们一起进去的，另外一些地方，是他单独进去的。我记得躺在里面的人，目光呆滞地看着我们。他们甚至没有力气从铺位上站起来。这些人不在那些能跑到集中营大门口并高喊"万岁"的人之列。美国拉比用意第绪语大声地喊道："犹太人们，你们解放了！"囚犯们用怀疑的目光盯着他，好像在问："站在这里、身穿制服、用意第绪语尖叫的疯子是谁？"

的确，这是一幅奇怪的、超现实主义的景象。骨瘦如柴的囚犯们趴在木板上，眼前站着赫歇尔·夏科特拉比，这个腰板挺直、身强力壮的传递救赎消息的使者。这些犹太人仿佛先知撒迦利亚描述的从火堆里拨出来的余烬。

在看完所有的铺位后，夏科特拉比帮我找到了拿弗他利。我们去了布痕瓦尔德医院，我哥哥在那儿接受了伤寒病的治疗。"我是赫歇尔·夏科特，"他向拿弗他利介绍着自己，"我是解放布痕瓦尔德的那支部队的随军拉比。"他从包里取出几瓶橘子罐头。"我知道你是谁，我会帮助你，一切都会好起来的。"他安慰着拿弗他利，最后他说了一句祝福的话。"祝贺你！我们已经从奴役走向了自由。"他指的是《出埃及记》里的故事。拿弗他利认为赫歇尔·夏科特拉比是解放后第一个给他安慰的人，他说是这位拉比恢复了他对自己和人类的信心。

多年以来，我一直认为我似曾记得的和夏科特拉比见面的一些细节是我八岁时想象的产物。但在许多年以后，我的记忆被证实了。我收到一份来自美国的邀请函，让我在大屠杀幸存者创立的华沙隔都抵抗组织举办的一次会议上讲话，纪念布痕瓦尔德集中营解放38周年。这次会议将于1983年4月11日在马里兰举行，那儿离白宫大约有一个小时的车程，这次会议的主要目的是强调美国军队解放了布痕瓦尔德集中营。当时的美国总统罗纳德·里根和他的夫人南希也作为贵宾出席了那次会议。大约有22000人被邀请参加了此次典礼，其中包括我的哥哥拿弗他利，他是以色列驻纽约的总领事；本雅明·内塔尼亚胡，当时的以色列驻美国使团副团长；吉迪恩·豪斯纳，亚德瓦谢姆大屠杀纪念馆馆长；以及杜夫·史兰斯基，以色列总理梅纳赫姆·贝京的办公厅副主任。代表布痕瓦尔德幸存者的，除了我和拿弗他利以外，还有作家伊利·威塞尔。他和我们一样，曾经是那个集中营的囚犯，解放以后他去了法国。我向典礼的组织者——美国大屠杀幸存者协会的主席询问，他是否想要我发表讲话。他要求我向观众讲述和夏科特拉比见面的情形。然后他笑着说："我会给您一个惊喜。"

美国海军军乐团演奏了一支熟悉的歌曲，那曾经是一首游击队的赞歌，这是在给我上台的信号。大厅里光线昏暗，我开始登上台阶走向舞台时，一只聚光灯给我照路，接下来聚光灯从我这边移开，朝着讲台的方向移动，把焦点对准站在那里的一个人。我立刻认出了他——那是赫歇尔·夏科特拉比。投射在他身后墙壁上的是我儿时的一幅巨型照片，照片上的我手握步枪，解放后正准备离开布痕瓦尔德。

“突然，我看见尸体堆后面有一双眼睛在偷偷地看着我，”夏科特拉比唤起了我38年前的记忆。“我把他拉了出来，情不自禁地流下了眼泪。然后我问他：‘孩子，你多大了？’他回答说：‘我比你大。因为你又哭又笑的，像个孩子，而我已经很多年不笑了。我也不会再哭了。’”

人们被他讲述的我们在布痕瓦尔德见面的故事深深地感动了。里根总统握着我的手，眼含热泪，声音哽咽地对我说：“我想和这个活着的传奇握手。”

集中营解放以后，我在布痕瓦尔德暂留了一段时间。布痕瓦尔德位于魏玛市郊，是歌德和席勒的故乡。具有讽刺意味的是，这个集中营离德国文化的摇篮——德国国家剧院——很近，走路只需10分钟。解放以后，乔治·巴顿将军决定邀请魏玛居民参观集中营，坚持让他们亲眼见识一下这里的恐怖。

我正在集中营里闲逛，自由且无所畏惧，这时我看见了魏玛居民，他们大部分是妇女和老年男子。突然一辆指挥车停在我身旁，一个高大的美国士兵把我抱进车里，让我坐在他旁边。他一只手抓住我的脚后跟，另一只手抓住我的肩膀，将我高高地举在半空，用德语向魏玛居民大声喊道：“你们见过这个小男孩吗？这就是你们在过去六年里与之斗争的人。因为他，你们发动了一场世界大战。他是国家社会主义的敌人，是纳粹的大敌。一个可怜的波兰男孩！你们杀了他的父亲和母亲，你们差点也把他杀死！你们追随元首——是为了这个吗？你们盲目地追随他崇拜他——是为了这个吗？”女人们啜泣着，我的心中却充满了骄傲。举起我的美国士兵向我无比憎恨的德国人发出了热情的劝诫。他是在代表我发言，代表我的父母，事实上，他也代表了整个犹太民族。

回想起来，这段插曲就像是引导我生活的指路明灯。多年以后，当我成为以色列的首席拉比时，闻名世界的职业篮球运动员卡里姆·阿布杜尔·贾巴尔访问了以色列。他原名费迪南德·刘易斯·阿尔辛多·贾巴尔，出生在一个基督教家庭，但是他在1971年受到马尔科姆·X的启发，皈依了伊斯兰教。在准备出发为某家体育用品公司做宣传之前，他在美国举行了一次记者招待会。让我感到惊奇的是，他宣布在以色列期间，打算拜见首席拉比——劳拉比。他解释说，他父亲的一位密友是解放布痕瓦尔德的一名美军战士。“这位朋友，”这位篮球运动员说，“是个巨人，像我一样。他用胳膊把一个小男孩举起来，并把他指给德国人看，指责他们把这个小男孩当成自己的敌人，他们无情残忍地与之斗争。”50年来，卡里姆说道，父亲一直追寻着这个小男孩的足迹，他们得知他已经成为以色列一名非常重要的拉比。“我的父亲，”他告诉美国记者，“是一名虔诚的基督徒，但是由于健康原因他无法拜访圣地。当他听说我这次旅行将要在以色列停留时，他要求我去见这位拉比，并希望得到他的祝福。”

这位著名的湖人队球员卡里姆·阿布杜尔·贾巴尔信守诺言，来到了以色列的首席拉比办公室，热情洋溢地拜访了我。

伴随这个故事的图片报道在美国激起了强烈的反响，有些人仍然拒绝承认美国黑人士兵在解放欧洲集中营中所起的作用。当我多次在以色列以外的国家讲述这个故事后，我也多次受到种族主义组织美国三K党成员的恐吓。他们谴责我编造故事，并坚持认为黑人不应该被当做救世主来尊重。①

在接受《国土报》记者采访时，卡里姆描述了我们在耶路撒冷我的办公室里会面的情形。在表达了他对我们这次谈话的强烈兴趣和他所受到的热情接待后，这位黑人运动员解释了他与一个大屠杀幸存者见面的重要性。“如今的美国黑人，”他阐明，“并不了解那些通过‘地下铁路’逃亡的奴隶们的经历，因为我们没有和任何当事人聊过。不过，我有机会和一名恐怖事件的幸存者进行了谈话。我感到非常荣幸，而且受到了热情的接待。”

这名黑人士兵不是唯一一个对我特别关注的人。许多美国士兵都对我

① 2004年5月，卡里姆·阿布杜尔·贾巴尔和安东尼·沃尔顿共同撰写出版了《战友：761坦克营史诗故事，“二战”中被遗忘的英雄》一书。这本书讲述了一个士兵全部为黑人的美国坦克营的故事。在欧洲的183天里，坦克营与纳粹进行了激战。他们在达豪地区战斗，并解放了毛特豪森和甘斯基尔申集中营。1992年在美国播放的一部纪录片声称761坦克营也解放了布痕瓦尔德集中营，但是卡里姆·阿布杜尔·贾巴尔在他的书中解释说这是错误的，是另一支黑人军队解放了布痕瓦尔德。

宠爱有加。在他们发现这个残酷的世界里居然有我幸存下来的事实令他们感动。他们给我很多口香糖、糖果和巧克力。大人们向分发给他们的肉罐头猛扑过去。但是这些肉罐头很油腻，而且质量可疑，挨了这么多年的饿，我们的身体已经不能消化脂肪了。从布痕瓦尔德获释的人里面有60%因不注意饮食导致伤寒症恶化后死亡。幸运的是，有这些糖果我就很满足了。费奥多与其他俄国囚犯一起，去了魏玛和周围的城镇工作。每天他们都带回来鸡肉和奶酪，当然，他们也和我一起分享美味。

费奥多继续做我的英雄。有一天他抓了一匹马，他跳到马背上，然后绕着我跑，他的嘴里还叼着一根绳子。他的样子帅极了，我的内心充满了钦佩。在我看来，这匹马好像是在空中飘浮。我记得费奥多大声地叫我："路雷科，你看！"他纵马全速奔跑，而后掷出一把小折刀，刀插在他面前的地上。然后，他钻到马肚子下面，在马飞驰的同时，他抓住马，在马腿间倒立，并从地上拔出刀子。他向空中挥舞着小刀，让我看刀刃在太阳下熠熠闪光。这个特技表演被他重复了几次。对我这样一个八岁的孩子来说，这场惊人的表演象征着自由和勇敢。

4月底，回国的"大戏"拉开了序幕。俄国囚犯要被送回他们的国家。和我有着很深感情的费奥多想当然地认为我会和他一起回俄国。身体虚弱、只有部分意识的拿弗他利躺在集中营医院的隔离病房里。医生不允许我进入他的房间。偶尔，我会和费奥多一起去医院，从窗户上看他。我爬到费奥多的肩膀上，通过那扇小窗户看他，向他挥手打招呼。玛吉特，一名红十字会的荷兰护士志愿者照料着拿弗他利，她会把他的身子转过来，以便他能看见我。到那时，整个集中营都知道图雷科有个小弟弟；他神智昏迷的时候，不停地对我讲话。多亏了荷兰护士善意的帮助，图雷科才能瞥见我，可是他太虚弱了，他甚至没力气向我挥手。

但是，拿弗他利不会沦为环境的牺牲品。尽管我们的生活一团糟，他却会尽量控制着它。生病的时候，他委派三个犹太人监护我：现在住在特拉维夫的杜夫·朗道，住在布鲁克林的哈依姆·哈伯斯塔姆，还有舍洛姆·特普[1]。拿弗他利给他们下了一道明确的指令——看好路雷科。解放以后，集中营严格的纪律松懈下来。犹太人可以自由地在集中营里漫步，于是我的三个保护人可以紧紧地跟着我。拿弗他利还指示他们，如果他无法恢复健康，他们必须带我去以色列。我的三个保护人每天向生病的哥哥汇报发生在我身上的每一件事。他们告诉他我非常依恋费奥多，而且他继续照顾着我。通过他们，拿弗他利向费奥多送去了一个口信，清楚地告诉他，我不会和他去俄国，我要和哥哥一起去以色列。

舍洛姆·特普，拿弗他利的同龄人，有强烈的正义感。大约在布痕瓦尔德解放一个月后，集中营的幸存者组织了一场纪念会，并竖起了一块临时的纪念碑。他们在纪念碑上刻上了61000名受害者所代表的民族。这块纪念碑提到了“俄罗斯人、波兰人、法国人、比利时人、荷兰人、西班牙人和意大利人”，却遗漏了犹太人。组织竖立这块纪念碑的共产主义者想要强调他们在法西斯暴君的统治下所遭受的苦难。就他们看来，犹太人并不属于那个恐怖故事的一部分。

纪念碑建好的几个小时后，拿弗他利发现舍洛姆·特普躺在纪念碑脚下的一个红色的水泊里。从前的囚犯们正在用脚踢他的全身。拿弗他利得知特普无法忍受因没有在纪念碑上提到犹太受难者而招致的侮辱。纪念会过后，他找来一只桶、一把刷子和红色的油漆，在那些民族的名字上面加上了犹太人。因为他不知道犹太人的确切死亡人数，就简单地画了一颗大卫星。新刷的油漆向下滴落，盖住了其他一些民族的名字，从而激怒了他们的代表，于是他们把特普暴打了一顿。

就在医院解除拿弗他利隔离的那天，俄国囚犯们也要返回俄国了。他去和他们告别的时候撞见了可怕且令人沮丧的一幕——我站在费奥多身边，一只手紧紧地握住他的手，另一只手提着一个小箱子。拿弗他利的整个世界都倒塌了。觉察到他的沮丧情绪，我松开费奥多的手，提着箱子走向拿弗他利。“图雷科，我不会离开你的，”我消除他的疑虑，“我只是帮

① 移民到以色列以后，舍洛姆·特普在独立战争期间的费卢杰战役中牺牲。他被葬在纳查拉特伊扎克公墓。特普是个孤儿，没有一个活着的亲戚。唯一一个每年为他扫墓，诵念《卡迪什》的人是拿弗他利。在总统府召开的一次纪念大屠杀集会上，我公开了他的故事。之后，我接到一个海法市民打来的电话，他说自己是舍拉姆·特普的堂兄弟，他每年也去纳查拉特伊扎克公墓为特普扫墓并诵念《卡迪什》。

费奥多拿箱子。这不是我的箱子，是他的。我不会离开你。你告诉过我要带我去一个叫以色列地的地方，以色列地。”我提醒他，我想向他表明，我记得他说过的每一句话。

过了一会儿他才平静下来。毕竟，他发现他的弟弟站在俄国囚犯中间，手里还拿着箱子。在他看来，这很清楚地表明我要和他们去俄国了。然而对于我来说，我很清楚我不能去任何地方，除了以色列。这是我答应图雷科的，我没有打算违背诺言。对我而言，以色列没有杀戮，而且就像拿弗他利向我解释的那样，以色列是我们的家园。我回到费奥多身边，和他告别，但是那次分别并不容易。

这一群囚犯里有一个法国共产主义者，是一名内科医生，没有子女。他表达了想要收养我的意愿，但我知道我不能和他走。我和他没有任何关系。他试图说服拿弗他利也带他一起走，他坚持认为我们这两个孤儿没有别的地方可去。他承诺我们和他在一起，可以有一个温暖宽敞的家，什么东西也不缺。他发誓补偿我们在过去六年里被剥夺的一切。然而，我和拿弗他利丝毫没有被诱惑。[①]相反，回想起和费奥多的分别令我痛苦，特别是因为我知道我的命是他给的，他曾经冒着生命危险保护我。如果有一天我还能再见到他的话，我会为他做很多事，并把“正义外邦人”的称号献给他，但不幸的是，我努力地寻找过他，却始终没有结果。

在拿弗他利康复之前，我听到一则传闻，说是从卑尔根—贝尔森开来的卡车将要到达这里，车上载着从那个集中营幸存下来的妇女和儿童。我和母亲在1944年11月分开时——仅仅六个月前——我已听说他们会把男人送到琴斯托霍瓦的劳动集中营，把妇女和儿童送到卑尔根—贝尔森。在这恐怖的六个月里，我反复念叨着母亲就在卑尔根—贝尔森。对我来说，想象她在某个地方很重要，知道她有下落了，但是我不知道那个下落的重要性。事实上，我不知道她是否真的在那儿，也无法想象去那里的人命运

① 造物主再一次显示了他的神奇。1949年，拿弗他利管理以色列东正教的欧洲中心。在第二次“阿里亚”运动期间，他帮助寻找那些被父母藏在基督徒村庄、修道院和教堂里的犹太儿童。有时候拿弗他利出差去欧洲就是为了这项工作。有一天，在巴黎的一个地铁站，一个戴着浅顶软呢帽、身穿昂贵雨衣的男子向他走了过来。他轻轻地拍了一下我哥哥的肩膀，表示有事要和他说。那个人是布痕瓦尔德集中营的医生。他邀请拿弗他利去他家。刚一打开门，我哥哥就看见我在布痕瓦尔德的一幅真人大小的照片。“在那些恐怖的年月里，我唯一愿意回忆的，”他说，“便是你的弟弟，路雷科。他的幸存深深地感动了我。”

究竟如何。但是现在，从那个地方来的幸存者就要到布痕瓦尔德了。而且，既然我和拿弗他利还活着，那么母亲就没有理由不好好活着。

拿弗他利仍然在和伤寒作斗争。依照他的要求，我保证每天都去窗边看他。他想每天见到我是为了确认我没有和费奥多去俄国。我像往常一样去看他，但是我决定不把从卑尔根—贝尔森来卡车的传闻告诉他。我记得我反复地做思想斗争,到底要不要把母亲的事告诉他。我害怕——苍天不容——如果我发现来的人里没有母亲，那么这种失望之情只会影响他的康复。他病得那么厉害，如此的失望可能会毁了他。所以我决定什么也不说。我会自己去寻找我们的母亲。我找到她就把她直接带到医院来，保证她能够通过我每天探视的窗户看到他。我心想，找到母亲的惊喜一定能使他迅速恢复健康，我们的喜悦将会无边无际。

我开始着了魔一般地执行寻找母亲的任务。我的座右铭是：如果我这样一个小男孩都能想方设法地活下来，那么年龄更大、经验更丰富的她一定还活着。这是我的简单逻辑。

26辆卡车到达布痕瓦尔德。长椅子上坐满了妇女和几个儿童，可能是10个。每辆卡车上都配备了一个四步梯。我爬上梯子的第一级，心砰砰直跳，脑袋晕沉沉地，向里面窥视。妇女们转向我，惊讶地盯着我，她们的眼睛好像在问我是谁、我在那儿做什么。我仔细查看每一张脸，然后转向下一个人。卡车像墓地一样沉寂。女人们一句话也不说，她们只是带着几乎非人的冷漠盯着我看。甚至没有人问：“小男孩，你是谁呀，你在找什么？”

我在第一辆卡车里没有找到母亲，于是去了下一辆，情形照旧。我一排一排地检查，一张椅子又一张椅子，一张脸又一张脸地继续着。我记录着事情的进展情况，用波兰语，从26向后数。我告诉自己，也许母亲的面容自我们分开后已经发生了变化——毕竟，自从伤寒侵袭了他的身体，拿弗他利的样子已经改变了。我试图说服自己，即使我认不出来她，她也应该能认出我，因为哪有母亲不认识自己儿子的道理？所以我慢慢地找着，检查卡车上的每一位妇女，希望我的母亲可以看见我，认出站在她面前的儿子。不管是年轻的还是年老的，卡车上所有妇女的表情都是茫然的，像戴着面具一样，对周围的事物完全没有兴趣。她们的眼睛好像是玻璃做的，穿着褪了色衣服的她们看起来毫无生气。在看到这个可能是自己孩子的八岁男孩时，眼睛里没有好奇的火花，也没有任何热情的表示。26辆卡车。一排又一排，我在每双眼睛前驻足。没有落下任何一张脸，全身心地盼望着母亲能认出她还活着的儿子。我不能考虑任何其他可能性。

在我检查完最后一辆卡车后，我爬了下来，心里压着一份可怕的空虚感。事实证明，我的母亲并没有去卑尔根—贝尔森，要不然她就是没有活着离开那个地方。不管怎样，我确定她不在这里。无论是来到布痕瓦尔德的卡车，还是我曾经不顾一切地寻找母亲的事情，我都没有对拿弗他利提过一个字。离开集中营后，我才把这件事告诉他。我用推测来安慰自己，也许德国人把她转移到其他的集中营了。但即便是这个希望也没有持续太长时间。几个星期后，我们接到通知，她已经死在拉文斯布吕克集中营了，享年44岁。

1945年5月，我得了麻疹。浑身烧得厉害，伤口处奇痒无比。尽管我极度痛苦，但是没有生命危险。拿弗他利到医院的二楼看我，我被隔离了起来，他们严密观察我的状况。有一天，我听见有人在敲玻璃。我缓缓地转过头，看见哥哥站在排水管上，示意我打开窗户。尽管我的身体极度虚弱，还是照他的要求做了。他只是用波兰语说了两个字："过来。"我把被单裹在病号服的外面，爬到他的背上。我能感觉到他身上的每块骨头——他的病刚好，身子还很瘦弱。他顺着排水管从二楼滑到地面，这个过程中我一直紧紧地抓着他。

走了一会儿，我们看见前面站着一排人。拿弗他利解释说，他们正在等着领取去以色列的移民证书。他说，回想起他的诺言，他会不顾一切地让我们一起去以色列地。但是，证书的数量是有配额限制的，并依据先到先得的原则发放。于是，拿弗他利解释道，尽管我生病了，他还是想要我和他一起排队把证书领到手。谁现在没有排上队，他补充道，就会留在布痕瓦尔德，永远也去不了以色列地。尽管我只有八岁，但我意识到他所说的重要性，而且没有任何事情能阻止我们回"家"。我知道以色列意味着生命，而布痕瓦尔德意味着死亡——尽管事实上，危险似乎已经过去了。

"你想留在这儿吗？"拿弗他利问。对于我来说，他的问题听起来有些多余，答案显而易见。"决不，一天我也不想待。"我坚定地回答。当轮到我们的时候，拿弗他利在申请表上签上了他的名字，而我则摁了手印，因为我还没学会读书写字。随后他再次把我抱到他的背上，把我送回到医院的病床上——这次走的是楼梯。返回隔离室后，我开始发烧，麻疹的疼痛折磨着我，但是昏迷和痛苦是次要的，我知道我有去以色列地的签证了，这一点减轻了我的病痛。

1945年6月2日，我们是第一批乘坐开往法国的火车离开布痕瓦尔德的，麻疹已经离我远去，我已经完全康复了。我和拿弗他利提着一包糖果和食物，永远地离开了布痕瓦尔德。

离开之前，一名美国士兵送给我一个部队发的又小又旧的手提箱。这个箱子一直陪伴着我。我带着它去了以色列地，去了许多教育机构。到我结婚的时候，这个箱子已经破旧不堪了，我的妻子想把它扔掉。但是我坚决不同意。“这是我的家，”我向她解释着，然后把它藏到房顶的储藏间里。“上帝保佑，”我补充说，“我的孩子将来什么也不缺。但是如果有一天，他们中间有人抱怨缺少什么东西的时候，我会让那个孩子爬上楼梯，伸出手把顶棚上的那个手提箱拿下来。然后我会说：‘这是你父亲多年来在许多地方的家。你一定不要抱怨，因为我从来都没有抱怨过。’”我的妻子像我一样理解我的想法，她像护着珍宝一样护着这个破箱子。

五年后，当我的妻子怀我们的第四个孩子时，我们搬到了一间更大的公寓。当我想起放在顶棚里的那个提箱时，我们已经离开了老房子。我爬了75级台阶，把手伸进储藏室，却只找到了把手。这个箱子的其余部分已经完全分解掉了。这个手提箱证明，炎热潮湿的特拉维夫不是那个适宜保存东西的冰冷的布痕瓦尔德。我很伤心，但是等孩子们长大后，我一定要这个箱子的故事讲给他们听。

尽管提箱不在了，它的照片却光荣地摆在起居室里。我是在1994年得到这张照片的，当时我作为贵宾出席了在纽约华尔道夫酒店举办的以色列债券融资晚宴。这次活动的主讲人是伊利·威赛尔，大约在50年前，他是和我们一道从布痕瓦尔德解放出来的。“我将我的演讲分成两个部分，”威塞尔开始发言，“在我把托拉奖颁给我们的拉比和导师——代表托拉权威的以色列国首席拉比之前，我必须送给路雷科一个私人礼物。”除了坐在台上的拿弗他利、我的妻子和我自己，观众席里没有任何人知道路雷科是谁。伊利继续说，“在遇见在场的任何人之前，也包括我的妻子玛丽恩在内，我碰到了路雷科。他是布痕瓦尔德最小的幸存者，即使我们所有人都诵读《卡迪什》，他的祷文却是最富情感的，会把我们感动到落泪。”

“当时我被邀请在加拿大温哥华的大屠杀教育中心的开幕仪式上讲话，我还参观了一个图片展，这些照片是解放布痕瓦尔德的一名美国士兵捐赠的。他在解放期间和解放之后为集中营拍摄了一些照片。突然，我看到一张熟悉的面孔。‘那是路雷科！’我大叫起来。我告诉吃惊的陪同人员我认识照片上的那个男孩，他现在是以色列的一个拉比。我已经把这张相片放大并加了相框，今天我愿意把它呈送给它的主人。路雷科，请起立，到这儿来。”

我震惊地收下了这张照片。当我把它拿回家时，我的孩子们异口同声地喊起来：“箱子在那儿。”照片里的我提着那个箱子，露出快要脱落的乳牙，满意地咧着嘴笑着。因为我没有衣服可穿，有人闯进集中营的衣物储藏间，找到了一套希特勒青年团的制服。这件衣服对我来说太大了，但是我别无选择，只能穿上它。袖子上的标签上写着“布痕瓦尔德”，还有一个红三角，编号117030。

我就是这样到以色列的——一个八岁的犹太男孩，穿着希特勒青年团的制服。这张照片里的我还扛着步枪。美国士兵护送我们离开集中营。当我登上火车时，他们中的一个人给了我一把没有上膛的步枪，然后说了一句令人难忘的话：“有了这个，你就可以为你的父母报仇了。”我还听说过这个故事的另一个版本。美国士兵问我这辈子想做什么，我回答：“我想复仇。”听到这儿，他给了我一把步枪，我一路把它带在身边，从德国到巴黎，再到里昂、马赛、热那亚，一直到海法港，到了那儿英国人把它从我的身上拿走了。

从那以后，每次离开家，我都要看一眼挂在进门处，门框右边的那张照片：一个男孩，身穿希特勒青年团的制服，袖子上印着那个可怕的词“布痕瓦尔德”，提着一个箱子，扛着一把步枪。门框的左边悬挂着经文楣铭[①]。这些标志物一起包围着我，构成了我的整个世界。每次当我看着这张照片时，它都会告诉我，伊斯雷尔·梅厄，你担负着一项使命——为你的幸存和存在辩护；做你被害的父亲、母亲和哥哥的使者，让这个王朝继续下去。贤人们说：“从你的来处获知吧。”生命中的每一分钟、每一小时、每一天，我都在努力履行着这一使命。这幅经文楣铭是接受上帝统治的象征，是这个使命的具体体现。正如流传至今的谚语所说的那样：“知道你来自何处，将去往何方，以及在何人面前做出辩解和推断。”

---

① 一小幅羊皮纸卷，用特殊的希伯来文书法抄录《希伯来圣经·申命记》的两段经文，置于匣中，悬挂在门框边。

引文出处：

天黎明了，容我去罢——《创世纪》32:27

我情愿与非利士人同死——《士师记》16:30

知道你来自何处。——《列祖道德论》3:1

第6章 枯干的骸骨

当我们离开布痕瓦尔德的大门时，我提着箱子，穿着希特勒青年团的制服，手里还攥着一把糖果。拿弗他利背着一个小包，里面装着我们仅剩的一点财产。我们正在一个新世界里开辟新路，我们知道在全家人里面，我们俩是唯一的生还者。我坐在那列带着我们开向新生活的火车上，思绪翻涌——扰人的回忆、父母和哥哥的离去、8号区以及我和拿弗他利之间美好的关系。我感到了前所未有的快乐。我对拿弗他利像他承诺的那样带我去以色列充满信心。

我们在前往法国的路上，从东到西横跨了整个德国。在其中一个火车站，我们的火车被贴上了一个大大的标志。标志上用英文和法文向全世界宣布："布痕瓦尔德的孩子们回家了！"因为很难找到衣服，我和其他孩子只好穿希特勒青年团的制服。但问题也随之出现了，当火车驶入法国境内时，前来欢迎的老百姓以为火车上乘坐的是纳粹青年。这个标志就是为了避免误解。

每到一个车站，都有人群等候，并热情地欢迎我们。美国士兵看见大屠杀生还者中有一个小男孩，就走过来拥抱我。他们把我高高地举起，将我抛向空中，使劲逗我开心，借此来表达他们的喜爱和看到我获救的喜悦。我感觉到，他们想分享我的命运，尽管他们对我过去六年的经历毫不知情。每到一个车站，就有很多人捏我的脸蛋，送给我很多的糖果。

两天后，我们到了厄尔，法国西北部的一个绿色小镇，这里离巴黎大约50英里（90公里）。在森林深处、小镇边上一个僻静的地方，矗立着一家疗养院。高大的主建筑周围，零星散落着几间小木屋，绿油油的草坪伸展其间。这处地产之前属于当地的一位富人。一个法国犹太慈善机构——拯救儿童组织（OSE）租借了这座房子，其他慈善机构也提供了资助。约有500名年轻人从布痕瓦尔德和卑尔根—贝尔森来到这里。疗养院的领导和工作人员试图从身和心两个方面恢复这些青年的人文精神。我是从布痕瓦尔德来的男孩中年纪最小的一个，而最大的约有25岁。那里的大多数工作人员——老师、顾问、心理专家和护士，都讲法语，我们没有一个人能听懂，但是他们身上散发出来的友善和关心消除了语言障碍。即使没有话语，我们也能感觉到爱。他们用眼睛说话，用笑容交流。那里的氛围令人愉快，与过去六年来我在隔都和集中营中经历的完全不同。我们的女舍监蕾切尔·明兹显然来自罗兹。在她最后的日子里，她移居到了以色列，居住在离耶路撒冷不远的卓拉基布兹[①]，她的儿子是该基布兹的成员。在她的葬礼上，我代表她曾在厄尔照顾过的青年致悼词，也代表来自厄尔的生还者向她献上了最后的礼物。

我们待在疗养院的那段时间，拿弗他利一直忙着给所有他能想起来的人写信，希望了解母亲的情况。我们和母亲已经分开七个月了，在这期间，我们经历了许多事情，仍能成功地活下来，这个事实激励着我们。我们都认为没有理由给她设想一个相反的结局。我们急切地想知道，她现在在哪儿、境况如何。拿弗他利给波兰政府、耶路撒冷犹太人机构、联合国难民救济和工程处以及其他蕾切尔·明兹说得上名字的机构写信。蕾切尔是我们在厄尔时的倾听者，她会说意第绪语、波兰语和法语，她帮助拿弗他利翻译信件。

在厄尔的一天下午，我独自一人在草地上。拿弗他利正在为蕾切尔·明兹发起的墙报活动撰文。我后来得知，文章的标题是“生死之间”，内容是关于我们这些生还者的，但是他的观点显然受到了努力寻找母亲这一想法的巨大影响。那时，我还不会读写，完全沉浸在身体的愉悦之中。我坐在树林里的一架秋千上，一名法国护士帮我荡秋千。我一只手握着锡杯，杯子里面盛着从中心附近吃草的奶牛身上挤下来的新鲜牛奶，另一只手里攥着一块巧克力。突然，这幅田园景致被打断了，有个人跑过来递给我一封信。“路雷科，把这个交给图雷科。”说完，他就跑掉了。因为忙着荡秋千，再说那封信我也看不懂，就没留意送信的人是谁。我把信封坐在屁股底下，以免把它弄丢了。

拿弗他利结束工作回来时，我把信交给了他。他打开信，脸色变得煞白。他在我身边坐下，把手放在我的肩上，说道:“路雷科，从现在开始，

① 一个自愿组合的集体小区，主要务农，在那里没有私人财产，它对它的成员及其家庭的一切需要负责。

我们也没有妈妈了。”根据拿弗他利后来的描述，我哭得心都碎了。那封信是匿名的：信封上写着拿弗他利的希伯来语名字，寄信人没有署名。信封里面是一张用希伯来语写的小纸条：“你们应当诵读《卡迪什》。你们已经失去了母亲，她死在拉文斯布吕克。”我不明白那个名字是什么意思，但拿弗他利解释说那是一个关押妇女的集中营，就像布痕瓦尔德是为男人准备的，而且也在东德。

拿弗他利想弄清楚是谁把信交给我的，但我当时对秋千更感兴趣，而不是那个送信人，所以我不知道他是谁。“路雷科，”拿弗他利说，“尽管你不会读写，还是要背诵《卡迪什》。你现在已经是个大男孩了。”拿弗他利的朋友特别挑选了10名青年（法定教徒人数），这样拿弗他利就可以诵读《卡迪什》了。我接受了这一挑战，勤奋地背诵着那些奇怪的新词。我最初学会的希伯来字母就出现在祈祷文中。我在说什么我一个字也不懂，但是辅音和元音的形状却印在我的视觉记忆中。我记得我发明了一种记忆术：“yod”是这一群中最小的一个；“tav”是正方形的，就像接待客人的房子；“Gimel”让我想起正在踱步的动物，仿佛负了重物般向前弯着腰，样子像一只长颈鹿或者骆驼（在希伯来语中，这两个词都以“Gimel”开头）。但在所有字母中，我最喜欢的是“lamed”，它那长长直直的脖子赋予它挺拔的身姿。在我的想象中，“lamed”相当于英语中的L，头和肩部都在其他字母之上——高大且笔直。在《卡迪什》的第一个单词“yitgadal”（神圣化）中，“lamed”是最美丽的。后来我才知道，我的名字（伊斯雷尔）和我的姓（劳）都含有“lamed”，因此我对它的喜爱更是有增无减。“Yod”是《卡迪什》的第一个单词的首字母，它也激起了我的好奇心。我一直纳闷，这么细小的一个字母是如何和随后的其他庞大的字母并列在一起的，而且它还领导着这群字母，我的意思是说，它是第一个句子的第一个单词的首字母？“Yod”是如此的小，却支撑着整篇《卡迪什》。

具有讽刺意味的是，我们是在婚礼上得知母亲的命运的，而且是一点接着可怕的一点。

20世纪70年代的一天，当我在特拉维夫北部的一个地区当拉比时，家中的电话铃响了。一名里桑勒智昂的妇女请求我去主持她女儿的婚礼。她解释道，许多年来她一直都希望由我来主持她的独生女的婚礼。我查看了记事簿，发现那天我已经答应去主持另一场在特拉维夫举行的婚礼了。我向那位女士解释，太不凑巧了，因为之前的允诺我无法满足她的请求。我说我不能同时出现在两个地方。那名妇女仍然坚持着，说女儿的婚礼将在特拉维夫的市中心举行，离另一场婚礼的举行地很近。她请我想想有没有解决的办法。我想推荐另一位拉比，但她却不容我推辞。她问我，我觉得什么时候能来。我说可能要到晚上9点半或者10点钟。“我会一直等您的，即使到了午夜也不要紧。”她说。但我仍然犹豫着要不要答应。我解释说，我不想在有压力的情况下主持第一场婚礼。我很想知道她这么坚持的原因是什么。“我会在婚礼上告诉您的，等仪式结束以后。”她神秘地回答。她的话达到了预期的效果，我的好奇心被激起来了。

我与最初预订的那对夫妻商量这件事，告诉他们有一个夫人不肯放弃，并请他们帮我私人一个忙，务必让仪式按时举行。就像后来发生的那样，仪式按时结束，我匆忙赶到第二个宴会礼堂。双方家长正站在入口处欢迎宾客。我不清楚是哪位母亲请求我来主持她女儿的婚礼，但是我很容易就被他们认出来了，我刚一走进去，其中一位母亲就马上大步向我走来。

她并没有像之前所说的那样在婚礼结束后才告诉我原因，而是立即把我拉到了一边。她的个头比较矮，不得不抬着头看我。她沉默了一会儿，接着说出了让我永生难忘的一句话：“您的母亲是在我的怀里死去的。”

我只能蹦出两个词：“什么时候？怎么回事？”“我会在仪式结束后告诉您。”她回答道。我从未在这种情况下主持过仪式。我眼中既没有新娘也没有新郎，但愿他们原谅我。我的眼镜片一直是潮湿的。我不得不强忍着悲伤，和这对快乐的夫妻一起站在新人帐[①]下。我说了几句祝贺的话，就迫不及待地想和新娘的母亲继续我们的谈话。典礼结束后，我们退到一个安静的角落，她向我讲述了她的故事。

“我是彼得库夫人。每年秋天纳粹进行大搜捕的那天，也就是希伯来历赫舍汪月的11日，我都听您在为这个城市的市民举办的追思礼拜会上讲话。自从我女儿出生的那天起，我就下定决心，等她站在新人帐下的时候，一定要由您来主持她的婚礼。摩西·哈依姆·劳拉比是我父母的主婚人，而他的儿子将是我女儿的主婚人。母亲死在拉文斯布吕克的拉比要为一个拉文斯布吕克幸存者的女儿主持婚礼。对我来说，下一代是对我们遭受的困难的一种补偿。”她讲述着，她和我一样无法控制住自己的情绪。

---

① 新人帐：象征洞房的华盖，婚礼在其下举行。

接着，她讲述了就在解放前夕我母亲是如何死于饥饿和体弱的。我母亲已经在地狱中挣扎了五年半的时间，直到用尽了最后的力气。新娘的母亲回忆道，拉文斯布吕克集中营的妇女们都很喜欢她，尽一切努力想要救她。每天早晨，集中营的妇女都要离开床铺，穿过大门，到兵工厂去干活。那已经是战争的第六个年头了，妇女们都饿得要死，穿得破破烂烂，在冬天的雪地里踉跄而行。如果有人无法步行去工作，她就会被枪杀在出口处——纳粹是不会把每天一百克的面包浪费在一个没有效率的工人身上的。我的母亲已经无法行走了，她的朋友意识到母亲的命运已定。但是她们拒绝接受这个事实，相反，她们想出了一个有创意的解决方法。每天的破晓时分，16个比母亲的身体稍稍强壮一点的妇女围成一圈，把母亲固定在中间，用肩膀和胳膊支撑着她。她们用这种方法走过集中营的大门。德国人只会点人头，而不会去数腿。母亲的头部和周围人的高度持平，所以德国人没有注意到母亲已经很虚弱了。新娘的母亲就是这群人中的一个，她们支撑着母亲的身体，直到她的最后一刻。

在这次婚礼之前，我从不知道母亲的忌日是哪一天。我和拿弗他利决定在收到死亡通知那天纪念母亲。听完新娘母亲的故事后，我才知道母亲实际上是在解放前几个月去世的，大概是提别月的10号（1944年12月底）。这一天是禁食日，我们会在这一天悼念犹太历史上的一起灾难事件，对我而言，这个日期似乎很恰当。许多年来，拿弗他利一直把收到通知的那天当做忌日，在获知其他消息后，近来他也确信母亲确实是在提别月的10号左右去世的。

提别月的10号是耶路撒冷第一圣殿被毁的日子。这一天，古巴比伦国王尼布甲尼撒二世包围了圣城。六个月后，搭模斯月的17日，巴比伦的军队摧毁了城墙，结束了包围，三周后，埃波月的9日，尼布甲尼撒二世烧毁了圣殿。以色列建国后，首席拉比伊扎克·哈利维·赫尔佐克和本齐翁·梅厄·柴·尤赛尔宣布，将提别月的10号定为国家纪念日，以悼念那些死亡日期不明的大屠杀遇难者。我也将这一天作为母亲的周年悼亲日。从特雷布林卡幸存者的口中，我们已经确切地知道了父亲和哥哥塞缪尔的忌日：赫舍汪月的11日（接近12月底），就是他们从彼得库夫被带走的那天。巧合的是，这也是数千犹太人纪念国母拉结的周年悼亲日，据说拉结的灵魂一直在期盼犹太人回到以色列。如果要我选择纪念大屠杀遇难者的日子，我也会跟随前首席拉比，把这一天定在冬天的禁食日——提别月的10日。这不是因为这个日期接近万湖会议的召开日——1942年的1月20日，就在那天纳粹领导人商讨并落实了毁灭犹太人的“最后解决办法”；我宁可选择这一天，是因为它意味着与犹太人的过去相连，并隐含了一种连续性。

拿弗他利仍然没有解开谁是送信人和写信人的谜题。他尽全力寻找那个报信人，但没有任何结果。1982年，我女儿米里亚姆在特拉维夫举行婚礼，为此拿弗他利特地从纽约坐飞机赶来。在结婚仪式上，一个古尔哈西德派教徒摩西·波希兹高斯基站在拿弗他利身边。从彼得库夫到琴斯托霍瓦、到布痕瓦尔德，再到厄尔，最后到以色列地，一路上，摩西都陪伴着我们，后来摩西成为一个学校的校长以及贝特雁的阿德莱特布内布拉克犹太经学院的院长。“该是画上句号的时候了。”在我女儿的婚礼上，摩西在拿弗他利的耳边轻声说道：“40年前，在厄尔，是我把信送到荡秋千的路雷科手中的。今天，当路雷科护送着女儿走向婚礼的新人帐时，我想有必要说出在我心里埋藏了多年的秘密。在厄尔时，我不敢看你们俩的眼睛，这就是我为什么隐藏住了自己的身份。”拿弗他利很震惊，问摩西是如何得知母亲的死讯的。“在彼得库夫、琴斯托霍瓦还有布痕瓦尔德，你一直和我们在一起。你怎么知道我母亲的事，而我们却不知道？”“不是我写的信。”“那是谁写的？”拿弗他利问道。“雷贝尔·艾斯纳。”摩西回答道。

雷贝尔·阿里耶·艾斯纳是我认识的最高尚的人之一。他是古尔哈西德派教徒，比我们都年长，他和我们一起坐船来到以色列地。我们待在厄尔的时候，他走遍欧洲寻找他的妻子，他的妻子是彼得库夫人。最后，他来到了德国的拉斯布吕克集中营。他的妻子是和我母亲一起从彼得库夫被押送到那里的。在那里，雷贝尔·阿里耶·艾斯纳获悉，他的妻子和我的母亲都死在了那个集中营。当他得知我和拿弗他利在厄尔时，就通过一个援助机构的代表给我们寄了那封信，他无法把这个噩耗亲自告诉拿弗他利。许多年来，我们在特拉维夫见过他很多次，但是对那封信他只字未提。

我们的双脚刚一踏上法国疗养院的土地，各种诱惑和允诺就扑面而来。犹太人社团以及普通的公众都尽力劝说我们留在法国。我们所到之处，人们都把我们当做“布痕瓦尔德孤儿”。他们拥抱我们，纷纷向我们馈赠一切想象得到的奢侈品，并承诺满足我们的一切需要，包括免费住宿和教育。但是在接到母亲去世的噩耗后，拿弗他利最终还是决定前往以色列地。

一天上午，蕾切尔·明兹要求所有的男孩下午四点钟在草坪上集合，与一些重要的客人见面。她读了一份贵客名单，其中包括当地的警察局局长、军队的指挥官和市长。在读那份名单时，她悄悄地略去了资助厄尔孤儿的机构领导人也会来访的事实。蕾切尔离开后，我们当中年龄稍大的成员本能地表达了一致的意见："我们不会参加这种会见。"

"德国人杀害我们的父母时，他们在哪里？"他们问道，"现在这些贵客想起来要看我们了。与布痕瓦尔德的孤儿合影，然后把照片登在报纸上，这才是他们来的真正原因吧？我们不必听到这些问题的答案。我们在厄尔学到了一些经验，也目睹了有人想搭大屠杀宣传的顺风车。这些受尊敬的人查到'布痕瓦尔德孤儿'的所在地，利用我们的处境来为他们自己的公共关系谋利益。对于这些人而言，我们就是他们的工具。"

我们当中年长的一些人已经重获了自尊，并谨慎地保持礼貌，他们客气地告诉明兹夫人，他们已经决定拒绝这次探望。这项独立的举动令明兹夫人大为吃惊，她回答说，来看望的客人们打算送给我们每个人一份礼物，我们不能冒犯他们，特别是在最后的时刻。但是她的话并没有动摇我们的代言人。其中有个人站在那儿，自信地宣称："不要向我们提供任何帮助。我们不需要他们的礼物、他们的看望或者了解。我们会去以色列地。厄尔只是我们此行的逗留地，但我们的家不在这里。当我们需要法国的时候，他们没有站在我们这边，现在我们也不会站在他们那边。"蕾切尔·明兹从未想到我们会有如此坚决的反应，但她意识到她无法改变我们的决定。于是，她使出了最后一招："就当是为了我吧。"平心而论，她知道如果没有这些机构和他们的赞助者，她的疗养所就无法生存，她还希望有其他的儿童和成年人群体能来这里。当青年领头人听到她的私人请求时，他们决定妥协一下：我们看在明兹夫人的面子上去参加会见，但我们绝不会合作。我们不会鼓掌，也不会看他们的眼睛。

这次会见时拍的一张照片上看不见脸，只有剃得光光的头向下看着草地。500个孩子安静地坐着，贵客们对着光秃秃的脑袋瓜发表讲话。蕾切尔·明兹用法语主持了会议，并把法语翻译成波兰语和意第绪语给孩子们听。每个来宾都说了几句话，然后坐到台中央的长凳上。蕾切尔·明兹介绍最后一位客人时，说他是犹太人，奥斯威辛集中营的幸存者，而且就在那儿他失去了妻子和孩子。战前他在法国有一家商店，因此设法活了下来并逃到了法国。解放以后，他将所有的时间、精力和财力都用在战争孤儿身上。“这些孤儿是他仅有的孩子。”蕾切尔解释道。在那一刻，没有经过任何事先安排，500双眼睛齐刷刷带着团结一致的目光望向站在台上的犹太人。他是我们当中的一员。我们看着他，他也看见了几百双眼睛向他表达着强烈的同病相怜之情。泪水哽住了他的喉咙。他紧紧地握住话筒，好几秒钟的时间里，话筒里只传出他的手颤抖的声音。他努力地控制着自己，却只用意第绪语说出了几个字：“孩子们，亲爱的孩子们。”随后他放声大哭起来。这个大人的哭泣声从话筒中传出来，听着让人很难受，但他却创造了一个奇迹——我们的脸颊也和他的一样被泪水沾湿了。自从逃过了集中营那一劫，我们都认为哭鼻子太没男子汉气概了。但是现在坐在草场上的每个男孩都在悄悄地用袖口抹眼泪。我们每个人偷偷地向左右看了看，发现伙伴们都在哭。接着，泪水决堤了。一时间，厄尔的草地真正变成了泪之谷。那个犹太客人坐在台上，我们都哭了——流下了健康的、自由的泪水。即便过了50年，当我说起这件事时，眼里仍然含着泪水。这些泪水是为我们自己、我们的父母、我们的家人流的，也是为了那个不复存在的单纯的世界流的。但是这些泪水同时也是希望的泪水。这些泪水属于那些知道自己在这个世界上的使命，知道他们有能力决定自己的事情，有能力独立生活的人。他们不再无助，不再靠别人的怜悯活着。

在宣泄的过程中，一个叫亚伦·菲尔德贝格的年轻人站了起来。亚伦25岁，是我们这群人中年龄最大的一个，因为模样消瘦才悄悄地混了进来。解放两个月以后，我们到达厄尔时，他的体重只有86磅。亚伦从草地上的人群中站了起来，用优雅的波兰语向贵宾们致辞。

“如果可以，我想代表我的朋友们说几句话。我们想感谢你们。不是感谢你们的到来，因为我们不希望有这种探视；也不是感谢你们的礼物，因为我们并不想要它们。我们要感谢的是几分钟前从你们那里收到的最珍贵的礼物，那就是哭泣的能力。当德国人抓走我的父母时，我的眼睛是干的。当他们用军棍无情地毒打我时，我也只是咬着嘴唇而没有哭。我已经很多年没有哭过，也没有笑过了。我们挨饿受冻，但是我们不哭。解放前后这几个月，我感觉我不是正常的人，而且以后也不会是。因为我铁石心肠。如果该哭的时候不哭，那么我胸中装着的是石头而不是心。但以后不会这样了。因为我刚刚自由地哭过。而且我要对你们说，今天能哭的人，明天一定会笑，而且他是一个人。为此，我要谢谢你们。”

“直到战争爆发前，我都在家乡——波兰的本津学习《圣经》和《塔木德》。我的父母是虔诚的犹太复国主义者，他们要求我牢记《圣经》中的某些章节。六年以来，我的身边既没有家人，也没有《圣经》，我都把它们快忘光了。但是有一节却深深地印在我的脑子里。”

接着，亚伦用希伯来语背诵了第37章的开始部分：先知以西结的枯骨篇。

耶和华的手降在我身上……将我放在平原中，这平原遍满骸骨……谁知在平原的骸骨甚多，而且极其枯干。他对我说，人子啊，这些骸骨能复活吗？……正说预言的时候，不料，有响声，有地震。骨与骨互相联络……气息就进入骸骨，骸骨便活了，并且站起来，成为极大的军队。主对我说，人子啊，这些骸骨就是以色列全家。他们说，我们的骨头枯干了，我们的指望失去了，我们灭绝净尽了……我的民哪，我开你们的坟墓，使你们从坟墓中出来，领你们进入以色列地。你们就知道我是耶和华……我必将我的灵放在你们里面，你们就要活了。

亚伦发表完慷慨激昂的演说后，拍了一下胸膛，自信地说道：“到现在为止，我们还只是枯干的骸骨。在厄尔，这些骨头已经联络在一起，身体开始成形。但我们还没有灵，直到几分钟前，我们开始哭泣。欧洲曾是我们的墓地。耶和华告诉先知以西结，他将打开坟墓，将我们带出坟墓，并领我们进入以色列地。那是我们将要去的地方，我们一定会到达那里。”

1987年至1988年间，我代表以色列最高拉比委员会参加了一次确定心脏和肝脏移植的指导方针的会议。我和其他委员亚伯拉罕·沙皮拉、当时的首席拉比莫迪凯·以利叶胡以及扫罗·伊斯雷利拉比一道，去耶路撒冷的哈达萨医院收集信息。带领我们参观的是院长塞缪尔·平查斯教授、心脏病专家梅耶·戈特斯曼教授以及骨髓移植专家西蒙·斯拉文教授。参观途中，一个穿西装的男人向我们走来。“嗨，路雷科，你一定不记得我了。”那个人说道，原来他是这个医院的行政总监。“但我永远也不会忘记你，厄尔最小的孩子。40多年来，我一直在关注你。我是亚伦·菲尔德贝格。”我们热烈地拥抱在一起。我再一次听到他背诵枯骨篇。我听见他感谢来宾赠给我们的礼物——哭泣的能力。同样的感觉再次向我涌来，就像当年坐在厄尔草地上的那个八岁的男孩。

美国犹太组织的代表也强迫我们跟他们一起走。其中有一个犹太人是来自纽约的社会主义者。他对犹太组织没有尽力解救我们或我们的父母表示歉意。不过现在，他流着眼泪保证，他们希望弥补过去犯下的错误。

有些人警告我们不要去以色列地。他们说，那里正在打仗，而且犹太人都在地下战斗，他们还没有获得独立。英国用强硬手段托管，而且犹太人和阿拉伯人卷入了激烈的冲突。“你们已经在战争中受够了罪，看够了流血的场面。巴勒斯坦不是为你们准备的。”我们一再从各种好心人那儿听到类似的言论。这些劝告也确实影响了厄尔的许多人。

我们的很多朋友都想知道下一步去哪儿。拿弗他利认真地倾听了每个人的想法，还是决定继承父亲的传统。以色列地是肯定要去的。这种决心鼓舞着拿弗他利去了巴黎，并试图与来自以色列的代表取得联系。刚一到那座大城市，他就找到了犹太代办处的办公室。他走进去，告诉那位移民代表，在离巴黎50英里远的地方，有500个犹太孩子，他们都是大屠杀的孤儿，其中大约有150个孩子想要移民。这是犹太代办处的鲁思·阿里乌·克鲁格代表头一次听说厄尔的孩子。她送给拿弗他利一些糖果，还有回去的路费，并保证一定尽快去厄尔。几天后，她和代办处的其他人以及法国犹太复国主义组织的领导们一起来到了厄尔。拯救儿童组织在厄尔的负责人却不欢迎他们的到来。

在我们收到母亲的死讯之前，蕾切尔·明兹一直在向拿弗他利施加压力。她用波兰语和意第绪语跟他谈话，想让他留在法国。她告诉拿弗他利，只有在欧洲才能弄清母亲的情况。不管听到了什么消息，也许我们发现她还活着呢。她讲述了以色列发生的事情，描绘了一幅极不乐观的图景。但是那封信结束了拿弗他利可能有过的任何犹豫。我们要去以色列，这是最终的决定。我们不会流散在国外，所有的舒适都不足以引诱我们。拿弗他利担心，在美国或法国找不到诵念《卡迪什》所需的日诵法定教徒人数。

在厄尔的500个年轻人中，有185人决定移民。其他人，也包括我们的好朋友却有着不同的想法。有些人更想加入欧洲或者大洋彼岸的犹太社团，主要是因为他们希望找到亲人。有些人则是因为移民人数的限制而不能去以色列。伊利·威塞尔就是其中之一，后来他成为国际知名的作家，并获得了诺贝尔和平奖。威塞尔把犹太人的生活从铁幕背后提到国际议程的最前端，并表达了他们无声的“容我的百姓去”的呐喊。在移居纽约之前，他在法国生活了很多年。

还有一些人选择逃避，不想和犹太教有任何联系，他们摒弃了自己的传统。于是在疗养院的餐厅里相遇总会引发激烈的争论，有些人说他们已经受够了，不想再做犹太人了。他们认为自己已经付出了足够大的代价。他们想让犹太人跟其他民族一样，没有任何宗教特征。但是，更多的人支持相反的观点。

不过，我还是一个小孩，对那些年龄大一些的男孩之间的争论插不上什么嘴。我只是一个消极的聆听者——我也不是总能听明白他们在讨论什么，也不知道为什么说话者和听众会激动地抬高嗓门。偶尔我会听见“美国”这个词。美国会让我想起美国士兵，他们解放了布痕瓦尔德，还给我糖果和口香糖。我对存在于这个词语背后的那个国家却毫无概念。不过有一件事我是确定无疑的：无论拿弗他利说什么，我都会照做。

只有当我移民后，具有独立思考能力时，我才认识到以色列是我真正的家，我想在那里组建家庭。许多年来，我都会收到世界各地教会的邀请，他们邀请我去那里做拉比，但我都一一拒绝了，尽管有些邀请很有挑战性、很有诱惑力。在回复去安特卫普当首席拉比的邀请时，我给出了这样的解释，每次回复其他社团的邀请我也会把这些话重复一遍：“来以色列时我一无所有。对于以色列为我所做的一切，我无以为报，更不能在外国报答这一切。我离开了欧洲，就不会再回欧洲。”

我们在厄尔待了大约一个月的时间，治愈了肉体和心灵上的伤口，并尝试着恢复人性。在整整一个月后的1945年7月3日，星期二的凌晨，我们152名青年离开了那里。并不是所有想去以色列的男孩都获得了通行证，也有一些人放弃了这种想法。在犹太代办处代表的陪同下，我们坐着公共汽车去了巴黎，接着坐火车到里昂和马赛。每到一站，我们都作为“布痕瓦尔德孤儿”受到了热情的欢迎。当地的犹太人在车站等我们，亲切地拥抱我们，让我们的心里暖暖的。我们感觉到，即使在过去六年间经历了那么多可怕的事情，但犹太人民仍然是一个大家庭。

在里昂时，我和拿弗他利发现我们在法国竟然有亲戚。约瑟夫·布鲁尔的儿子马克·布鲁尔在纽约的华盛顿高地犹太社团担任领导，他来车站和我们见面。他告诉我们在里昂有我们的亲戚：就是在第二章中提到过的梅厄·沙皮拉拉比的哥哥亚伯拉罕·沙皮拉拉比，他同妻子布鲁玛和唯一的儿子杜夫一起逃离了维也纳。马克主动带我们去他们家，但遗憾的是没人在家。几年后我们终于见面了，那是在以色列建国之后，杜夫和他的全家移民到了以色列。

在最后一站马赛，我们在为移民准备的训练营里待了几天。我们在等移民代表找到交通工具，比如愿意将我们送到热那亚的破旧渔船。7月7日，他们终于找到了，是一艘战时运输士兵的法国舰艇。所有人都挤上了船，拥挤的状况令人难以置信。但我确信我们正在去以色列的途中，我和拿弗他利在一起，做着拿弗他利认为对的所有事情。我没有任何疑虑——我哥哥描述的未来看起来比我过去六年的经历有希望得多。

我们在热那亚停留了两个小时，接着登上了“马塔鲁”号，这艘澳大利亚船会把我们带到以色列地。在船上，我们遇见了犹太代办处和青年迁徙的顾问以及形形色色的密使，还有几个战时在欧洲服过役的士兵，他们是免费搭乘这个摇摇晃晃的玩意儿去以色列的。当一个很特别的顾问想要发表讲话的时候，他就用希伯来语喊“安静！”他的发音不标准，还带着浓重的匈牙利口音。他奇怪的语调能让这艘极其嘈杂的船顿时安静下来。那时，我还不懂任何希伯来语，但我很快就学会了这个单词，连同带着匈牙利口音的错误发音。此外，青年迁徙的顾问们还发给我们笔记本，用来学习最初的100个希伯来语单词。

旅途中的很多时间我都是在甲板上召开的聚会上为观众们演唱意第绪歌曲。我演唱那些在集中营和厄尔学会的歌曲。我的嗓音不错，又是船上最小的孩子，因此我唱歌就变成了一道风景。有一天，我正在表演，突然感觉有人从背后猛地拉了我一下。我被吓到了，因为不仅很疼，还让我想起了另一段不愉快的往事，而且我还看不见是谁干的。但是很快，我就知道那是拿弗他利。他想带我到下面货仓里的水管那儿，把我身上到处乱爬的虱子冲掉。我已经很习惯它们了，没觉得它们打扰我，我感觉它们就像是我身体不可或缺的一部分。但拿弗他利无法忍受他的弟弟在几百人面前表演时，身上爬满了虱子。他把我的头使劲地按在水龙头下面，用强劲的水流冲我。身上还滴着水，我就又回到了甲板上，唱起了我最喜欢的歌《一个意第绪妈妈》。许多听众都眼含热泪，好像我唱出了他们的心声。

在船上，我第一次接触到了犹太文化。埃拉扎尔·希夫和哈尼纳·希夫两兄弟帮我哥哥一起对我进行犹太文化教育，教我洗手礼。我学会早上醒来后，把水轮流倒在每只手上三次，先是右手，后是左手，接着再做两次。我不懂希伯来语，但我勤奋地学习犹太教礼仪。埃拉扎尔·希夫还教我按怎样的顺序修剪指甲。为了能让我更容易地记住正确的顺序，他教给我一种记忆术，直到现在我还记得："我们有五根手指，要按照一定的顺序来剪指甲：bet（希伯来字母表中的第二个字母，代表二这个数值①，对应第二根手指），dalet（四）、alef（一）、gimel（三）、heh（五）"。这些字母合在一起就组成了单词"be-de'agah"（小心地）。

1945年7月15日，星期天的早晨，在海上晃悠了若干天以后，"马塔鲁"号终于抵达了海法港。我们都很兴奋，彻夜未眠。我们感觉终于到家了，犹太人命中注定的家。整个晚上，我们都挤在甲板上，想要亲眼看看这个令我们魂牵梦萦的地方——以色列地。从远处，我们看见迦密山笼罩在夜色里，远处偶尔闪烁着一些光亮。

码头挤满了人，他们都在等待迎接从"那边"来的第一批大屠杀幸存者，他们手中高举的牌子上写着"欢迎来到以色列"。以色列的每个人都知道，这艘船的乘客是父母被纳粹杀害的男孩和青年。同样在这里，他们也想用爱包围这些可怜的孤儿。许多人希望见到亲人，还有一些人想通过我们获得一些已经失去联系的社团和亲戚的零星消息。等在码头的人和甲板上的男孩，都非常激动，也很好奇。我的目光不停地游走着，想尽可能多地了解我们到的这个陌生的地方。我意识到，从我们的船停靠在港口的那一刻起，我的人生就掀开了新的一章。

① 字母数值：犹太教根据某词字母的数值解释经文的学科。常见的为希伯来文22个字母，前10个依次代表数值1–10，中间8个依次代表20–90，最后4个依次代表100–400。

第7章 登陆“应许之地[①]”

随着船只靠近海法港，不同的脸孔开始从模糊的等待人群中显现出来。人群中挤满了记者、摄影师和犹太代办处的代表，还有穿着制服、扛着步枪的英国士兵。当船只离岸更近时，我们能感觉到弥漫在码头上的期盼我们到来的特别氛围：强烈的兴奋感、好奇心以及那些等候新来的人，希望能找到亲人或朋友的急迫心情。

我能想见我离开布痕瓦尔德，到达厄尔疗养院，移民去以色列地，以及踏上这个国家第一步的情景。而这些并不只是头脑中的画面，每个阶段都被记录在专业摄影师和摄影记者的胶卷里，这些照片还帮我在回顾往事的时候记起当时的情景。

当他们拍我离开布痕瓦尔德时，我手里拎着小箱子，里面装着我所有的财物——我微笑着；当他们拍我和拿弗他利在厄尔时，我一只手端着牛奶杯，另一只手拿着一片面包——我笑容满面。只有一张照片中的我没有笑。三名《国土报》的摄影师——来自海法的艾霍斯华·吉尔伯、阿莱·内舍尔和来自特拉维夫的哈维夫·迦南，记录了第一批大屠杀幸存者移民的到达。我们到的第二天，他们的报纸就登了一幅照片，一个年轻男子的怀里抱着一个八岁的瘦弱男孩。那个男孩闷闷不乐，脸上没有一丝笑容，他忧虑的样子，就像个成年人。

多年以后，拿弗他利应邀在多伦多大屠杀中心的开幕典礼上发表演说。当他走进中心时，看见有面墙上挂着一幅照片。照片下面的说明文字这样写道：“父与子，大屠杀的幸存者，迦密山对面的到达点。”当然，这个说明是不准确的，因为是埃拉扎尔·希夫抱着我，而不是我父亲。但我的表情是真实的，表露了我第一次接触以色列时发自内心的恐惧，这种恐惧是我的经历中不可分割的一部分。

① 亦称“以色列地”。上帝应许亚伯拉罕及其后裔永久居住的土地。

我首先害怕的是那些在码头干活儿的阿拉伯工人，他们穿着肥肥的裤子。我从来没见过这种裤子，它引起了我的好奇。我问站在旁边的人，那些奇怪的裤子是什么？他回答道：“他们不是犹太人，他们是阿拉伯人。他们会绑架小孩，把他们藏在裤子里，然后把他们带到市场上，卖给人家做奴隶。”

听到这种“深奥的”解释后，我紧紧地抓住拿弗他利的手，告诉他我不想上岸了。我还用语言攻击他：“你为什么要把我带到这儿来？这不是我的国家！我一点也不想待在这儿。我不想被人藏在裤子里卖掉。我想回去。”我已经决定了。希夫兄弟赶紧跑来帮着拿弗他利劝我平静下来。但我被那些裤子，还有随之而来的解释吓坏了，我拒绝合作或听他们解释。我像刺猬一样蜷缩起来，确信自己是对的，我不想去一个会绑架小孩并把小孩藏在奇怪裤子里的国家。当我们要从船上下到站台上时，我绝不妥协。埃拉扎尔·希夫采取了行动——他用胳膊把我举起来，将我抱下了船。摄影师捕捉到了那一瞬间，小男孩听到那片“应许之地”将会等待他的无稽之谈，因此照片上的他看上去忧心忡忡。这是我和以色列的第一次痛苦且难忘的接触——这与旅途中在我脑海里飞舞的梦想和故事大相径庭。

尽管抗议，我还是被带下了船。站台上欢迎我们的人群热烈地呼喊着：“平安赐给你！欢迎！你们好，你们好！”他们没完没了地重复那个词。但英国士兵不许我们靠近那些朝我们挥手的人。他们用步枪的枪托指着我们，把我们带到了一个大型吊架处。我和拿弗他利开始找我们带来的开始新生活用的两袋子财物。第一袋很容易就找到了，另外一袋却不见了。拿弗他利把第一个袋子放在地上，命令道：“路雷科，站在这儿。你有步枪，我去找另一袋，你就在这儿看着它。”对我而言，拿弗他利的话就是圣旨。我直挺挺地立正站好，右肩上扛着美国士兵送我的小步枪，脚边是那个袋子。我全力保护着，以防被小偷偷走。我很害怕那些在附近工作的、穿着肥大裤子的阿拉伯人，以及穿着制服、手持步枪和棍子的英国士兵，但我努力克服恐惧，专心于我的使命。我不知道我们到了什么地方。恼人的疑问一直在我脑袋里飞速移动——这是我们梦想的家乡，那个应许之地吗？如果真像拿弗他利保证的那样，在以色列他们不会杀害犹太人，那么为什么周围都是带着枪的士兵？为什么他们需要那些步枪？我很清楚它们是用来干什么的，我不需要解释。

当我满脑子都是那些烦人的问题时，《国土报》的摄影师又抓拍了一张照片：我站在那袋子财物旁边，肩上挎着步枪，神情极其严肃。这张照片在大屠杀纪念馆展出，照片下面的说明是："当他们问这个男孩，一个新移民，为什么他要在肩上挎枪时，他回答说，'为了向杀害我父母的德国人复仇。'"

1960年2月，在我到达以色列后的第15年，我结婚了。记者哈维夫·迦南在《国土报》的社会专栏上写道："昨晚，我参加了一场婚礼，新娘是佛罗伦坦和南特拉维夫地区的伊扎克·耶迪亚·弗兰克尔拉比的女儿。但我和这对新人还有另外一层有意义的关系：早在15年前，我就见过这位新郎，当时他八岁，刚到我们的国家。当时本报刊登了一张他从布痕瓦尔德的船上下来时的照片。这个长着圆脸、眼神忧郁的小孩一刻也不离开他的步枪，那支步枪是他从一名美国军官那儿得来的。那名军官随着第一批美国坦克进入布痕瓦尔德后，惊讶地发现在纳粹的地狱里竟然还有一名犹太小孩。他取下步枪的射击装置，把它变成了一件玩具。这是伊斯雷尔·梅厄·劳拥有的第一件玩具。彼得库夫劳拉比的小儿子伊斯雷尔的童年是在劳动营和集中营里度过的，他哥哥把他装在背包里，从一个地方带到另外一个地方。许多年来，他在以色列一直带着那把步枪。"实际上，最后那句话说的不是事实。英国人把那把美国步枪收走了，给我换了一把玩具步枪。尽管我记得隔都的小孩玩用破布做的球，但那把步枪是我能想起来的、第一件属于我的玩具。

拿弗他利带着我们的另一袋财产回来了，但我还在被那些问题困扰着。我在完全不知情的情况下，和其他人一起被他们从港口转移到了海法南部阿特利特海岸的英国羁留营。尽管我们已经从青年迁徙机构获得了正式的移民许可证，英国士兵还是把我们装上了火车，并且不断地清点人数——就像看守清点犯人一样——监视着我们的一举一动，直到我们离开码头。

历史仿佛再次重演：又一次，我们被装上火车，那列火车就像在波兰纳粹把我们送到集中营的运畜车；又一次，士兵包围了我们，只是这次的制服不同。他们不是德国人，也不是乌克兰人，但他们是严肃的士兵，对我而言，这就足够了。我甚至不懂他们的语言，就像在欧洲一样，我不知道要去什么地方，要待多久。在火车里，我们既没有食物也没有水，这一切都让我觉得事实上我们还没有逃离集中营。或者这是一个严重的错误，我们的船驶错了方向，又回到了"那边"？我很清楚有些意料之外的事情发生了。我一刻也没怀疑过拿弗他利跟我描述的以色列地的情况有什么不准确的地方。对我来说，从他嘴里说出的每一个字都是毋庸置疑的真理。他说过我们会去以色列地、我们的家，在那个家里，他们不会杀犹太人。

没有人跟我打招呼，也没有人微笑或者拥抱我们。基于我获取的资料，我能得出的唯一结论就是船长犯了一个错误，把我们送到了一个未知的地方。最让我害怕的是不断清点人数。我害怕我会变回那个编号117030的囚犯。仿佛要增强我的恐惧似的，半个小时后，我们下了火车，英国士兵再次包围了我们，把我们带到位于阿特利特的拉着铁丝网的羁留营。我们在7月中旬那令人窒息的热浪中，走进没有风扇也没有任何制冷设备的小屋里。我们从布痕瓦尔德寒冷的冬天，经过法国凉爽的春天，径直进入了以色列海边闷热的夏天。

我们排着纵队进入羁留营——我哥哥、哥哥的朋友们和我。因为我是最小的一个，所以很荣幸地由我来领队。我手中举着一张大大的画有蓝色大卫星的纸，上面用祈祷书上的古代语法（那是他们知道的希伯来语）写着一句标语:“布痕瓦尔德以色列正教青年组织”，好像我们代表了极端正统派运动的集中营分支。

还在船上时，青年迁徙的顾问和犹太代办处的代表就开始和这些青年移民讨论如何融入这个国家的问题。我们的好朋友希夫兄弟、摩西·波希兹高斯基和雷贝尔·艾斯纳都来自极端正统派家庭，属于哈西德派中的古尔和贝尔茨支派，他们想和他们的拉比在一起。事实上，他们正是以这种方式表明了他们将继续走前人的路，声称除了他们自己，没有人能决定他们的未来。拿弗他利快19岁了，是一个身无分文的孤儿，也不懂这片土地上的语言。他不清楚自己要去哪里，但他知道首先要把我照顾好。他知道我们有个姑父在以色列，并打算把我送到他家里。

我把头昂得高高的，骄傲地举着那面旗，后面跟着拿弗他利和他的朋友们。这一形象也被《巴勒斯坦邮报》(后更名为《耶路撒冷邮报》)的摄影师提姆（那鸿）·基德尔记录下来了，并且载入了史册。

提姆·基德尔住在东耶路撒冷阿拉伯人聚居的谢赫贾拉地区。独立战争期间，该地区遭受猛烈炮轰，基德尔被迫丢下所有财产，赤身光脚地从家中逃出。后来他在西耶路撒冷的犹太人定居点生活。19年后，“六日战争”期间，一名以色列士兵进入谢赫贾拉地区的民宅寻找隐藏的弹药。在一所房子里，他偶然发现了一些鞋盒，盒子里面装着以色列建国前伊休夫时期就开始拍摄的胶卷和照片，其中也有一些重要领导人的照片。结果这就是提姆·基德尔的家。后来，以色列国防军将这份意外的发现捐给了犹太复国运动档案馆。

1993年，当我被选为首席拉比时，犹太复国运动档案馆的馆长把从基德尔家中发现的胶卷冲洗成照片送给了我。这里有1945年夏天来到海法和阿特利特的布痕瓦尔德的孩子们的照片，也有八岁的我举着旗子、走在一群少年和大人前面的照片。我很兴奋地通过这些照片与刚刚来到这片土地上生活的自己相遇，也很激动地发现那群幸存的孩子的智慧，他们感觉可以用小小的举动，比如为我们的群体制作一面旗帜来象征我们将不再失去对自己命运的掌控。这是因为在阿特利特，我们发现那些长官们根据党派和定居点为新移民做安排，根本不考虑孩子们的个人愿望。

我们在阿特利特待了两个星期，那段时间我晚上根本合不上眼。就像荒野里嗥叫的野狼，人们长时间地站在羁留营的铁丝网前发出令人毛骨悚然的喊叫声，那种声音至今还在我耳边回响。夜里，万籁俱寂的时候，那些喊声尤显恐怖。我们会听到一声呼喊“格林伯格、德洛霍维茨”，意思是有人在找一个来自德洛霍维兹的名叫格林伯格的人；或是“格林伯格、罗兹”。这种噪声持续了许多个日夜。人们下班后，步行到这里，路途远的就搭便车过来，为的是寻找幸存下来的亲戚，或者打听一些亲人的消息。我们这些羁留营里的囚犯，就成了连接两边的桥梁。

也有人在找我和拿弗他利。

我们一走进阿特利特的小屋，就有一名当地的代表走到拿弗他利面前，自我介绍说他是基思曼先生，是克法以旬基布兹的成员，该基布兹位于耶路撒冷和希伯伦之间的以旬区，是一个宗教性质的基布兹。基思曼是阿特利特农业移居区许多代表中的一个。他向拿弗他利带来了“你哥哥希科”的问候。起初，拿弗他利不知道他说的是谁。他告诉那人肯定是搞错了，这个口信一定是带给别人的。但是基思曼坚持说就是拿弗他利，并说希科正在来阿特利特的路上。

最后，拿弗他利才明白他指的是我们同父异母的哥哥——耶霍舒阿·约瑟夫，昵称希科。拿弗他利上次见到他是在12年前，当时希科去他外祖父在波兰的家举行受戒礼，他的外祖父是伊斯雷尔·哈格，哈西德维兹尼兹支派的拉比。

我的母亲查娅，克拉科夫西姆察·弗兰克尔·特奥密拉比的女儿，是我父亲的第二任妻子。父亲的第一任妻子是伊斯雷尔·哈格拉比的女儿德沃拉。维兹尼兹的伊斯雷尔拉比因他最著名的作品被称为“爱你的犹太同胞”拉比，他是四位拉比的父亲：维希威的梅纳赫姆·门德尔拉比、维尔乔维兹的哈依姆·梅厄拉比、维兹尼兹的以利以谢拉比和赛瑞特的巴录拉比。这四人中有三位从大屠杀中幸存下来，并移居到了以色列。维兹尼兹的以利以谢拉比没有子女，1944年战事正酣时，他带着外甥耶霍舒阿·劳，也就是希科，我们的同父异母哥哥一块儿来到了以色列。希科的移民证上注明他是以利以谢拉比的儿子。从那以后，所有的官方文件上都保留了哈格这个姓，实际上他是我父亲摩西·哈依姆·劳的大儿子。在他的作品中，他的名字是以耶霍舒阿·约瑟夫·劳–哈格的形式出现的。

我父亲、他的第一任妻子德沃拉和希科住在布科维纳的索切维（又名沙兹），父亲是那个城市的拉比。德沃拉年轻时就因病去世了，抛下了父亲和年幼的孩子。希科的外祖父伊斯雷尔拉比领导的哈格家族主动提出照顾希科，父亲则出去旅行，并重组家庭。但我父亲更想让儿子和他生活在一起，即使在和他的第二任妻子、我们的母亲结婚后也是如此。父亲在斯洛伐克的普雷肖夫当拉比时，希科和他们住在一起。到了受戒礼的年龄时，他就去外祖父和舅舅的犹太经学院学习。他和他的舅舅比我们早一年移民到以色列，并加入了克法以旬基布兹。希科比拿弗他利大7岁，比我大18岁。

当我和拿弗他利以及其他布痕瓦尔德孤儿一起在马赛等候送我们回祖国的渔船时，来自华沙的一名记者希勒尔·赛德曼博士过来看望我们。赛德曼博士是第一个根据自己的日记内容报道华沙隔都的人。他曾经是我父亲的好朋友。当他得知要去以色列的布痕瓦尔德幸存者中有彼得库夫劳拉比的两个孩子时，他向位于耶路撒冷的犹太代办处发了一封电报，告知这群人的详细情况，并特别提到了我们两个。消息传到希科那儿的时候，他正在基布兹附近的朱迪丘陵上挖掘并清理石头，准备建一个葡萄园。基布兹的一个成员向他跑过来，手中挥动着《守望者日报》，大声喊道：“希科，你有两个弟弟！你的弟弟们还活着！”希科大吃一惊，丢下手中的工具。在这之前，希科对留在波兰的家人的命运一无所知。

希科告诉他与犹太代办处有合作关系的熟人基思曼，如果见到劳兄弟，就通知那个哥哥拿弗他利，说他正在赶来的路上。希科从克法以旬搭便车匆忙赶往阿特利特。当拿弗他利从犹太代办处的代表那里听到这个消息的时候，非常高兴自己找到了失散的哥哥，但同时也很难过，因为他不得不把父亲、母亲和兄弟们的死讯告诉希科。

对我来说，这是一个非常令人激动的事情：我又得到了一个新哥哥。在阿特利特与基思曼见面之前，我从不知道我还有一个哥哥。战争爆发时，我才两岁，而希科在罗马尼亚格罗查的维兹尼兹犹太经学院就读，和我们失去了联络。从来没有人向我提起过他的存在。拿弗他利把我留在布痕瓦尔德时，他只说过我们有个姑父沃格尔曼拉比在以色列，但从未听他提起过希科。拿弗他利不知道希科是否还活着，他不想告诉我另一个可能已经去世的家人。

就在人们敲打拉着铁丝网的篱笆门，不顾一切地想要收集信息的时候，我听见了拿弗他利和另一个男人的声音，他们互相喊着对方的名字："图雷科——希科！""希科——图雷科！"我听到那个人的声音混在陌生人群嘶哑、刺耳的喊叫声中。接着我看见了声音背后的那个男人：他穿着卡其布的裤子，一件短袖的卡其布衬衫，一双露脚趾的凉鞋，没穿袜子。他才26岁，但又长又厚的头发已经开始变白，帽子外露出一绺头发。我正在打量希科时，拿弗他利转向我说道："路雷科，快来见见哥哥。"我一下子不知如何应对了。在我两岁之前，希科来彼得库夫度假时，在家中见过我。但对我来说，他完全是个陌生人。他把手从篱笆上伸过来，想要和我握手，但他的手只够到了我的指尖。我很生气，拒绝和他握手。我生气从来没有人跟我说起过他。我很愤怒，因为我和这个神秘哥哥的会面是在一个拉着铁丝网的篱笆后面。这个故事像野火一般迅速在营区的几百人中传开，每个人都在谈论两个哥哥见面时，他们的弟弟却不配合。当这个故事传到英国士兵那里时，有一个军官被感动了，他决定允许我和希科在没有篱笆阻隔的情况下见上几分钟。拿弗他利把我带到羁留营的大门口，几分钟之前，那名军官已经把门打开了，希科正在那儿等我们。这次我很配合，我们紧紧地抱在一起，哭着保证以后任何事情都不会把我们分开。会面的规定时间到了，我们各自回到篱笆的两边。接着，拿弗他利把父亲、母亲和弟弟的死讯告诉了希科。希科听完这个不幸的消息后，向我们讲述了他在基布兹的生活。

三年后的独立战争期间，希科奇迹般地死里逃生。他的妻子西坡拉·明泽（娘家姓）在耶路撒冷的密斯加夫拉达赫医院生下了他们的第一个孩子德沃拉，她是以祖母德沃拉·劳的名字命名的。我们的哥哥希科陪着她，但是回古什以寻的道路被战火阻断了，希科回不了家，即使坐着装甲车也回不去。除了少数幸运者之外，克法以旬所有的居民都被屠杀了。这一地区其他基布兹的成员被约旦人囚禁起来。小德沃拉在克法以旬大屠杀中救了父母的命。

我们的哥哥希科（耶霍舒阿·约瑟夫·劳-哈格）在特拉维夫的一所市立高中教授了多年的《塔木德》。后来他又去了一所市立夜校（高中）当校长，直到退休。现在他住在耶路撒冷的卡达蒙，离拿弗他利家很近，并且继续从事教育工作。他已经撰写了两本有关几位犹太思想家笔下的部队和军事伦理的书，还有一本书是讲和平条约的，从亚伯拉罕和以利米勒的圣经故事一直讲到现代。

希科的妻子西坡拉去世后，他跟一个寡妇托尔·艾因菲尔德结了婚，托尔·艾因菲尔德的前任丈夫是雅阿可夫·伊瓦，这段婚姻给她留下了三个小女孩。我在特拉维夫的家中为他们主持了婚礼。希科的儿子摩西·哈依姆·劳—哈格（上校）沿用了我父亲的名字。在伞兵部队和坦克军团服役多年后，他在亚提尔创办了一所一年制的大专学校，这个学校教授《托拉》课程，主要是为军队提供后备力量。现在，他担任校长，他的两个女儿德沃拉和伊蒂特是那里的老师。

当我和拿弗他利一边在犹太经学院读书一边工作时，明泽家在特拉维夫的公寓就成了我们的根据地。许多安息日和假期我们都是在那儿度过的。我订婚的时候，他们还为我主持仪式，要求我朗读《托拉》。

尽管在阿特利特，我很高兴得到了一个哥哥，但其余的经历却很复杂，而且苦乐参半。顾问们对大屠杀的孤儿很友善，但我们很清楚以色列的事情没那么简单。对祖国的梦想和一路上学会的爱国歌曲并没有和日常的现实生活产生共鸣。将我们带到阿特利特羁留营的火车以及环绕在我们周围的铁丝篱笆，与歌曲中唱到的“我们将建设祖国，我们的祖国”“在这片先人愉快生活的土地上”形成鲜明的对比。这些歌词我一字不落，记得清清楚楚。巨大的反差令人失望。

两周后，我们离开了阿特利特，一起乘船来这儿的青年们被分散到多辆卡车里。我们每个人都有一块白色的纸牌子，上面写着特定运动的名称，从世俗主义—社会主义联合基布兹运动，到犹太复国主义青年运动，到宗教性质的犹太复国主义基布兹运动，再到以色列极端正教组织。显然犹太代办处有他们分配移民的特定标准。正如我们在赎罪日礼拜会上所说的那样："像一个牧羊人放牧着他的羊群，让羊群从他的手杖下通过，所以你就可以过来计数、筹划并关心所有生灵的灵魂"，还有"谁享有这种命运，谁享有那种命运"。他们就是根据这个决定了这些新移民的去向，事实上也就决定了这些孩子和青年未来的生活方式，而他们当时根本不知道这些运动之间的区别。

许多年后，我在特拉维夫的一个社区做拉比时，我对一群士兵谈到了那次武断的分配。阿维格多·本–甘少将（昵称亚纳希）是"德黑兰儿童"——1943年经过伊朗到达以色列的一群波兰犹太儿童中的一个。他成为第七旅的指挥官后，邀请我到比尔谢瓦，向该旅的军官发表主题为"犹太人身份"的演说。他在介绍我的时候讲述了我们相似的背景，我们都是大屠杀的孤儿，到以色列后都是按配额分配的。由于这种分配近乎随意，他对我说："也许今天你就是以色列国防军的少将，而我很可能成为神职人员。我不知道我能否成为拉比，但我肯定会成为虔诚的信徒。"他是对的，因为到以色列的时候，我们俩都是没有父母的孩子。负责阿特利特工作的犹太代办处的办事员可以把我们送到任何他们想送的地方去，因为我们不清楚自己想要什么。这是当时公认的法则。

但我的情况有所不同。上帝确保我不会独自一人来到以色列，而是和比我大很多的哥哥一起。拿弗他利向那些想要保护我们的人明确表示，他的弟弟决定去哪里就去哪里。没有人能够替他做决定。拿弗他利记起，他曾陪父亲代表哈雷德派或极端正统派社团去华沙参加过以色列正教托拉贤人委员会。有时候他会和父亲一起参加以色列正教的全国会议，或是在捷克斯洛伐克的玛丽亚温泉市召开的国际会议。在那些会议上，拿弗他利见过一些正教理事会的会员。因此在船上时，他和朋友们制作了一面"布痕瓦尔德以色列正教青年"旗帜，明确表明了我们所属的团体。此外，希勒尔·布鲁克闪尔拉比，以色列正教的工人组织，宗教基布兹运动"生之欲者"的创始者之一，也在我们的船上，他告诉我们上岸后可能会面临的选择。

大约15年后，我收到了一份来自纽约的打印文件。结果这是一份会议记录，就在那次会议上，办事员们决定了拿弗他利、我们的朋友以及我自己的命运。"谁去世俗主义的基布兹，谁去以色列正教"——赎罪日的祈祷文在我的脑海中回响。记录上的每个名字旁边都注有“自由思想者”或“敬畏上帝者”——当时使用“世俗”和“宗教”这两个字眼。这份记录还指定了那个男孩所要去的教育机构和他所去的地点。在“已故的彼得库夫摩西·哈依姆拉比之子——拿弗他利·劳和伊斯雷尔·梅厄·劳”的名字旁边注明了:“我们要征求那个年幼者的意见。”

接着，记录上提到办事员问那个男孩，他是怎么知道彼得库夫的拉比就是他的父亲的。“小孩变得非常愤怒，回答道:‘那你怎么知道别人喊你名字的时候就是你的真名？’在场的人都笑了。”他们居然怀疑我的诚实和智力。我自认为是“布痕瓦尔德大学”的毕业生。虽然年纪很小，但是我已经掌握了生活中方方面面的知识，也已经克服了许多危险，通过了许多考验。然而坐在我面前的这个完全陌生的人根本不认识我，很可能也不知道我的父亲，却在其他人面前问我怎么知道我是我自己这样带有侮辱性的问题！这么多年过去了，每当我想起那段羞辱的经历，我还是会怒火上撞。我想当时的那些官员不可能蒙骗得了我，尽管今天我知道，如果没有拿弗他利这个保护人，我的命运将完全不同。按照他们自己早就签好的配额协议，各种运动的代表们本可以把我送到任何一个他们高兴的地方。

当他们问到其中一个男孩雅阿可夫·柯宁想去什么地方时，他回答说:“我有一个表哥在特拉维夫，是伊扎克·耶迪亚·弗兰克尔拉比。请把我送到他那儿去，他会帮我决定我应该去哪儿的。”雅阿可夫·柯宁后来成为犹太地下武装——“莱希”（以色列自由战士组织）的英雄，他还在炸毁海法港英国军事设施时受了重伤。后来，在我办理和弗兰克尔拉比的女儿的结婚程序时，雅阿可夫·柯宁成了我的律师。

在阿特利特待了两周后，我和其他一些青年被送到了位于法萨巴的“犹太儿童计划”处，这是以色列正教和以色列正教工人党设立的机构。院长是以色列正教的领袖伊扎克·梅厄·哈考亨·雷文拉比。雷文拉比是古尔派的亚伯拉罕·莫迪凯·艾尔特拉比的女婿，并且和来自卢布林的梅厄·沙皮拉拉比同为波兰国会（色姆）议员。雷文拉比后来成为以色列社会福利部首任部长。以色列正教工人党的领导人是本杰明·明兹，他是古尔哈西德教徒，也是营救委员会——大屠杀中营救欧洲犹太人的美国正教组织的领导者之一。战后，明兹和以色列首席拉比赫尔佐克一道寻找躲藏在会堂和修道院里的犹太儿童，为的是让他们恢复宗教信仰。以色列建国后不久，明兹担任了议会的副议长和邮电部部长。现在，他的孙子成了我的女婿。

在去法萨巴的艾格德公交车上，我们遇见了和一个拿弗他利年龄相仿的青年，他身着哈西德长袍，戴着一顶黑帽子。他自我介绍说是来自华沙的纳赫曼·埃尔鲍姆，是两年前和“德黑兰儿童”一起移民到以色列的。埃尔鲍姆说他正在布内布拉克的波内维奇犹太经学院学习，来阿特利特是为了帮助男孩们适应新环境。他是古尔哈西德派教徒，活力充沛、聪明、开朗，而且我特别记得在从阿特利特到法萨巴的路上他和拿弗他利进行了一番长谈，他解释了以色列的现状。一到法萨巴，那里的工作人员就热情地欢迎我们。我们的辅导老师介绍自己是阿弗纳·海·萨凯，后来他在1992年成为宗教事务部部长。他的工作是教我们希伯来语和以色列地理。这是我第一次遇见一个不是德国或东欧背景的犹太人。他出生于撒法德，是个塞法尔迪[1]，他的口音听起来怪怪的，重音总是落在最后一个音节，而且喉音很重。

第一天晚上，以色列正教和以色列正教工人党的领导前来欢迎我们，与我们握手拥抱，而这一切当我们在阿特利特的篱笆后面时他们没能做到。两个组织的许多领导人都认识三年前在特雷布林卡遇害的我的父亲。那时他50岁，和某些领导是同龄人。很多人从媒体得知，彼得库夫拉比的两个儿子已经抵达以色列。扎尔曼·扬克尔维奇是一位受人尊敬的教育家，后来代表以色列正教党当选为议员。他起身发表讲话，但看见我和拿弗他利时，他顿时流下眼泪，那一刻的真情流露，是在感谢这对孤儿的获救。

大人们动情的反应和孩子们刺耳的坦诚形成对比。从法萨巴当地傲慢的莫沙夫儿童口中，我第一听到了“肥皂块”这种说法，这是给大屠杀儿童起的绰号。与他们晒成棕褐色的皮肤形成反差的是我们白得像肥皂一样的皮肤；而且，这个词让人想起了战时纳粹用犹太人的骨灰做肥皂的骇人报道。我们听到这样的侮辱，往往会和他们动手打起来。

我的姑父，沃格尔曼拉比来法萨巴看望我们。拿弗他利和父亲去卡托维兹时，就已经见过他了。而我则是第一次见到新姑父。之前在布痕瓦尔德和拿弗他利告别时，我就听过他的名字。他风度翩翩，是个美男子，大

① 西班牙或葡萄牙系犹太人。

大的蓝眼睛，长长的灰白胡须，胡须尾端还修成方形。他亲了亲我的额头，给了我一个袋子，里面装着袜子和巧克力。我还能要求什么呢?

我们到法萨巴三天以后，纳赫曼·埃尔鲍姆告诉我们，他替我和拿弗他利安排了去耶路撒冷的旅行。“耶路撒冷”这个词对我毫无意义，但“旅行”这个词让我感到很兴奋。我记得一直以来我都住在封闭的集中营和宿舍里。我和拿弗他利很高兴能离开另一个约束地，到未知的地方旅行。

我们去了雅法，接着乘坐一辆阿拉伯公共汽车去了耶路撒冷。在1945年，这段路程花费了我们半天的时间。汽车走走停停，发动机动不动就会过热，我们不得不下车，到路边推车。狭窄的道路在无人居住的丘陵风景间蜿蜒。终于，在靠近耶路撒冷时，我激动地发现了一幢多层建筑。一幅罕见的超大标语从左到右横跨了整幢建筑，这激起了我的好奇心。我当时还不会读写，于是问拿弗他利上面写的是什么。我觉得他在回避我的问题。我又去纳赫曼那儿碰运气，但他们就像事先商量好了一样，他也不想回答这个问题，还把话题岔开了。被神秘标语包裹的建筑从此成为我心底未解的谜题。直到五年后，我来到耶路撒冷继续求学时，才最终解开了这道谜题：这座建筑是迪斯金孤儿院。我问拿弗他利当时为什么要对我隐瞒这个地方的名字，拿弗他利看着我，用半道歉半负责的口吻回答道：“我担心你不肯下车，因为你会认为我们要把你送到孤儿院去。”多年以后，在一次偶然的谈话中，纳赫曼也给了我一模一样的答案。即使过了这么长时间，他们那种对于每个词可能会对我的幸福产生怎样影响的关心，仍然感动着我。最后，通过联姻，纳赫曼和我成了亲戚，因为他是我女婿的舅舅。

耶路撒冷之行，我只零星记得几个场景，但这些年它们一直陪伴着我。纳赫曼·埃尔鲍姆熟悉耶路撒冷的每条街巷，他带着我们穿过一条狭窄的通道，来到一面巨大的石墙前。几个戴着土耳其毡帽的老人面对着墙站着。拿弗他利和纳赫曼的注意力都放在石头上，研究着石缝中滋长出来的野草。我还记得有几只鸽子在石墙上飞过。没多久我就对眼前的这面石墙失去了兴趣。我不知道我们在做什么，也不知道这个地方有什么神圣的意义。我惊奇地盯着聚集在那里的人们，他们用尽全力在墙前祷告，仿佛站在会堂的圣柜前面。这里的一切都不会让我想起我所知道的彼得库夫会堂，那个纳粹把母亲和我同哥哥塞缪尔分开的地方。这里也没有什么地方和布痕瓦尔德的那个临时会堂相似，那是上一个五旬节我们在盖世太保的隔离厅搭建起来的。耶路撒冷的那面石墙上甚至没有《托拉》。我不明白它为什么如此重要，纳赫曼为什么要带我们来这个地方。正当我们站在那儿，安安静静目不转睛地看时，纳赫曼不见了。过了几分钟，他和几个他从旧城找来的年轻人一块儿回来了。他瞥了一眼手表，宣布道："已经是正午了，我们现在可以进行午祷了。"那时已经解放三个月了，我还是不知道怎么祷告，因此我没参与。纳赫曼请每个人安静下来，然后说道："我把你们带到这儿来，这样他——他指着拿弗他利——就可以在耶路撒冷的西墙前为他的父亲和母亲诵读《卡迪什》了。"这篇祈祷文我已经记在心里了，于是我和拿弗他利一起背诵起来。

后来纳赫曼才向我解释我们去了什么地方，这面石墙对犹太人的意义何在。他还告诉我，我从未忘记《卡迪什》有多么重要，确实，我将永远不会忘记。

那天，纳赫曼还给我们找了导游，并拜访了一些认识父亲的大拉比。很久以后我才知道，我们到达以色列这件事激起了人们极大的兴趣，令人们非常激动。我们拜访的拉比中有一个是父亲的私人朋友，所罗门·大卫·卡罕拉比，他是华沙拉比理事会的六理事之一，还是耶路撒冷旧城的拉比。他热情地欢迎我，并亲吻了我的额头。

当天晚上，纳赫曼还带着拿弗他利拜见了他自己的拉比——古尔派的亚伯拉罕·莫迪凯·艾尔特拉比。古尔派的总部位于华沙附近的哥拉华卡里亚，它一直是波兰最大的哈西德支派，信徒约有25万犹太人，但大多数追随者都在大屠杀中遇害了。艾尔特拉比因他用哈西德教义注释《托拉》的巨著《言真理者》，而被冠以同样的称呼，事实上，他是所有波兰犹太人的精神领袖。他出生于波兰，战前曾六次到访以色列，1940年他和三个儿子逃出纳粹的魔爪，定居在耶路撒冷。通过这种方式，他为他的信徒树立了典范，表明以色列才是每个犹太人真正的归属地。拉比继续让已然蓬勃的运动在以色列扎下根来。他鼓励信徒们组建家庭，他建立了《托拉》研究机构，并在特拉维夫创建了茨杜塞哈林犹太经学院，该学校是以古尔派创始人伊扎克·梅厄拉比的名字命名的，他还在耶路撒冷设立了赛法特埃米特犹太经学院，这是以他孙子的名字命名的，他的孙子后来继任了他的拉比之位。我们从布痕瓦尔德来的一些朋友最终在赛法特埃米特犹太经学院找到了工作，其中包括哈尼纳·希夫、耶胡达·科雷汉德勒和摩西·波希兹高斯基。

和每一个有波兰犹太人的犹太家庭一样，我们的父亲非常欣赏古尔派的这位拉比。纳赫曼作为拉比的信徒，觉得必须带我们去见他。那时已经是深夜了，我已经在温迪格家睡着了。拿弗他利则前往赛法特埃米特犹太经学院附近的拉比家拜访。拉比的身体很虚弱，不能接待很多来访者，但是多亏了纳赫曼的关系，主要还是因为我们家族的缘故，纳赫曼在加巴伊耳旁轻声说了几句，门就开了。加巴伊让拿弗他利把他的名字和父母的名字写在一张纸上。然后，加巴伊把那张纸递给拉比，拉比把纸凑到眼前，接着就命拿弗他利上前。拿弗他利在他撰写的《巴兰的预言》一书中这样描述拉比的房间：

“这个方形房间里只有极少的必需品。拉比坐在屋子中间一把高高的扶手椅上，穿着白袜的脚放在脚凳上。加巴伊走向他，我也紧随其后。我看见面前的拉比的前额上斜戴着一顶黑帽子，下巴四周围了一圈白胡子，宽宽的侧边发辫从耳朵周围垂下来，完全盖住了耳朵。他威严的外表令人顿生敬畏和谦卑之感。当注意到我走近时，他伸出右手，抓住了我的右手，并对我足足端详了一分钟，接着他低声说了几句话，我基本没听懂。当他把手松开的时候，加巴伊示意我会见已经结束了。我再一次在加巴伊的引领下，面向拉比，向后退回到门口。门外的哈西德派信徒们把我围了起来，问我刚才拉比都说了些什么。加巴伊重复了一遍拉比说的话，不由地让人想起了撒迦利亚先知的预言：‘经由上天的仁慈和我们神圣祖先的功绩，燃烧的木头从火焰中拨出。愿上帝，赐福于他的名字，他将与你同在，并在一路上保佑你。’”

第一次和哈西德派接触后，拿弗他利回到温迪格家陪我过夜，这对年轻的夫妇也是这位拉比的信徒。第二天凌晨5点30分，纳赫曼·埃尔鲍姆敲门，叫拿弗他利和他一起去参加在拉比的自修室里举行的晨祷。他们一同步行前去。6点15分，古尔派拉比的儿子、也是他的继承人伊斯雷尔拉比走进来，伊斯雷尔拉比因其著作被称作“以色列家”。拉比在拿弗他利身边停下脚步，伸出手问候拿弗他利：“你一定是彼得库夫摩西·哈依姆拉比的儿子拿弗他利。你的弟弟在哪儿？”

拉比示意加巴伊，为了尊重拿弗他利，让他上前诵读《托拉》，并指定特别的祝福篇，为从灾难中获救的人祈祷。拿弗他利诵读完那段祷文后，伊斯雷尔请其他成员安静，让拿弗他利单独背诵《卡迪什》。接着他邀请拿弗他利去他家里共进早餐。自从移民到以色列以后，他一直一个人住在自修室对面的一间公寓里。那时他还不清楚妻子和孩子的情况如何，尽管最终他还是得知他们在大屠杀中死去了。那天晚些时候，艾尔特拉比邀请哥哥共进晚餐，以便两个人好好谈一谈，而我则留在温迪格家里。

拿弗他利后来多次谈起那个晚上。拉比招呼拿弗他利这个幸存者尽情地吃，自己却安安静静，吃得很少。随后，拉比让拿弗他利随他去大街上走走。他们没有说话，大步走过耶路撒冷的几条大街。有时候，拉比会用犀利的目光凝视拿弗他利，接着又继续他匆忙的脚步。他们来来回回地过马路。突然，拉比停下来，抓住拿弗他利的衣领，简洁地问道："你看见了吗？"拿弗他利惊讶地回答道："什么？"拉比继续说，好像这个问题显而易见："烟囱上冒出的烟。"拿弗他利被这个问题惊住了，给了一个肯定的答案，但拉比没有让步，继续逼问道："你亲眼看见焚烧了？"当拿弗他利再次回答"是"时，拉比转过身，迅速往回走，身体微微地前倾。这位失去妻子和孩子的拉比，陷入沉思之中。

他们默默地走到街角处，拉比再次抓住拿弗他利的衣领，用意第绪语问道："你肯定见过烟囱吗？"拿弗他利再次确认他看见了，但拉比不允许留下任何疑点，于是继续追问："你也看见从那些烟囱里冒出来的烟了？它是在燃烧，还是你亲眼看见的只是一座带烟囱的建筑物？"拿弗他利坚定且精确地回答了拉比提出的问题。"是的，我看见了烟，我还看见他们为了让烟冒出来投进焚烧炉里的东西。"拿弗他利强忍着泪水说道。拉比把手搭到拿弗他利的肩上，问道："那你有没有看见神圣的耶和华——他之名应被称颂——在你旁边？"拿弗他利没法回答这个问题，他们再次陷入了沉默。拉比注意到，这次谈话搞得拿弗他利筋疲力尽，于是要求他在自己家中过夜。那一夜，拿弗他利永生难忘，他很难入睡，因为拉比的探问把他过去的感受又勾了出来。

第二天凌晨五点，在传统的清早洗手仪式之后，伊斯雷尔·艾尔特拉比来到拿弗他利的房间，说他在晨祷之前要去净身池。拿弗他利没有和拉比一起去参加净礼仪式，而是来到自修室，随手打开一卷书——《塔木德》的《礼蛋书》。这是战争结束后他第一次拿起《塔木德》，尽管以前他在犹太经学院学过。伊斯雷尔·艾尔特拉比从净身池回来后，也来到了自修室。看见拿弗他利手中拿着一卷书，便问他是否想继续学习。于是他们一起学习了这卷书，这一卷是有关庆祝节日的规定，开篇就提出了一个

“在节日里生出的蛋”的问题，因此篇名为《礼蛋书》。拿弗他利和伊斯雷尔·艾尔特拉比坐在一起，与《塔木德》持续千年的古老话题再次联系在一起。

拉比想知道拿弗他利对自己和弟弟有什么打算。拿弗他利不知道自己要去向何方，但说到我——他告诉拉比，他想让我和我们的亲戚沃格尔曼拉比一起生活。拉比专心地听着。他用犀利的眼神（他也因此闻名）仔细研究着面前的这个人，那眼神就像精密的激光束一般穿透人心。据他敏锐的观察，拉比建议拿弗他利上一所犹太经学院，但不是哈西德派的。他担心拿弗他利不能适应哈西德派特定的穿衣模式、留胡须和侧边发辫，也许在不久之后他就会离开。拉比建议他去相反的方向，一所立陶宛犹太经学院，在那里他们穿现代服装，戴灰色帽子，说希伯来语而不是意第绪语，对于律法的解释也更为宽松。拿弗他利采纳了这一建议，不久便选择了沃姆扎——一所位于佩塔克提瓦的犹太经学院。这个经学院里有位老师就像父亲一样对他，而且给了他很大的鼓励——他就是埃拉扎尔·梅纳赫姆·曼·斯查奇拉比，后来他成为波内维奇犹太经学院的院长。

在耶路撒冷停留期间，我们还拜访了三位熟识我父亲的拉比。一位是杜夫·贝丽什·威登菲尔德拉比，他原先是加里西亚省塔赫斌的拉比，是最重要的哈拉卡权威，他亲吻了我的额头。后来他还给了我一份父亲回复拉比评论的手稿复印本。我们还拜访了贝尔茨派的拉比阿哈龙·罗克希拉比，他热情地和我打招呼，并打破了不接触儿童的惯例。因为儿童会触摸所谓的不洁之物，比如狗，所以贝尔茨拉比避免同儿童握手。他会在手上拿一条毛巾，儿童抓住毛巾的另一端，然后两个人摇晃毛巾的两端。但是见到我，拉比并没有将毛巾作为中间物，而是直接握了我的手。这给目睹了这一特别关注的追随者们留下了很深的印象。

结束了这次特别的耶路撒冷之行后，我们回到了法萨巴。我只在那儿待了几天，因为拿弗他利的计划是让我和基雅特莫茨金的姑父沃格尔曼拉比一起生活。他的妻子贝拉·沃格尔曼是我父亲的妹妹。1940年，战争刚刚爆发的时候，拉比和妻子以及六岁的女儿利亚·娜奥米离开了卡托维兹，他们随身携带了一对安息日烛台、四小卷《塔木德》、一条祈祷披巾[①]

① 犹太教礼仪用品。一般为白色亚麻布，长方形，两端有蓝色或黑色条纹。犹太人举行宗教仪式时披戴。现代以色列国旗即由此演变而来。

和一对经文护符匣。尽管那条祈祷披巾已经年久发黄，我至今仍珍藏着它。他们穿越各国边界，花光了所有的钱，最后身无分文地来到以色列。海法附近的基雅特莫茨金移民区正好需要一位拉比，于是沃格尔曼拉比就临时补了那个位子。随着基雅特莫茨金逐渐发展成郊区，我们的姑父依然是那里的拉比，他在那个职位上服务了45年多。

拿弗他利认为我小小的年纪就经历了那么多的恐怖，我需要在一个正常的家庭环境中成长，于是他觉得我应该和姑姑、姑父一起生活。他自己则打算按照艾尔特拉比的建议，进入犹太经学院学习。但他不愿把这个计划和我分享，他担心如果我知道他要把我留在基雅特莫茨金，会拒绝上车。那些天，我对陌生人极不信任且非常害怕。拿弗他利温和地做我的思想工作："还记得那个留着胡子，给你带巧克力和袜子的和蔼姑父吗？我们会去看望他。你知道我们说好要去看他的，因为他来法萨巴看过我们。"他提醒了我。我熟悉波兰的回访习俗，于是他说服了我。我甚至撺掇着哥哥，说我们当然要回访姑父，因为他给我留下了好印象。

第二天我们出门拜访，又是一个出游的机会。法萨巴当地的公交车沿着老路慢慢地向海法移动，路上几乎见站就停。我的眼睛里充满了惊讶和好奇，欣赏着每一幅映入眼帘的风景。我一点也不担心这次旅行的目的，因为我坐在哥哥身边，他是我困难时期的避难所，他对我人生做出的每个决定，我都毫不怀疑地接受。旅途中，拿弗他利向我描述姑父的家，木头做的房子，周围一片翠绿。他的描述听上去美丽、田园，最重要的是，没有危险。

当我们到基雅特莫茨金时，已经是晚上了。我们一起走进了姑姑和姑父的家——一座位于那鸿·索科洛夫大街21号的平房。这栋房子有三个房间，简单而且漂亮。姑姑六年没见过我们了，非常激动。为了不让我们伤心，她强忍住了眼泪。她跟我们谈起了她的女儿，那天她不在家，她还拥抱了我们。我感到一个充满爱的家庭的温暖。长途旅行、到了新家的兴奋，加上时候也不早了，我开始昏昏欲睡。

第二天，当我醒来时，我在基雅特莫茨金的新生活便开始了。

第8章 学会适应

我对基雅特莫荻金的沃格尔曼拉比家的最初记忆，是姑父让我坐在一把高高的、铺着蓝色软垫的椅子上，我看起来像个王子。我的两条腿在空中摇晃，因为太短了够不着地板。姑姑和姑父在我面前的桌子上摆了好多糖果，其中有一个是细圆筒状的，用淡黄色的纸包着，看上去像支香烟。姑姑把它递给我，我很惊讶她怎么会这么做，于是非常自信地表示我不抽烟。每个人都大笑起来，我有点尴尬，不明白他们为什么笑，直到我发现黄纸包的不是尼古丁，而是巧克力。笑声、巧克力的甜蜜，更主要的是基雅特莫荻金的亲戚向我和拿弗他利表达的亲切和爱意，这一切都温暖着我的心。这只是我在他们家的第一个晚上，但我却带着过去六年来不曾有过的幸福感入睡了。我已经找到了家，找到了家人。尽管在第一个晚上我还没有意识到这就是我以后多年的家，但我的身体已经感受到了他们的温暖。

但是，我还是很难适应。最初的那几天，我甚至不信任努力爱我、像母亲一样对待我的姑姑。我静静地观察着她。我检查她的真实身份，仔细观察她的举动，而且需要越来越多的证据来证明她确实是我父亲的妹妹。只有在确定她的的确确只想为我好之后，我才放下心来。

我在姑姑家的第一天，她给了我一个色彩鲜艳的橡胶球，那种能在空中弹得很高的球。她还邀请了邻居家的一个小孩过来，并把我介绍给他。他叫伊加尔·卡派尔，是一个个子小小的、胖嘟嘟的小男孩，他的手指很短，会弹钢琴。还有一个朋友也加入进来——乌利·哈列维曼，他又高又瘦。他们努力说服我和他们一起玩，但我却退缩了。我从未和同龄人一起玩过，我害怕单独和他们在一起。他们是陌生人，而我和陌生人在一起的经历很不愉快，所以我几乎不信任任何人。我不知道他们要对我做什么，也不知道他们的游戏规则。我同意和这两个新朋友玩球，但条件是我不能单独和他们待在院子里。我要求姑姑在现场保护我，为了缓解我的恐惧，姑姑顺从了我的要求。

两个男孩对我很友好，也很高兴球赛中多了一个新的参与者。我也想试试这个陌生的游戏，因为我从未抓过球或扔过球。我们三个人在姑姑家的小院里玩耍着，姑姑则根据我的请求在一旁观看。许多天后，我得知整个镇子都知道来了一个布痕瓦尔德的男孩、大屠杀的幸存者，全镇的居民都为之兴奋。显然能与我交谈玩耍是无上的光荣，莱因斯大街的这两个男孩因被姑姑选中成为我第一场球赛的玩伴，而感到很幸运。尽管他们和我同龄，个子却比我高。他们不懂波兰语，我也不会说希伯来语，但我发现孩子们用一套自己的方式克服语言障碍，他们能够用一种共有的国际语言交流。来回扔了几次球以后，其中一个男孩对我微笑，接着另一个也微笑起来。其中一个友好地拍了一下我的肩膀，他的朋友在我成功地投出一个球后高兴地大叫起来。所有这些都向我表明伊加尔和乌利一点也不危险，我可以放松警惕，因为他们不会伤害我。他们像我一样还是小孩。这个发现让我很高兴，我也卸下了猜疑的紧张感。

但是当我明白了这个游戏是怎么回事以后，我就失去了耐心。它对我来说不再具有挑战性，我开始流露出厌倦。我把球扔在地上，走到伊加尔面前，接着又走到乌利面前，踮起脚尖好够到他们。一个接一个地捏他们的脸蛋。这是我不出声的说话方式：“你是一个好男孩。你很好，我喜欢你。”这是我知道的表达感情的唯一方式。由于在任何一个群体中我都是最小的，人们总是通过捏脸蛋的方式来表达对我的喜爱。我也采用了这种方式，以为全世界任何地方的人都可以接受。从那以后，乌利·哈列维曼经常提醒我，说我掐他脸蛋的时候，总是用一副老人，而不是孩子的表情看着他。我的眼神不仅不活泼，而且相当的严肃，经常在审视和思考。在我很小的时候，许多认识我的人就注意到，我的行为比我的实际年龄要成熟得多。在我和以色列的其他孩子的接触中，这种区别尤为明显。

与同龄小孩在院子里的短暂聚会给我留下了积极的印象，但我对玩球不感兴趣。我更喜欢待在屋子里，和哥哥拿弗他利在一起。但他要去犹太经学院了，而且他告诉我，我将留在姑姑和姑父这里。这完全出乎我的意料。并不是说我对拉比和他的妻子有什么不满，恰恰相反。但我要和哥哥分开了，这让我很不安、很伤心，因为我最怕分离。

我陪拿弗他利去汽车站，公交车将把他从基雅特莫茨金送到海法。汽车站位于哈肖夫提姆大街（现在的歌珊大街），就在大会堂的旁边。那次和哥哥的分离给我留下了很深的印象，直至今日我还记得每一个细节——我们走过的路、那个汽车站以及我请求拿弗他利带我一起走的眼神。

这是继上次在布痕瓦尔德分离后我们的第一次分离，上次分离时是拿弗他利来和我告别，当时的情况与这一次截然不同。从那以后，我们再也没有分开过，一天也没有。我的脑子里充满了疑问，并迅速地向他抛出一连串的问题："为什么？你要在这儿待多久？我还会再见到你吗？"拿弗他利解释说，他是去经学院学习，但我仍然没有松口，继续问道，"犹太经学院是什么？这所学校在哪儿？""在佩塔克提瓦。"他回答道。"佩塔克提瓦是什么？它在哪儿？离基雅特莫茨金近还是远？"

我还问他安息日会不会回来，他说不会，但他保证住棚节时会回来。我不知道住棚节是什么时候，这个假期会持续多久，还有他为什么偏偏选择这个时间。拿弗他利解释说还要等六个星期，到时候学校会放假，他会过来和我待在一起。对我来说，六个星期就像是永远。我无法想象要分开这么长的时间，我撕心裂肺地哭了起来。当我想到拿弗他利不会和我待在一起，我也不能和他一起去他所去的地方时，我的整个世界一下子坍塌了。慢慢地，我已经在哥哥——这个世界上我唯一的精神依托，周围为自己建起了一个安全的世界，但那时海法的车来了，把他带走了。拿弗他利上了车，我和姑姑留在汽车站。他向我挥手告别，而我在擦眼泪。姑姑把我带到车站旁的货摊上，想给我买点吃的，以抚平我的悲伤。"路雷科，喜欢什么就拿什么。"她用轻柔的声音说道。在哭泣和叹息的间隙，我咕哝着，除了图雷科我什么都不要。我们的四周聚了一群人。每个人都认识拉比的妻子，也听说过从"那边"来的男孩——从布痕瓦尔德幸存下来的侄子的故事。他们用好奇和同情的目光看着我。尽管我感觉不舒服，还是止不住眼泪。拿弗他利在车窗内朝我挥手的一幕在我的脑海中停留了好几个小时，直到我平静下来，泪水被深深的哀伤代替。

1945年9月，来到基雅特莫茨金的亲戚家开始了我人生的一个崭新阶段，而我对此却毫无准备。和拿弗他利分开后的第二天，我就得去上学了，而这也加快了我的适应速度。我不能任凭自己沉溺于悲伤之中。适应新环境的任务要求我鼓起内心的力量，关注其他事物。当时，基雅特莫茨金还没有宗教学校，附近的基雅特哈依姆、基雅特比亚里克和基雅特岩姆（当时叫甘夫岩姆）也都没有。附近唯一的一所宗教学校在基雅特塞缪尔，于是姑姑和姑父就在那里给我注了册。基雅特塞缪尔是精神中心工人党（米兹拉奇工人总会）统管的宗教社区，是以宗教复国主义运动领袖什穆埃尔·哈依姆·兰道的名字命名的。

基雅特塞缪尔位于海法—亚柯—纳哈里亚火车沿线的另一端，去那儿要经过一座大的英国军营，里面驻扎的是来自塞舌尔群岛的士兵。无论春夏秋冬，每天我要步行半个小时从沃格尔曼拉比家到学校。

我的面前是一个崭新的世界。我一开始并不喜欢它，但还是要学着喜欢它。我已经八岁了，但我还不知道如何读写，于是校长把我安排在了一年级。第一天在学校待了四个小时后，我通知姑姑我不想再回去了。我无法忍受缓慢的学习进度，我不理解为什么要把学过的每个单词重复几十遍。那四个小时，我们只学了一个词，(shalom)你好，接着就是各种组合：一年级的学生你好，老师你好，莎莉你好，莫埃西你好。接下来，我又告诉姑姑，老师为了对我表示敬意，在黑板上画了一条船，甲板上站满了头戴小圆帽[①]的人，人群中有一只手在挥动。老师问同学们："甲板上的人挥手做什么啊？"大家异口同声地回答："你好。"我觉得这不适合我。这种进度、教学方法以及他们给学生带来的挑战都不符合我的口味。我姑姑理解这一点，当天她就带我来到了校长雅阿可夫·布劳菲尔德的家。她用我不懂的希伯来语向校长说明了我的想法和苦恼。首先，我在这个六岁和六岁半小孩组成的班级里年龄是最大的。"在'那边'经历了很多事情以后，他比其他小孩要成熟得多。"她说道。但是校长认为我不懂希伯来语，应该从一年级学起，如果把我放到二年级的话，我会因为语言障碍跟不上课程的进度。姑姑没有泄气，她说，即使我在一年级也听不懂语言，所以在一年级或者二年级都是一样的，但是在二年级，我至少可以跟年龄大一点的孩子在一起。校长无法驳倒姑姑的论点，但是他提出了一个条件：那就是我必须学会用来做基本数学运算的所有希伯来数字，一直到20。姑姑接受了这个条件——而我也接受挑战并决心成功——我开始和姑姑学习，我们甚至回家的路上就开始了。回到家中，姑姑用一整天的时间教我用希伯

① 又名无边圆帽。一种针织的小圆片，遮住头顶的一部分，颜色为蓝、白、黑等。犹太男子在宗教活动中戴，表示对上帝的敬畏。

来语数数，还教了“加”“减”等术语。22个单词，等同于希伯来语中的字母数，而正是这22个单词为我第二天升入二年级铺平了道路。我在二年级刚好待了一个月，就升入了三年级，并最终在那里遇到了和我同龄的孩子们。春天的时候，在普林节和逾越节之间的那段时间，我再次跳级，升入了四年级。

每个安息日，姑父都会向有兴趣的儿童和青年讲授《塔木德》。他们在每个星期下午的三点钟来我们家。其中有个常客叫列维克·李金斯坦，他像朋友一样对待我。他后来成为著名的泽夫·阿尔莫格少校，苏伊士运河消耗战期间突袭格林岛的英雄，以色列国防军海军突击队的指挥官，并最终成为海军总司令。下课后，列维克会牵着我的手，一起走着去参加基雅特塞缪尔的布内阿齐瓦青年团体的聚会。

后来我还偶然遇到了那个班上的其他人。40年后，当我担任以色列的首席拉比时，我接到了一个从以色列议会议长丹·提康办公室打来的电话。他想到我的办公室来接受我对他的就职祝福。我办公室的墙上挂着七幅照片。其中四张是我们家族的领导人：我父亲——摩西·哈依姆·劳拉比；父亲的表哥——卢布林的梅厄·沙皮拉拉比；我姑父莫迪凯·沃格尔曼拉比，以及我的岳父——伊扎克·耶迪亚·弗兰克尔拉比。对面的墙上则挂着我就读过的三所犹太经学院的院长的照片，在校期间我们的关系很密切。他们分别是：波内维奇犹太经学院的院长约瑟夫·所罗门·卡哈莱曼拉比；考尔托拉经学院的院长舍洛姆·扎尔曼·奥尔巴赫拉比，以及尼塞特海兹亚胡犹太经学院的院长诺亚·西摩罗维奇拉比。我在任的10年间，来我办公室的几千名来访者都能认出大部分的照片，沃格尔曼拉比和西摩罗维奇拉比除外，他们的知名度要小一些。当丹·提康议长走进办公室时，他在沃格尔曼拉比的照片前停了下来，站在那里一动不动。我很好奇地问他：“您认识他吗？”“我认识沃格尔曼拉比吗？”他回答道，“如果这世上有一个人让我了解了犹太教的世界，那个人就是沃格尔曼拉比。如果我对犹太传统和拉比们心存崇敬和感激的话，确实如此，这一切都要归功于他。”“您是怎么认识他的？”我问。他的回答让我很惊讶：“也许您不记得我，但我肯定记得您，而且自那时起我就一直关注着您的进步。我叫丹尼·贝特勒，住在基雅特哈依姆的世俗社区里。但每个安息日，我都会去基雅特莫茨金的莱因斯大街的你姑父家，并坐在你身边的桌子旁上拉比的《塔木德》课。”

在基雅特塞缪尔结束学校教育后，我去了耶路撒冷的考尔托拉犹太经学院，跟姑父学习过的《非圣洁事物》又让我跳了一级。

我仍然每天走路去基雅特塞缪尔，接受我的宗教基础教育。

姑姑和姑父意识到基雅特莫茨金缺少一个宗教性质的教育体系，因此他们打算通过自己的努力创建一个。他们明白没有信仰宗教的家庭或年轻夫妻会来这里，因为基雅特莫茨金没有宗教性质的幼儿园。姑姑是一个务实的人，总是忙来忙去，不知疲倦。她决定首先要办一所幼儿园，教授宗教习俗，比如星期五的晚上要点蜡烛。这在后大屠杀时期是一次真正意义上的突破，因为很多人都与宗教断绝了联系。“敬畏上帝者”和“自由思想者”之间存在着很大的裂痕，这两个术语按今天的说法就是“宗教”和“世俗”。

姑姑知道，如果在幼儿园阶段就开始对孩子进行宗教教育，对于连续性的渴望就需要他们继续读小学，然后上宗教性质的高中，或者男女分校的犹太高中。

姑姑决定创办幼儿园后，就去耶路撒冷拜会了她支持的米兹拉奇妇女组织的主席。萨拉·赫尔佐克主席是当时以色列首席拉比的妻子，她成全了姑姑的梦想，甚至每个月还给沃格尔曼夫人拨5里拉（lirot），让她给25个孩子租一个带小院的房子。赫尔佐克夫人还答应姑姑，如果她招够孩子，就能领到一份幼儿园老师的工资。姑姑高高兴兴地回到了基雅特莫茨金，但她很快就遇到了最基本的问题：如果没有一份家中有适龄儿童的宗教家庭的名单，她又怎么能给幼儿园招到孩子呢？她临时想出了一个有创意的解决办法。“斯路利科，”她喊我的昵称，“上帝赐给了你一个好记性。接下来的几个安息日前日，你跟我一起去会堂。每次我们都走不同的路，即使有时会多花点时间绕点远路。我们会从一些平房前经过，你要用脑子把那些点着安息日蜡烛的房子记下来。等安息日结束后，你再提醒我们看到的蜡烛的位置，我会把这些地址写在笔记本上。”

我们就是那么做的。连续几个安息日的晚上，我没有和姑父按照既定路线去主会堂，而是和姑姑一起每次走不同的路线。我们这个社区的房子，除了哈肖夫提姆大街的一座外，其余都是平房，因此我们能从窗户看到点燃的蜡烛。我们检查了每一所房子，每当看到点燃的蜡烛时，我们就把这个房子的地址用脑子记下来。安息日结束，姑父在结束礼上诵读完祈祷文以后，姑姑就拿出笔和纸，而我则提醒她我们看见的那些点着蜡烛的房子的地址。工作日的时候，她就根据这个单子组织家访。有时我也会一起去，她先敲门，然后我听见她站在门边对里面的人说："对不起，我是沃格尔曼拉比的妻子。我在星期五晚上透过窗户看见您的家里点着蜡烛。我们正好路过这条街，看见了烛光。也许您家有适合我的男孩或者女孩？"有些人会笑着说，他们的孩子已经长大了。但姑姑并没有放弃，她问："那也许您有适合我的孙子或孙女？"这时，人们开始怀疑起来，不明白"适合我"是什么意思。姑姑就像履行戒律的人那样平静地解释着："我想开办一所供儿童玩耍和学习的幼儿园，就像普通的幼儿园那样。孩子们能从这里得到所有平常意义上的快乐，但是此外，他们还要学习晨祷文'我感谢'，学唱礼拜仪式上的《诗篇》，学习《施玛篇》祷文，还要学会点燃安息日的蜡烛。他们甚至还会学习喝葡萄酒时说的祝祷词。"每个人都答应帮忙，让有适龄儿童的家庭注意到这个计划。一年的时间内，姑姑招到了25名儿童，在基雅特莫茨金办起了第一所宗教性质的幼儿园。接着，第一所八级制的宗教学校也在这个社区开办起来，还有一所塞古拉犹太女子高中，这些学校吸引了几百名学生。而这一切都是从我们寻找安息日蜡烛的侦察任务开始的。

我还是那么瘦小，依旧忍受着大屠杀那些年造成的营养不良带来的后果。基雅特莫茨金的杜阿曼·多伦医生说，我每天必须吞下满满一勺的鱼肝油。和我一起长大，就像我亲姐姐一样的表姐利亚·娜奥米也应该喝同样的剂量，但她拒绝了。姑姑答应我们，每喝下一勺鱼肝油，就给我们一密尔，也就是千分之一里拉。鱼肝油的瓶子就放在厨房的台子上，两把汤匙放在一旁等候着。每天早上，利亚·娜奥米和我去上学，她去基雅特莫茨金，我去基雅特塞缪尔，而那时，我的胃里总是装着两勺鱼肝油，口袋里揣着两个密尔。也许这就是我现在长到5英尺10英寸（178厘米）的原因吧，而且当我应征入伍时，体能测试表明我的身体适于战斗……

作业充满了我的整个世界，直到1947年11月，在我到达基雅特莫茨金两年多以后，联合国投票表决建立以色列国。独立战争爆发了，我们突然意识到腹背受敌。海法港口地区的居民几乎全是阿拉伯人。哈利萨、瓦迪阿尼斯纳斯定居区，以及必须开车向北才能到达克雅市郊和亚柯的城市所属地区住的也都是阿拉伯人。住在哈达迦密和迦密山区的则主要是犹太人。从伊拉克和叙利亚开出来的装载武器的车队穿过叙利亚和黎巴嫩，前来增援以色列的阿拉伯人，也包括海法的阿拉伯人。位于海法和亚柯之间的基雅特莫茨金成为许多战役的发生地。过了一年半，战争结束的时候，12名独立战争英雄因他们的英勇善战获得了奖章，其中有两位就是因为在基雅特莫茨金东部的军事行动而获此殊荣的。

获得奖章的以色列部队驻守在基雅特柏利克对面的定居区入口的主要枢纽上。这支部队收到最新情报，从北部开来的一支阿拉伯武器车队即将到达。这支车队装载的是运往海法港的货物，而这只不过是表面的理由。车上确实装了货物，用帆布盖着，捆得严严实实的，但这些货物是为了掩盖藏在下面的大量武器装备。当时我正在家中，突然听到了枪声，这使我想起了在布痕瓦尔德的那些日子。阁楼里的一幕幕迅速在我的脑海中闪过，我和母亲藏在那里，为了不让我暴露藏身地点，母亲给了我一块蜂蜜饼干，还有德国人在楼里进行的恐怖搜查。为了寻找犹太人，他们把所有的东西翻了个底朝天，砸门，砸窗户。我意识到在这里也是一样，在以色列地，这个我们梦想的地方，我听见了同样的声音。我吓得要死，接着我听见一连串强烈的爆炸声。在克雅所有的定居区以及整个海法港口地区，没有一块玻璃是完整的。爆炸地点炸开了一个20多码（20多米）深的大洞。由于我方战士的攻击，那些军火在主干道上爆炸了。这次军事行动发生在大卫·本—古里安宣布以色列建国的三个星期前。

让我难以容忍的是，战争再次在我的家门口打响了。战争又一次闯入了我的生活。我曾经确信，在以色列地，我会过上宁静祥和的生活，不会再经历战争。但是我错了。

我还记得炼油厂发生的恐怖事件，阿拉伯人在那里袭击了犹太人，用刀子捅他们，并切开他们的喉咙。在那次袭击中，41人被杀，其中有三名来自基雅特莫茨金。我很难理解，我再次来到了一个杀戮犹太人的地方；布痕瓦尔德过去两年半以后，犹太人再次遭到屠杀，这次是在我们自己的土地上。那些年，我一直记着拿弗他利在布痕瓦尔德对我说过的话，在以色列地，他们是不杀犹太人的。但现在，现实就像一巴掌打在脸上，粉碎了他所允诺的每一个字。我不明白哥哥的乐观从何而来，或者我怎么会抱有那种幻想，以为在以色列这个应许之地，一切都会截然不同。基雅特莫茨金被人们认为是一个安静的、相对安全的地方，以至于为了让孩子们离开前线，人们把他们从战火纷飞的耶路撒冷送到了我们这个所谓安全的小角落里。但是随后我们发现，事实上，我们也在枪炮的射程之内，战争同样也打到了我们这里。

对姑父而言，以色列建国是一个伟大梦想的实现。但当总共只有60万人口的国家却有6000多人死亡时，现实把他的梦想打碎了。这个新生国家被迫与丧亲之痛和战争创伤作斗争，但与此同时，大批移民的涌入又在消耗它现有的资源。因此，在以色列建国初期，政府缺乏必要的资金来解决国家和宗教事务。以色列成立了一个临时委员会，成员包括第一任总理大卫·本—古里安、第一任内政部长伊扎克·格林鲍姆，以及第一任宗教事务部部长耶胡达·莱布·哈考亨·迈蒙拉比。他们决定维持现状——过去怎样，将来就怎样。在安息日，海法及港口地区的公共交通是正常运行的，这种安排会继续下去。在特拉维夫，到了安息日公共汽车不行驶，所以将来也不行驶。建国之前，吉夫阿塔伊姆的哈达影院会在安息日放映电影，而邻近的拉马特甘影院里的银幕却是黑的，这一切将维持原样。这个结果真是荒唐。

基雅特莫茨金是一个独立的市政实体。它不是一个宗教性定居点，但它的领导人却确保公众守安息。在安息日那天，公共交通停止运行，所有的商店和影院关门。

但不幸的是，我们的社区在地理位置上靠近海法。由于海法是一个犹太人、阿拉伯人和信奉其他宗教的人混居的城市，在安息日那天，海法的公共交通正常运行，哈—沙哈尔公共汽车公司（后与艾格德公司合并）决定，公司的汽车将在去加里亚海滨的途中经过基雅特莫茨金。这条公交路线从海法始发，整个穿过我们社区，穿过宗教定居点基雅特塞缪尔，再经过基雅特岩姆和它的帐篷城市甘夫岩姆，最后到达加里亚海滨。沃格尔曼拉比这个通情达理的人，天真地相信以色列建国以后，无数代人的梦想实现以后，安息日会在整个国家得到遵守，到了那天公共交通也就不再运行了。大失所望的拉比和社区居民决定依靠自己的力量来解决这一问题。游泳季节开始后的第一个安息日，这条公交路线又开始运行了。那天，在基雅特莫茨金的主会堂诵读完《托拉》后，沃格尔曼拉比带领会众走上了大街。拉比宣布他们将为安息日做额外的祷告，而且他肯定没有一辆公共汽车敢从集会的队伍里开过去。

当时我大概12岁，我和从会堂聚集过来的信众们一起站着祈祷。阿什肯纳齐[1]和塞法尔迪、新移民和老住户，老年人和年轻人，都聚集在社区的街道上。你瞧，52路汽车从基雅特柏利克开过来，并继续向西行驶。敏感的姑父不敢站在车道上，但他本能地从肩上解下祈祷披巾，并把它铺在地上。我记得他那条镶着银边的漂亮祈祷披巾在黑色的柏油路上伸展开它的美丽。接着其他人也照着他的样子做，用祈祷披巾将整个哈肖夫提姆大街铺满，就像铺上了一层地毯，直到一寸柏油也看不见。随着一声急刹车，汽车在拉比身旁停了下来，刚好停在祈祷披巾的前面。司机下了车，全身发抖，向拉比恳求道："尊敬的拉比，为什么要这样对我啊？难道我不是犹太人吗？我怎么能从祈祷披巾上压过去呢？"拉比回答说："我的孩子，正如禁止践踏祈祷披巾一样，也禁止亵渎安息日的神圣！站在你周围的都是犹太人。我们都是作为犹太人生活在这个社区里的。安息日从未被当众亵渎过。请不要在基雅特莫茨金破坏守安息的传统，请不要破坏世代人之间的纽带。"司机客气而安静地听着。接着他回到车里，倒车，一直向后退，直到找到足够宽的地方掉头。然后他沿着来路回去了。我不知道现在那里的情况如何，但是我住在那儿的时候，安息日或犹太节日的时候再也没有公共交通运行过。

一天，我们在家里听到消息，说在英国托管铁路系统终止运营后，以色列铁路局将开放从海法到纳哈里亚的线路，这是第一条恢复运行的线路。乘客们聚集在基雅特莫茨金火车站。独立战争以后，我们北部的亚柯吸纳了大量的移民，因此亚柯也是这条线上重要的车站。伴随着路线的开通，全国一片欢腾——所有的火车站都飘扬着以色列国旗，一种成就感令我们群情振奋。这条线路途经许多标志性建筑：从海法的帕默广场出发，途经塞门油厂和腓尼基玻璃厂、炼油厂、克雅市郊、亚柯，然后抵达终点站纳哈里亚。姑姑和姑父经常坐火车，从基雅特莫茨金家附近的车站上车。有时是快车，第一站是基雅特莫茨金；有时是慢车，沿路所有的车站都要停靠。对于我们社区没有私家车的大多数居民来说，火车是提高生活质量的主要交通工具。

这一切都很好，非常好，再好不过了，直到以色列铁路局向每家的邮箱内投放了海法—纳哈里亚的列车时刻表。姑父兴奋地翻阅着时刻表，一脸的喜气洋洋。突然，他发出一声心碎的叹息："哦，天哪，在安息日！"由于铁路线经过一些从托管时期起公共交通就在安息日运营的小镇，而且

① 德系犹太人。

本一古里安规定要维持现状，因此铁路公司的某个人决定铁路在安息日也照常营运。这一发现简直不给沃格尔曼拉比喘息的机会，那天晚上他整夜都没有合眼。

第二天一大早，姑父就登上了去特拉维夫的汽车。他来到当时的沙朗纳地区，许多政府机构的总部都设在这里。没有事先预约，他就直接走进了交通部，找到了这个新生国家的第一任交通部部长大卫·莱迈兹的办公室。沃格尔曼拉比出众的形象，专门远道从基雅特莫茨金赶来的事实，再加上他一再坚持有紧急事商量，而且保证不会超过五分钟的说法，所有这些因素为他打开了大门。部长走了出来，看见姑父站在走廊上，就请他进屋，尽管之前部长并未见过姑父。“先生，您想喝点什么？热饮还是冷饮？”莱迈兹问道，“还是茶？”沃格尔曼拉比定睛看他，引用《创世纪》上以利以谢的话解释道：“我不喝，等我说明白我的事情再喝。”这句话引起了部长的兴趣。接着拉比从衣服里面的口袋里掏出了列车时刻表，再次引用了《圣经》上的典故，这次提到的是《申命记》中的情形：“我的情况就像负责被杀死的尸体的城邦长老。若发现有被刺死的人，不知道是谁击杀的，离那被刺死的人最近的城，那城的长老就必须证明他们不对这个人的死亡负责。既然我是基雅特莫茨金的拉比，”他继续说道，“我离犯罪现场最近，因此我要证明我对在我时刻表上看见的、火车在安息日行驶的事情不承担责任。”

“尊敬的部长，”拉比继续说道，“我是出现在火车时刻表上的基雅特莫茨金的拉比。这是新的以色列铁路局。但是，”他想起《塞缪尔记》中哈拿的祈祷，然后补充道，“这是我祈祷的孩子吗？火车上写着‘以色列’的名字，它的车轮却在践踏安息日的圣洁，为了它我们多少代人献出了自己的灵魂。这就是我们来朝拜圣地的原因吗？这是我们所期望的吗？”拉比继续独白了20分钟，讲话中充满了诗意的语言和《圣经》中的典故，表达了他深深的痛苦和忧伤。沃格尔曼拉比还向部长详细说明了安息日的含义，以及它对犹太人的重要性。整个过程中，大卫·莱迈兹一直保持沉默。他一刻也没有阻止拉比的侃侃而谈，也没有做出任何反应。相反，他允许拉比继续他的演说，他则入迷地听着。拉比不再讲话后，莱迈兹立刻拿起桌子上的黑色电话，要求和交通部的秘书长说话。姑父听见他问那个秘书：“我们已经印了第一条火车路线的时刻表了吗？”秘书做出肯定的回答后，提醒部长要和海法市市长一起去参加在帕默广场举行的开幕仪式。

“我要求你修改旅客列车时刻表。我们现在不讨论货运火车，海法到纳哈里亚一线的列车在安息日或犹太节日要停止运行。此外，以后的火车路线也不得亵渎安息日，要遵守艾德格、丹、哈—麦卡舍尔以及南犹太的公共交通规定，不得在安息日运行。”莱迈兹命令道。秘书问了好几次自己的理解是否正确，部长坚定地回答，禁止安息日行驶火车就是他的意思。当时这类决定都由部长一个人说了算。

莱迈兹挂断电话后，沃格尔曼拉比流下了激动的眼泪。他无法相信梦想竟然变成了现实。他原以为部长会用例行公事、要人领情的语气回答，比如“您的话我已经听到了，我会考虑的。我会和其他人商量一下，我会向本—古里安报告这件事。”当时本—古里安什么事情都参与。他从来没想到他坐在那儿的时候，部长就会给秘书长打电话，并指示他立刻更改时刻表，以纠正曾经犯下的错误。拉比平静下来后，向部长表示了感谢，然后开始向门口走去。莱迈兹站起身，绕过桌子，送拉比来到走廊，全体工作人员都见证了拉比应得的礼遇。大卫·莱迈兹比姑父稍矮一些，于是他挺直身子，友好地拍了一下拉比的肩膀，用他的俄国口音总结了他们的会面：“尊敬的拉比，犹太人民想念像我这样的异教徒的那一天肯定会到来的。像我这样异教徒的一代人不会再有了。”带着莱迈兹部长的想法，姑父回到了基雅特莫茨金。整个晚上，他的脑海中一字一字地重放着他们的对话。那个晚上，他又一次失眠了，不过这次是出于纯粹的兴奋。

我听说了那次见面的所有细节，而那次决定的结果显然在今天仍然有效。铁路事件给我留下了无法抹去的印象。许多年来，只要出现宗教和国事问题，我都会联想起拉比和部长之间的会面。姑父的这件事教会了我对话的重要性。换作他人，如果发现火车在安息日和其他节日行驶，也许只会对天大喊一声“天哪！”或“唉”，或者在基雅特莫茨金的会堂里组织一次闹哄哄的抗议示威。但沃格尔曼拉比选择了不同的方式：他决定去见他认为应当为亵渎安息日负责的领导。他找到了一个愿意和他分享担忧的对话伙伴。姑父用理性的方法决定了铁路的现状。多亏了他，以色列铁路局第一份时刻表的修订本确定了火车将不在安息日和其他节日行驶，而这条规则也应用于其他路线。卡米莱特地铁落成时，胡什神父正担任海法市市长，市议会的议员们希望地铁能像海法的艾德格公共汽车公司一样在安息日运营。但是经过多次讨论，他们最终决定，卡米莱特地铁和火车属于同一类型，所以也应该禁止在安息日运行。因此，沃格尔曼拉比同时也确定了卡米莱特的现状，“守安息”成了一条规定。

在基雅特莫茨金和基雅特塞缪尔之间的铁轨旁有一座废弃的英国军营，是1948年5月英国人离开以色列时丢弃在那里的。短短几日内，这些军营就又被占满了，这次是新移民。锡皮圆顶的小屋里挤满了说意第绪语、波兰语、匈牙利语和罗马尼亚语的人。他们几乎都是来自波兰、德国、匈牙利和罗马尼亚的大屠杀幸存者。有些人在整个六年的战争期间都在遭受磨难，而有的只是经历了最后两年的恐怖。但他们都有一个共同点——悲痛。他们家破人亡，伤痕累累。没有一个家庭里没有受害者。他们到达海法港的“阿里亚终点站”时身无分文，他们从那里被送到临时住所，包括那些闲置的英国军营。基雅特塞缪尔建起了一片临时平房，就是今天所说的“毛里求斯移民点”。当欧洲移民试图向以色列移居时，英国人却在岸边把他们截住，并把其中一些人驱逐到了南非以外的毛里求斯岛。当这些人终于可以移民时，他们就被安顿在“毛里求斯移民点”。

一天，姑姑让我帮她办件事，把她准备好的酿馅鱼带给我的表姐和表姐的丈夫。他们刚刚到以色列，正住在基雅特塞缪尔桉树林附近的那片由帐篷和小木屋组成的飞地里。姑姑告诉我，米米·赫尔齐克是她表姐罗谢尔的女儿、罗谢尔是卢布林的梅厄·沙皮拉拉比的妹妹以及什穆埃尔·伊扎克·肖夫的孙女。发现还有更多以前不知道的亲戚存在令我感到很兴奋。姑姑说她在报纸上刊登的一份名单上读到了他们的名字。她还补充说，他们是从塞浦路斯来的，他们打算从罗马尼亚移居以色列的时候被驱逐到那里。这是我头一次听说在英国托管时期数千名已经抵达以色列海岸的犹太人被英国人驱逐出去。

我手上拿着姑姑做的酿馅鱼，去桉树荫下的营区寻找我们曾经的大家族中失散的分支。米米和伊扎克·赫尔齐克最后搬到了特拉维夫，并把他们的名字希伯来化为“阿兹”。伊扎克·阿兹担任了多年的特拉维夫副市长，后来成为以色列议会的议员。

新移民适应环境的过程是我在沃格尔曼家度过的童年的重要组成部分。这些移民来到以色列时一无所有，是真正意义上的穷人。并不是说老居民就享有物质财富，而是贫穷不会阻挡他们对新来者的慷慨。

逾越节快到了，我们打算在沃格尔曼家举办逾越节家宴，有点像小型的聚会——姑姑和姑父、他们的女儿利亚·娜奥米、我，还有几个客人。

但逾越节家宴的那天上午，沃格尔曼夫人宣布计划有变动：家宴不在家里举行了。她向我保证还是由我来演唱传统的“四问歌”，只是换个地点而已。与往常一样，我和姑父向会堂走去，纳闷为什么我没有看见为家宴准备的桌子。姑父说我们肯定会有一张大桌子，叫我别担心。回到家里后，我们换上节日服装，来到了北基雅特莫茨金——一个很大的移民点。在那儿我们和一千名新移民一起庆祝了逾越节家宴。不是所有人都特别愿意参加，有些人是因为从家里带来的痛苦记忆——这个晚上最能让每个人想起自己的老家——有些人是因为移民家庭的贫困。我们还可以猜想，在经历了大屠杀的恐怖后，有些人甚至开始抵制犹太教传统。沃格尔曼拉比很理解他们的痛苦。他走到参与者的身边，用语言和动作安慰着他们，他整个人都散发出父亲的慈祥和真正的精神领袖风范。

我们举办逾越节家宴的锡制建筑里，闷热且拥挤。几乎没有人会唱传统的逾越节歌曲，或是讲述《哈加达》的故事。但是在说到“将你的愤怒倒在那不认识你的外邦”时，他们嘶哑的声音却升级为一种呼喊，他们的话无比的真诚且意味深远：“每一代人都应将自己看做亲自走出埃及的人。”阿什肯纳齐不在逾越节吃米饭和豆类食品。但是因为整个以色列的土豆供应不足，由赫尔佐克拉比和乌齐尔拉比领导的首席拉比院以及我姑父这样的拉比，允许我们在节日期间食用米饭和豆子，这让我感到很奇怪。我们的节日菜肴不包括平常吃的鱼和肉，而是盛在锡盘上的米饭和土豆。

在几百名新移民中，沃格尔曼拉比找到了一个志同道合的人，一位卓有成就的托拉学者和敬畏上帝者——阿齐瓦·格罗斯拉比。他和妻子以及唯一的女儿查娃在大屠杀中幸存下来。两个家庭之间建立了深厚的友谊，一家欢迎，另一家受欢迎。后来，查娃嫁给了我妻子的弟弟，特拉维夫的伊森·弗兰克尔拉比，成了我的弟妹。

一千名新移民尽管无法背诵《哈加达》，还是安静地坐着，而我姑父在基雅特莫茨金举办的逾越节家宴也成了我仿效的样板。除了刚结婚的时候到妻子家里过逾越节，我的孩子年龄还小的时候，我从不在自己家里举办逾越节家宴。从那之后，我总是以姑父为榜样，带着家人到任何我觉得能为逾越节家宴做出重大贡献的地方去。

1968年，我和妻子以及我的孩子们和来自西方国家的新移民一起度过了为期整整一周的逾越节。这些新移民是追随“六日战争”所产生的移民热潮来到以色列的。逾越节家宴在耶路撒冷的森林旅馆里举行。这些移民也许有财力隆重地庆祝逾越节，但是他们缺少社会组织和精神领袖。住在集中区的时候，他们要求在有《托拉》教育的氛围内庆祝节日，这样可以满足他们对“回归圣经时代”的以色列的想象。

1971年，我开始在空军基地举行定期的逾越节家宴，我的孩子们也加入其中。我记得，有一次，空军的拉比、伊弗列姆·泽梅厄少将请我为基地的1250名士兵举行逾越节家宴。基地指挥官拉恩·帕克告诉我，如果最后有10名士兵跟我一起跳霍拉舞，那么这次家宴就算圆满成功了。我想如果家宴已经成功地感动了基雅特莫茨金的新移民，那么就没有理由不感动基地的士兵。也许这些坐在节日餐桌旁的军官或士兵就是那些移民的女儿或儿子。家宴持续了四个小时，家宴结束后我们欢快地跳起了霍拉舞。

有一年，我受邀到特拉维夫的士兵旅馆为那些在以色列战争——从独立战争到赎罪日战争——中失去亲人的士兵举行逾越节家宴。这是迄今为止我所举办的家宴中最困难的一次，它让我想起了建国初始和曾经是大屠杀幸存者的新移民度过的那个逾越节。挤在大厅里的600个人觉得自己不该欢笑歌唱，认为这对刚刚失去亲人的家庭来说不合适。家宴的气氛很凝重。我徒劳地想要打破冷场。我告诉参加者，他们的沉默令我不安，但还是没有一个人开口，难以忍受的沉默继续着。

最后，我决定采取行动：我独自一人唱起了我在来以色列的船上学到的爱国歌曲。我先从《诗篇》中的《手足情深》开始唱：“看哪，弟兄和睦同居，是何等地善，何等地美。”我继续唱着，慢慢地，带着迟疑，一些声音加入进来，后来越来越多的人抛掉了矜持，气氛逐渐活跃起来。寒冰消融了，这个夜晚也转变成我终生难忘的经历。

那晚，在我回家的途中，当我正准备穿过魏茨曼大街时，我注意到一对年迈的夫妇走在我身后。那个男人弯着腰，用浓重的俄国口音对我说道：“我们是来自海法的一个丧亲家庭。独立战争期间，我们唯一的儿子阿姆农战死了。从那以后的30年，我和妻子每个晚上都待在家里。我们白天工作，但一到晚上，我们就躲在家里听古典音乐或是读书。我们努力不让自己成为负担。我们觉得我们的存在对其他人来说就是累赘。”

“但是今年，国防部纪念阵亡战士部门通知我们，您将为受难家庭举行逾越节家宴，于是我们决定打破惯例，来参加这个家宴。我们想，时候到了，也许该过这么一次逾越节了，我们不再孤独地坐着，只有四面墙包围着我们俩。为此我们感激您。”遇难者的父亲说着，用力地握着我的手。那个逾越节，我从举行家宴上得到了回报，因为我发现我把这对夫妻从他们为自己判处的隔离刑罚中解放出来了。我感觉我和姑父几年前的行为间有着密切的联系，当时他决定我们不在家里以小范围的、亲密的家庭聚会的形式庆祝逾越节家宴，而是和上千个失去亲人的陌生人一起庆祝这个自由的节日。我想起《诗篇》第146章中的一段："他为受屈的伸冤，赐食物与饥饿的。耶和华释放被囚的。耶和华开了瞎子的眼睛。耶和华扶起被压下的人。耶和华喜爱义人。耶和华保护寄居的，扶持孤儿和寡妇。”我最喜欢的一句哈西德派谚语这样问道，为什么人类社会中不幸的人会和正直的人一起出现在这些诗歌里？为什么《诗篇》的作者们会将正直的人置于可怜的人群中，而且是在诗章的正中间？这是因为上帝爱这类正直的人：就像沃格尔曼拉比，他们将自己置于中间，置于不幸、被压迫和饥饿的人中间。我把这句谚语当做我的座右铭。我要像姑父做的那样。

我是我们学校第一个毕业班的五名毕业生之一。1950年4月，在我举行受戒礼一周以后，我结束了八年级的学习，而我在五年的时间里就完成了本该八年的初等教育。当老师们把他们严守的秘密公布出来的时候，我很高兴能在毕业典礼上给姑姑和姑父带来一点快乐。老师们送给我一块木制匾额，匾额的形状就像装满干草的马车，车上有一个车夫赶着马，马的旁边一名农夫背着几捆干草，匾额的中间刻着“伊斯雷尔·劳，优秀学生”。许多年来，这块匾额装饰着姑姑和姑父的客厅。他们为我感到骄傲，我刚到以色列的时候一句希伯来语也不会，却在短短五年的时间里给他们带来了这份荣耀。

现在我们要决定我下一步该怎么走了。选择之一是海法的亚夫内高中，克雅附近的很多学生都会选择这所学校。我之前学校的校长雅阿可夫·布劳菲尔德推荐我获得了该校的奖学金。另一个建议是去帕迪斯汉娜的米德拉什亚特诺曼犹太高中，但拿弗他利另有打算。那段时间，他遇到了一个名叫约瑟夫·耶胡达·瑞纳的拉比，是他指引我朝着犹太法学博士的方向前进，在那个关键时刻改变了我的人生方向，我欠他很大一份情。他是耶路撒冷考尔托拉犹太经学院二年级的青年教员。这所犹太经学院没有自己的教学楼，因此学生们只好在原来的一所女子高中上课，并在一所破旧的旅馆里用餐。他们在沙阿雷切斯德社区租了一处房子做宿舍，10个人一间，没有洗漱的地方。瑞纳拉比是我父亲在普雷肖夫教过的一名优秀学生，在那儿父亲创办了陶拉特哈依姆犹太经学院。瑞纳拉比的父亲塞缪尔·以利以谢·瑞纳一直是那个社区的领导，是他欢迎我父亲在1928年来普雷肖夫担任那个镇子的拉比。约瑟夫·耶胡达·瑞纳拉比在大屠杀中幸存下来，并移居到了以色列。当他从报纸上看到劳拉比的儿子们到达以色列时，他与拿弗他利取得了联系。通过哥哥，瑞纳拉比征得沃格尔曼拉比的同意担任我的导师。“《创世纪》中，”他说，“讲述了约瑟命令他的哥哥们找到便雅悯：‘把他带到我这里来，叫我亲眼看看他’。我的一切都是拜这个男孩的父亲所赐，我想把这个孩子当成我亲生的孩子，通过教育他来报答劳拉比。把他送到我的考尔托拉经学院吧，我会照顾他的精神和身体的。”瑞纳拉比恳求姑姑和姑父允许我去他的犹太经学院就读，他们知道在基雅特莫茨金或市郊没有适合我的宗教学校，因此也就同意了。尽管这个决定让他们很伤心，但他们也知道我早晚要离开他们的家。

大家为我举行了受戒礼，我很清楚从那以后我将成为考尔托拉犹太经学院的学生。在巴黎当信使的拿弗他利也赶回来了。在那段经济困难时期，他给我们带回来了满满一箱洁净的萨拉米香肠和熏肉，那是他在旅途上买的。他还带来了一份珍贵的东西——一箱苹果。尽管有这么多过节吃的食物，节宴的餐桌旁却弥漫着强烈的空虚失落感：从那天拍的照片上看，站在我身旁的是姑父和哥哥们，而我对面立着的则是我的父亲和母亲——挂在墙上的照片。

当我向我的小家庭和自豪的沃格尔曼拉比发表我的受戒礼演说时，我意识到我正在合上我生命中的一章，并打开新的一章。两个月后，也就是1950年6月，13岁零两个月的我开始向犹太经学院迈出了第一步。

引文出处：

我不喝，等我说明白我的事情再喝——根据《创世纪》24:33

杀死的尸体——《申命记》第21章

看哪，弟兄和睦同居，是何等地善，何等地美——《诗篇》133:1

把他带到我这里来——《创世纪》44:21

第9章 身体力行

这所犹太经学院的首席教师、创始人兼院长是巴录·昆兹塔特拉比，他也是我的主考官。在确定我从未学过《塔木德》后，他把《塔木德》中的《圣化书》递给我，然后翻到第29a页，对我说道："学半个小时，连同拉希和托萨福的中世纪注释，学完后来找我，我们要看看你能否自学一页《塔木德》。"

这页讨论的是父亲对儿子的责任：为他施行割礼；如果是长子，要举行赎子礼[①]，将他从祭司手中赎回；教他《托拉》；教给他一份职业；为他找到妻子。

我学完这一页后，拉比对我进行了测试。然后他把手放在我的肩上说："瑞纳拉比向我提起过你。我很荣幸通过听你在天国的父亲在德国和东欧令人难忘的布道认识了他。正如我们的贤人所言：'我们哀悼逝去的、不可替代的人。'我会努力履行父亲的职责，并教授你《托拉》。"原来他并不是偶然选取那页《塔木德》的，而是想通过这种方式，向我传达这样一个信息：尽管我在肉体上是个孤儿，却有神父来抚育我。

我拎着那只米色的小箱子来到了考尔托拉经学院，这只箱子曾伴随我从布痕瓦尔德到厄尔，接着又去了马赛、热那亚、海法、阿特利特、法萨巴和基雅特莫茨金。这个箱子里装着我全部的生活。这只箱子陪着我一起去耶路撒冷的想法对我来说非常有意义：把我和过去联系在一起，提醒我在那些艰难的岁月里我都经历了什么。

考尔托拉经学院分散在耶路撒冷的三个地方。自修室在凯瑞卡页迈特

---

① 男子娶妻生头胎儿子后，要向祭司亚伦的男性后裔献上一份祭礼，用意赎买此子自行抚养。此礼在男孩儿出生满30天后举行。

和尤斯西津大街的拐角处；餐厅和一些宿舍位于著名的贝特萨巴（后来称为以色列地宾馆）的曼密拉地区，而大多数学生10个人一间住在沙阿雷切斯德社区，这是一所阿拉伯风格的房子，屋外有一口井。夜里很冷，井里的水经常结冰。

在耶路撒冷的第一个晚上，结束晚祷后，我们去曼密拉的经学院餐厅吃晚饭。正当我们走出自修室，来到凯瑞卡页迈特大街时，两个背着大包的女孩拦住了我们的去路。她们问我们是否认识新来的学生伊斯雷尔·梅厄·劳。我不认识她们，她们也没认出我。原来她们是莎拉和朱迪思，是莫迪凯·哈柯亨拉比和父亲的表姐瑞弗卡的女儿。瑞弗卡是土生土长的耶路撒冷人，是亚伯拉罕·兹维·肖尔拉比，我父亲的舅舅唯一的女儿。亚伯拉罕·兹维·肖尔拉比是什穆埃尔·伊扎克·肖尔的儿子。这位舅舅从加里西亚移居到耶路撒冷，并成为耶路撒冷哈西德社区宗教法庭的庭长。我认识他的女婿，也就是那两个女孩的父亲，他在两个月前参加了我的受戒礼。这两个女孩从梅阿塞阿雷的欧内格安息日大街一直走到了凯瑞卡页迈特大街，40分钟的长途跋涉，就为了给我送一条羽绒毯子和一个枕头。她们体贴地说："基雅特莫茨金离海边很近，所以天气暖和。但是在耶路撒冷，这个月就开始冷了。"她们的礼物是令人愉快且又实用的惊喜。那条毯子和那个枕头我用了很多年，直到我结婚为止。

她们邀请我去她们家过安息日。自那次以后的许多安息日，我都步行到梅阿塞阿雷，在欧内阁安息日大街的柯亨家里享用午餐，这也确实与"安息日喜乐"这个名字相吻合。

进入考尔托拉经学院后，我加入了尤纳·梅兹邦奇拉比的一年级班。第一个星期天，我们学习的是《非圣洁事物》。令人惊讶的是，这就是我姑父沃格尔曼拉比每个安息日下午在家里教授的章节。那时即使我不明白他在说什么，也总是认真地听。立陶宛犹太经学院则不经常学习这一篇。《非圣洁事物》讨论的不是财产法，也不是其他犹太经学院通常所讲的主题，而是一个经常被忽视的主题，食品的禁令。另一位首席教师舍洛姆·扎尔曼·奥尔巴赫拉比把对《哈拉卡》的学习看成重中之重。他说服经学院的拉比们融入到针对《安息日书》《礼蛋书》（有关节日的《托拉》）和《非圣洁事物》的学习计划当中，这些拉比全部来自德国，并以拘泥于《哈拉卡》的形式出名。一年级的学生以前从未学过《非圣洁事物》，因此对其中的内容完全不熟悉。

我们的老师梅兹邦奇拉比是《希伯来塔木德百科全书》的三位主编之一。大屠杀前，他是德国达姆施塔特的拉比，他不仅在《圣经》和《塔木德》方面学识渊博，还很了解世俗的科目，比如数学和天文学。他的开场白是学究式的。这章一开头是这样写的："任何人都可以屠宰"，换句话说，如果一个人熟练掌握了有关礼仪屠宰的律法，就被允许屠宰，即便他不是一个有身份的人。拉比在第一堂课上就向我们传授了洁食屠宰的基本知识。其中一个必要条件是刀子必须平滑，没有任何缺损，比如刀刃上的切痕或裂口。这是为了保证尽可能快地宰杀，减少动物死亡时的痛苦。《塔木德》中明确指出了两类主要缺损：用希伯来语表示就是"mesachsechet"和"ogere"，分别是指一边锋利的刀口上有切痕和两边有切痕。梅兹邦奇拉比解释说，任何一种有缺损的刀都会拉住被宰杀动物的气管和食道，因而延长它的痛苦。拉比讲话时，我举起了手。拉比透过架在鼻翼上的眼镜看着我，似乎在说，你对这么复杂的问题能有什么可补充的啊？

坐在长方形桌子旁的同学们也都看着我。作为新生中年龄最小的一个，我又瘦又小，而且全班只有我一个人穿着短裤，戴着贝雷帽，额发还从帽子里露出来。我来犹太经学院和在基雅特莫茨金时穿的一样，由一件绿色上衣和短裤组成的套装，滑稽且格格不入。所有人都知道我是"布痕瓦尔德孤儿"，他们热情地接纳了我，但是尽管他们很理解，而且友好地对待我，可当我敢于问问题的时候，他们还是挑起眉毛，向我投来惊讶的目光。

我不理会他们的表情，只专心于手边的问题。在获得发言的许可后，我说："一般我们是用拇指甲来检查刀子的，它不会粘在任何缺损上，但《塔木德》中有位贤人用的却是舌尖，因为舌尖更敏感。"我用的是在基雅特莫茨金学到的精准的阿拉米语措辞。我发表完意见后，整个教室鸦雀无声。所有同学同时把头转向我，他们的眼神中夹杂着惊奇和疑惑的钦佩。梅兹邦奇拉比把架在鼻翼上的眼镜向上推了推，然后朝着我的方向，用阿什肯纳齐的口音问道："这是谁在问问题？"我报出了我的名字。拉比问我之前有没有学过《非圣洁事物》，我回答说，我住在姑父沃格尔曼拉比家里时，姑父每个安息日都会上课，他讲到的其中一个主题就是这个。梅兹邦奇拉比对这个回答很满意，接下来他继续讲课。

下午的时候，约有100名学生挤在自修室里成对成组地学习，或者称为"让愿意参与学习的朋友聚集在一起吧！"自修室里的响动震耳欲聋。

那天自修的时候，戈达尔亚·艾斯曼拉比把我叫了过去。艾斯曼拉比是这里的心灵辅导员，这是每个犹太经学院都会设置的职位。大多数经学院都会有这么一个人，他实际上既是老师又是辅导员，管理学生的日常行为并负责他们的身心成长。我们一起站在书柜旁，拉比告诉我第二天我将加入瑞纳拉比的班级，瑞纳拉比就是那个总的来说负责把我领入犹太经学院，特别是考尔托拉经学院的人。我听了很吃惊，因为瑞纳拉比教的是二年级，而我还在上一年级。但拉比肯定地说："我就是这么说的。我听梅兹邦奇拉比说你已经学过《非圣洁事物》了，所以你不属于一年级，而属于二年级。"听到这个消息，我很兴奋。那年接下来的时间我是在瑞纳拉比的班里度过的，1951年9月，我升入了由埃尔赫南·昆兹塔特拉比负责的三年级。昆兹塔特拉比是立陶宛米尔犹太经学院的毕业生，他和上千名犹太人一起，手里拿着日本驻立陶宛考那斯领事杉原千亩签发的特别签证，途经俄国和上海逃脱了大屠杀。杉原千亩也因其拯救生命的工作，而被大屠杀纪念馆授予了"正义外邦人"的称号。

埃尔赫南拉比的父亲巴录·昆兹塔特拉比曾经是德国富尔达拉比法院的法官。他和他的同事，法兰克福的耶塞尔·米歇尔·施莱辛格拉比共同创办了考尔托拉经学院。

昆兹塔特拉比和施莱辛格拉比都认为，建立一所官方学习语言为希伯来语而不是公认的意第绪语的犹太经学院，是他们的神圣职责。耶路撒冷的阿什肯纳齐社团却极力反对德国正教移民的这一革新性举措，担心这会引起一系列的改革运动。但是创始者们没有屈服，因为他们觉得变革是时代的要求。

多亏了他们的坚持，我才有机会和塞法尔迪朋友一起在考尔托拉经学院学习，否则这些朋友将无法进入一所讲意第绪语的犹太经学院。这些人里有的成了拉比世界的领袖，比如考尔雅阿可夫经学院的校长耶胡达·艾迪斯拉比；耶路撒冷拉比法院的首席法官玛堤斯亚胡·斯瑞姆拉比；特拉维夫管辖的亚德里摩西马亚拉亚的摩西·玛雅拉比，同时他也是托拉贤人委员会的委员；以及特拉维夫—雅法拉比法院的院长尼西姆·本·西蒙拉比。

施莱辛格拉比年轻时就去世了，于是经学院任命舍洛姆·扎尔曼·奥尔巴赫拉比顶替了他的位子，这位拉比是远近闻名的天才，也是耶路撒冷当地人。他住在沙阿雷切斯德社区，每周来经学院三次，教最高年级五年级的课程。此外，每个星期三，他还面向全校学生深入讲解《塔木德》。

考尔托拉经学院尤其照顾大屠杀幸存者以及通过“青年阿里亚运动”从欧洲移民到以色列的学生。他们都年龄偏大，因为战争又耽误了六年的学习时光。他们的知识水平只适合一年级，至多是二年级，但是鉴于他们的高龄又必须小心对待。因此，经学院专门为这些男孩开设了一个特别班，美其名曰“四年级”。校长巴录·昆兹塔特拉比每天亲自给他们授课。我们这些年纪小的则跳过三年级，直接升入奥尔巴赫拉比的五年级。从四年级升到五年级的学生少之又少。

在考尔托拉经学院的那些日子既丰富了我的知识又有教育意义，这得归功于经学院的教育方式，我认为这种方式是教育领域的真正成就。经学院的教育不仅强调知识的学习，同时也重视学生在社会和心灵层面的成长。一个直观的例子就是我和我的学习伙伴同样违反了规定，却被区别对待。我的学习伙伴来自布内布拉克，是比利时移民的孩子，而且他比我大一岁。我们在一起的大部分时间都把关注点放在学习上，但是由于少年的天性，学了六个小时以后，我们就可能会谈论一些无关紧要的话题或是开些玩笑。辅导员戈达尔亚拉比坐在书柜旁边，他在那儿观察着经学院所有100名学生的行为表现，以确保他们没有浪费专门为《托拉》学习留出来的宝贵时间。有一次我们正在无忧无虑地闲聊，他用手指着我的伙伴，警告他不要无所事事地闲谈，也不要做无聊的事，并引用了《塔木德》中的谚语：“忽视《托拉》学习而参与平庸谈话的人将于来世喂燃煤。”但并不是只有我的伙伴忽视了学习——我也参与聊天了。然而辅导员并没有斥责我。我思考着其中的原因，因为我是孤儿就该被特殊对待吗？是因为我的伙伴有父母，所以辅导员就认为可以随意训斥他，对我就不行了吗？

第二天，当我经过戈达尔亚拉比身边时，他对我说：“伊斯雷尔·梅厄，你应当谨慎一些，避免说那些轻浮的话，尤其是当它们——苍天不容——可能含有某些诽谤或闲话成分的时候。”他对我讲话的时候语气温和，就像是在给朋友提建议，这与他和我的伙伴说话时的口气完全不同。

许多年后，戈达尔亚拉比告诉了我他那个导致看似区别对待的教育方针。他说，我的伙伴最近回经学院的时候，戈达尔亚拉比主动和他谈起了过去的那些日子。他对我的伙伴说：“也许你会忌恨我，因为你忽视《托拉》学习的时候，我对你加以申斥，却从未训诫过你的伙伴。但事实上，我是经过认真考虑才这么做的。如果当时我对你说：‘你很令人满意，但你需要更加令人满意。’那么你就会对自己说：‘我的灵魂可以安歇了，令人满意对我来说已经足够了。连辅导员戈达尔亚拉比都这么说了，这对我来说就足够好了。’这样你还会照做不误。你需要严厉的话把你从无动于衷中摇醒。而你的伙伴却正好和你相反。如果我训斥了他，他可能会变得很沮丧，甚至可能离开经学院。他既没有父亲也没有母亲可以让他相信犹太经学院对他来说是最好的地方，他必须去那儿。没有一个人可以听他讲话。如果我对他说难听的话，他可能彻底不学了。与他情况相同的大多数同龄人都没有留在托拉的世界里。我有责任把他当做温室的花朵一般培育。我希望，他将来的成功有一部分是归功于我们早期对他的鼓励，而不是严厉。”这就是负责100名学生的拉比的教育方针。他从未学习过教育学或者心理学，也不知道皮亚杰是谁，但是他有经验和直觉，更主要的是，他懂得爱别人，并尊重他们的需求。

在耶路撒冷最初的几个月里，我觉得自己和家人完全失去了联系：和基雅特莫茨金的姑姑和姑父，和希科哥哥（独立战争后他和妻子女儿搬去与岳父同住了）还有回到欧洲的拿弗他利。在那儿，拿弗他利继续从事他在所谓的“非法移民”——违反英国政策引入移民——时期开始的工作。他帮助寻找在大屠杀期间被送进会堂、男修道院、女修道院以及基督信徒家中的欧洲犹太儿童，从而将他们带到以色列。他在巴黎时，我们通信保持联系。

经学院朋友们的热心和友情以及考尔托拉经学院拉比们的亲切态度，帮我减轻了极端的孤独感。我似乎走出了大屠杀的阴影。但有一个问题却阻碍我复原：我经常感冒。经学院的校医兹维·格尔布斯齐医生查不出发病的原因，于是把我送到沙阿雷—茨厄德克医院做进一步检查。医院发现我的扁桃体已经肿成了正常大小的三倍，而且里面充满了脓液。我在集中营时就有这个毛病，而且感冒经常引起咽喉感染。医生们决定切除我的扁桃体，这在当时是一个极为痛苦的手术。我坐在椅子上做手术，他们对我的口腔进行局部麻醉注射。显然，计划赶不上变化，因为后来我在医院住了一个星期，接着还要在明泽家——我嫂子西坡拉的父母家，待上一段时间才能痊愈。

整个康复期陪伴在我身边的除了经学院的朋友，还有基雅特莫茨金的贝拉姑姑，每次来，她都在我的床边坐几个小时。我唯一感到安慰的是，与五年前在布痕瓦尔德的那次生病不同，那次拿弗他利也正好患上了斑疹伤寒，这次有人在身边照顾我。我的陪护人员们没有把我扔在一边，连一个小时也没有，这也帮我减轻了肉体上的痛苦。

父亲在纽约的妹妹，梅塔姑姑，也很关心我的健康，她给我寄来了一张18美元的汇票。18象征着生命，因为它不仅仅表示数值18，在希伯来语中也有“生命”的意思。姑姑想让我给自己买点吃的，算是在经学院差强人意的伙食外给自己开个小灶。由于六年战争期间我一直营养不良，所以肯定需要比经学院提供的伙食更有营养的东西。经学院资金匮乏是以色列严峻的大环境造成的。我们没有人造黄油，更不用说黄油了，我们用椰子油涂抹面包，这些椰子油是通过美国犹太人联合分配委员会进口来的。早餐的菜单上只有面包、椰子油和果酱。我们从未见过肉。安息日我们能得到一块用肉的替代品做成的小馅饼。一年我们能吃到两次鸡肉——赎罪日前夕的封斋饭，还有就是在普林节的宴会上。当然，五旬节时，我们吃的是传统乳制品，而到了逾越节和住棚节的时候，经学院就放假关门了。

梅塔姑姑希望我把她的汇票，当时称为“临时凭证”，作为代金券购买进口食品，但我没把它用在这方面。首先，我不可能一个人吃饭，18美元也远远满足不了几十个饥饿的学生；另外，我对书的渴望远远超出了对食物的渴望。于是我把代金券换成了现金，并用这些现金来筹建我的图书馆，后来这个图书馆逐渐扩大规模。我买的第一套书是《清晰教诲》，是波兰拉敦的以色列·梅厄·哈柯亨·卡甘拉比——以其著作《生命探索者》著称——的六卷本著作。这部著作是对哈拉卡古抄本《布就筵席》的第一编“生活之路”的广博评注。

我还梦想着购买一整套的《巴比伦塔木德》，因为在受戒礼上我没有收到这套书。当时我收到的最珍贵的书是三卷本的《生活之路》，是哥哥希科的岳父亚伯拉罕·约瑟夫·明泽送给我的，他在特拉维夫的艾伦比大街上开了一间宗教书店。

为了实现拥有一套《塔木德》的梦想，我需要赚些钱，于是我开始私人授课。经学院的午休时间是从下午的两点持续到三点，在戈达尔亚拉比的推荐下，我开始利用这段时间辅导《塔木德》和《密西拿》。我的学生是威尔家的两个儿子亚伊和约斯，他们家在雅法和乔治王大街拐角处开了一家在耶路撒冷很有名的鞋店。两个男孩在霍雷夫小学读书，他们的父亲想让他们额外上一些宗教课。每天下午，我都在他们家中教课，每小时赚

75哥鲁西（100哥鲁西相当于1里拉）。在当时，一套16卷本的《塔木德》售价76里拉。

威尔家所在公寓的四楼住着一个宗教书籍推销商考夫曼先生。我给亚伊和约斯上了100多个小时的课才可以上到四楼，然后肩上扛着一个装16卷小开本的《塔木德》的纸箱子回到经学院。回经学院的途中，我被身上的重量压弯了腰，但我还是觉得我是世上最幸福的人。现在，当我去全国各地授课时，我从不携带岳父在婚礼时送给我的那套大开本，相反，我还是喜欢那些用自己的汗水换来的棕色的小开本。

当时，梅阿希阿利姆有三间出售二手宗教书籍的书店。每到星期五我们没课的时候，我就会去这些书店游荡，寻找特价书籍。我是故意说“游荡”的。这些书店从地板到天花板都堆满了书，而且空间很小，人们几乎都无法在里面站立，更不用说游荡了。有一次，一位店主对我说：“你让我想起了奥瓦迪亚拉比。”他说，“这附近有一个叫奥瓦迪亚·约瑟夫的年轻人，他是一个已婚的耶路撒冷犹太经学院学生。他来到我的书店，请求我允许他看书。他没钱买书——他是个年轻的父亲，而且已经有了很多孩子。所以我让他站在梯子上。他一次站三个小时，两条腿分别蹬着梯子的两边，一直看，直到把那本书看完为止。这本书安全地装在他的脑子里，就像存放在盒子里一样。”多年以后，奥瓦迪亚成为首席拉比，他是塞法尔迪中无可匹敌的领袖和学者。

我买的另一本书很小，里面却藏着一个大惊喜。它是14世纪赫罗纳的尼西姆·本·瑞文拉比写的有关《中门》的一卷新律。我讨价还价才买下了这本书，原价三里拉后来降到了两个半里拉。把书带回经学院后，我注意到书里面盖着一个由三种文字（希伯来语、拉丁文和西里尔语）刻成的印章，上面还有哈依姆·赫齐卡亚·梅迪尼的名字。后来我发现这本书的前任主人竟然是19世纪伟大的学者和10卷塔木德百科全书《Sedei Chemed》的唯一作者。梅迪尼拉比出生于耶路撒冷，曾担任当时被称作卡拉苏巴扎（如今是乌克兰克里米亚半岛上的小镇比罗赫斯克）的拉比，后来回到以色列，成为希伯伦的拉比。

以色列正教的领导人之一摩西·巴列维拉比曾在他的书《哦，耶路撒冷，在你的城墙之上》中讲述了一件关于梅迪尼拉比的奇事。在梅迪尼拉比死后多年，阿拉伯暴乱者亵渎了希伯伦的犹太人墓地。他们砸碎了墓碑，把尸体从坟墓中挖出来。他们掘开了赫齐卡亚·梅迪尼拉比的坟墓，发现拉比的尸体和他下葬那天一样，白色裹尸布也依然完整。耶路撒冷和整个犹太人世界都为这件奇事惊叹，人们开始去他的墓地朝拜，就像朝拜其他知名学者那样。

我已经学了三年了。在希伯来历埃波月的第一天（7月底），戈达尔亚拉比把我叫到他身边。他希望我为暑假做准备，在犹太经学院，暑假一般是在埃波月第九天的禁食日和接下来的希伯来历厄路耳月的第一天之间。他敏感的眼睛已经注意到了我苍白的面色，他关切地告诉我需要阳光来获得体力。你还年轻，他说，只有16岁，进行一点体力劳动，而不是没日没夜地学习，对你不会有害的。他问我在20天的假期里是否会去海边。

这世上我唯一可去的地方是沃格尔曼拉比在基雅特莫茨金的家。但是，我向拉比解释说，我姑父正在佛罗伦坦看望他的兄弟，姑姑病了，住在纪朗雅阿可夫的康复医院里。拿弗他利还在法国工作。希科在特拉维夫，和他的岳父母在一起，而且我知道我不能给他们增加负担。戈达尔亚拉比仔细地听我说着，皱起了眉头，然后说道："我倒是有个主意。有一小群理想主义者建立了一个叫沙阿维姆的基布兹。有些成员是我们经学院的毕业生。基布兹的拉比，梅厄·施莱辛格拉比，也是我们经学院的毕业生。也许你可以去那儿，在田里干点活儿，换一个氛围。你会享受到阳光，等下个月回来时就又活蹦乱跳了。"他引用了《以赛亚书》中的一句："但那等候耶和华的，必重新得力，他们必如鹰展翅上腾。"

他的建议对我很有吸引力。我再一次拎着从布痕瓦尔德带来的米色箱子旅行，这次是去沙阿维姆基布兹。这个基布兹有37名成员，我感觉我和这个数字之间有着特殊的联系，因为37正好等于我姓中字母的数值。这个基布兹的创始者们属于以色列正教工人党青年运动中的一支，1951年他们在离约旦边界约300码的地方建立了这个基布兹，就在约旦军团的警察学院对面。基布兹后面是拉特伦的特拉普派修道院。1967年"六日战争"期间，以色列军队攻入警察学院，并在那里发现了他们准备在夜间入侵基布兹并屠杀所有居民的作战计划和精确地图。现在，那些计划和地图光荣地陈列在以色列国防军博物馆里。

我到基布兹的第二天，当地居民要欢迎他们的第一卷《托拉》入住会堂。在那之前，他们一直都是借用查菲兹查因姆基布兹的《托拉》经卷，现在他们终于拥有自己的《托拉》了，这一点值得大大庆贺一下。我受邀成为行进队伍中为《托拉》举华盖的四名撑竿者之一，我很骄傲获此殊荣。我身边的另一个撑竿者是特拉维夫中心区的拉比，伊扎克·耶迪亚·弗兰克尔拉比，他在七年后成了我的岳父。我很高兴遇到了另一个撑竿者——海法的以色列议会议员雅阿可夫·卡兹，阿巴·胡什市长的副手。他在彼得库夫时就认识我的父亲，七年前我和拿弗他利抵达海法港时，他也到港口迎接了我们。

我兴高采烈地来到基布兹，这种心情在接下来的时间里也一直持续着。我遵照戈达尔亚拉比的指令，多晒太阳，而且学会了在户外劳动。基布兹刚从澳大利亚运来了500只绵羊，我被指派做牧羊人。基布兹仍然很穷，还没有自己的土地，所以我要到远处去放羊。羊群中有五只领头羊。我在包里装了各种谷物的种子，当我想要结束一天的工作回去时，就会叫两只领头羊来吃我手心里的种子。剩下的羊就会在它们身后聚集起来，然后我就可以把羊群赶回去了。对于成功地完成一件以前从未尝试过的工作，我感到很满意。

除了牧羊人的工作外，基布兹还让我用镐和锄头在石壁上挖坑。由于基布兹的房子面向约旦军团，国防部命令基布兹修建防空洞。中标的建筑公司隶属于马帕姆劳工犹太复国党。工人们每个工作日可以赚5里拉20哥鲁西。那个夏天，我们在沙阿维姆修建了三个防空洞。我们一边挖坑，一边就政治问题展开激烈的辩论，我这个犹太经学院的学生对抗其他的工人，他们属于极左的哈邵梅厄哈扎伊尔运动，是马帕姆的一部分。

对我来说，这里的一切都是新鲜的。与在经学院时完全不同，每天我都要进行八小时的高强度体力劳动。基布兹的食物很贫乏，我们吃抹了蛋黄酱的面包，有时也会吃一点果酱，极偶尔会吃到煮得很老的鸡蛋，但是谁会在乎这些呢？我喜欢建筑活和放羊的工作。我知道暑期结束回到经学院时，我会变得很黑、很强壮，而且我也很享受身体方面的成长，戈达尔亚拉比曾向我解释过它的重要性。

1953年的那个夏天，我对沙阿维姆基布兹产生了强烈的喜爱之情。自那以后，我一直关注着基布兹的发展，包括叶希瓦高中、赫斯德犹太经学院（同时开设军事和犹太经学院课程）和专为已婚学生准备的犹太经学院的建立。基布兹的宗教生活方式给我留下了积极的印象，也留下了愉快的回忆。但我很清楚我属于别处，属于犹太经学院的世界。暑期结束以后，我毫不犹豫地返回了考尔托拉经学院。

在考尔托拉经学院学习三年后，当我16岁的时候，戈达尔亚拉比介绍我去另一所犹太经学院就读一年。他认为我应当去位于以色列中部、卢尔德镇以东的贝尔雅阿可夫，或者去海法南部的纪朗雅阿可夫。这两所经学院的院长都是著名的立陶宛卡缅涅茨犹太经学院院长巴录·布尔·雷博维兹拉比的高徒。戈达尔亚拉比，这个我见过的最有天赋的教育家，补充说我在回到考尔托拉经学院升入舍洛姆·扎尔曼·奥尔巴赫拉比带的最高级班之前，有必要体会一下其他的学习方法。于是，我决定在做出选择之前，先去拜访一下这两所经学院。

我从耶路撒冷出发，先在贝尔雅阿可夫经学院逗留了一下。但这所经学院给我的印象是非常拥挤，再也容纳不下一个新学生了。我生性不喜欢给别人添麻烦，我很担心他们会因为我是布痕瓦尔德孤儿而不好意思拒绝我，并且会想办法为我找到一间房和一张床。害怕成为负担的顾虑驱使我去调查戈达尔亚拉比推荐的另一所经学院。

于是，我继续向北方走，朝着纪朗雅阿可夫的方向。我是晚上到的，公共汽车把我扔在了特拉维夫—海法的老路边。我爬上小山，来到经学院的自修室。自修室位于村子的中央，在由埃德蒙·德·罗斯柴尔德男爵出资修建的会堂里。学生们的食宿都在村子里的出租房里解决。这所经学院叫克奈塞特黑兹凯亚胡，它的名字是以创办者诺亚·卡拉苏巴泽·西摩罗维奇拉比的岳父黑兹凯亚胡·密西科夫斯齐拉比的名字命名的。除了首席拉比赫尔佐克和本杰明·明兹外，密西科夫斯齐拉比也是营救委员会的领导人之一。营救委员会是一个正统派组织，在大屠杀中救了许多人，后来又把几百名儿童带到了以色列。

我到的那个晚上的天气很凉爽。提着那个米色的小箱子，我推开了会堂的大门。在大厅的尽头，东墙边上，一群年轻人紧紧地坐在一块儿，身体在昏暗的屋子里前后摇摆，正在辩论着他们所学的内容。我尤其记得一个独自学习的16岁男孩那清晰、响亮的声音，他用动人的音调吟诵着，仿佛自言自语。当时我站在门口，双脚就像被钉在了地板上似的。后来我和那个男孩熟悉起来。他叫伊扎克·伯恩斯坦，后来成为他从前就读的犹太经学院的院长。这里的地理位置和氛围吸引了我，就在那个晚上，我对自己说，我要留在这里。

我走了进去，说我来自考尔托拉经学院，戈达尔亚拉比让我来见一下这里的首席教师。他们让我在那儿等着他。诺亚拉比进来时，我们都急着去做晚祷了，因此在晚祷结束后，我才来到他面前。

诺亚·西摩罗维奇拉比面容精致，额头很高，眼睛里散发出智慧的光芒。在欧洲，他被认为是一个年轻的塔木德天才。在大屠杀中与死神多次擦肩而过后，他搭乘一艘非法移民船来到以色列，35岁时被英国人驱逐到塞浦路斯——单身汉，孤身一人，没有父母也没有家人。后来他与黑兹凯亚胡·密西科夫斯齐拉比的女儿汉娜结了婚，不过他们一辈子都没有孩子。

1955年，经过不懈的努力，这位创始人终于给经学院的拥挤不堪和条件欠佳找到了解决办法，并成功地将经学院迁移到了海法附近的卡法哈西德。但是就在经学院迁到新址的当天，也就是1955年4月以色列独立日那天，诺亚拉比倒下了，死于心力衰竭，去世时年仅45岁。那时候我们才知道他在俄国有一个弟弟，是俄国军队里的一名上校。由于俄国在那个时期的压迫统治，上校不敢承认自己有一个哥哥在以色列。诺亚拉比去世后，相对年轻且无后嗣的遗孀需要铁幕后的小叔子举行开脱礼[①]，拒绝娶她为妻。在首席拉比赫尔佐克和俄国驻以色列大使的不懈努力下，他们终于找到了那个弟弟，他给了诺亚拉比的妻子再婚所需要的哈拉卡许可。

做完晚祷以后，我向首席教师做了自我介绍。他问我是不是彼得库夫拉比的儿子。当我做出肯定回答后，他抱住了我，而且我想他的眼里一定含着泪。“我会照顾你的。我们会为你找一个地方。”他说道。但是我的血统并没有给我赢得任何好处。他照样面试我，测试我，就像对其他报考人那样。我很感激这种态度。我不想因为自己的血统被接纳，我想展示的是自己的知识和能力。他问我过去在哪儿上学，我告诉他在考尔托拉。“跟着舍洛姆·扎尔曼拉比？”他想知道。我解释说，我还没有到他的班级，但是每个周三的晚上六点，他都会给全校学生上课，深入讲解《塔木德》，我曾经听过他的课。“学了多久？”他想知道。“三年。”我回答。“如果你已经在考尔托拉经学院学习了三年，还听过舍洛姆·扎尔曼拉比每周的

① 开脱礼：男子拒绝娶其兄弟无后嗣遗孀为妻而举行的仪式。《希伯来圣经·申命记》规定，男子无后，其弟兄应娶其遗孀为妻；他如不愿，寡妇就在众长老面前脱他的鞋，吐唾沫在他的脸上，并说：“凡不为哥哥建立家室的，都要这样待他。”

课，那么你就是一名合格的申请者。”他做出了决定，“但是我不会实行双重标准。明天晨祷和早餐结束后，我会坐在会堂的门廊里，测试你学过的内容。”他也确实这样做了。他考查了我的塔木德知识，同时也试图了解我内心的想法。他犀利的眼神似乎穿透了站在他面前的那个人的身体，并直抵心灵深处。测试结束后，诺亚拉比说：“如果你真的想学习，我会帮你成为一名严肃的学者。但是你必须有这个想法。”是的，我想，非常想。

在我成为以色列的首席拉比，年轻的拉比们到我这儿领取担任社区拉比的资格证时，我都会给他们讲这个故事。“你可以是一名重要拉比的儿子，同时也是另一名重要拉比的女婿，你也可以是一所著名的犹太经学院的毕业生，但最终，事实上是首先，你必须学习，并且要成功地通过各种考试。”

纪朗雅阿可夫犹太经学院有36名学生，而我是第37号，37正好与“劳”的数值相等。后来我发现数字37的意义远不止如此。我加入拉比院时，听到许多人说：“你正在延续着传了37代的拉比王朝。”

我在那所经学院度过了美妙的一年，那一年也是我宗教事业上的里程碑。当时，纪朗雅阿可夫是一个与世隔绝的村落，离大城市很远。那一年里，没有一个学生结婚，也没有葬礼，甚至连公共集会都没有。没有任何事情分散我们对学习的注意力。除了采用广泛和深入的方法成组学习《塔木德》外，我们每天还有两门课，采用不同的教学方法。第一门课的老师是以利叶胡·密西科夫斯齐拉比[①]，诺亚拉比的小舅子，也是卡法哈西德的拉比和一流的学者。每天，他会换乘两辆公共汽车，辛辛苦苦地从卡法哈西德赶到纪朗雅阿可夫来给我们上课。第二门课则由诺亚拉比亲自讲授[②]。那里最年长的拉比是圣洁智慧的以利叶胡·拉皮安拉比，拉比尽管年事已高，还是用他从战前欧洲的犹太道德运动中吸收到的见解和教义滋养着这所经学院。这种以犹太道德规范为基础的教育和文化运动是在19世纪东欧正统派信仰的背景下发展起来的。他非凡的演说技巧只是他迷人个性的一个方面，他的个人魅力启迪着正处于性格形成阶段的青年，也包括我在内。

艾利拉比，我们叫他拉皮安拉比，是应亚伯拉罕·以赛亚·卡雷利兹

① 他同时也是立陶宛格罗德诺犹太经学院院长西蒙·希考普拉比的高徒，他沿用了希考普拉比的教学方法。

② 他采用了卡缅涅茨的巴录·布尔·雷博维兹拉比的教学方法。

拉比，查聪伊什（我会在下文中解释）的邀请来到这所经学院的。每个安息日的黄昏时分，拉皮安拉比都会发表有关道德或犹太道德教育运动的演说。本地区完全世俗主义的基布兹成员也会被他鼓舞人心的演说吸引，到经学院来听他讲课。拉比请他们不要乘私家车或公交车来上课，因为这样会亵渎安息日。他答应延长讲座时间，这样即使安息日结束以后，他们也可以听到他的课，还可以开车去听课，而不违反安息日禁止交通的规定。出于对传统的怀念，他们每星期会开着覆了一层田间尘土的吉普车去听讲座，出于尊敬他们也会戴上帽子，然后全心投入地听他讲犹太道德运动。

我记得在那些讲座中，拉皮安拉比会强调我们这些学生和他之间的差异，这位老人说：“你们17岁，我比你们大70多岁。就以我为例，我的视力大不如前，行走能力也同样如此。实际上，我身体的所有部分都无法和从前相比，尤其是我的记忆力。现在你们应该在《托拉》中成长，扩充你们的知识，不断吸收养分。好好利用现在，趁着你们的感觉灵敏，分析能力也很集中，你们有能力钻研每个论题，而且你们的记忆就像密封的盒子那样保存每条信息。而在我这样的高龄，那个盒子已经裂缝了，里面的东西漏得满地都是。请记住所罗门王在他年老的时候，曾经在《传道书》中这样写道：‘你趁着年幼，衰败的日子尚未来到，就是你所说，我毫无喜乐的那些年日未曾临近之先，当纪念造你的主。’他所说的‘衰败的日子’就是指我现在的日子，老年的日子。《传道书》中继续写道，‘那时，房子的守卫将会颤抖’，我的身体就像是一座房子，而守护它的双手确实已经颤抖了。‘推磨的会止息’——咀嚼食物，同时也发出声音和说话的嘴因为失去能力而变细了。‘从窗户往外看的都昏暗’——那是我的眼睛，它们正在失去视力。‘而有力的人会屈身’——这是扛着整座房子的双腿，它们也已经弯曲了……”拉皮安拉比引用了《传道书》第12章的内容，他勇敢诚实地逐条分析着老年的衰败。他用因为坚定而颤抖的声音命令道：“这是你们的好时候，否则将来你们会后悔。如果你们浪费了这段时间，把时间虚掷在毫无意义的追求上，等你们到了我这把年纪——我希望你们能活到我这个岁数——就会带着痛苦的失望，悔恨自己错过了良机。这就是我们为什么要每天早上祈祷，这样‘我们必不会徒劳劳碌，也不会增加混乱。’”

他说的每个字都价值千金。每次讲座时，他都希望我们活到“年纪老迈”。他说《圣经》把这种表达方式应用在两个人身上：亚伯拉罕和大卫王。我们能理解为什么《圣经》用这句话描述亚伯拉罕，因为他活到了175岁，但为什么也这样描述大卫王呢？他死时才70岁。这教会我们这种表达方式适用于特殊的个体。在审判日那天，当他们出现在造物主面前时，他们是带着整个生命去的，没有遗漏或者虚度一天。他们生命的每一天都活得很积极，增长知识、服务公众、服务他人。他们充分地利用了每一刻。"活到年纪老迈。"拉皮安拉比以他高龄的优势劝诫我们，我们也贪婪地吞咽下了他劝告和教育的每一个字。

拉皮安拉比的一只眼睛已经失明了。渐渐地，另一只眼睛的视力也在恶化，并开始失去光明。他住在诺亚拉比和他妻子汉娜的家里。他们没有孩子，于是把他当做唯一的孩子照顾，尽管他年纪大得可以做他们的父亲。他们照顾他的饮食，满足他的每一个需求。一天，他们带他去耶路撒冷亚伯拉罕·第谷医生的诊所。亚伯拉罕·第谷医生是一位受人尊敬的眼科专家，他为拉比的眼睛做了手术。手术之后，拉比留下来住院。大多数时间拉比是由他最富献身精神的学生雅阿可夫·列维照顾的。拉比和雅阿可夫的关系比和我的关系密切，但是有一天晚上，照顾拉比的劳动量太大了，雅阿可夫已经无法承受，于是他们把我叫了过去，对此我深感荣幸。

那天晚上，当我赶到诊所时，拉皮安拉比正躺在床上，整个头都缠着绷带。他看上去很痛苦，但还是极力忍耐着。"是你吗，伊斯雷尔·梅厄？""是的。"我回答道。"这个抽屉里有一本祈祷书。"他说，"我还没有做晚祷，但是已经迟了。我从不背诵祷文——总是照着祈祷书念。和我一起朗读祷文吧，这样我就能集中精神，专心地祈祷了。"他请求道。我知道，他祈祷了一辈子，一定记住了每个字里的每个字母。但我还是打开了抽屉，取出了那本祈祷书，他跟着我重复每一个字。当我们读到"原谅我们犯的错，我们的父；宽恕我们蓄意的罪孽，我们的王"这段话时，拉比说不下去了，突然大哭起来。负责拉比的护士喊道："拉皮安拉比，您不能哭！眼泪会妨碍伤口愈合的。教授说过要保持眼部的干燥。湿气会溶解药膏的。"拉比咬住嘴唇，努力控制自己并遵从医嘱。接着，他继续祈祷。祈祷结束后，他叫来护士，问她几点了——凌晨两点20分。他又问护士有没有丈夫和孩子。"两个孩子。"她回答道。"我知道你应该照顾我，这是你的工作。但我有伊斯罗艾尔·梅厄。"他用意第绪语的语调喊我的名字，"你回家吧，和你的孩子们在一起，确保一切平安。你不必这么晚了还在这里照顾我。我没事。伊斯罗艾尔·梅厄会照顾我的。"

护士笑了，为这个出人意料的提议感到高兴。但是她知道拉皮安拉比看不到她的表情，于是她回答说："这是我的责任。但我还是很感谢您。"15分钟后，拉比又叫她："护士，你还在吗？我知道你不应该离开。来耶路撒冷的路上，汉娜给了我一些饼干，在抽屉里，用棕色的纸包着。你把它拿走吧。"他说着，话语间充满了关心和感激。对我而言，我和一个性格极好的人度过了一个特别的晚上，即使他正在遭受肉体上的折磨，却没有失去一丝人性，仍然细心地关爱着他人。

根据希伯来历，1953年是闰年。从10月到1954年4月的6个月间，我只离开了经学院两次。第一次是在10月，我去布内布拉克参加查聪伊什的葬礼。第二次，我陪着拉皮安拉比为两位几乎同时去世的重要拉比——查聪伊什和耶路撒冷伊兹查因姆犹太经学院的首席教师伊塞尔·扎尔曼·梅厄泽拉比——致悼词。

《托拉》是我的整个世界，我全身心地投入到学习当中。那年，我们学习了《首门》和《中门》。我记得，当我们学习《中门》时，我白天的大部分时间都在学习，晚上还要熬到深夜，每天要熟读120多页，包括里面的注释，而且很多内容都背诵下来了。在每天的深入班，我们运用深奥的分析方式，只学到了第10页或第11页。但到了下午和晚上，我会复习整篇文章，来回看上9次。

20世纪50年代初期，犹太经学院陷入极度贫困之中。经学院既没有钱资助学生，也不能给他们提供宿舍。贝尔雅阿可夫和纪朗雅阿可夫都在镇子里的会堂上课，条件很恶劣。我们的餐厅设在一个狭小、废弃的阿拉伯房子里，没有自来水。于是，厨师在屋外放了一盆水，旁边放一个杯子，洗手的时候用。我记得有一天我看见首席教师站在厨房里，长外套脱了，袖子也卷了起来，还把炊事员用的毛巾系在腰间。

这是怎么回事？原来，来自纪朗雅阿可夫帐篷区的厨师已经有两个月没有领到工资了。她罢工了，宣布不再为学生准备食物。诺亚拉比不愿把学生们卷入此事，所以他自己当起了厨师。他在屋外的盆子里洗菜，把面包切成薄片，削黄瓜皮，切土豆，一边流泪一边切洋葱，直到他为37名年龄从16岁至25岁的饥饿的学生准备好一顿像样的晚餐。诺亚拉比不仅是一个有天分的托拉学者，还是为学生奉献一切的父亲，这二者相结合，使他变得更伟大。不止一次，他沮丧地从耶路撒冷回来，他在那儿辛苦劳累了一天，用拳头砸耶路撒冷宗教事务部的门，希望他们能为经学院筹措一点经费。但是他刚一走进经学院的大厅，就立刻把帽子扔在椅子上，戴上他的小圆帽，擦擦汗就开始钻研起来——这时他的脸会发光。他开始解释一个又一个的问题，阐明文本中的一些问题，当他终于和学生一起或者给他们把问题解释清楚时，他和学生们都会高兴得容光焕发。经学院和学生是他的整个世界。他为学生们而活，他们是他的孩子和好朋友。尽管物质条件很可怜，经学院在精神上却很富有。诺亚拉比是为教育而活的，为价值观、严谨治学和《托拉》而活。

诺亚拉比的突然离世，给我的内心留下了一个空洞，令我陷入极度的悲伤之中，尽管这件事发生在我离开经学院之后。他是大屠杀的难民，勤奋刻苦，用自己的双手创建了这所经学院。在纪朗雅阿可夫经历了多年的困苦磨难之后，他又用几年时间在卡法哈西德为经学院建成了一个永久的家，他为了学生，自己唯一的孩子，兢兢业业，尽心尽力。正如我之前提到的那样，就在庆祝迁新址的当天，他可以为建筑完工感谢主的时候，他却倒下了，根本没有享受到他的劳动成果。学生们没有去新校址上课，而是参加了他的葬礼。

他曾经告诉过我这一切是如何开始的，我至今仍清楚地记得那个故事。1951年，他和同为立陶宛顶级经学院毕业生的朋友摩西·塞缪尔·沙皮拉拉比一起去布内布拉克拜望查聪伊什，他是当时公认的国家级精神领袖。他们打算建立一所针对十六七岁少年的犹太经学院，相当于招收高级学生的中等级别的经学院，他们就此向他征求意见，并请他予以祝福。他们希望能为通常在初级经学院进修了三年，且举行过受戒礼的男孩，提供一个继续学习的平台。查聪伊什回答说，如果他们两个在一起工作的话会浪费精力。“你们每个人都可以独自担起这个重任。”他建议他们各自成立一所经学院。他们立即采纳了这个建议，因为他们不敢和查聪伊什争论。一个去了贝尔雅阿可夫，另一个去了纪朗雅阿可夫。最初，学生们对是否可以在纪朗雅阿可夫的新经学院上学有顾虑。他们不确定这里的教学水平，而且外部条件很糟糕。诺亚拉比回到查聪伊什处，请求关闭经学院，返回耶路撒冷。诺亚拉比气馁地承认：“我没成功。男孩们来了，他们喜欢听我讲课，但是他们不愿意留下来。他们又回到了耶路撒冷、布内布拉克或佩塔克提瓦的经学院。”作为对他的委屈的回答，查聪伊什向他说起了犹太道德运动的高级领导人，耶路撒冷的以利叶胡·拉皮安拉比。查聪伊什建议他去拜访拉皮安拉比，并说服他加入经学院。他给了诺亚拉比这位贤人的地址，并让他告诉贤人是查聪伊什让他来的，请他加入纪朗经学院，并担任那里的心灵辅导员。

诺亚拉比照着这个指示做了，但拉皮安拉比拒绝了邀请："大屠杀后，我离开了立陶宛，在伦敦学习了很多年。现在，快90岁时，我终于实现了誓言，移居到了耶路撒冷，并专心研究《密西拿》和《塔木德》中有关圣殿和祭祀仪式的详细律法。我不会离开耶路撒冷。我必须继续我的研究。否则，弥赛亚来重建圣殿时，人们如果问我有关哈拉卡的问题，我却给不出答案。这就是我决定学习这一古老神圣内容的原因。"他解释说。诺亚拉比返回查聪伊什处，告诉他拉皮安拉比的答复。查聪伊什没有放弃，写了封信给拉皮安拉比，后来拉比终于同意了。拉比成了新经学院里最具吸引力的人物。年轻人，特别是纪朗附近卡法哈罗和密觉西亚特诺姆两所宗教犹太复国主义高中的学生，都被拉比的个性和博学吸引了，他们也开始来克奈塞特黑兹亚胡上学。拉比以对《塔木德》的广泛了解和有关道德的讲座而闻名于世。在伦敦的伊兹查因姆犹太经学院，他并没有担任心灵辅导员，而是更高职位的首席教师。1954年2月，当艾利密西科夫斯齐拉比生病而无法每天来纪朗时，拉皮安拉比代替了他的职位。由于当时拉皮安拉比的视力已经非常弱了，因此他每天凭着记忆教一个深入班，主要讲解《中门》中处理财务的章节以及早期和稍后权威学者的注释。此外，传授道德知识时，他强调应用，而不仅仅是理论学习："重要的是实践而不是学习。"他要求经学院的学生每天至少要做三件利他的善事。

这些事可以是友善对待他人的任何事，包括帮助同学理解《塔木德》中复杂的托萨福注释，或者帮助他们弄明白密西科夫斯齐拉比和诺亚拉比当天所讲的内容。每天如果没有完成三件好事，我就无法入睡。如果已经是晚上了，而我还没有完成当天的定额，我就会到餐厅外的水盆那儿，弯下腰在洗手杯里装满水，这样后来的人就有水进行洗手仪式了。

拉皮安拉比还为我们制定了其他指导方针。我们每个人都有一个小本子，用来记录他每周讲座中概述的律法要点。其中有一条规定是：在我们睡觉之前——已经完成了三件好事并做完了当天的功课后——我们要在刚才学习的那页托萨福注释的上面放一张纸条，然后小心地向下滑动那张纸条，这样就能看到托萨福提出的下一个问题，问题通常是以"如果你说"开始的。当我们看到"那么你必须说"时，这就意味着这个问题的答案要出现了，这时我们就要合上书，在睡觉之前，反复思考这个问题，并努力找出注释者们所提出的这个问题的答案。这个聪明的主意意味着经学院的学生要在思考问题和寻找答案中睡去。通过这种方法，我们的头脑更为敏锐，而且这在学生之间展开了一场非正式的竞赛，看谁能在没有偷看注释的情况下找出问题的答案。每天晚上入睡前，我都思考着不同的问题，没有比找到答案更让我满足的事情了。

后来，我意识到这种学习方法有一个潜在的、更大的教育目的：让《塔木德》问题占据一个17岁男孩的头脑，而不是其他分心的事。事实上，在我们眼中，除了学习几乎没有其他事情。如果有一种方式可以让人理解"他的职业是学习《托拉》"这个概念，那就是我们在纪朗雅阿可夫经学院的生活方式。我们从不看报纸，也几乎完全脱离世俗事务。我们可以在去会堂祈祷的路上了解以色列和世界上正在发生的事。我们的头脑完全集中在笔记本上，即使去睡觉也要思考托萨福问题，并独自找出答案。

拉皮安拉比确立的另一条规则是每周至少一天，通常是在安息日那天，禁止谈论他人。那天，我们要从自己的词汇中抹去那些看上去无害的短语，例如"他说"和"他做"，从而把所有的赞扬、诽谤和闲话都从我们的话语中剔除，即使那些话不会对他人造成伤害或者诽谤。这就是拉皮安拉比教育计划的全部。施善、勤奋学习、分析课文、出言谨慎，这些都是他塑造经学院青年人格的方法。

诺亚拉比在45岁突然辞世时，以利叶胡·拉皮安拉比为他致了悼词。我永远不会忘记他在卡法哈西德新经学院大厅中发表的演讲。拉皮安拉比向诺亚拉比致辞，就像一位父亲对儿子讲话："诺亚拉比，如果让我在天庭做你的证人，我会为你作证的。所有神圣的书籍，不管是隐藏起来的还是流传于世的，都说天庭会问几个问题。第一个问题是：你留出时间学习《托拉》了吗？如果让我作证人，我会告诉天庭，你日夜勤奋地学习，一刻也没有浪费。"拉皮安拉比用深情的语调描述了诺亚拉比的勤勉，然后继续说道："他们会问第二个问题：你在交易时诚实吗？整个经学院都由你负责——从承包商、工匠到厨房工作人员和看门人。但你用正直和诚恳对待每一个人。"他自问自答，仿佛是天庭里的辩护士。接着，他对我们说："我想对经学院的学生们说几句，包括过去和现在的学生。诺亚拉比没有孩子，你们就是他的孩子。留在这儿，直到七天丧期结束。每个人都不应该离开经学院。我们要把诺亚拉比葬在以色列的土地上，他曾经那么热爱这片土地。我们回来之后，继续为他服丧，尽我们所能昼夜不停地学习。

你们所学的每一页、每一条、每一句都会帮助他的灵魂升天，因为你们所获得的学习能力源自他的努力。”

那天，经文护符匣成为经学院里最受欢迎的物品。人们从镇子外赶来参加葬礼，都计划着立即返家，因此男人们没把晨祷时佩戴的经文护符匣带来。但拉皮安拉比已经说服我们留在这里服丧一个星期。比如我就是专门为了参加葬礼从耶路撒冷赶到卡法哈西德的，我原打算当夜返回考尔托拉经学院，结束在纪朗一年的学习生活后，我又回到了考尔托拉经学院。和我一样，许多学生都没有做待一周的准备，但我们都听从拉皮安拉比的请求，轮流使用现有的经文护符匣。学习期间，我们情绪高涨，因为我们知道我们所学的每个字都是为了让诺亚拉比的灵魂提升。在我们的前面，拉皮安拉比靠在他的诵经台上，用非同寻常的热情学习着，激励着我们所有人。

后来，诺亚拉比的遗孀汉娜与另一位首席教师结了婚，他是从美国移民过来的鳏夫塞缪尔·大卫·维瑟齐克拉比。他出版了两大卷有关他妻子前夫——诺亚拉比的《托拉》新律。汉娜至今仍担任那所经学院的女舍监。

引文出处：

但那等候耶和华的——《以赛亚书》40:31

我们必不会徒劳劳碌，也不会增加混乱——《以赛亚书》65:23。在晨祷中诵读，在阿勒努祷文之前。

年纪老迈——亚伯拉罕，《创世纪》18:11；大卫王，《列王记上》1:1

实践而不是学习——《列祖道德论》1:17

第10章 《托拉》的基础

在纪朗雅阿可夫犹太经学院“留学一年”后，我回到了考尔托拉，这样说来我已经在经学院潜心攻读了四年。我发现，在纪朗雅阿可夫的那一年我变得更加强壮成熟了，回考尔托拉感觉就像回家。

我回到了舍洛姆·扎尔曼拉比这个独一无二的人物的班级。舍洛姆出生于耶路撒冷，在沙阿雷切斯德社区度过了他的一生。早年他就因超凡的智力享誉整个耶路撒冷。18岁时他就撰写了首部作品《火之光芒》，这是一本有关电学和电机工程（特别是安息日和节日期间）的哈拉卡问题的著作。这本书涉及面极广，涵盖了活化与钝化、自动化和力学。撰写这本综合研究类著作的18岁青年从未上过小学，更不用说高中了，他只在隶属于耶路撒冷的艾兹—哈依姆犹太经学院的犹太儿童宗教学校读过书。他是犹太经学院的政治家前辈伊瑟·扎尔曼·梅厄茨拉比的高徒。为了探索这个他一无所知的领域，舍洛姆还专门聘请了一位电气工程师当他的家庭教师，教他物理和电学方面的知识。

舍洛姆·扎尔曼拉比34岁时，出版了《地之愉悦》一书。这本书是对有关安息年①律法的各个复杂细节的注释。这次，他需要了解植物学、农业、物种、各种农作物及其成熟的过程。该书涉及了有关初年度收益、什一税②、收获时为穷人预留部分丰收成果的律法。

他不仅知识渊博，还是一个生活非常朴素的人。一直到他去世的那天，舍洛姆拉比都住在沙阿雷切斯德一间两居室的公寓里，并在那里养育了10个孩子。他把一生都奉献给了托拉研究，他在考尔托拉犹太经学院执教45个年头，对他来说，成为一名教师是他最大的骄傲。他在遗嘱里特别写明，虽然很多人信赖他这个哈拉卡专家，但是诸如天才学者、哈拉卡权

① 安息年：犹太教每七年一次的“圣年”。

② 古代以色列人将每年收入的十分之一捐给圣殿的义务。

威或者“教育之栋梁”这样的溢美之词不要出现在他的墓碑上。他只允许墓碑上刻这样一句话:“曾在耶路撒冷考尔托拉犹太经学院传播《托拉》”。纵观整个犹太宗教界，像舍洛姆拉比这种值得钦佩的人物可以说是凤毛麟角。举行葬礼那天，世俗以色列人才第一次听说他的名字，那天约有30万名各个教派的信众聚在他的灵柩后面为他送行。他一生厌恶政治，远离党派纷争。

初到犹太经学院时，这个男人就给我留下了深刻的印象。那时，我听了他为全校学生开设的深入研究课程。我并不能完全理解他所讲授的内容。一年后我重回考尔托拉犹太经学院时，由于当时还没有录音机，经学院指定由我来抄写他的授课内容。

舍洛姆·扎尔曼拉比于每周三下午六点上课。上课时，他会对我们本周所研学的内容加以总结，这其中也包含了他自己的解读。学完《塔木德》的某个章节以及相关的注释后，我们必须为我们已经构建好的虚拟建筑物的边缘下个定义，然后挖空它的地基，再把它点亮。这就是舍洛姆·扎尔曼拉比讲课的目的。他意图通过自己的眼睛，依据他的视角，将问题澄清阐明，无须冗长的辩论，那是他极力避免的。他坐在一张木制诵经台旁，面前摆着一本打开的《塔木德》，谈后开始讨论手头的问题。他讲话很流畅，没有停顿，即便如此，他还是能和学生们进行眼神交流。我的角色是一名抄录者，我工工整整地记下他说的每一句话，为了跟上他的讲话速度，我必须写得飞快。晚饭后，我会把我记录的内容誊写在另一个笔记本上。周四早上礼拜仪式结束后，我会把前一天晚上誊写的笔记拿给他。几天后，他会把标有注释、评注和修改意见的笔记本还给我。然后我再把笔记本交给莫德察·委迈瑟（又称米若）。米若住在耶路撒冷的希勒尔大街，他有一台打字机。米若会盲打，他要用复写纸准备20份讲义。他会把第一份送给拉比，第二份送给我。

有一天，我写道，舍洛姆·扎尔曼拉比就查聪伊什的诠释提出了一个问题。“他质疑了查聪伊什。”我在笔记本上写道。舍洛姆删去了“质疑”，换成了一个我不熟悉的首字母缩写词。我问他这个词什么意思，他反问我:“我能质疑查聪伊什吗？我是他脚下的尘土。这个缩写词的意思是‘需要研究一下’，换言之，查聪伊什值得研究；谁能质疑他呢？如果你不明白他的意思，你就需要研究他的作品才能明白。”

时至今日，我仍然小心翼翼地保存着舍洛姆·扎尔曼拉比从未出版的讲义。我还留着一个笔记本，上面是我的笔迹，还有拉比的修改意见。封皮上写着“深入研究课程:《中门》；学生姓名：伊斯雷尔·梅厄·劳；授课教师：天才学者舍洛姆·扎尔曼拉比（祝他幸福长寿，阿门），考尔托拉犹太经学院”。每次我把这个笔记本放在手上，打开它，研读它时，一股属于年轻人的兴奋感油然而生，就像一个经学院学生站在自己的老师和拉比面前。每当我看到我的笔迹和它周围的舍洛姆拉比的笔迹时，便会兴奋不已。我注意到，我在纸的正反两面都写了字，好像根本没有考虑过只写一面的可能性，这样的话，就能给拉比留出更多的评论空间。每页几乎都是如此，用整洁规矩的希伯来文书写。但是他的书面语言并没有显露他的感性、博学和一丝不苟。我为有幸成为他的学生，并抄录他的讲义而兴奋。

下课后，我经常陪他从经学院走回家中。有时我们只是默默地走，有时我们也会聊聊天。有一次谈话的时候，他告诉我，我在基雅特莫茨金的姑父沃格尔曼拉比曾经拜访过他。“他是一个很特别的人，他像爱儿子一样爱你，他希望你通过大学入学考试，为将来铺平道路。他认为，这样将有助于你在未来更好地生活。他知道，在我们的经学院，只能学习犹太课程，没有世俗科目。但是因为你所处的独特环境，也为了让他高兴，我答应了他的请求。他是一位伟大的托拉学者，这就是他的观点。如果晚上下课后你可以自学入学考试的内容——你是有才华的——那么你就该继续学下去。”

几天后，舍洛姆·扎尔曼拉比问我，关于参加大学入学考试的意见我考虑的怎样了。我告诉他，我甚至不能去尝试，因为世俗课程我只学到八年级。为了准备大学入学考试，我想我应该首先参加初级考试。拉比问我有哪些科目？我回答说，物理、化学、生物和地理，但是我又解释说，我在自然科学方面没有天赋，我更喜欢人文科学。他吃惊地张大嘴巴，问我怎么可能不喜欢物理，这是一门与创造世界有关的科学，这是造物主的伟大，也是宇宙的伟大。他激动地继续说，“我和大学生们一起坐5路汽车。如果幸运的话，他们会给我让座。早上公交车上挤满了人，但是他们看到我的白头发，就会给我让座。我听他们站在过道上聊天，在课前或考试前交换信息。如果有人讨论物理、电学、水利或气候学，我就会认真听，希望能从中汲取新知识，或者一个有趣的想法。请记住《以赛亚书》第40章所说的‘你们向上举目，看谁创造这万象’。你怎么能不喜欢物理呢？”

他责问着。他就是这样的人——毕竟，他在18岁时就已经写出了一本关于电学的书。那次谈话的时候，他44岁，我差不多17岁。他不理解为什么我不能欣赏这门重要的学科，而我也不敢解释我的观点。直到今天，我还记得，他的惊愕令我无比尴尬。

一天，我们正从经学院向他家中走，舍洛姆·扎尔曼拉比突然停住了——这一停照亮了我人生的道路，为我的未来指明了方向。他把他从昆斯塔特拉比、瑞纳拉比以及经学院行政主管朗兹先生那里听到的有关我父亲过去发表的优秀演讲的事情详细地告诉了我。基于他人的评述，他还称赞我父亲的非凡演说才能。故事就从这儿开始了。他接着说："我听说，你父亲曾去法兰克福做过有关犹太教的演讲。演讲进行了一个小时的时候，那时正好是午夜，突然停电了。几百名犹太人，主要来自德国，都挤在法兰克福的会堂里。你父亲担心这么多人如果试图冲出会堂可能会引起骚乱。于是，他转而用意第绪语说话，因为大部分听众来自东欧，这种语言可以让你父亲的演说更有戏剧性。'犹太人'，他大声说，'现在是午夜了，已经到午夜祷告的时间了，让我们回忆《耶利米书》中对拉结哭她儿女的描述吧。你们知道，她的墓地在伯利恒。我们的女祖先拉结是为流散的犹太人哭泣，她一直期待子民重返家园的那一天。'你父亲继续描述拉结和她的墓地，仿佛他就站在墓前，亲眼看着它似的。整整20分钟，他吸引了这么多人的注意力，直到恢复供电，大厅重又亮了起来。接着他回到演讲的主题上，又继续讲了10分钟。"当时我17岁，并不真正明白他为什么会在一个普通的日子，在我下学后，在我们回家的路上，给我讲这个故事。但是因为他听说过我父亲，并且尊重他，所以我请他允许我也讲一个关于我父亲演讲才能的故事，这个故事是从我哥哥拿弗他利那里听来的。

舍洛姆·扎尔曼拉比好奇地看着我，他请我把这个故事讲给他听。"1949年，我哥哥拿弗他利去华沙安排年轻人移居以色列。他随身携带了第二阿里亚组织领导人扫罗·艾维格写给以色列驻华沙公使伊斯雷尔·巴吉莱（曾用名为尤雷克·艾森贝格，后来代表马帕姆——以色列统一工人党担任卫生部部长一职）的一封信。哥哥需要得到公使的支持才能执行这项工作。他带着这封信去拜见巴吉莱，并作了自我介绍。'你也姓劳？我认识一位拉比也姓劳，我永远不会忘记他。'拿弗他利什么也没说，巴吉莱继续说，'他曾经阻止我履行一项使命。当时波兰的沃罗兹拉韦克镇正在举行拉比选举，我们的青年护卫军反对以色列正教的人参选。我们更倾向于米兹拉奇的候选人，毕竟两害之中取其轻嘛。选举开始前，正教的代表领进来一位演说家，据说他是全波兰头号演说家，350万犹太人中最好的一个。这就是来自彼得库夫的劳拉比。我们的青年护卫军知道劳拉比的演讲才能将会极大地影响镇上居民的投票，决定破坏他的演讲。我们的计划是我早点到，在前排占一个位子。我的同伴们分散在观众席里，其中一个站在大厅入口的配电箱旁边。等劳拉比讲三四句话后，我举起手向朋友们发一个信号，于是我们开始起哄，扰乱人群，打断他的演讲。配电箱旁边的那个家伙拉下电闸，引起断电，造成人群恐慌，逃离会场。

劳拉比开始演讲，他真的很迷人。我被他的口才迷住了，完全忘记了来此的初衷。我没有举起手向其他人发信号，所以我的朋友们没有打断演讲。正教的候选人取得了选举的胜利，我们的候选人落败了。’巴吉莱讲完这个故事后，他和拿弗他利沉默了一分钟，接着拿弗他利告诉他，劳拉比就是他的父亲。”这就是我们步行从考尔托拉回家途中，我告诉舍洛姆·扎尔曼拉比的故事。

他用悦耳的嗓音对我说：“伊斯雷尔·梅厄，请听好。无论发生什么事情需要我们诵读《诗篇》——阿拉伯人恐怖袭击之后，或是某人得了病——我们叫你登上会堂内的约柜诵读《诗篇》时，我们都跟着你一起诵读，一句接着一句，我们的内心充满了鼓舞。那些诗句我已经牢记在心！你的朗读方式抓住了观众。你记得《列王记》中的故事吗，先知伊莱贾指责亚哈王涉嫌谋杀耶斯列人拿伯，并占有了他的葡萄园时，伊莱贾说：‘你杀了人，又占有他的产业吗？’”我回答他，我记得这个故事，但是我不明白二者之间有什么联系。拉比继续说，“伊莱贾是怎么回事很清楚，亚哈王是怎么回事很清楚，问题在于，为什么这些事都发生在拿伯身上？他在耶斯列山谷有一个亚哈王想要的葡萄园，但是他拒绝出售，因为这是他的祖业。拿伯对亚哈说，耶和华绝对不容许我把祖业给你。为什么他会遭到惩罚？为什么他被判处死刑呢？”

为了解释这个概念，拉比告诉我犹太法学博士有关拿伯的惩罚的注释。上帝赋予拿伯世上最美妙的歌声。一年三次，当以色列人朝拜耶路撒冷时，拿伯就会站在圣殿山上为他们歌唱，所有朝圣的人都会欣赏到他美妙的歌声。后来有一天，骄傲冲昏了他的头脑，朝拜者的赞美使他改变了主意。再次来到耶路撒冷时，拿伯拒绝歌唱，除非人们恳求他。只有大臣首领恳求他，他才会同意，最终他完全停止了歌唱。至尊者，我们的主对拿伯说："你在这个世上有一个任务，那就是为其他生灵带来快乐。我赐予你歌唱的天分。我将悦耳的铃铛放进你的喉咙，这样摇动铃铛，你的声音就会飘得很远。但你拒绝了人们本该享有的东西，你不配拥有它。不要拒绝一个好东西的真正主人。我要把它收回，因为你的生活不再有目标。你没有完成我赋予你的使命。"

"伊斯雷尔·梅厄，"拉比稍稍停顿了一下，然后继续说："上帝赐予你演说的才能。你在这个世上有一个使命——继承你父亲的事业。你必须沿着这个方向前进。他给了你这个天赋，你不能浪费掉。我们不能拒绝上帝的礼物，不能对他不理不睬。我不知道，这是不是就是那个抓住你的头发将你从欧洲成堆的骨灰里拉出来的东西。我也不想理解宇宙之王的用意。但有一件事对我来说清清楚楚：你必须把时间用在学习上，学的越多越好，直到时机来临，你就可以摇动铃铛，让远处都听到它的声音。"这番谈话发生在1954年，在绿树掩映之间，在那个时代最伟大的学者和我自己，一个17岁的青年之间，这是我一生最重要的谈话之一。从那时起，它无时无刻不在塑造和影响着我。

即便我离开了考尔托拉，转到布内布拉克的波内维奇经学院时，我仍然和舍洛姆拉比走得很近。犹太新年前，我要去耶路撒冷，在那里和我万分感激的考尔托拉的其他拉比一起，接受他的祝福。

尽管我在波内维奇经学院已经学习了两年，不再是舍洛姆拉比的学生了，我还是像往常那样去他家中接受他的祝福。我们在他的小书房里交谈。谈话结束后，当我扶着铁栏杆、沿着光滑的石阶向下走时，我听见他在上面喊我的名字："伊斯雷尔·梅厄，"我转过头去，看见他站在楼梯上，示意我回到楼上。我遵了命，当我们回到他的房间时，他对我说："你看，你没有父母。你有一个非常光明的前途，但是没有人支持你。我想给你一封信。我不知道将来能不能派上用场，毕竟我只是考尔托拉的一名教师。有很多犹太经学院的首席教师和拉比都比我重要，但是这也没什么坏处。请允许我给你写一封信，不是现在，我不想耽搁你。我只是想让你告诉我，这封信我要寄到哪里。"我很吃惊。等我恢复平静后，我让他把这封信寄到位于布内布拉克的波内维奇经学院。一个星期内，我收到了他的亲笔信，信的内容写在他的私人信纸上。

舍洛姆·扎尔曼·奥尔巴赫拉比
圣城耶路撒冷，愿它早日在我们有生之年重建复原，阿门
上帝保佑
5718厄路耳月（1958年8月）

我很荣幸，“在一个不为人知的地方”结识了我亲爱的优秀的学生伊斯雷尔·梅厄·劳先生，他精于《托拉》，对上天充满敬畏，愿他长命百岁。多年来，劳先生在圣城耶路撒冷——愿它重建复原——的考尔托拉犹太经学院和我一起学习。令我们欣慰的是，劳先生在学业上如此成功出色。此外，上帝还赐予他友善的举止和高贵的品德，以及“影响心灵”的宝贵品质。他拥有一份特殊的才能，就是用自己的智慧和精神激励青年学子，讲授《托拉》，教他们虔诚，并把对知识和上帝的爱植入他们的内心。因此，我希望首席教师和教育者们鼓励他、支持他。我确信他会令你们满意，因为他注定伟大，等待他的将是光明的未来。我祈祷上帝保佑他，增长他的学识，这样，他就能在神圣美德的道路上继续前行，心想事成，愿上帝与他同在。

落款：
舍洛姆·扎尔曼·奥尔巴赫

第一次读这封信时，我不禁心潮澎湃，我感觉到他对我的尊重。每次重读这封信，我都会感动得落泪。

拉比的父亲，哈依姆·耶胡达·莱布·奥尔巴赫拉比，是喀巴拉教派经学院的首席教师。在他的父亲病危期间，他的家人邀请与他关系密切的学生到家里来，在他父亲的床前吟颂《诗篇》。当时我17岁，也在被邀请之列。我战战兢兢地走进房间。尽管童年时我见过无数的尸体，但是耶路撒冷这个房间的场景却全然不同。我认识这个人，他是我敬爱的拉比的父亲，知道即将失去至亲的气氛弥漫在整个房间；我觉得有点不合时宜，我在五岁的时候成了孤儿，而我的拉比在他48岁的时候即将失去父亲。哈依姆·耶胡达·莱布拉比是个非常英俊的男人，下巴上留着白胡子，躺在床上，仿佛睡着了。床边坐着舍洛姆拉比，背对着我。他的右手紧抓着父

亲的手，左手拿着一本打开的《诗篇》。他低声地诵读着，身体前后晃动，泪水滴落在书页上。我们都和他一起哭。房间的角落里站着他的姐夫舍洛姆·莫迪凯·哈—柯亨·施瓦德隆拉比，人称耶路撒冷的马基德[1]，一位了不起的演说家、作家和伦理学家。安息日前夕他在纪朗摩西社区开设的每周一次的托拉课程吸引了几百名听众。他面壁站着，不停地吟诵《诗篇》。

整整一个小时，我们站在那儿吟诵《诗篇》，我们的目光向下，屋子里一片寂静。突然，我注意到舍洛姆拉比稍微动了一下。他感觉父亲的手已经变得松软无力了。就像对待临终的人该做的那样，他小心地、轻轻地将自己的手从父亲的手中抽了出来。他站起身，走到房间的角落里，轻轻地拍了一下他姐夫的肩。施瓦德隆拉比转过身来。他的眼睛红红的，已经哭肿了，长长的白胡须也被泪水浸湿了。舍洛姆·扎尔曼拉比一句话也没说。他用那只空着的手，朝父亲做了一个手势，用另外那只拿着《诗篇》的手，指向门口。施瓦德隆拉比是一名祭司，是《圣经》中讲述的亚伦祭司家族的后人，犹太教法律禁止祭司和死人同在一个房间。舍洛姆·扎尔曼拉比感觉父亲将要离开这个世界了。依照《圣经》的戒律，“不可将绊脚石放在瞎子面前”。他告知他的姐夫，这样祭司就不会违反禁戒。舍洛姆·扎尔曼拉比回到父亲床前，施瓦德隆拉比则站在门口，看他岳父最后一眼。我记得舍洛姆·扎尔曼拉比在艰难时刻表现出强大的自控能力。他没有再抓起父亲的手，因为戒律禁止触碰死人的手，或者做任何加速死亡的事情。病重的父亲的手微微地动了一下，似乎要告诉他的儿子和女婿，一切都会好的，他将去一个更美好的世界，请他们不要担心。

我仍然清楚地记得我所见的舍洛姆·扎尔曼·奥尔巴赫拉比做过的每一件事，以及他对我说过的每一句话。我和他交往了45年，我感觉和他很亲近。我和他分享我遇到的每一个重大的哈拉卡问题。奥尔巴赫拉比是我的老师，也是我私人生活上的拉比，他参与了我所有的家庭事件。他从未有过小汽车。如果临时找不到汽车的话，他就坐公交车。我的大儿子哈依姆·摩西拉比结婚时，他特意从耶路撒冷赶来参加婚礼。他来到位于布内布拉克的婚宴大厅，站在新人帐旁，外面正下着倾盆大雨。我手持一盏灯，站在他面前，注视他脸上的表情。

还有一次，我的儿子大卫·巴录拉比将要迎娶齐皮，耶路撒冷宗教委员会主席伊扎克·瑞尔拜格拉比的女儿。我们定好结婚日期、婚礼举行

---

① 巡回宣讲教义的传教士。

地——耶路撒冷大会堂后，我和瑞尔拜格拉比以及我的新郎官儿子一起到舍洛姆·扎尔曼·奥尔巴赫拉比家中拜访，邀请他主持这场婚礼。像往常一样，他亲切地祝福了我们，并同意主持婚礼。但是一个小时后，我得到消息，说他正急着找我。我给他打电话的时候，他表达了深深的歉意，说他忘了耶路撒冷还有一位首席拉比，伊扎克·克力兹拉比，这种荣幸应该属于他。奥尔巴赫拉比保证道："我肯定会来到新人帐前，但是这场婚礼必须由耶路撒冷的首席拉比主持。"他就是这样一个人——伟大而谦卑。

海湾战争期间，我和我的小儿子兹维·耶胡达一起去耶路撒冷邀请他参加兹维的受戒礼。我们走进他寒酸的家里那间令人印象深刻的书房，拉比抱歉地告诉我，他无法参加我儿子的受戒礼。不是因为战争的原因，而是他日益恶化的健康状况。道完歉后，这位从未见过我小儿子的81岁的拉比转向他，问道："兹维，你会在你的受戒礼上布道吗？"我儿子回答是，拉比继续说道："如果我没有参加你的受戒礼，你不会生我的气吧？但是你愿不愿意让我听你的布道，我实在不想错过一次听托拉课的机会。"男孩看着拉比，用自信的声音表示同意。拉比问他是不是把布道牢记在心里了，男孩证实了他的说法。他站在那间小屋子里，在那个年代最可敬的拉比面前，完完整整地发表了一次演讲。舍洛姆·扎尔曼拉比，把头放在手上，非常专注热心地听这个13岁的男孩布道。我的司机鲁比，跑向汽车，抓起相机，拍下了那一时刻。

舍洛姆·扎尔曼·奥尔巴赫拉比去世后的第13天，鲁比将那张镶了相框的拉比听兹维布道的照片送给了我。这张照片在我的耶路撒冷首席拉比办公室里挂了九年。一天，舍洛姆·扎尔曼拉比的儿子巴录拉比来到我的办公室（后来他死于一场车祸），他看见了父亲的这张照片，这是他第一次看见舍洛姆·扎尔曼拉比去世前不久拍摄的这张照片。他站在照片前哭泣，双肩颤抖。

我的儿子兹维·耶胡达一直记得他在舍洛姆·扎尔曼拉比面前布道的情景。那时，拉比很瘦，还患上了绝症，但是他仍专心地听一个孩子布道。当兹维·耶胡达必须做出去哪里继续学业的决定时，他知道一定是考尔托拉。他通过了入学考试，追随我的脚步，在那里求学。

奥尔巴赫拉比去世时，我依照儿子祭奠父亲的传统，撕裂了我的衣服。我只为他一个人那样做过。那时我是以色列的首席拉比，在参加他的葬礼前，我去了他在沙阿雷切斯德的家。有人看见了我，注意到我撕裂的衣服，就用关切的口气问我发生了什么事情。我回答说，我以前没有机会为我的生父撕裂衣服。因为奥尔巴赫拉比是我精神上的父亲，我是为他撕裂衣服的。在他的葬礼上，几十万追随者为之哭泣。他的哥哥宣读了他的遗嘱，他在遗嘱中要求："我不想成为我的孩子们的负担。我向至尊者、赐福者祷告，愿他保存我的智力，让我神志清醒地等到他把我召唤到天堂的那一天。如果你们看到我不能正常地行动思考，请不要为我为难自己，一定要把我送到养老院去，这样我就不会给我的孩子们添负担。"奥尔巴赫拉比依旧是我的楷模。我时常想起他，怀念那个作为学者、教育家，更主要的是一个普通人的他。直到现在，在他去世多年后，他的精神仍然紧贴着我的心，他的离去在我的心中留下了一个无法填补的空洞。

完成在考尔托拉的学业后，我去了卡哈内曼拉比的波内维奇犹太经学院。这所经学院是立陶宛风格犹太经学院中最著名的一个，是皇冠上的宝石。卡哈内曼拉比是大屠杀和重建时期犹太信众的精神领袖之一。这所经学院坐落在一个巨大的、长方形建筑里，先知俄巴底亚的一句话刻在入口处："在锡安山必有逃脱的人，那山也必成圣。"这句令人费解的话很少刻在犹太建筑上，通常人们会选择更普通的"雅各布啊，你的帐篷何等华美。"或者"这是耶和华的门。义人要进去。"我立刻注意到了这句有趣的话，我很想知道，为什么经学院的创建者——卡哈内曼拉比会选择它呢。

卡哈内曼拉比是在大屠杀中几乎遭受灭顶之灾的立陶宛犹太人的杰出代表。他被誉为天才的托拉学者、机智的演说家和大屠杀纪念者。许多年前，在亚德瓦谢姆大屠杀纪念馆、隔都战士博物馆和哈西德金萨赫祈福哈希姆纪念碑还没有建起来之前，他就在他所在的布内布拉克城建造了烈士亭，一个纪念立陶宛犹太人的纪念碑。

当卡哈内曼拉比于20世纪40年代中期来到以色列时，他把一群特拉维夫的犹太人领袖召集到雅沙·海菲茨礼堂，发表了一个私人性质的演讲。"我来自地狱，"他以这句话开场，"我的脑海中有这样一幅场景，大约七年前，300名立陶宛拉比聚在一起开会。今天这300名或老或少的拉比中，唯一还活着的人是我自己，正站在这里，对你们讲话。我在布内布拉克城竖起了一座名为'烈士亭'的纪念碑。但是我不打算再建任何烈士纪念碑了。我想为'青年阿里亚'运动中的孩子、德黑兰儿童以及所有正在赶往'以色列地'的无家可归的孩子们提供一个家。我请你们每位领养一个孩子，担起做父亲的责任。我将为孩子们建一个家，但我不想叫它孤儿院。我宁可称之为‘父亲之家’。”那天开会的人满怀激情地参与了他倡导的事业。卡哈内曼拉比为大屠杀幸存儿童创建了“父亲之家”，并把它当作毕生追求的事业。

他着手的下一个项目是建立犹太经学院，他用家乡小镇的名字波内维奇为经学院命名，他担任那里的首席教师。卡哈内曼拉比没有试图纪念在大屠杀中死去的全部600万犹太人。他只关注立陶宛犹太人，其中包括他自己的亲戚和熟人。他没有用自己、他的父亲，或某位富有的捐助者的名字命名经学院，而是以之前他担任拉比的小镇的名字命名，那个小镇当时已经被毁了。他从雅阿可夫·哈尔佩林拉比手中购买了7德南（约为1.75英亩）的土地，那块土地位于布内布拉克城梅厄境内的山上。该区是以卢布林拉比梅厄·沙皮拉的名字命名的，我之前曾经提到过，他是我父亲的表哥和朋友。和我父亲以及卢布林拉比一样，雅阿可夫·霍尔珀林拉比也是一位朝塔科夫哈西德派教徒。

在这片土地上，除了男童犹太经学院和“父亲之家”外，他还为青年男子创建了一所犹太经学院，这个经学院已经成为犹太世界的典范。他眼见着这个教育机构、他一生的使命，发展壮大，顶峰期这所经学院共有1000名学生。他一个人养活支持着这些孩子，并毕生致力于筹款以满足孩子们的日常需求。

他选择了《俄巴底亚书》中的一句话，并把它刻在经学院大楼正面显眼的位置上，以纪念大屠杀遇难者，并向锡安的人民致敬。有一次，他向我们解释了做出这个选择的原因。

卡哈内曼拉比曾经是“生命探索者”——以色列·梅厄·哈柯亨·卡甘拉比的学生，《生命探索者》是一部论述谨言的律法论著，这个书名也成为卡甘拉比的知名称号。“生命探索者”于1933年9月去世。在他去世前9个月，希特勒出任德国总理，并显露了贪婪的野心。随后，他发起了一场灭绝犹太人的战争。每个人都想知道接下来会发生什么。“生命探索者”在他最后的日子里，也同样被欧洲发生的事情困扰着。在他生命垂危的时候，卡哈内曼拉比也伺候在他的床前。但因为他是祭司，因此不得不在生命探索者去世前离开房间。96岁的生命探索者临终前说的最后一句话就是那句引自《俄巴底亚书》的“在锡安山必有逃脱的人，那山也必成圣”。早在1933年，“地狱”生活开始之前，生命探索者就已经明白，以色列地才是唯一可以拯救犹太人的地方。

卡哈内曼拉比离开那个房间时，那句话始终回响在他的脑海中。“那句话就像是生命探索者，我的拉比的临终遗愿。布内布拉克的波内维奇犹太经学院就是先知愿景的实现。现在，逃脱的人就在锡安山上。”他就是这样向我们——他的学生们解释的。依据这句话，卡哈内曼拉比成立波内维奇犹太经学院的想法逐渐清晰起来。

波内维奇拉比以他的机智敏锐著称，接下来的这段逸事就是证明。20世纪50年代初，一个富有的美籍立陶宛裔犹太女人参加了一次会议，会上卡哈内曼拉比发表了讲话。她被他的口才打动了，但她仍对宗教和传统持负面观点。她向卡哈内曼拉比承诺，她将捐出一笔巨款用于筹建大屠杀孤儿院，但是有一个条件：拉比必须答应，在她捐资修建的大楼里，他不能留着鬓毛给孩子们上课。卡哈内曼拉比答应了。后来他用她的钱在布内布拉克盖了两栋楼，取名“洛杉矶”，用以收留在“青年阿里亚”运动中移居到以色列的女孩。

20世纪50年代，波内维奇被认为是犹太世界最重要的学府，无论是在质量上还是数量上都是首屈一指的，整个经学院大约有1000名学生。这些学生中，有350名是初级学院的学生。通过一系列的考试后，我也成为他们中间的一员。

卡哈内曼拉比修建波内维奇，不只是出于外在的考虑。他并没有止步于征服山丘，修建壮观的楼宇，他还在精神和教育层面上对它加以塑造。他是一流的教育家。他和妻子住在经学院主楼旁边的一间屋子里。人们经常问他，学生的高声辩论会不会打扰他。拉比总是反问他们：“磨坊主会讨厌磨粉机发出的噪声吗？如果磨粉机停止工作，他才会担忧得夜不能寐呢。这个情况对我也同样适用。如果这里的灯光熄灭了，学生们都不再学习了，苍天不容，我也根本睡不着觉。”的确，波内维奇的灯光从未熄灭过。当有的学生凌晨两三点才去睡觉的时候，有的学生已经起来开始学习了，甚至比晨祷的时间还早。

卡哈内曼拉比制定的学习方法独具特色且结构缜密。在初级经学院，六位拉比教三个年级的课。教二三年级的三位拉比分别是伊莱贾撒·梅纳赫姆·曼·沙赫拉比、米尔的波瓦斯基拉比以及格罗德诺的塞缪尔·洛索夫斯基拉比。这三位是同代人中最伟大的首席教师。当其中的两位教授两小时的日间课程时，第三位就利用这段时间学习充电。星期日、星期二和星期四，他们轮流给全校学生讲课。当拉比们诠释学生们所学习过的材料时，所有350名学生都呈站立姿势。此外，卡哈内曼拉比也在每个安息日讲一节课。甚至在他72岁高龄且只有一个肾的情况下，他仍然坚持每天来经学院。他还频繁地去国外筹款。乘出租车从机场返回布内布拉克的路上，有时候甚至是早上四点钟，他还会研究当天要讲解的《塔木德》的某一页的内容。到了学校以后，他会脱稿把那页上的内容精彩地讲出来，当然是带着他特有的风趣和机智。

一年级班的学生通常十六七岁，教他们的三位拉比年纪也比较轻。一位拉比讲课时，另两位拉比就利用这段时间充实自己的知识。此外，卡哈内曼拉比还从伦敦聘请了著名的犹太哲学家以利叶胡·以利以谢·戴斯勒做这里的心灵辅导员。戴斯勒拉比出版过三卷本的哲学著作《以利叶胡来信》。卡哈内曼拉比富有凝聚力的教育方式、学校独特的教育结构以及优秀的教师，使得波内维奇成为犹太教育界的旗舰以及每个犹太学生的梦想之地。从这里毕业的学生后来都成为重要的拉比和首席教师。在过去的50年间，托拉界的栋梁都出自波内维奇。

波瓦斯基拉比是我入学考试的主考官，我至今仍记得那次考试的题目——《礼蛋书》——有关节日的律法。我引用了他撰写的一本书中的最新注释。波瓦斯基拉比惊讶地说："你贿赂我——你引用了我的注释。我不知道其他学生是否熟悉我的作品。"我告诉他我在考尔托拉时，和舍洛姆·扎尔曼·奥尔巴赫拉比一起研究过他的注释。这时，波瓦斯基拉比满意地笑了。考试后，他带我到主楼旁边的卡哈内曼拉比的房间，并把我介绍给他。不出所料，拉比问了我的姓名。"伊斯雷尔·梅厄·劳，"我回答道。卡哈内曼拉比定睛看我，问我是不是彼得库夫劳拉比的亲戚。当我回答说他是我父亲时，卡哈内曼拉比陷入了沉思，接着他用双手抱住我的头，将我紧紧地拥在他怀里，而后流下了眼泪。我记得这件事发生在早礼拜过后，他还戴着祈祷披巾和经文护符匣。大家都知道卡哈内曼拉比是个情感丰富细腻的人，我至今仍记得他含着泪说："我记得你的父亲，我非常钦佩他的演说才能。1937年我在维也纳和玛丽亚温泉市举行的以色列正教世界大会上听过他的演讲。作为一位演说家，他是无与伦比的。"听到这些，我感到很激动，因为我是在1937年出生的。卡哈内曼拉比就是在那一年听了父亲的演讲，而且时隔20年，他仍然可以记得当时的细节，这对我来说意义非凡。

卡哈内曼拉比邀请我安息日晚上与他共进晚餐。我，一名新学生，350名学生中的一员，居然被邀请和尊贵的首席教师共进晚餐。这真是罕有的待遇。当我在安息日晚上来到他的房间时，他问我会不会唱安息日歌曲。我唱了几首我知道的，他很喜欢，接着他又问我能不能讲一讲《托拉》。他建议我说说那个星期学习的内容。犹太信徒每次进餐时都会聊几句《托拉》，因为《列祖道德论》中有一句格言：“如果三个人坐在桌前而不谈论《托拉》，就仿佛吃了偶像崇拜的祭品一般。”

我详细阐述了某个观点，卡哈内曼拉比饶有兴趣地听着。我讲完后，他说他在我身上重见了我父亲的演讲才能。没有比这更高的褒奖了。那次在他家里一起吃过安息日晚餐后，如果从海外来了重要的捐赠者（他把这些人称之为“犹太经学院的支柱”），他总是邀请我与他们同席，并进行一次简短的布道。有些捐助者是“永恒的支柱”，他们向犹太经学院捐赠了巨款。大多数人是拉比的立陶宛朋友，也包括一些无子女的人，希望死后能有一座纪念碑。出于对卡哈内曼拉比的敬重，和对他运作项目的欣赏，他们捐出了大量的金钱。

我还记得1956年10月29日苏伊士运河战争爆发时，卡哈内曼拉比的举动。当广播上宣布以色列国防军的坦克部队已经进入加沙地带时，拉比离开了他的房间，走进经学院，带着他的金色约柜登上讲台。布内布拉克城的工匠们用几千块从意大利曼托瓦进口的材料将约柜组装而成，重现了它往日的辉煌。卡哈内曼拉比站在金色约柜前，要求经学院的学生们停止学习，合上课本。接着他用令人难忘的声音宣布：“我们的孩子们，我们的兄弟们，为了保护我们在外浴血奋战，我要求你们不间断地朗诵《诗篇》，直至他们从战场上回来的那一天。通过这种方式，我们将为以色列国防军的胜利、为战争的胜利做出我们的贡献。拉比不需要再说什么了。我们都是以色列现实的一部分。就在不久前，发生在卡法慧智知派的谋杀事件已经让我们很震惊了。晚礼拜的时候，阿拉伯恐怖分子向会堂里投掷手榴弹，杀死了西姆察·基波什特鲁姆和他的五名学生。年轻的西姆察和我一起坐船来到海法，后来我们还同时在考尔托拉犹太经学院教过书。他的学生是从北非移民过来的孩子。六具尸体躺在会堂的地板上，浸满鲜血的祈祷书打开着，正是晚祷的那一页，只见开头这样写道：“让我们安然躺下。”依我们看来，苏伊士运河战争就是为他们的死复仇。我们遵照卡哈内曼拉比的指示诵读《诗篇》，特别是第144章："耶和华我的盘石，是应当称颂的。他教导我的手争战，教导我的指头打仗。"

卡哈内曼拉比并没有涉足政治。他是一位十足的宗教人士，把一生都献给了律法研究；同时，他也是一个民族主义者。可惜的是，我和他在一起的时间很短，但是我感觉我的心和他贴得很近。卡哈内曼拉比于1969年去世，但是他在欧洲犹太人遭受恐怖屠杀，很多律法研究中心被毁后，为重建托拉世界所做出的贡献将被人们永远铭记。

引文出处

你们向上举目——《以赛亚书》40:26

在拉玛听见痛哭的声音，是拉结哭她儿女，不肯受安慰，因为他们都不在了。耶和华如此说：你禁止声音不要哀哭，禁止眼目不要流泪……你末后必有指望。你的儿女必回到自己的境界。——《耶利米书》31:14

你杀了人，又占有他的产业吗？——《列王记》21

在锡安山必有逃脱的人，那山也必成圣。——《俄巴底亚书》1:17

雅各布啊，你的帐篷何等华美。——《民数记》24:5

这是耶和华的门。义人要进去。——《诗篇》118:20

如果三个人坐在桌前而不谈论《托拉》，就仿佛吃了偶像崇拜的祭品一般。——《列祖道德论》3:3

第11章 人民的脊梁

“耶和华在他们前面行……夜间在火柱中光照他们。”

在我的童年时代，有两个人给我的人生带来了很深的影响和很大的启迪，等我年长一些后，又遇上了第三个人。这三个人没有一个来自我曾经就读的犹太经学院，他们也不是我的老师或家庭成员。他们分别是：伊扎克·哈列维·赫尔佐克拉比，他是以色列建国前和建国初期的首席拉比；伊斯雷尔·艾尔特拉比，第五任古尔拉比，因其最有影响力的著作《以色列家》而得此名号，我还是小孩的时候，就认识他了；梅纳赫姆·门德尔·施尼尔森拉比，仪式派拉比，我成为拉比后与他结识。他们的性格和世界观，以及我和他们的关系，对我自身产生了深远的影响。

以色列建国之前，担任以色列地首席拉比的赫尔佐克拉比曾经去看望并鼓励了大屠杀幸存者，他们当时生活在德国和欧洲其他地区为流离失所人员设置的营地里。这次出行他还试图与那些为了安全起见被父母送到天主教慈善机构和天主教家庭里的犹太儿童取得联系，并将他们带回以色列地。他的儿子，雅阿可夫·赫尔佐克博士随同前往，并将那里发生的故事记录在一本书中。后来，赫尔佐克博士成为大卫·本—古里安、列维·艾希科尔和果尔达·梅厄三任以色列总理的顾问。

这次出行前的几年，也就是1940年的“二战”期间，赫尔佐克拉比曾经非常严肃地安排与教皇庇护十二世会面，试着劝说教皇谴责纳粹屠杀犹太人的行径。1944年，美国解放意大利后，赫尔佐克拉比又通过他的私人朋友安吉洛·龙卡利枢机主教，后来成为教皇约翰二十三世，再次与庇护十二世联系。赫尔佐克拉比请求安吉洛·龙卡利帮他安排与教皇见面，试图解救那些仍然可以解救的人，比如匈牙利的犹太人。但是教皇拒绝和他见面，借口是这次见面可能会被德国人发现，这样会导致他们报复匈牙利犹太人。甚至战争结束后，赫尔佐克拉比也不放弃。他又一次尝试启动与庇护十二世的会谈，请求他下令所有天主教会的成员把犹太儿童归还给他们的人民。到了1946年，教皇才同意和他见面。赫尔佐克拉比离开会场后，只向他的随同人员提了一个要求，那就是立即带他去罗马的净身池，他要行净礼。

考尔托拉经学院就在赫尔佐克拉比家对面的一条街上。我入校时还是一个年轻人，我们的心灵辅导员戈达尔亚拉比要求我在每天早上组织一个祈祷团，因为拉比腿脚不便，不能走路去会堂。他的房子分上下两层，一楼是首席拉比的办公室，里面摆着一个盛放托拉经卷的约柜。这一层用于祈祷礼拜和接待官方来访者。二楼是这个家庭的私人住所，有一个很大很气派的书房。有六年的时间，每天早晨，我都去拉比的家中晨祷，参加晨祷的还有一些重要人物，其中一位是阿莱·莱文拉比，他被称作“囚犯拉比”，因为他曾经看望过被英国人囚禁起来的犹太地下武装组织的战士。安息日的晚上，他会在赫尔佐克拉比家举行的礼拜会上祈祷，而后再步行一个小时，返回他在以色列议会附近的家。其他参加祈祷的人还包括：雅阿可夫·赫尔佐克；他的哥哥维维安（哈依姆·赫尔佐克，他曾任以色列国防军军事情报局局长，并在1983年至1993年间担任以色列总统）；泽伊夫·郭德拉比，米兹拉奇运动的领导人以及流散地犹太人律法教育和文化部首任主席。此外，参加祈祷的还有内务移民和卫生部部长哈依姆·摩西·沙皮拉；邮政部部长约瑟夫·伯格博士。尽管我是年纪最小的一个，但是对于赫尔佐克拉比来说，我并不是陌生人。他对我父亲不乏了解，对我父亲的表哥梅厄·沙皮拉拉比就了解得更多了。他知道我父亲撰写的《视主名为神圣》一书，因为他亲眼见过这本书，所以他总是问我那本书的手稿放在哪里。虽然在当时，我无法回答他，但是后来，我还是有幸收到了几份书稿的复印件（见第4章）。赫尔佐克拉比还是我姑父沃格尔曼拉比的朋友，我的姑姑和莎拉·赫尔佐克夫人在米兹拉奇妇女组织共事。后来，赫尔佐克拉比任命我为加巴伊，负责管理他家中的祈祷团。

对我来说，其中一个难忘的经历是参加每周一次的耶路撒冷塔木德课，时间是每个星期五的上午，地点是在赫尔佐克拉比的家中。听课的人员是经过精心挑选的，有些人是那个时代最伟大的托拉学者，例如伊瑟·扎尔曼·梅厄茨拉比和约希勒·米迦勒·图卡金斯基拉比（艾兹·哈依姆犹太经学院首席教师）；还有伊齐基尔·艾布朗斯基拉比，前伦敦拉比法院的首席法官，他移居至以色列后担任布内布拉克市斯罗波德卡犹太经学院的首席教师；塞缪尔·伊扎克·希尔曼拉比，他曾经担任格拉斯哥拉比以及伦敦拉比法院法官；赫尔佐克拉比的岳父也在场。三个年轻一些的是雅阿可夫·贝沙勒·佐尔提拉比，耶路撒冷拉比；我的老师舍洛姆·扎尔曼·奥尔巴赫拉比；以及他女儿的公公，约瑟夫·舍洛姆·艾莱叙夫拉比。站在这个房间，这个律法天堂的一角，感受着那里的学术和辩论氛围，真是令人难忘的经历。

当时，赫尔佐克拉比的私人秘书是伊斯雷尔·利佩尔，他后来成为宗教事务部的局长，当时的部长是伊扎克·拉斐尔和乌兹·巴拉姆。

当选以色列首席拉比后，选举委员会的成员聚在耶路撒冷的犹太大会堂里对我表示祝贺。他们当中就有利佩尔，他那时在宗教事务部任代理局长。当演讲结束，大家就要起身离开之前，利佩尔请求说几句话。“女士们，先生们，在我们举杯向首席拉比致敬后，我必须告诉你们一个私人的故事。我从来没告诉过你们，为的是不动摇你们的决心。当我还是首席拉比赫尔佐克的秘书时，有一位年轻人，在赫尔佐克拉比的要求下，每天早上六点钟到他家里来，以确保拉比可以有一个法定教徒人数。赫尔佐克拉比非常疼爱他。有一天，礼拜结束后，年轻人离开那里去经学院上学的时候，赫尔佐克拉比对我说：“伊斯雷尔，你看见那个男孩了吗，他也叫伊斯雷尔。”“当然了。”我回答道。“那是伊斯雷尔·劳，我非常了解他，他每天都到这儿来。”“总有一天，”赫尔佐克拉比继续说道，“他会坐在以色列首席拉比的位子上。把它记下来。”和在场的其他人一样，我也是第一次听利佩尔讲这个故事。那一刻我几乎屏住了呼吸。等我从惊讶中恢复过来后，我说：“伊斯雷尔，你让我等了这么多月，难道你不应该一年前就把这个故事告诉我吗？现在你想起告诉我了？”

我记得，在赫尔佐克拉比最后的日子里，他几乎不能行走，但是他的头脑依然清晰，思维依旧敏锐。每天早上晨祷后，他的助手给他拿来当天的报纸。他会浏览一下标题，然后写一些评论，让自己保持对外界的了解，并参与其中。在我的印象中，他只有一次无法保持冷静。1953年，联合国讨论在耶路撒冷成立国际特别政权，脱离以色列的管辖。当以色列常驻联合国代表阿巴·埃班，他是赫尔佐克拉比的儿子哈依姆的连襟，在联合国大会上发表反对意见时，他几乎激动地昏了过去。当赫尔佐克拉比知道这件事后，他很愤怒，决心作出回应。“我们必须和耶路撒冷续约。”他大声宣称，说完，他离开家，进了城，开始沿着犹太国家基金大街，朝着乔治王和雅法大街走去。他继续向前走，有时乘车，有时步行，慢慢地，他的周围聚集了一群人，都朝赫哲山走去。在那儿，赫尔佐克拉比举起他的右手，尽管声音微弱，他还是尽量喊道："假如我忘了你，哦，耶路撒冷，让我的右手变得枯萎。"跟随赫尔佐克拉比穿行于街道间的几千人里有一位年长的耶路撒冷领导人告诉我说："这就是赫尔佐克拉比。就像1939年的一次自发游行示威中，赫尔佐克拉比站在耶索伦会堂的台阶上，撕碎了限制犹太人移居以色列地的《麦克唐纳白皮书》"。这就是赫尔佐克拉比。

数年后，他的儿子哈依姆站在联合国的讲台上，将把犹太复国主义比作种族主义的决议书撕得粉碎。他经常告诉我说，当时他这么做的时候，能想见父亲撕毁白皮书时的场景。"那晚，我准备讲稿的时候，父亲的形象在我眼前出现。我认为我应该做点戏剧性的事情，既然不管怎样都没有机会改变什么，也不能说服任何人。他们已经拿定主意了。"他解释说。哈依姆的内兄，阿巴·埃班在哈依姆之前出任过以色列常驻联合国代表，他用他那独具特色的风趣语言描述了联合国内的政治高压攻势。"如果阿尔及利亚提出一项决议，宣称地球是平的，而且是以色列给弄平的，那么投票表决的时候，会有164个国家赞成，13个国家投反对票，还有26个国家弃权。"哈依姆解释说："这就是为什么我要重复我父亲的举动。"于是他站在联合国的讲台上，撕毁了那份决议。

古尔拉比是第二个影响我的人。当我和拿弗他利在1945年移居以色列时，亚伯拉罕·莫迪凯·艾尔特是当时的古尔拉比。艾尔特拉比因他的巨著《言真理者》，而被冠以同样的称呼，他已经上了年纪，而且健康状况不佳。他向信徒们发表公告，要求他们必须移居，离开流散地，回到他们自己的祖国去。他在大卫耶林大街上建了一个小自修室，还在耶路撒冷创建了规模很大的赛法特埃米特犹太经学院。这两个地方均成为以色列国内外几千名古尔哈西德派教徒的聚集地。

"言真理者"在独立战争期间的五旬节去世。因为战争爆发，他的家人不能把他葬在橄榄山上，于是他们在自家的院子里挖了一个坟墓。他的家在纪朗摩西社区，马夏尼耶胡达市场的对面。那是一个不同寻常的葬礼。葬礼上，人们为了把埋葬地点神圣化，绕着它走了七圈，嘴里诵念着特别的祷文。"言真理者"有三个儿子：伊斯雷尔·艾尔特拉比、西姆察·伯利姆·艾尔特拉比和平查斯·梅纳赫姆·艾尔特拉比，他们先后担任了古尔拉比。在其他哈西德王朝，如果一位拉比去世，留下两个儿子；那么这两个儿子通常会分割领导权，从而导致社团的分裂。古尔社团却始终团结在一个拉比的领导下。亚伯拉罕·莫迪凯·艾尔特去世后，伊斯雷尔拉比成为新的古尔拉比。他在位约30年，直到1977年2月去世。

与其他哈西德派相比，古尔哈西德王朝在大屠杀期间损失了更多的信众。波兰的350万犹太人，仅有一小部分人幸存下来。大屠杀为欧洲犹太人敲响了丧钟，特别是波兰犹太人，尤其是古尔教徒。在伊斯雷尔·艾尔特拉比的领导下，古尔教派经过30多年的发展，终于从废墟中站了起来，成为重要的哈西德派组织。古尔拉比成为以色列正教无可争议的领袖，并带领古尔教徒在整个犹太人世界建立起庞大的犹太初等及高等教育网络。作为所有这些学校创建人的伊斯雷尔拉比在大屠杀中失去了妻子和孩子。也正是他抓着拿弗他利不停地摇晃，问他是否亲眼看见浓烟从烟囱里冒出来，问他是否看到了上帝。抛开他是一位律法学者不谈，他还是一个天生的领导者，他是上天在合适时间派来的合适人选。

大屠杀后，许多犹太幸存者背弃了犹太教，失去了信仰。古尔拉比过去常说（有时用意第绪语，有时用有力道的波兰语）："一个人如果他的手碰过古尔的门把手，他一定会再次打开这扇门；终有一天，他会回家的。"事实证明这句话是对的。而我，也以我的一位密友的亲身经历加以辅证。我的好朋友伊斯雷尔·克拉科夫斯基可以作证，他现在已经80多岁了。在奥斯维辛经历了多年的恐怖后，他移居到了美国纽约。他曾是一名古尔哈西德派教徒，但是大屠杀之后，他对自己与犹太教之间的联系产生了怀疑。他舍弃古尔很多年，但是他一直记着伊斯雷尔拉比。有一次，还是在战前，那时伊斯雷尔拉比还是"拉比的儿子"，克拉科夫斯基为了和在哥拉卡华里亚自修室里的老拉比打招呼，在等候的队伍里加了一个塞。伊斯雷尔拉比回敬了他一个"罪有应得"的巴掌。"那一巴掌"，他说，"让我想起了那么多年，我的根究竟在哪里。"和古尔疏远了多年以后，我的好朋友成为纽约大屠杀幸存者组织的领导人。他积极参与曼哈顿三所会堂里举办的活动，而且他的孙女，也在慧智知派学校就读。

1950年8月，我刚到耶路撒冷的考尔托拉犹太经学院时，随身携带的破旧布痕瓦尔德手提箱里只装了我的受戒服：一条短裤、一件夹克和一顶贝雷帽。这套衣服在任何哈西德社团都很难被人接受，更不用说在古尔了。我在经学院吃过一次安息日前夕晚餐后，我的朋友决定参加由古尔拉比主持的每周一次的提食，他们也邀请我一起去。我完全不明白他们在说什么。我从未参加过拉比的“提食”（字面意思是桌子）。我来自基雅特莫茨金，安息日我和我的朋友泽伊夫·阿尔摩格去基雅特塞缪尔参加过一个布内布拉克青年团体组织的活动，他们从来没提到过“提食”这个词。同学们注意到我脸上的困惑表情，于是向我解释道：“提食”是哈西德传统的家庭招待会，每星期五晚上在拉比家里举行。拉比的信徒们演唱歌曲，指挥唱诗班的是一个创作过哈西德歌曲的名叫雅阿可夫·塔尔穆德的作曲家。他们的描述激起了我的兴趣，他们还说唱诗班的成员既有儿童，又有上了年纪的人。同学们还补充说，我值得去一次，哪怕只是看上古尔拉比一眼。我知道拿弗他利刚到以色列地时曾经拜访过前任拉比“言真理者”，后来他就过世了。我决定和同学一起参加提食。

我们去了纪朗摩西社区，位于大卫耶林街上的老自修室。房间里挤满了人。人群上方，上三个台阶就有一个木制的讲台，台上站着一位银髯飘散，头戴思波迪克（一种古尔教徒在安息日和节假日戴的高皮帽）的人。那个男人站在那里，大声喊着众人的名字。我肯定他就是拉比本人，虽然我很纳闷为什么他要亲自点名。后来我才知道这个仪表堂堂的人是加巴伊，沙耶·诺亚·比克耐拉比，他负责有幸出席拉比的家庭提食的人员名单。突然，拥挤在这里的几百个人安静下来，静得连地上掉根针都能听见。人潮朝左晃动，然后向右。夹在移动的人群中，我感觉自己双脚离地。我被人们朝各个方向推，好似海面上的木筏。人群把我举到半空，我的朋友们也不知去向。

接着我明白大厅里人潮涌动的原因是古尔拉比进来了，他背着手，走起路来像个将军。他刚一走进来，人群就像红海一样自动分开，给他让开一条路。就在他路过我身旁的一瞬间，他看了我一眼，用那种独特、难忘、迷人的眼神。我这一生中，有两次被人这样注视过——一次是古尔拉比，还有一次是24年后的仪式派拉比。在那24年里，我从未遇到过任何人有古尔拉比这种具有穿透力的深沉眼神。我就在那里，一个年轻的男孩，穿着短裤，头上戴着贝雷帽，突兀地站在一群穿着黑色丝绸长袍、系着腰带，头戴高皮帽的哈西德男人中间。古尔拉比从人群中经过时，目光打量着每一个人，准确地记录下在场的人员。过了一小会儿，将我加入名单的命令就传了下来。我听见他们叫到我的名字：“斯鲁尔·迈尔，彼得

↑8岁的劳，正专注地读书。

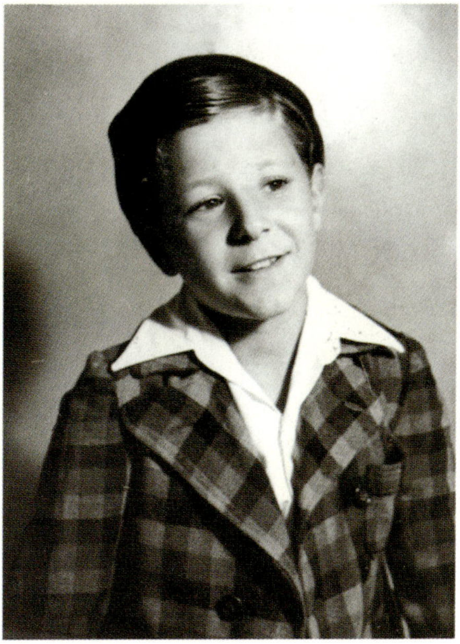

↑10岁时的英俊少年。

↑回到以色列后在耶路撒冷同哥哥拿弗他利在一起。

↑父亲摩西·哈伊姆·劳拉比。

↑母亲查娅·劳。

↑回到以色列后在耶路撒冷。

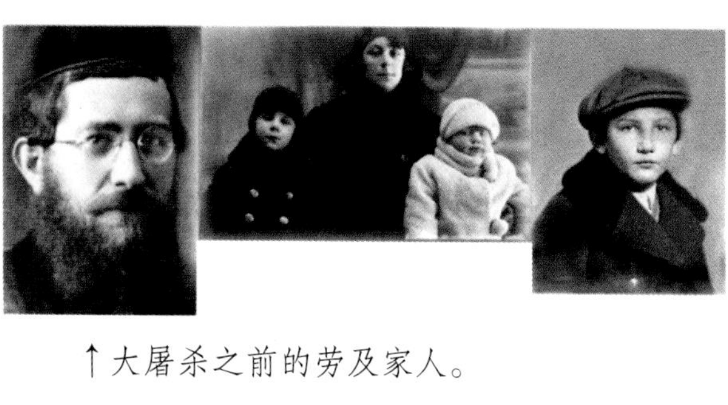

↑大屠杀之前的劳及家人。

↑1945年6月2日，8岁的劳正准备乘火车离开布痕瓦尔德集中营。

照片中的劳满意地咧嘴笑着，他手里提着美国士兵送的手提箱，肩上扛着步枪，身穿一套希特勒青年团的制服，左边的袖子上印着“布痕瓦尔德”，还有一个红三角，编号11703。

↑1993年成为以色列阿什肯纳齐首席拉比的劳在就职典礼上。右起：劳拉比，以色列总理拉宾，总统魏兹曼，塞法尔迪首席拉比埃里亚胡·巴克什—多伦。

↑在纽约布鲁克林与梅纳赫姆·孟德尔·施耐尔森拉比交谈。

→2002年与以色列总理沙龙以及耶路撒冷市长奥尔默特在一起。

←1994年与以色列总理拉宾在一起。

→2000年，在布拉格的一个论坛上发言。右一为捷克共和国总统哈维尔。

←在布加勒斯特的一次会议上，与罗马尼亚总统伊利埃斯库交谈。

←在耶路撒冷与美国总统克林顿会面。

→在耶路撒冷与美国副总统戈尔交谈。

←1995年，在布宜诺斯艾利斯总统府与阿根廷总统梅内姆会面。

→在以色列内塔尼亚学术学院与戈尔巴乔夫拥抱。

→1997年与埃及总统穆巴拉克在一次特殊会议上。

→在比勒陀利亚与南非总统曼德拉会面。

→1994年，在哈瓦那与古巴国务委员会主席卡斯特罗交流。

→与法国总统希拉克会见。

↑在被释放45年后，重返布痕瓦尔德集中营。在观看当年的集中营模型时，找到了曾经呆过的窝棚。

↑在渥太华议会与加拿大总理克雷蒂安会面。

←在开普敦将旧约移交给德斯蒙德图图大主教。

库夫拉比之子”。我没有回应。没有人管我叫“迈尔”。我移居到以色列五年了，他们一直称呼我“伊斯雷尔·劳”。偶尔，一些人也会叫我路雷科，但“斯鲁尔·迈尔”这种意第绪语对我来说很陌生。我没想过这指的是我，但是“彼得库夫拉比之子”在我耳边回响，我告诉自己这不可能是别人。拿弗他利在巴黎工作，希科在特拉维夫。然而，我还是不敢靠近古尔拉比的桌子。

几分钟后，陪我一起来的耶霍舒阿·克林莱尔——我考尔托拉的朋友——走到我的面前。他用颤抖的声音说，我是不是没听见，他们叫了我的名字。我和他一样震惊，为什么他们会叫我的名字？我找不出答案，但是他坚持说他们确实叫了我的名字，我就是他们说的那个。他说我必须到古尔拉比的桌子那儿去。我既尴尬又困惑，问他我该做什么。耶霍舒阿冷静而又清晰地向我解释说：“你看见加巴伊站的那三级台阶了吗？你走上台阶，朝古尔拉比坐的那桌看。他们会给你一小杯葡萄酒和一片苹果，你一手拿一个。然后朝着拉比的方向说干杯，古尔拉比也会对你说干杯。这是无上的荣耀。你简直是百里挑一。”听他说话的时候，我感觉膝盖发软。我心想，挤进这个令人窒息的房间里的几百人中我只认识三个人。为什么他们会选中我呢，为什么把克林莱尔描述的那种荣耀偏偏给了我呢。我意识到我已经没有选择了，只能听从召唤。根据克林莱尔的指点，我走上了那三级台阶。有人给了我一只酒杯，往里面倒了半杯酒，那片意料中的苹果也出现在我的另一只手上。随后，尊敬的拉比用他那犀利的眼神注视着我。他的头上戴着高皮帽，左右围着年长的信徒。他点了点头，接着向我敬酒，并说了一声“干杯”。

大厅内，他的信徒和唱诗班唱起了雅阿可夫·塔尔穆德拉比为《Lecha Dodi》新谱的曲子以及敬畏节日[①]的礼拜仪式上所要演唱的歌曲。但我仍处于震惊之中，完全没有听到他们在唱什么，我试图想明白刚才发生的一切，充满房间的歌声与我无关。接着，耶霍舒阿又来到我面前，这下子又让我吃了一惊。他说拉比邀请我第二天晚上，也就是在星期六晚上的“区别礼[②]”结束后，到对面那幢楼他的家里去。“拉比想和你谈谈。”他说。听到这一切，我简直无法呼吸了。我在震惊和困惑中返回了考尔托拉，我无法理解到底发生了什么。我找到心灵辅导员戈达尔亚拉比，告知他发生的

① 犹太教历新年和赎罪日。

② 在安息日或节期结束后举行。

一切。我请他允许我缺席下午的学习会，因为我受邀拜访古尔拉比。戈达尔亚拉比怀疑地笑了笑，并回答道："真的吗？没有人拒绝古尔拉比，我也不能。你就放心去吧。"我不知道他是否相信我，但是他并没有阻拦我。我在经学院的一个朋友西姆察·艾德尔曼告诉我，我不能穿这样一套衣服去见古尔拉比。他把他的帽子、长裤和腰带借给了我。我双腿打战，来到了古尔拉比的门前。在那儿，我遇见了哈尼纳·希夫，我们已经五年多没见面了。"路雷科，你好吗？"他问道。而我则反问他在那儿做什么。哈尼纳告诉我他在赛法特埃米特犹太经学院学习，他和古尔拉比关系很近。直到今天，他依然是几任古尔拉比的私人助手。

我猜想他就是解开谜题的线索。我继续追问，是不是他告诉拉比我参加了提食。哈尼纳坚持说，他根本不知道我在那儿，自从我们移居以色列后他就再也没有见过我，所以他不可能跟拉比说什么。"但是我看到你走到古尔拉比的桌旁，还说了干杯；当时，我就奇怪你是怎么到那儿去的，他们怎么把你从这么多人里认出来的。"他把自己的想法说了出来。"如果是这样的话，"我回答说，"我真的不知道是谁让我上去给古尔拉比敬酒的。"哈尼纳·希夫还没来得及再说什么，房门就打开了，有人把我领进屋里。我看见古尔拉比像一只关在笼子里的狮子那样在屋子里来回踱步，眼睛盯着地面。他左手拿着一撮烟草，不时地放在鼻子边上闻一闻。右手举着小圆帽不停地扇脑袋，好让自己在夏末的炎热中凉快下来。我站在门边，他甚至都没扫我一眼。我心想，或许是他们搞错了，他并没有打算邀请我。就在这些想法在我的脑子里飞快掠过的时候，古尔拉比突然停住了，用他那严肃犀利的眼神盯着我和我的外套。他用意第绪语问："是谁借给你的这些衣服？""西姆察·艾德尔曼，"我回答。他温和地笑了笑，接着又说："我过去经常在这里见到你哥哥拿弗他利，却很少见到你。你姑父沃格尔曼拉比还好吗？"古尔拉比的一个问题涵盖了我的整个世界：拿弗他利和沃格尔曼拉比。这个我从未与之交谈过，负责好几万古尔信徒的人却如此了解我生活中的关键人物。我尽量让我的回答简明扼要，并遵循公认的古尔哈西德派对话方式。

拉比继续说道："你可能很奇怪为什么会在提食上被点名。我记得五年前，你的哥哥拿弗他利曾经来拜见过我的父亲——言真理者。在提食上，当我从人群中穿过时，我突然看见了你。我怎能不发现你呢？你长得太像你哥哥拿弗他利了。我记得你父亲在彼得库夫会堂给你施割礼时起的名字。你父亲说，他之所以给你取名叫伊斯雷尔，是因为他的拉比朝塔科夫拉比；伊斯雷尔·弗里德曼拉比；他第一任妻子的父亲，维兹尼兹拉比伊斯雷尔·海格拉比，都叫这个名字。接着他又说，你名字中的梅厄取自他的表弟，卢布林的梅厄·沙皮拉拉比，他没有孩子；他又补充说，你的名字伊斯雷尔·梅厄是以拉敦的拉比，生命探索者——伊斯雷尔·梅厄拉比命名的。你父亲和这四个伟大的人物在血缘和信仰上都有很深的联系。朝塔科夫拉比、卢布林拉比和生命探索者在三个月的时间内相继去世，尽管最年轻的46岁，最年长的94岁。你父亲把你抱在怀里，向宇宙之王祷告，希望他们每一个人的灵魂里都有一束火花——我清楚地记得他用的是意第绪语中finek这个词——进入这个孩子的灵魂。我永远不会忘记他说的话。当我在安息日前夜在人群中看见你时，我就认出你是拿弗他利的弟弟，而且割礼过去这么长时间，我还记得你的名字。”他再一次用犀利的眼神凝视我。接着，他递给我一个整个的苹果，说道：“我希望经常在这儿见到你。”我点了点头，意识到他这句话对我则意味着严肃的义务。

我与古尔拉比见面的故事很快就在古尔社团流传开来。所有虔敬派信徒都在谈论它，并将它视为奇迹。他们非常钦佩拉比，因为他参加了一个男孩的割礼，却能在13年后把他认出来，他的哥哥也只是短暂拜会过古尔拉比。他们还谈论古尔拉比是怎样告诉我赋予我名字的那四个人，他们认为这一点再次印证了拉比的伟大。直到今天，我仍然满怀感激之情。自从古尔拉比告诉我父亲给我取的名字的意义后，我就称自己为“伊斯雷尔·梅厄”。“梅厄”这个名字曾经被我忽视了很久，但是有时我甚至经常将它置于“伊斯雷尔”之前，在很多作品上，我只署名“梅厄”，尽管从孩童时代起我就被叫做“伊斯雷尔”。

我的家庭与古尔哈西德教派并无直接联系。我父亲这边，我们是朝塔科夫虔敬派信徒，而我母亲这边，我是桑兹拉比哈依姆·哈伯斯塔姆拉比的第五代孙。但是我确实因为我的岳父——伊扎克·耶迪亚·弗兰克尔拉比与古尔联系在一起，他是古尔哈西德派教徒，与古尔拉比关系密切。

弗兰克尔拉比大概80岁的时候，有一天，突然心脏病发作。他被紧急送往特拉维夫的依其洛夫医院。为了避免他受刺激，医生禁止会客或者通电话。我的妻子——查娅-依塔搬到特拉维夫和母亲一起住，而她的哥哥，则留在医院里伺候父亲。弗兰克尔是南特拉维夫的拉比，因此有无数个电话打到他在佛罗伦坦的家中，询问他的健康状况。其中一个来电者用急速刺耳的声音询问拉比是否会客。查娅—依塔解释完医生禁止会客后，她问来电者的姓名。电话的另一头回答道："耶路撒冷的艾尔特。"由于"艾尔特"是一个很普通的姓，她挂了电话，根本没想到说话的人就是古尔拉比本人。但是她的哥哥，耶路撒冷的阿莱·弗兰克尔拉比和古尔拉比很熟，发现电话就是古尔拉比打来的。消息传开，说古尔拉比就是那个打电话询问是否可以去医院看望弗兰克尔拉比的人。她的哥哥匆忙前往特拉维夫，并告知查娅—依塔致电者的身份。直至今天，她依然记得那通电话。"你知道古尔拉比从耶路撒冷赶来探望父亲是多么大的荣耀吗？拉比几乎从不离开耶路撒冷！现在他打算来特拉维夫看望父亲，并为他祝福，你却拦在路上。"他抗议道。尴尬的查娅—依塔试图解释为什么拉比的电话像一滴水珠淹没在从早到晚打来的电话海洋里，她是如何天真地回复他，医生拒绝客人来访。她又补充道，古尔拉比并没有说明自己的身份，只说自己是"耶路撒冷的艾尔特"，而这个名字对她来说并不意味着什么。后来大家决定不把古尔拉比这次未成行的探访告诉父亲。

第二天，古尔拉比不知以何种方式获知弗兰克尔拉比的病情有所好转，于是他决定不请自到。当他走进病房，看见弗兰克尔拉比的妻子坐在那里时，他问的第一个问题是："您的女儿在吗？我应该祝贺她，她是父亲的好警卫。"拉比感觉到，弗兰克尔拉比的女儿可能会因为她接电话的方式以及阻止他探望她父亲而遭受批评。相反，他表扬了她的谨慎。古尔拉比在弗兰克尔拉比的床边站了一分钟。他神情专注，字字珠玑地说："伊扎克·耶迪亚，我们需要你。你必须健康强壮起来。"说完他就转身离开了。

但是，他在医院出现的消息像电流一样传遍了整个六楼。走廊上父母们推着坐在轮椅上的孩子，病人们要求亲属把他们的床推出病房。那些能走动的病人穿着病号服挤在过道里，希望得到拉比的祝福，或者至少看他一眼。古尔拉比进入走廊时，医院的保安试图让挡着路的病人们移开。走起路来虎虎生风的古尔拉比却要求保安们停下。接着他走到每个病床和轮椅前，亲自祝愿他们早日痊愈。不认识他的护士们问这个有着天使面孔的人是谁。这幕场景直到今天都让我感动。弗兰克尔拉比康复后，被选为特拉维夫—雅法的首席拉比，并成为宗教法庭的首席法官。正如古尔拉比所说的那样，我们都需要他。

古尔拉比于1977年3月去世。那时，我已经成为特拉维夫某社区的拉比。那么多年来，我一直与他保持着联系。为他举行葬礼的那天，我意识到耶路撒冷会交通堵塞，因此我决定乘坐出租车而不是自己开车去。我穿着哈西德长袍来到了一个肃穆的城市。20多万哀悼者从纪朗摩西出发，穿过葛优拉，步行数英里来到橄榄山。这些人安静地走着，因为虔敬派教徒不在葬礼上致悼词或发表演讲，他们只是安静地走着，就好像自己的父亲去世了一样，他们表达哀思的唯一方式就是沉默。似乎所有的耶路撒冷人都在哀悼他。耶胡达市场里的每一个商人都和他有过或多或少的联系。有一位先生说，有一次，他的女儿生病了，他们去拜见了这位"贤人"（他们这样称呼他）。为了治愈他的女儿，拉比将手放在他的身上。另一个人说古尔拉比就是他的"眼睛"，现在它们变得暗淡无光了。耶路撒冷人民就是这样表达对古尔拉比的敬爱之情。

哀悼者用土封好古尔拉比在橄榄山的墓穴后，我开始寻找回特拉维夫的车。我走下山，来到雅法大街上的忠利大楼前，然后开始沿着大街走，希望有辆车能为我停下来。我还没抬起手，就有一辆车停在了我的身边。那个司机戴着一顶米色的旅行帽，他问我："劳拉比，需要帮忙吗？"我说我想回特拉维夫，他邀请我上了他的车。车开得很慢，因为路上还有很多人。我告诉司机我刚从古尔拉比的葬礼上回来。他浅浅地笑了一下，等我谈论完拉比后，他说他也参加了那个葬礼。他的表情激起了我的好奇心，因为他和其他哀悼者不一样，于是我问他和古尔拉比之间的关系。他说他是预备役部队的上校，管理着一家大型工厂，住在特拉维夫东北部的塔泽哈拉。他的父亲是古尔哈西德教派的长老；而他自己，则将一生献给了部队，已经远离了父母家中的宗教气氛。等他父亲上了年纪后，家里人把他安置在特拉维夫的一家养老院。光明节八天中的某一天，儿子带着父亲去了一趟耶路撒冷，参加在哭墙下举行的午祷，接着，又去了古尔拉比处参加光明节点蜡烛仪式。儿子留在外面的车里，因为他没有包头，也因为他觉得自己没有理由去见古尔拉比。

六个星期后，也就是树木新年（又称图·比—舍巴特）那天，他又提议带父亲去耶路撒冷拜见拉比。但是这次，他的父亲拒绝了。"为什么？"儿子问。"你上次很开心啊。"父亲抱怨说："不值得这么做。拉比曾问我是谁把我带到耶路撒冷来的。我告诉他，'是我的儿子，但是他在汽车里坐着。'为什么？难道是陌生人开车带我来的吗？我自己的儿子都不愿意和我一起去见我的拉比！我不能原谅你给我带来的悲伤。"

"于是，"儿子解释说，"我向父亲保证，我会戴上帽子，和他一起去见拉比。我戴着现在你看到的这顶帽子去见了古尔拉比。拉比很热情地接待了我，并说：‘我听说你非常小心地遵守着孝敬父亲的戒律；那么你的天父又如何呢？’他向上指着。‘难道你不应该尊重他吗？’回家的一路上，拉比的话始终在我耳边响起。回到家后，我告诉我的妻子，我想找回一点我的根，至少也要有个洁食厨房，这样我的父亲会感觉舒服些。慢慢地，我又重新开始遵守犹太教的戒律。在此期间，我的父亲去世了。当我从广播中听到古尔拉比去世的消息时，我觉得我有义务参加他的葬礼，以纪念我的父亲，但主要原因是拉比让我重新找回了自己。”

我的大儿子摩西·哈依姆·劳拉比，以及他的儿子、我的孙子伊扎克·耶迪亚·劳都是古尔虔敬派信徒。我的两个女婿——本雅明·卡汉—明兹拉比（为了纪念我的父亲摩西·哈依姆在耶路撒冷创立了哈耶·摩西犹太经学院）和以西结·施恩菲尔德——也都是虔诚的古尔信徒。

我的儿子摩西·哈依姆从童年起就是古尔拉比的追随者。受戒礼时，他要了一件黑色的丝绸长袍，这意味着他将遵守哈西德教派的习俗。我对此表示怀疑，于是把我的忧虑告诉他。“摩西，”我说，“或许这只是你的一时兴起。或许你想仿效你的外祖父弗兰克尔拉比？依我看，这很好，但是我担心有一天你会脱掉长袍，毕竟你太年轻了，无法承担这一切所需的沉重义务。我想知道你是否明白自己真的想要什么，你是否能承诺忠实地沿着这条路走下去。”我建议他等到结婚的时候再做决定，因为那时他年纪更大也更加成熟。但是我的儿子，他长的和我父亲一模一样，向我投来坚定的目光，他那双蓝色的眼睛已经表明他知道自己在做什么。他决定承担起这件黑色长袍所要求的一切，而且从未脱下长袍。

摩西·哈依姆与古尔拉比建立了非常亲密的关系。他在考尔托拉犹太经学院读书的时候，每个安息日的上午五点，他都会步行到葛优拉区去见古尔拉比，后者也会给他沏一杯茶，和他聊天。我感觉我们的拉比王朝的链条上又多了一环。

在我结识古尔拉比多年后，仪式派拉比又加入了我的导师行列。

赎罪日战争结束后不久，马帕姆驻犹太代办处代表亚伯·申卡邀请我到耶路撒冷的犹太代办处去。申卡是一名美国犹太人，在犹太代办处担任信息与组织部主任一职。我不认识他，不明白他为什么会邀请我。他告诉我他每周都会收听我在电台做的托拉系列讲座，也在电视上看见过我。他说他想把我吸收到一个“非常重要”的使团里来。在美国，特别是在纽约，一些犹太极端分子拒绝承认以色列国，并坚决反对犹太复国主义。但是赎罪日战争使他们的态度有所转变，他们开始重新思考自己与以色列之间的关系。“我可以告诉您，”申卡说，“住棚节休战的那几天，头戴高皮帽、留着大白胡子的犹太人拎着锡罐走家串户，从一个会堂到另一个会堂，为以色列国和以色列国防军募集军费。我们问他们为什么这么做，他们解释说，赎罪日战争让他们想起了在欧洲的那些黑暗的日子，这场战争惊醒了他们，以色列的犹太社团面临着灭绝的危险。”

国外的电视节目和新闻报导给极端正统派留下了这样一个印象。几千名战死在南部前线的士兵被临时埋葬在吉布特贝瑞，而在北方战线阵亡的士兵们则被临时埋葬在纳哈里亚，他们得知这样的报道很震惊。围绕着这些报道的神秘感引发了一浪不祥的流言，给纽约犹太人的印象是以色列的局势可以比得上摧毁另一座圣殿。那些反犹太复国主义的团体，甚至那些到那时为止还没有承认以色列存在权的组织，都放弃了它们先前的政策，开始为以色列着想。亚伯·申卡把这事告诉我的时候显然很兴奋。

作为犹太代办处信息与组织部主任的亚伯·申卡想利用这个势头加强这些组织与以色列政府间的联系。但他觉得派一个政治家、外交家或者以色列国防军的将军去都不合适，于是他想到了我：一位拉比，一位受人尊重的大屠杀幸存者，他在欧洲遭受过恐怖的折磨，也经历了以色列的战争。“如果您去这些社团，大门将会为您打开。”他满怀信心地说。但是我表示怀疑，问他为何如此肯定。亚伯·申卡向我解释说，他和美国主要犹太人组织领袖会议主席伊斯雷尔·米勒拉比探讨过，这位主席本身就是一位正统派拉比。米勒主席在访问以色列期间听过我的演讲，他已经给这个计划开了绿灯。在他的推荐下，亚伯·申卡邀请我去美国进行一个为期一个月的巡回演讲，充当以色列与美国正统派和极端正统派犹太人组织之间的桥梁。其中包括慧智知派、波波夫哈西德派组织、整个立陶宛犹太经学院世界、现代正统派教育机构，比如叶希瓦大学、斯特恩学院、弗莱巴许叶希瓦高中，以及极端正统派教育机构。

我答应了，但是解释说我的英语说得不够流利。亚伯·申卡说并不担心这一点，他让我放心，我可以和一半犹太人说希伯来语，和另一半说意第绪语。他建议我在旅行前的两个多月，准备几篇英语讲稿，并熟记于心。我采纳了他的建议。尽管我对这次出行很激动，因为我从未去过美国，很好奇地想要了解美国，但同时我又担心自己可怜的语言水平。作为一个演讲者和老师，语言是我的主要工具，我最担心我会结巴说错话。我感觉我的语言水平不够。于是在那两个月的时间里我非常努力地做着准备工作。我用英语写了讲稿，并把它们背诵下来。我试着用英语谈论阿以冲突、我们之于以色列地的权利以及犹太民族的生存能力。最重要的是，我想把最为沮丧的时刻，也就是1973年10月发生在被封锁的苏伊士运河两岸的“赎罪日”战争期间曾经发表过的演讲再给美国人说一遍。

那时，我夜以继日地在依其洛夫医院做义工。一天晚上，我回到家中后，得知一个防空营的指挥官找了我一整天。不打仗的时候，他是法萨巴的ORT学校的校长。“请帮我一个忙，”当我们最终联系上的时候他请求道，“我经常在收音机或电视上听到您的声音，我们需要您和我们在一起。我们会用大力神运输机把您送到法伊德空军基地，再从那儿换乘吉普车送您到苏伊士运河。营里的官兵士气非常低落。突然，赎罪日的时候，士兵们都被动员起来了，一些人原打算结婚，一些人本该在10月末开始读大学，另外一些人刚开始做生意，因为他们还欠了一些债。我需要有人帮我尽快提高士气。告诉他们我们为什么要这么做。”我很严肃地对待他说的这件事，但是我建议他如果想提高士气，找一个文艺团体可能比找我更合适。指挥官还在坚持，他说艺人们来了又走了，表演了20分钟，就乘飞机回到了首都，而士兵们却留在沙漠里。士气比以前还要低落，而且一直处于低谷。他向我解释说：“我需要有人来这里不只是谈论情感，还要开发智力。”我答应了他的请求。

他们开车把我从苏伊士运河西边的法伊德送到处于封锁状态的苏伊士运河，巴录和耶胡达大桥之间一个完全由沙子堆建成的露天剧场。我和指挥官坐在一起，整个营的官兵坐在我对面的沙丘上。我谈到了我们对以色列地的权利以及我们为什么不能有其他的家。士兵们专心地听着，我能感觉到他们的头脑正在吸收我的话语。我一生中做过几百次演讲，但是这次我完全记住了其中的细节，这种情况并不常见。它对我来说意义非比寻常，因为这是在战争期间发表的演讲，在两次战役间的平静期，我面对的是满身黄沙、垂头丧气的士兵，而他们的指挥官是考虑到他们的身体和精神健康才与我取得联系的。在前往美国之前，我把这个演讲从记忆里搜索出来，写在纸上，请人把它翻译成英文。在飞往美国的飞机上，我不停地排练着，为的是在面对纽约宗教人士时把它流畅地讲出来。

准备这次旅行期间，我收到了一封来自米勒拉比的信。信中他表示非常高兴我同意向纽约的犹太人宣传以色列的局势，同时，他保证安排这次旅行的后勤和日程。此外他还提醒我，这次旅行将非常辛苦，每天要出席五个不同的场合。人们非常渴望了解以色列的情况。在这封信的末尾，米勒拉比问我，需要多少酬劳。他的问题让我很惊讶，我肯定是作为一个志愿者去的。我从未想过得到报酬。我是自愿在境外帮助战后的以色列的。我给米勒拉比的答复是："我从未访问过美国，我也不知道这次访问后是否还有机会再次受到邀请。美国的东海岸有几位令人尊敬的美籍犹太人，我认为他们是我们这个时代最伟大的精神领袖。如果您能安排我和以下人士会面的话，这将是我收到的最好的酬劳。这些人士包括：仪式派拉比，约瑟夫·杜夫·哈列维·索罗维奇克拉比；萨塔玛派拉比，他认识我的父亲；波波夫拉比，他是我母亲的亲戚；布鲁佐夫拉比，他为我的父母筹办了婚礼，也是托拉贤人委员会的成员；伟大的哈拉卡权威摩西·费恩斯坦拉比；雅各布·卡梅内斯基拉比，布鲁克林托拉维达思犹太经学院院长；以及巴尔的摩尼尔伊斯雷尔犹太经学院院长雅阿可夫·伊扎克·路德曼拉比。

米勒拉比安排了这些会面，这对我来说至关重要，这也的确是对我付出的努力的最慷慨的回报。

此行最精彩的部分是与期待已久的仪式派拉比梅纳赫姆·门德尔·施尼尔森拉比的会面。事实上，我早就听说过他的大名，十分钦佩他的学识，最重要的是，我想和他面对面地交流。他的名字时常出现在我的记忆中。大概是在1965年的安息日前夕，我受邀参加一个特拉维夫的劳工联盟协会组织的讨论会，地点是位于戈登和莱因斯大街拐角处的一个地下室。他们论述有关宗教与政府的议题。这次讨论会没有使用麦克风，因此不存在亵渎安息日的问题。那晚会议的主持人是摩西·阿拉姆，他代表的是马帕姆；其中一个参与者是以色列内阁的首任内政部长伊扎克·格林鲍姆。后来，格林鲍姆改变了自己的政治立场，加入了共产党。他曾经想作为独立候选人参选，但是他所在党没有同意，于是，他回到甘什穆埃尔基布兹生活。

伊扎克·格林鲍姆是一位非凡的演说家，非常具有个人魅力。我仍记得他在安息日前夜，在特拉维夫200名群众面前所做的演讲。"如果铁幕升起，苏联向以色列民众敞开大门的日子来临——如果我们在那里发现一个人声称自己是犹太人的话，那么我们要感谢住在布鲁克林的一个人，仪式派拉比。”格林鲍姆这样一个左翼人士居然发表这样的观点着实令我吃惊，但是他知道自己在说什么。

1989年5月，在我和拉比代表团一同出访苏联期间（第4章中提过，当时我试图找到我在布痕瓦尔德的导师费奥多），我们去了莫斯科的考尔雅阿可夫会堂，在那里，我们遇到一些聚在一起祷告的犹太人。大多数是上了年纪的人，当然也不乏几个年轻人。这些仪式派拉比的密使冒着极大的风险秘密地在苏联犹太人间宣扬犹太教，他们被称做“沉默的犹太人”。万一苏联当局抓到他们，最好的结局就是将他们送到西伯利亚终身监禁起来。我再一次惊讶于拉比的力量，他坐镇纽约总部，指挥着全世界范围内的慧智知派运动，他们只有一个目标：让犹太教的火花长燃不灭。

之前，在1970年逾越节期间，我通过他的秘书哈依姆·莫迪凯·霍达科夫拉比和仪式派拉比有过间接的联系。五个星期前，以色列议会通过了《回归法》修正案，也被称做“谁是犹太人”法案。该法案对犹太人有了比较明确的规定，即“凡是犹太母亲所生或已皈依犹太教且不属于另外宗教的人才能被认定为犹太人。”仪式派拉比想在该法案中加上一句“依据哈拉卡”，目的是把皈依哈拉卡认作进入犹太群体的唯一有效凭据。逾越节期间，我很惊讶地接到一个纽约打来的电话。电话另一边的人介绍自己是门德尔·霍达科夫，是仪式派拉比办公室的工作人员。他说仪式派拉比打算组织一场关于以色列地和声援犹太人民的宣传活动——“谁是犹太人”的问题。他们计划第一次集会在即将到来的学者节举行，地点位于雷霍沃特。什穆埃尔·莱赫特曼市长将主持这次集会，并在会上介绍两位演讲者。第一位是梅纳赫姆·贝京，他谈论的是以色列的团结；他们希望第二位是伊斯雷尔·梅厄·劳拉比，讲述民族的团结。我同意他们的提议，并出现在那次集会上。我还在特拉维夫和海法举行的两次集会上做过演讲，这次只谈民族团结问题。正因如此，四年后为了表达感谢之情，我在纽约受到了仪式派拉比的特别款待。

我与仪式派拉比的会面被安排在1974年3月的一个晚上。组织者告诉我午夜过来，并保证我将成为他的“私人听众”之一，和其他挑选出来的人一起和他进行一对一的交谈。

我按照约定时间很晚才到。一个半小时后，他的助手将我领进他的房间，而直到凌晨3点50分，我才离开。那次持续了两个多小时的私密谈话成了我人生中最精彩的片段之一。他听说我是一个教育家，于是他谈论的话题主要针对我在青年教育中所起的作用。我曾在特拉维夫的泽特林宗教高中执教过9年，这之前我在皮塔提瓦的非宗教高中布伦纳和埃哈德哈姆高中教过书。他解释了教育工作的重要性，以及它在塑造青年人格方面所担负的重大责任，因为这些年轻人最终要成立家庭，养育后代。他举了一个反面例子，该隐和亚伯的故事。当该隐杀死他的哥哥时，我们在《圣经》中读道："你兄弟的血有声音从地里向我哀告。"但是在希伯来原文中，上帝与该隐对话时"血"这个词用的是复数形式。那些哀告的鲜血究竟是谁的呢？该隐只杀了一个人，但是上帝对该隐说，那是亚伯和他后代子孙的血。如果该隐没有谋杀亚伯，全世界的人可能都是从他那里传下来的，就像后来从以挪士的父亲塞特那里传下来一样。因此，谋杀了亚伯，你不仅仅是谋杀了一个人，而是全世界的人。这就是这种说法的起源："一个人拯救了一个犹太人的灵魂就如同拯救了整个世界。一个人毁灭了一个犹太人的灵魂就如同毁灭了整个世界。"如果负面的破坏行为成立，拉比说，该有多少正面行为成立啊：如果你拯救了一个灵魂，那么源于这个灵魂的一切都将有你的功劳。

讲完后，仪式派拉比用他深邃的目光看着我，就像我从古尔拉比的眼中看到过的那样。我不是在一般意义上对比这两位拉比，但是他们的目光都给我留下了极深的印象——他们都是那么独一无二、无与伦比。在看着我的同时，仪式派拉比也转换了会谈的主题。他用带着一点俄罗斯口音的立陶宛意第绪语、中间还夹杂着一点希伯来语和英语说："我想就另一个完全不同的议题问你一些问题。我想要对以色列人的心灵有一点了解。我明白你了解公众，因为你生活在他们中间。或许在这方面你能给我以启示，因为我非常好奇。"

"上个世纪，世界见证了许多次革命。以俄国为例，这个通常很教条的国家在1917年经历了一场革命。50年代，赫鲁晓夫掀起了一场革命，推翻了先前的列宁和斯大林；每位领导都给苏联的生活注入了一点个人特色。美国也是，肯尼迪完全不同于他的前任艾森豪威尔；马丁·路德·金发动了他自己的革命。在英国，你无法将艾德礼与丘吉尔相比；在法国，蓬皮杜也不是戴高乐。整个世界已经发生了改变，而犹太人通常是这些革命的先行者。犹太民族是一个革命的民族，总是站在革命的最前沿。犹太人是这些革命的主要旗手。在俄国、法国和德国，有一大批犹太人支持马克思主义和社会主义。而唯一没有改变的就是以色列。在这个世界上最具革命性的民族，犹太人的聚集地，相同的一群人已经执政40年。从1933年工党在以色列成立直到如今的1974年，40多年过去了，同样的一群人还在担任领导。那些年里，我们经历了大屠杀、以色列建国、接收流亡的犹太人以及严酷的战争。现在，赎罪日战争结束两个月之后，再次进行选举，还是一切照旧，仍然是果尔达·梅厄、平查斯·萨皮尔、摩西·达扬当选，贝京已经落选9次了，这里没有革命。得发生什么才能让以色列经历全世界正在发生的改变呢？请给我解释一下这种稳定性。您是从那儿来的，我很好奇，想知道原因。”

我不知道如何回答他对当前局势智慧而又精确的分析。仪式派拉比对这个问题的认识既有深度又有广度。没有人问过我这个问题，无论是在这次谈话之前还是之后。我完全没有准备。我来拜访仪式派拉比是想认识他本人。我想我们会泛泛地谈一谈教育、犹太知识传播，特别是哈西德教派，总之是我熟知的话题。但是拉比却问了这个问题，尽管这让我大吃一惊，还好上帝给我提供了答案。

“我想告诉您我在上次战争，赎罪日战争中经历的一件事，”我说，“这件事就发生在五个月前。或许这个故事里包含了拉比提出的那个问题的答案。说实话，到现在为止我从未思考过这个问题。战争爆发于赎罪日的下午，那天又赶上安息日。当时我们正在会堂里诵念讲述十位殉教者的祷文。下午1点50分，警报声突然响彻天空，第一个受害人倒下了。第二天是星期日，晚上我正在家中。由于灯火管制，屋里漆黑一片。9点钟，电话铃响了起来。来电话的是特拉维夫申金和艾哈德哈姆大街拐角处的蓝天宴会厅的主人维勒先生。他操着浓重的维也纳口音，问我是否能帮他一个忙，并告诉了我他的故事。”

“几个月前，一对年轻人计划在赎罪日和住棚节之间的某天结婚。虽然战争爆发了，新郎和新娘还是坚持如期举行婚礼，因为犹太教认为推迟婚礼是不吉利的。新郎向部队请了24小时的假，穿着军装来到了大厅，新娘则穿着白色的婚纱。他们的亲戚也正等着拉比的到来，但是他没有出现。或许他认为灯火管制期间无法举行婚礼，或许他认为每个人都去参军打仗了，根本没有心情举行婚礼。宴会厅的主人请我来救场。我让他查查应该是谁主持婚礼，但是这对年轻人也不知道。他们只知道拉比院会给他们派一位拉比。我向宴会厅主人解释，我不能开车去，因为根据灯火管制的规定，我必须在前灯上涂上油漆，从我家到宴会厅大概需要45分钟。我让他检查一下这对年轻人是否有婚书，犹太人的婚姻契约，是否有证明他们已经在拉比院注册的官方文件。因为我不认识这对年轻人，我担心我可能在不知情的情况下帮助了一对未进行官方注册的年轻人，这可能会导致重婚或异族通婚等哈拉卡禁止的结合。缺少文件再加上拉比缺席就表明这场婚姻是不合规范的。宴会厅主人让我别挂电话。他离开办公室，走进大厅去检查，随后他回来告诉我说这对年轻人有婚书，也有拉比院签发的所有必要的证明文件。我说，如果是这样的话，就由我来主持这场婚礼。我气喘吁吁地赶到了宴会厅，厅里摆着招待250名客人所需的桌椅，每张桌子上都放着白色的亚麻餐巾。宴会厅里仅有15名客人。新娘的脸上挂着泪珠，但是当她看到我来时，脸上露出的笑容令人难忘。现场的客人也松了一口气。”

“我主持了这场婚礼，说了一些祝福的话，这对新人和他们的家人都很满意。婚礼结束后，一个在宴会厅工作的女服务员来到我面前。我想起我曾在别的庆祝会上见过她，但是我不知道她的名字。她卷起袖子，让我看她刻在手臂上的编号，她是奥斯威辛集中营的幸存者。接着她用带着浓重波兰口音的希伯来语对我说：‘尊敬的劳拉比，很可能您会因为我这样跟您讲话生我的气。我知道禁止说这种事情，但是在这个世界上我只能对您讲，只有您能理解我。我知道您是大屠杀的幸存者，所以，我想告诉您，如果我的儿子不能从战场上活着回来，我将结束自己的生命。我没有什么可留恋的了。如果他不回来，我也不会在第二天早上醒来。’我用坚定的语气告诉她，这种行为是被禁止的。‘看看你手臂上的号码，这些你都经历过了，怎们还能说出这样的话呢？我们经历了多少苦难啊。’

“这个系着白围裙的服务员请求我听完她的故事。她解释说，她可以在上班时间和我谈话，因为客人太少，不需要干多少活。”

“‘从奥斯维辛集中营里放出来的时候，我大概17岁。’她说，‘我在那儿待了三年，在一个裁缝铺里干活。尽管我很瘦弱，我还是挺了过来。在我亲眼看见他们杀死我的父亲和母亲之后，德国人把我送到了奥斯维辛。那时我14岁，他们把我扔上火车，送到了奥斯维辛。那些年，父亲、母亲和血泊时常出现在我的眼前。我是1945年1月底重获自由的，于是我开始寻找回家（犹太人小村庄）的路。我知道父母不在了，但是我希望能找到自己的兄弟姐妹。但是我一个也没找到。有人告诉我难民都集中在罗兹，我应该设法到那儿去，或许我能在那里找到我的家人。我坐过火车、马车，还步行过，最后终于到了罗兹。来自各个城镇的难民涌进了这个城市，但是我没发现我们村子的人，更没有我的亲人。我在罗兹遇见了一个情况和我一样的男孩——一个孤独地生活在这个世界上的幸存者。我们开始交往。我们一起签名申请移居以色列。我们等了很长时间才得到许可，而在这期间，他们把我们转移到德国的一个难民营。我们在德国结了婚。英国人不允许我们移民，但是我们到以色列的那一天正好赶上建国的日子，国家的大门向每个犹太人敞开。我当时已经怀孕了。他们把我们转到新移民营地，还将我的丈夫招募入伍，去打独立日战争。他在拉特伦战死了。那时他还没有以色列的身份证号码，也没有军人证号码，他只有胳膊上的奥斯维辛号码。他死了以后，我生下了一个男孩，就是我跟您提到的那个。我用我丈夫、我父亲以及我丈夫的父亲的名字给他起了名字。我上午在艾伦比大街的邮局工作，晚上在维勒先生这儿做服务员，就是想给我的孩子我从未有过的一切。我住在一个两居室的公寓里，其中一间是纪念室，墙上挂了几张照片，有我父母的，也有一些是我丈夫在欧洲和船上拍的。其余的地方挂满了我儿子的彩色照片，他是1949年出生的。现在是1973年，他24岁。昨天，他们把他从会堂直接送到了战场，从那以后我就再也没听到他的消息。如果他回不来了，我也没有理由早上再醒来了。'"

我深深地吸了一口气。对我来说，在宴会厅听这个女服务员讲她的故事很难，再把这个故事复述给仪式派拉比也同样很难。他聚精会神地听着，蓝色的眼睛深邃专注。于是，我继续说道：

"或许我们有一点厌恶革命，拉比，我们已经没有力气做此类事情了。我们还能战斗多少？多久？或许这个女服务员就是一个活生生的例子，她的经历就是我们这一代人的缩影。拉比希望谁走上街头，摇旗呐喊，发动革命呢？我们现在需要的就是一点和平与安宁。"拉比热泪盈眶，泪珠滴落在放在我手上的他的手背上。拉比不认识那个特拉维夫蓝天宴会厅的女服务员，但是她的故事触动了他的灵魂。他含着泪动情地喃喃着：

“现在我明白了，真的明白了。”[①]

交谈的过程中，里面房间的电话响了三次。每一次听到电话铃响，我都以为会客时间到了。我站起身，拉比却用他柔软温暖的手紧抓住我的手，将我拉回到椅子上。铃声响过三次后，房门打开了，他的秘书莱布·戈隆纳拉比将脑袋探了进来，我还没有见过他。我又一次明白会谈结束了，于是站了起来。时间已经接近凌晨4点了。拉比将他的手放在我的手上，用他带着阿什肯纳齐口音的希伯来语说：“它在我和我的脖子上。”这句话的意思是我要为未按时结束负全责。

我离开房间后，几十名经学院学生把我围了起来，试图从我们漫长的谈话中获得一点什么。就在此时，拉比左臂下夹着一本书，精神头十足地离开了那所房子，跟在他身后大步走的是他信任的助手耶胡达·克林斯基拉比。当拉比在人行道上看到我时，他走到我身边，问：“劳拉比，四个活物的遗像如何？（见《以西结书》）”我一下子懵住了，完全不明白他在说什么。但是接着他笑了笑说，“我的意思是说，那四个活物在哪儿等您呢？您怎么从这儿返回曼哈顿的酒店？”我回答说我打算乘出租车回去。“不，”拉比说，“这个时候，在这个社区，随便打一辆出租车是非常危险的。”他转过身向他的助手打了个手势。接着对我说：“于代尔拉比先送我回家，就在这附近，然后他再把您送到曼哈顿。”我有点不好意思。经学院的学生们也很惊讶。他们突然记起来他们也有车，于是争着要开车送我回去。最后，八个年轻人和我挤在一辆车上。

我下一次去纽约是八年以后，那时，我的哥哥拿弗他利是以色列驻纽约总领事，我是内坦亚的拉比。我又一次拜见了仪式派拉比。我记得我进入他房间之前，刚好有两个人离开：一个是耶路撒冷的拉比雅阿可夫·贝沙勒·佐尔提拉比，另一个是以色列议会财政委员会主席亚伯拉罕·沙皮拉拉比。正当我打开房门要进去的时候，就听见拉比用意第绪语对我说：“自从你上次拜访我已经过去八年了。”

在这次谈话中，拉比说了一句题外话，他问我的孩子们是否已经到了结婚的年龄。我说在我离家前的那个晚上，我们为大女儿米里亚姆安排了第一次约会。我的儿子摩西·哈依姆比她大两岁，但是他还没有做好结婚的准备。他想学习《托拉》，现在他正在耶路撒冷的希伯伦犹太经学院学

① 后来，经过在预备役部队较长时间的服役后，这位女服务员的儿子安全返家了。他的母亲为了表达对我的敬意，邀请我主持了他儿子的婚礼。

习。拉比问我向我女儿求婚的年轻人的家庭如何。我回答道："确实是一个受人尊敬的家庭。"他的祖父是卢茨克的拉比扎尔曼·索洛兹金，曾担任全国犹太经学院教育委员会主席以及以色列正教托拉贤人委会员主席。拉比停顿了一下，接着说道："曾在大屠杀前一起出席托拉贤人委员会的卢茨克拉比的孙子和彼得库夫拉比的孙女，在圣地相遇，并准备组建一个犹太家庭。这会让他们的祖父们满意的，这种喜悦超越了世界，直达天堂。"当我返回酒店的时候，家里来电话告诉我，约会双方都比较满意，他们正准备第二次约会。当我回到家里时，发现他们正等着我回来给他们祝福。这是大屠杀后我们家族的第二代建立的第一个家庭。

自从第一次拜见拉比后，我见过他很多次。大多数会面都不是私人性质的，而是在星期日举行，他需要接见很多来访者。有一次，我去听了他的课，就是在那儿，我明白了他独特的本质，如果可以用一个词表达，那就是"遗赠"。从那以后，我将新年晨祷上人们诵念的一句话"造物主啊，请赐我遗赠传统的通达"当成了我的座右铭。

我陪我的岳父伊扎克·耶迪亚·弗兰克尔拉比去过一次纽约，他被邀请在一个会议上做有关"视主名为神圣"的讲座。在那儿的时候，弗兰克尔拉比告诉我，仪式派拉比将就希伯来历依雅尔月中的第14天，也就是"第二逾越节"的重要性做一个专题讲座。《民数记》上说，"有人因不能在尼散月14日至耶路撒冷向上帝献祭者，可在依雅尔月14日黄昏守逾越节。"弗兰克尔拉比要参加这次讲座，他问我是否愿意和他同去。我当然很感兴趣。我从未见过如此拥挤的场面。人们一个挨着一个，头碰着头。讲台上放着一个长桌子，桌子后面坐着一排年长的虔信派信徒，其中包括美国和加拿大的大拉比们。他们为我们，特拉维夫首席拉比和他的女婿内坦亚首席拉比，腾出了空位，我们就坐在拉比后面的座位上。仪式派拉比快步走进大厅，腋下夹着一本迈蒙尼德的书，会场的气氛顿时活跃起来。他单独坐在桌子的一头，而他的姐夫沙姆尔亚胡·古瑞亚拉比坐在桌子的另一头，他的秘书长霍达科夫拉比坐在另外一边。拉比这堂课讲了4个多小时，中间没有参考任何笔记或书籍，一次也没有。他在讲座中既引用了经典，又引用了神秘学著作，既提到了早期的权威，也涉及了现代的权威，而且纵贯整个犹太历史。这个部分的内容他已经了然于心。

这次他集中讲述了第二逾越节，被贤人们称作"小逾越节"的重要性。他的观点如下所述：在出埃及的前夕，上帝命令以色列人要在逾越节献祭，此后每年都要献祭，以此象征出埃及，从奴役走向自由。但是有人因生病而不洁净或接触不洁净的牲畜或尸体，就不允许他献祭或到耶路撒冷的圣殿去。这些人向摩西抱怨说，为什么他们不能参加全国的献祭，这样怎么和民族联系在一起。“为什么我们要被删减呢？”他们问道。我们也是犹太人，他们争辩道。至圣者，赐福者，接受了他们的诉苦，在《托拉》中规定，因不洁净或在远方行路而不能按时在逾越节和其他人一起向上帝献祭者，可给第二次机会，在一个月之后，守逾越节，这样他就不和犹太人民隔绝了。拉比讲座背后的概念是，第二逾越节提醒我们每一个人，在我们之间，有些不洁净的犹太伙伴或许并非是他们本身的错误，或者他们远离了犹太教。他们呼喊——或者即便他们不呼喊，我们也必须听到他们无言的呼喊——“为什么删减我们？我们也是犹太人。不要对我们心存歧视。我们也想和犹太人一起参与出埃及，从奴役走向自由。”整个悔改的想法都出于此：我们也想悔改。我们只是在远处行路，但是现在我们靠近了，仪式派拉比精确清晰地解释道。我们私下交谈时，我也听他说过类似的观点。他讲了把犹太人带回教会的问题，同时强调我们不应该把他们叫做“回归者”，“把那些远离的人带回来”，我们怎么能决定谁近谁远呢？

这堂课讲得很精彩，拉比的强大的分析能力和在许多领域的专门知识令我们折服。偶尔，我的岳父想起拉比的才能还会激动地拍一下我的大腿。弗兰克尔拉比本人是一个有天赋的演说家，也是一位伟大的学者；他很挑剔，很难被打动，极少给出高度评价。但是他从来没有见过仪式派拉比这样有才能的人。下课后，我们离开大厅时，弗兰克尔拉比说：“我见识了波兰犹太人的魅力；我有幸见到过库克拉比，他给了我一封私人信件，从而让我结识了近代最伟大的学者们。但是我从来没见过这么精通教义的人。他真是一个天才。”

在一次会面中，我送给拉比一本我的著作《实用犹太教》的俄文版。这本书的封面是皮制的，上面用金色字母印着他的名字。我向他解释说，当铁幕拉起时，我们发现那里有几百万犹太人。他们要求我将我的书翻译成他们能读懂的语言。我决定把第一本送给仪式派拉比，因为没有他，就没有人读它的俄文版了。

1991年9月，在我担任特拉维夫首席拉比时，我又一次拜访了仪式派拉比。那个星期的早些时候，王冠高地的黑人和虔敬派教徒之间爆发了一场激烈的冲突。几千名纽约警察在布鲁克林地区维持秩序。每个星期日，拉比接待来自世界各地的访客，一大早他家门前的人行道上就排起了长队。我和我的妻子以及几个朋友也加入了这条长队。我们进去的时候，我告诉秘书，拉比曾经让我调查一下特拉维夫的一种净礼，我希望向他汇报我已经圆满地完成了任务。见到拉比的时候，我说了四个字："我做到了。"他用蓝眼睛看着我，并用惯常的快语速对我说："你必须把特拉维夫的事情赶快处理完，因为过不了两年，你必将成为以色列的首席拉比。"我愣在了那里。当时，选举拉比还没提到议事日程上来，计划是在1993年3月举行，还有一年半的时间呢，根本没有人讨论这件事。我惊得几乎说不出话来，然后尴尬地问道："那么您的祝福呢，拉比？"他的回答很简洁："你已经得到了我的祝福。圣典上说，如果一个人敢于站起来挑战，主会赐予他特殊的精神力量，让他能够完成摆在面前的任务。你已经被赐予了这种力量。现在就等着你同意了。"我唯一能说的是："如果主赐福于我，我将利用这种能量赐福于拉比，让他健健康康，长命百岁，身体安康，因为犹太人民需要他。"说完这句话，我就离开了房间。站在人行道上的是当时的以色列驻纽约总领事乌里·萨维尔，站在他身边的是纽约市市长托马斯·丁金斯，他们是来跟拉比讨论暴乱的。当我走近他们时，乌里·萨维尔恭喜我说："祝贺你，以色列首席拉比。"我笑了，他说仪式派拉比的断言已经迅速在等候的人群中传来了。我问乌里是不是当真了。他看着我，好像不相信自己的耳朵似的，他回答说："如果坐在这里的人能决定谁是以色列总理——佩雷斯或沙米尔——他当然能决定谁是以色列首席拉比了。"①

塔姆兹月3日（1994年6月12日），我已经当选为以色列首席拉比，仪式派拉比却去世了。我是从一个电台广播员那里听到他去世的消息的，他想让我谈谈拉比。听到这个消息我很震惊，尽管他已经严重中风，失去了讲话的能力，但是他的离世仍令我无法接受。我在去耶路撒冷的办公室的

① 仪式派拉比被安葬于纽约皇后区的蒙迪费尔公墓内，紧靠着他岳父的墓地。葬礼上播放了一个长达几小时的纪录片，回顾了他50年的领袖生涯，其中包括他的演讲片段。我们那次会面也被摄影机记录下来，就是在那次会面上他宣布我将成为以色列的首席拉比。

路上，在电台采访中讲了几句纪念他的话。“尽管仪式派拉比没有留下子嗣，但是在他去世以后，全世界有几千人变成了孤儿。”我回想起他为传承犹太教所做的贡献，特别是在苏联，还有一些犹太教影响不大的地方：例如摩洛哥、也门、南美洲等。“人们开玩笑地说，有两样东西在全世界都能找到：可口可乐和慧智知派。这一切都要归功于仪式派拉比，是他在50年的时间里，亲手创立了这个运动。”

我不能错过他的葬礼。无论如何也要准时赶到纽约。我搭乘葬礼专机离开了以色列，但是当我到达墓地的时候，葬礼已经结束了。在我回以色列之前，我仅在美国停留了三个小时。那时，我所看到的是，堆积如山的纸片覆盖着拉比的坟墓——那是人们写的信和字条，上面写着他们的祝愿和他们爱的人的名字；因为拉比是上帝的辩护士。几千人围在土堆旁，诵读《诗篇》，然后为其他人腾出位置。人们一直很安静，直至一声凄惨的哭声穿透云空。那是一位留着长长的白胡子的慧智知派教徒，他也是和我一起坐飞机从以色列赶来的。他看上去就像一个在西伯利亚受过很多年罪的犹太复国主义囚犯。他脱下鞋子，穿着袜子踩在堆满石块的潮湿的泥土上，他将双臂伸向天空，用尽所有的力气用意第绪语喊着“父——亲！”我们的血凝固了，泪水充满了眼眶。那一刻，在布鲁克林的墓地里，我明白了哈西德派教徒如何悼念他们的拉比。在《列王记》第2章中，当伊莱沙看见先知以利亚乘着火车火马升天的时候，他呼叫：“我父啊！我父啊！以色列的战车马兵啊！”基于这个原因，先知的学生们被称为“孩子”。或许在50多年的时间里，这位哈西德派教徒没有一位真正的父亲，但是仪式派拉比去世的那天他变成了真正的孤儿。正是因为失去了父亲，他才对苍天发出那么凄惨的喊声。

引文出处：

夜间在火柱中光照他们。——《出埃及记》13:21

你兄弟的血有声音从地里向我哀告——《创世纪》4:10

为什么我们要被删减呢？——《民数记》9:7

我父啊！我父啊！以色列的战车马兵啊！——《列王记下》2:12

第12章 为我做媒

“人要离开父母、与妻子连合、二人成为一体。”

当我还是波内维奇犹太经学院的学生时，我已经被划入了“未来新郎”的范畴。当我到了21岁，犹太经学院规定可以结婚的年龄，就有了要找一个能生育后代的合适新娘的迹象。我的很多朋友都认为我会第一个结婚，因为我有组建家庭的迫切需要。他们觉得虽然我们是同龄人，但是在精神上我比他们年长，这导致他们认为我将是第一个成为新郎的人。他们都知道我没有一个正常的家庭。放假的时候，我和大多数经学院的朋友不一样，我不回父母的家，而是去姑姑和姑父在基雅特莫茨金的家。我一年回去看他们两次，一次是在逾越节，一次是在住棚节。夏天的时候，他们常去纪朗雅阿可夫的一个疗养胜地，我不可能总是跟他们一起去。因此，我有组建家庭的强烈愿望。

有很多善良的人为我做媒。女方的家庭大多来自海外。女孩们的父亲曾是我父亲的学生，在大屠杀中幸存下来，或者听说过我父亲，或者在大屠杀前就离开了欧洲，躲过了那场劫难。但是我当即回绝了所有海外的提亲。原则上，我并不反对女孩的家人在国外，但是我认为最重要的是他们要理解我的想法——和未来的妻子应该在以色列组建家庭。

一个女孩的名字不止一次被提到，她叫查娅–依塔·弗兰克尔，伊扎克·耶迪亚·弗兰克尔拉比的女儿。她是弗兰克尔家族第五代的第一个女孩。当弗兰克尔拉比打电话给特拉维夫的哈达萨医院询问他妻子查娜的生产情况时，医院的工作人员祝贺他道：“恭喜您喜得千金！”弗兰克尔拉比吃了一惊。他肯定他们把他当成了另一个弗兰克尔。毕竟，这个名字在以色列很普遍。他不敢相信家里有了一个女孩，这个家族连续五代都是男孩，他自己还有四个儿子。

当全家人从惊愕中回过神来时，他们开始想为这个女婴取一个名字。女孩的外祖母叫查娅，祖母叫尤塔。为了不冒犯任何一个家庭，他们决定以双方的名字给这个孩子取名。很多人会给小孩起一个中间的名字，因此他们想叫她查娅·尤塔，尤塔是她中间的名字。但是接下来所有人都会叫她的第一个名字，这样尤塔祖母的家人就会被伤害。为了规避风险，弗兰克尔拉比决定把祖母和外祖母的名字结合起来，于是管他的女儿叫：查娅—依塔。

第一个在我面前提到查娅—依塔·弗兰克尔的人是叶拉奇米尔·鲍尔，我在波内维奇犹太经学院的同学，他后来成了布内布拉克的市长。他是在特拉维夫认识弗兰克尔拉比的。有一次我们坐在犹太经学院的食堂里，他提起了做媒的话题，因为350名犹太经学院的学生里已经有很多人订婚了。叶拉奇米尔说："伊斯雷尔，我有一个主意。既然你是拉比的儿子，你在拉比的家庭里长大，你又想成为一名犹太法学博士。那么最好娶一个拉比的女儿。"叶拉奇米尔·鲍尔不是一个职业媒人，所以我也没把他的话当回事。所以当他提到查娅—依塔·弗兰克尔时，他撮合我们俩的企图并没有达到实际的效果。

有一天，我看到一则通知，说犹太人社团准备把梅厄·沙皮拉拉比的遗体运回以色列。梅厄·沙皮拉拉比是卢布林的拉比，也是我父亲的表哥，我沿用了他的名字。梅厄·沙皮拉拉比以前葬在卢布林公墓的入口处。波兰当局想要建一条穿过墓地的公路，他们决定缩小公墓的规模，挖走部分墓石。梅厄·沙皮拉拉比的坟墓正好挡着路，故而需要被迁走。他的兄弟，特洛斯特的拉比亚伯拉罕·沙皮拉拉比住在美国。他从一些偶尔到过波兰的美国人那里听说了波兰政府的这个计划，于是去波兰挽救兄弟的墓地。1958年，他们决定将梅厄·沙皮拉的尸骨从卢布林运到耶路撒冷的哈哈门那奇特。出殡的队伍出了洛德机场，来到特拉维夫的大会堂，在那里曾与梅厄·沙皮拉拉比相识的伊扎克·耶迪亚·弗兰克尔拉比致了悼词。许多人出席了梅厄·沙皮拉拉比的第二次葬礼，以缅怀这位"每日一页"塔木德计划的创始人。不过出席葬礼的家人很少，因为梅厄·沙皮拉拉比膝下无子。在场的家庭成员有他的兄弟姐妹、他的侄子、我的哥哥拿弗他利和耶霍舒阿，我的堂兄什穆埃尔·伊扎克·劳和我本人。弗兰克尔拉比在致辞中赞颂了三百万波兰犹太人以及沙皮拉拉比。虽然弗兰克尔拉比是1935年移居到以色列的，他并没有亲历过大屠杀的恐怖，但是他每天都在哀悼那些死难者：每次公开演讲，他都会提到大屠杀。实际上，弗兰克尔拉比在纳查拉特—伊扎克公墓的墓碑上就刻着这样一行碑文："大屠杀的哀悼者，大屠杀记忆的守护者。”

听完弗兰克尔拉比激动人心的颂词后，哀悼者们去了耶路撒冷。在施特劳斯大街比克柯林医院的阳台上，两个在1933年弗兰克尔拉比在霍霍梅卢布林犹太经学院举行的葬礼上讲过话的人再次为他致悼词。他们是伊扎克·梅厄·列文拉比和扎尔曼·索洛兹金拉比。前者是以色列正教领导人，担任过多年的部长和以色列议会议员；后者是波兰卢茨克的拉比，他当时是代表最重要的托拉学者致的颂词。

多年以后，在我当选以色列首席拉比的当天，我觉得有义务再去一下沙皮拉拉比和其他两位拉比的墓地。首先，我去了我岳父——弗兰克尔拉比——在特拉维夫的纳查拉特—伊扎克的墓地。从特拉维夫返回耶路撒冷的途中，我又来到耶路撒冷哈哈门那奇特公墓的追悼室向梅厄·沙皮拉拉比致敬。我还去了古尔拉比在耶路撒冷赛法特埃米特犹太经学院院子里的墓地祭奠。

梅厄·沙皮拉拉比的第二次葬礼是在晚上结束的，我和我的堂兄什穆埃尔·伊扎克·劳（我们称呼他什穆埃尔·伊切）一起坐出租车回特拉维夫。他的父亲伊斯雷尔·约瑟夫·劳拉比是我父亲的兄弟，他是加里西亚科龙密亚的拉比，盖世太保曾经强迫他砸碎镇里的公墓（在前面的章节里提到过）的墓碑。什穆埃尔·伊切在大屠杀前就到了以色列，靠在特拉维夫做皮包和手提箱勉强维持生计。他比我年长很多。在出租车上，他询问了我的情况，我们一路长谈。当他听说我已经过了21岁生日时，他说我应该结婚了，组建一个家庭，开始家庭生活。“你需要相亲，堂弟。”他催促我。我跟他说有人给我提过亲，但我又补充说，我现在潜心求学，并不急着结婚。

“你属于拉比院。”我堂兄说，“我听过你在扬科勒受戒礼上的讲话，我敢说你属于那里。”什穆埃尔·伊扎克说的是他的独子雅阿可夫—扬科勒·劳。我回想起那次受戒礼上的讲话，那是我在以色列做的第二次演讲，也是我有生以来的第三次演讲。第一次是我六岁时在琴斯托霍瓦劳动营的自救演讲；第二次是在基雅特莫茨金我自己的受戒礼上所做的演讲；第三次是在雅阿可夫的受戒礼上的演讲，受戒礼在特拉维夫的一个餐厅里举行，家人要求我这个波内维奇的学生代表他们向男孩表示祝贺。弗兰克尔拉比当时也在场，因为他是南特拉维夫佛罗伦坦区的拉比，那也是什穆埃尔·伊扎克生活的地方。后者邀请拉比在他独子的受戒礼上致辞。这是弗兰克尔拉比第一次听我讲话。后来他常常提起那次演讲，尽管他遵循古尔哈西德教派的传统，平时并不当面夸奖人。

我第一次在公众场合得到弗兰克尔拉比的称赞还是在我的第一个孙女出生时。那时我是内坦亚的拉比，他是特拉维夫的拉比。为了庆祝新生儿的到来，我们整个家族在布内布拉克的一家酒店里共度了安息日。安息日前夕，我因为食物中毒吐了一整夜。第二天早上，大家都起床准备早礼拜时，我几乎都站不起来了。我面色发青，眼睛都快睁不开了。我在餐厅里喝了一杯柠檬茶，什么食物也没碰。对于那时的我而言，食物如同光明节的蜡烛：只能看，不能用。

因为我刚刚升级为祖父，所以大家都让我在小女孩的命名仪式上讲一讲律法。弗兰克尔拉比在我之前讲话，但是轮到我的时候，我的身体太虚弱了，几乎张不开嘴。我的腿也支撑不住我，但是我不允许自己向肉体的虚弱屈服。凭着仅有的一点力气，我站了起来，发表了近20分钟的演讲。当我坐下来时，每个人都听见弗兰克尔拉比用男中音说着意第绪语："伊斯雷尔从不需要医生或药片。给他一个讲台、一支话筒，他就能痊愈。他讲话的时候，会忘记自己的烦恼。这也是他最大的优点：他讲话的时候，所有的听众也和他一样忘记了自己的烦恼。"这些话由他说出来，我感觉很惊讶，因为我从来没听他当面对我讲过类似的话，尽管我听说他常常在背后夸奖我。

在雅阿可夫·劳的受戒礼上，弗兰克尔拉比第一次有机会听到我讲话。尽管他当时什么也没跟我说，显然他已经记下了这个说起话来像拉比的波内维奇犹太经学院的年轻人的名字。在从沙皮拉拉比的葬礼返回特拉维夫的出租车上，那个受戒男孩的父亲对我说："你应该加入一个拉比的家庭。"黑暗中的什穆埃尔·劳突然从出租车后座上伸出手拍了一下我的膝盖，好像见到光明一样大声宣布："我有一个主意！弗兰克尔拉比的女儿是一个绝好的人选。"我吃惊地看着他，听他夸奖那个女孩，因为他认识拉比的家人，他在弗兰克尔拉比的会堂祷告，他知道自己在说什么。但什穆埃尔·劳并不是说说而已——他采取了行动。几天后，他去了弗兰克尔拉比的家，向拉比谈起了那个在波内维奇读书的堂弟。弗兰克尔拉比认真地听着，说他记得那个年轻人，他是彼得库夫拉比的儿子，在受戒礼上讲过话。尽管他的女儿还小，他们还没有考虑过她的婚事，但是那次谈话播下了种子。

弗兰克尔家族在当时的以色列，尤其是特拉维夫，非常受人尊重。弗兰克尔拉比出生在波兰的莱兹卡。当他结束和阿齐瓦·亚设拉比的学习后，拉比跟这个学生的父亲——阿龙·弗兰克尔拉比说，孩子应该去大城市再找一个老师。“我已经把我会的都教给他了。”亚设拉比对他的父亲说。于是伊扎克·耶迪亚去了华沙，梅纳赫姆·津巴拉比创建的犹太经学院，津巴拉比被公认为波兰最伟大的贤人，尽管他靠钢铁生意谋生。他在1943年逾越节期间爆发的华沙犹太隔都起义时被枪杀，死后葬在米拉大街18号一幢房子的院子里。多年后，弗兰克尔拉比把他老师的遗体重新安葬在耶路撒冷的哈哈门那奇特公墓，这样津巴拉比就安息在他的同事——卢布林的梅厄·沙皮拉拉比的身侧了。

华沙犹太经学院的学生人数有限，因为这里没有宿舍，学生们按惯例每天要在这个城市不同的人家里用餐。晚上，他们就睡在商店里，把锡制的卷帘门放下来，把自己锁在里面。经学院的学生们坐在商店里，就着煤油灯发出的微弱光亮学习，直至他们在地板上铺的垫子上睡着为止。今天在犹太经学院里普遍存在的宿舍是一个新现象，它的出现还要归功于沙皮拉拉比。当卢布林拉比为霍霍梅卢布林犹太经学院建起一栋六层大楼时，人们问他为什么要盖这么大一个房子。他回答道：“直到现在我们还要对波兰的盗贼们心存感激，正是因为他们，律法才得以在这个国家留传下来。因为如果不是害怕小偷，商店的老板们就不会允许学生们晚上在他们的商店里过夜。但是我不希望律法的存留是得益于这些盗贼。”他这样解释道。从此提供食宿的犹太经学院成为现代教育机构的范本。

还是一个13岁的小男孩的时候，弗兰克尔拉比就来到了华沙犹太经学院，他向犹太经学院的秘书做自我介绍，他说他叫伊扎克·耶迪亚·弗兰克尔，来自莱兹卡，希望被经学院接收，和梅纳赫姆·津巴拉比学习律法。秘书要他出示以前学习地方的推荐信，但是这个男孩没有带任何文件。他以卢布林附近的柯特斯克特有的讲话方式直切主题。柯特斯克的格言就是“真理”。以他看来，文书可以伪造，推荐信可以夸大其辞，因此它们是没有用的。他甚至引经据典，引用了贤人阿加维亚·本·玛勒列的话：“你的行为既可以将你拉近，也可以把你带远。”换句话说，社会将依据你现在的行为对你做出评价，而不是看你过去的行为或关系。他要求犹太经学院的秘书对他进行测试，而不是靠文书或推荐信。当他讲完话时，他听到另一个他不认识的人问他是如何知道阿加维亚·本·玛勒列的名言的。年轻人回答道："从《密西拿》里得知的。""那么你知道他所有的名句吗？"那个人接着问道。年轻的弗兰克尔开始背诵《密西拿》六篇里所有那位贤人的名句，例如《列祖道德论》中广为人知的篇章："思考三个问题，你就不会陷入罪恶之手——知道你来自何处，将去往何方，以及在何人面前做出辩解和推断。"他还解释了前面引用的篇章。阿加维亚临终之前，他的儿子对他说："父亲，命你的同事关照我吧。"换句话说，指示你的同事，那些《密西拿》伟大的贤人们，让他们照顾我，给我一个职位。他的父亲没有给他留下一分钱，也没有留下任何财产，他想，至少家族的名望和社会关系是有价值的。但是阿加维亚·本·玛勒列回答道："你的行为既可以将你拉近，也可以把你带远。"这就是他的临终遗言。

当年轻的伊扎克·耶迪亚引用完阿加维亚在整部《密西拿》中说过的名言后，那个匿名的说话者自我介绍道："我叫门德尔·普拉格，住在华沙的布拉格区米拉大街18号。我们家里7点半开晚饭，希望到时能见到你。"就这样，伊扎克·耶迪亚·弗兰克尔被梅纳赫姆·津巴拉比（又称普拉格）的犹太经学院录取了。

伊扎克·耶迪亚非常年轻的时候就接受了拉比任命，成为波兰里平镇的拉比。他的长子伊塞尔出生后，有一天他去但泽安排些事情，那时他的妻子已经怀上了第二个小孩。那是1934年，只有21岁的弗兰克尔拉比穿着哈西德派教徒的长袍在城市的街道间穿行。突然，两个波兰人在后面追赶他，高喊着反犹口号。他意识到这些鲁莽的人可能不会放过他，于是快跑起来，但那两个人一直在后面追赶他。在他跑的过程中，不知道是谁的手抓住了他的胳膊，将他拽入一个房子里面，很快拉下了卷帘门。原来是一个犹太人在危难关头救了这个年轻人。回里平镇的路上，弗兰克尔拉比决定一天也不在流散地待着了。他决心离开波兰，移居以色列。他的妻子试图劝阻他，但是他仍旧坚持自己的想法：唯有以色列地，除此之外，没有任何地方适合我们生活。他妻子问他为什么不咨询一下古尔拉比就做出如此重大的决定。于是，弗兰克尔拉比坐了几天火车来到华沙旁边的哥拉卡华里亚，找到言真理者亚伯拉罕·莫迪凯·艾尔特拉比，他是伊斯雷尔·艾尔特拉比的父亲。古尔拉比身材矮小，弗兰克尔拉比则身材高大。当听到他要去以色列时，古尔拉比抬起头看着他，用意第绪语说道："伊扎克·耶迪亚，告诉我实话。你是来征求我的意见，还是来接受我的祈福的？"弗兰克尔拉比垂下眼帘。表面看来，他是来征求意见的，但实际上，在古尔拉比面前，他只能实话实说。他于是回答道："我是来接受您的祝福的。"

古尔拉比叫他的助手打电话给自己的女婿——伊切·梅厄·列文拉比（他是以色列正教的领袖），让他帮忙弄到阿里亚许可。与此同时，弗兰克尔拉比的第二个儿子也降生了，他们以前任古尔拉比的名字耶胡达·阿莱·莱布的名字给孩子命名。很快伊扎克·耶迪亚·弗兰克尔、查娜·利亚·弗兰克尔和伊塞尔·弗兰克尔，当时他只有一岁半，收到了移民许可，婴儿阿莱·弗兰克尔的移民许可也办好了。这家人将他们的财物收拾到一个箱子里面，把祈祷披巾、经文护符匣和烛台装到另一个包里。怀里抱着小孩，他们开始踏上去以色列地的征程。当他们到了华沙火车站，弗兰克尔夫人想找一个僻静的角落给阿莱喂奶。他们正在忙着找地方时，他们唯一的行李箱被偷了，那里面装着他们所有的财物。

拉比和妻子发疯般到处寻找丢失的行李，还是没有找到。这时，火车站里的另一个小偷注意到小孩母亲的伤心，不由同情起了那位母亲，于是他叫弗兰克尔拉比随他一同去见华沙有组织犯罪集团的头子。这个犯罪集团的主要头目碰巧是一个犹太人，当他听了拉比的事情后，他一边安慰年轻的拉比，一边保证他回到火车站时一定能找到那只丢了的箱子——这就是事情的始末。

1935年1月，弗兰克尔一家，包括两个年幼的孩子，乘船抵达了以色列。他们把家安在了特拉维夫的佛罗伦坦区，弗兰克尔拉比在当地的一所宗教学校教书。他那里简直成了一个小型的移民部，他也变成了追随他来到以色列生活的所有家庭成员的主心骨。他自己的小家也在扩大，他有了四个儿子和一个女儿。没有任何政治背景，也不依靠任何社会关系或引荐，他后来成为那个区的拉比，再后来又成为特拉维夫—雅法的首席拉比，他的力量来自他一贯秉承的原则："你的行为可以将你拉近，也可以把你带远。"人们都非常爱戴他。

佛罗伦坦的居民们把弗兰克尔拉比当做社团的"父亲"，这是一个各阶层混居的社区，居民们来自布哈拉、萨洛尼卡、摩洛哥、也门、波兰、匈牙利和罗马利亚。他成功地将这些移民团结在一起，并开始尊重全国性的传统。流散地的犹太人都会庆祝"转经节"，这是上一年所读《律法书》读至最后一段的结束日，住棚节八天之后的那一天。住棚节节期的第八日也是一个独立的节日，称为"圣会节"。为了纪念古代历法的不确定，以色列境外的传统犹太人们会把本来一天的节日用两天的时间来庆祝。这意味着“转经节”是在圣会节之后的那一天。但是在以色列境内，这个传统并不适用，圣会节和转经节是在同一天。在以色列，圣会节/转经节标志着秋季假期的结束。太阳落山，节日结束后，犹太人在会堂里做完平日的晚祷后，回到各自的家中，诵念区别礼祷文。他们把特意为住棚节搭建的棚子拆掉，然后回到日常生活的轨道上去。

但是1942年10月，在特拉维夫南边艾米克耶斯列大街（即今天伊扎克·弗兰克尔大街）的阿哈瓦特切西德会堂，弗兰克尔拉比要求会众在节日结束后再多待几分钟。虽然人们奇怪他提出这样的要求，但他们还是尊重了拉比的意愿。拉比从约柜里取出托拉经卷，用因激动而颤抖的声音对大家说：“在波兰和其他被战争蹂躏的欧洲地区，电话打不通了，电报局都关门了，信件也无法再传送了。所有的社团都与外界失去了联络，我们不知道那里的犹太人过得怎么样。就是在这一刻，华沙、克拉科夫和波兰的其他城市，应该开始庆祝转经节了。但是我们不知道那里的会堂是否开放，犹太人是否被允许进入会堂，不知道他们是否手持律法经卷举行传统的游行。我们和他们的联系被完全切断了，尽管我们试图联络他们，但那些社团没有任何回音。然而每个犹太人都要为彼此负责。让我们代替他们行动，让我们代表他们举行游行，哪怕只是象征性的。”会众们手持经卷开始将讲台围了起来。弗兰克尔拉比高声咏唱：“主啊，请拯救我们吧；主啊，请让我们亨通吧。”他们唱着歌完成了游行，并将经卷重新放回约柜里。从那一天起，每年住棚节的最后一天，佛罗伦坦区的居民都会聚集在艾米特伊斯雷尔大街的尽头，举行“社团转经节游行”，这个传统一直持续了61年。之所以叫“社团转经节游行”是因为各种犹太社团都参加了这个游行。弗兰克尔拉比就是这样创立了全国性的“第二次游行”传统，这个游行在圣会节/转经节后的那个晚上举行。

为了向佛罗伦坦的居民——布哈拉犹太人表达敬意，拉比会在游行时穿上布哈拉长袍、戴上犹太小圆帽。他迈步走在队伍的最前面，把佛罗伦坦这个居民大多为新移民的贫困社区变成了许多官方政府代表的朝圣地。弗兰克尔拉比在世时，每个以色列首相和以色列国防军的司令都参加过游行。他们来这个社区不只是为了竞选宣传，他们也和大家一起欢度转经节，这个庆祝活动也成为佛罗伦坦社区的骄傲。后来，“第二次游行”的概念被推广到耶路撒冷、特拉维夫的主广场、卡法查巴德，以及陆军训练基地，并从那里推广到全国所有的会堂和宗教委员会。所以我们所有人都应该记住，这个传统是由一个人发起的。这个人对那些大屠杀期间无法庆祝转经节或其他犹太节日的犹太人富有强烈的责任心。

后来我才知道，我在波内维奇犹太经学院学习的最后一年，弗兰克尔拉比就开始对我感兴趣，把我当做他女儿的未来新郎，询问了解我的背景。因为他只有一个女儿，那是他的掌上明珠，他有意调查我人品的方方面面，而且调查得相当全面。

他和经学院的首席教师卡哈内曼拉比见了面，我却对此一无所知。他还向当年测试过我并把我录取到这所经学院的大卫·波瓦斯基拉比打听过我。他还和认识我的特拉维夫青年谈过话，向他们了解我的性格和人品。他去耶路撒冷见过奥尔巴赫拉比，并向他了解我十几岁时的情况，我的性格大部分是由后者塑造的。奥尔巴赫拉比不是一个说起话来吞吞吐吐的人，他用一句话来概括我，而这句话对于拉比和托拉学者而言可以说明一切："他为自己获取的，他将会赠予他人。"对弗兰克尔拉比来说，这句出自《塔木德》中《中门书》的名句简明地总结了我。后来，他告诉我奥尔巴赫拉比把这句格言用在我身上，意在表明这样的人不仅拥有可以达到目标的必要品质，还有将这些品质传授于他人的能力；这样的人不愿意一辈子只为自己活着，他还会影响到周遭。一句阿拉米格言足以让我的老师表述一切。

我的堂兄什穆埃尔·劳也在继续努力促成这门婚事。我们说好了逾越节的第七天我到他家里做客，吃过节日家宴后，我陪着他一起去弗兰克尔拉比家，然后和他步行去咏唱"海之歌"。在《出埃及记》的第15章里，当摩西和以色列人奇迹般地渡过红海后，他们唱了这首歌。每年在逾越节的最后一天，弗兰克尔拉比都会组织大家在特拉维夫的海边一起咏唱这段律法。来自布内布拉克、拉马特甘、吉夫阿塔伊姆的人们步行到特拉维夫，在那里与从拉比位于佛罗伦坦的家中走出来的特拉维夫居民会合，然后沿着艾伦比大街走到海边的赫伯特塞缪尔大街。在那里，在海边，一个人领着大家唱"海之歌"。然后弗兰克尔拉比将站在一块木制的讲台上发表演讲。按约定的计划，我和拉比的女儿将在仪式结束后在我们回家的路上进行第一次谈话。实际上，我们根本说不上话，因为几百个人簇拥着拉比，想和他说几句话很难。显然，他们并不知道，就在那个时候，我即将找到自己的伴侣。

后来有一天，我们见了面并交流了观点和意见、看法和计划。对于我们第一次会面的评价，查娅—依塔和她父母的意见不一致。她的父母说："你看来已经找到了合适的人选。"她回答说，她觉得已经有了和我继续接触下去的基础，但是对于我是否真正适合她，还需要父母来拿主意。犹太人传统的相亲观念是综合考虑孩子的感受和父母的想法。父母利用他们的经验和知识对这段关系做出客观的分析，同时未来的夫妻也要说出自己的感觉和印象。双方互补，共同完成一幅完整的画面。这种理性与情感的结合为持久的关系奠定了基础。弗兰克尔的女儿告诉她的父母，她觉得我们之间有了一定的感情基础，但至于我是否真的适合她，还需要父母做决定。我和查娅—依塔见了几次面，我们都有了共同组建家庭的想法，但是订婚的事并不完全取决于我们。

在与奥尔巴赫拉比见面后，弗兰克尔拉比似乎对我很满意。他问他的女儿我们下次准备什么时候见面。如果她愿意的话，他说，她应该邀请我到他们家里来，这样一来他就可以亲自和我谈话了。安息日结束后，我去了他们家，尽管我并不认为她的父亲会给我一个否定的答案，但是我真的不知道会发生什么。弗兰克尔拉比没让他的妻子和查娅—依塔留在家里，而是让她们去了她住在南特拉维夫的哥哥伊塞尔·弗兰克尔拉比家。这样就只剩下了我们两个人。

我们坐在阳台上，从那里可以看到雅法市的全貌。拉比为我准备了安息日后的晚餐，并对我说："我想你已经好几个小时没吃东西了。先吃吧，吃完了我们再谈。"他把汤热了一下，还准备了鱼和牛蹄冻，他还问我喜不喜欢吃。我们一起吃完整顿饭后，他对我说了一番令我终生难忘的话："我可以叫你伊斯雷尔吧？不知道你是否注意到《创世纪》的第二章，那里描述了上帝是如何造出亚当和夏娃的。亚当说：'这是我的骨中骨，肉中肉：可以称她为女人，因为她是从男人身上取出来的。'在这里，《托拉》岔开创世纪的故事，仿佛在括号里补充了一句：'人要离开父母、与妻子连合、二人成为一体。'整个婚姻的习俗都蕴涵在这句话里。这是人类代代传承的基础。你们结婚后也应该像亚当和夏娃那样。这就是我们为什么会在新人帐下将其作为七首祝福歌之一来咏唱：'让相爱的一对'——这个新郎和新娘——'无比快乐，就像你创造的那样。你在伊甸园里快乐地创造，在很久以前。'每个人都是亚当和夏娃的延续。现在我问你，"弗兰克尔拉比接着说，“为什么《托拉》要强调‘因此人要离开父母？’这句话中消极的一面？我们都知道‘与妻子连合，二人成为一体’这个正面陈述的重要性，那就是组建一个家庭。但是为什么《托拉》在谈到父母时，会使用‘离开’这个动词？父母在他们的孩子身上倾注了20年的心血。孩子发烧时，他们夜不能寐；为了抚养小孩，他们加班加点地工作，尽其所能去满足孩子的需求。然而20年后，他将离开自己的父母。与父母分离——这到底是什么意思？他们所做的一切就应该得到这样的回报吗？为什么《托拉》要用‘离开’这个词？”

我认真地听着，我想这是一个有意思的问题，难道这就是我必须来拉比家的原因吗？我本想听听他对我向他女儿求婚有什么看法！莫非这实际上是一次分手饭吗？他招待我吃，招待我喝，然后突然提出这么一个与《托拉》有关的问题，是想故意为难我吗？我没有答案。

我的脑子快速转动着，我向拉比承认自己从来没有思考过这个问题。我告诉他我从朋友那里听过很多有关婚约和七首新婚祝福歌的说教，但他们没有一个人涉及过这个问题。弗兰克尔拉比并不吃惊。当我说完这话后，他用慈父般的口吻对我说：“我告诉你我的想法。有时候，我站在新人帐下，面前站着一对我不认识的新郎和新娘。有时候我确实认识这对新人，因为特拉维夫是一个小镇，大家彼此都认识。我常常会问我自己他们的婚姻是否会长久。毕竟，我们谈论的是两个不同的世界。他们如何才能够合二为一呢？我问我自己，伊扎克·耶迪亚，你在婚礼上能对来自不同世界的新人说些什么呢？但是进一步考虑后，我想，站在新人两边的是他们的父母。20或30年前，他们就站在同样的位置上，是一对正在举行婚礼的兴奋的新郎和新娘。他们也不是一个模子里刻出来的，但是他们之间的关系却维持下来了。现在他们又在嫁娶自己的下一代。换句话说，我们看看父母的家，看到父亲尊重母亲，母亲也同样敬重父亲，我们看到他们生活在一个和睦相处、相亲相爱的家庭里，这就是后代人所要效仿的榜样，而榜样就在他们身边。”

说到这儿，弗兰克尔拉比停了一会儿。然后继续说道：“伊斯雷尔，不要光从动词‘离开’的字面上理解这个词。同样是这个词，它的希伯来词根是ayin-zayin-vav，它也有‘遗产’的意思，就像单词i-za-von的词根也是ayin-zayin-vav。有一种是物质遗产，它是父辈们在生活多年后留给下一代的财富；还有一种是精神遗产，它是父辈们在儿子或女儿离开家自立门户时给予他们的。离开自己的父母意味着一个人应该继承父辈的模式。《托拉》在呈现这种模式时提出了一个条件：只有当一个人‘离开’自己的父母，才能真正有机会与自己的妻子合二为一。也唯有如此，他们才能成功地组建起一个家庭。”他停顿了一下，给我时间去消化他说的话。然后他继续说道：“我听说你和你的声望已经有一段时间了。全国各地甚至在国外都有不少人向我的女儿提亲，但是你的名字反复出现。”弗兰克尔拉比说出了那些为我做媒的人的名字，包括他在华沙犹太经学院的朋友大卫·韦斯布罗德·哈拉茨米拉比，以及我哥哥希科的姐夫伊斯雷尔·明泽。“我已经考虑过你，也打听过你的情况。我听说过你的才华和卓越的品质，对这些我毫无疑义。但是，有一件事一直烦扰着我：你能‘离开’哪里呢？就像《托拉》中说的那样，你没有家庭，也没有父母可以离开，你也没有从父辈那里继承下来的精神遗产。”

我感觉泪水哽住了喉咙。他的话像是在为我和我破碎的家庭致悼词。事实上，弗兰克尔拉比是在告诉我，因为我的个人经历，作为大屠杀的幸存者和无家可归的孤儿，我没有机会跟着父母长大，因此我没有榜样可以学习，所以对于我而言组建一个犹太家庭会是非常困难的事情。他说：“我还记得你父亲摩西·哈依姆·劳拉比所做的演讲。但是你并不是在他的影响下长大的，并不知道家庭生活是什么样的。你的一辈子几乎都是在各种机构、集体宿舍和犹太经学院里度过的，这正是我担心的事情，叫我如何放心将我的女儿交付于你呢。然而，在向你所有在耶路撒冷和布内布拉克的拉比和朋友们打听你的背景后，我了解到你哥哥的一些事情。”那时，拿弗他利在以色列正教工人党的《舍阿里姆报》任编辑，而弗兰克尔拉比每星期五都为有关哈拉卡的专栏写文章。弗兰克尔拉比说：“我留心观察过你的哥哥，虽然他来到大城市特拉维夫生活，但他仍然是一个遵守律法的犹太人。听到所有关于你的一切，使我相信并且希望我的这一担心是完全没有必要的。”他还说，“虽然你没有钱，我也没有亲家和我一同承担费用，但这些事情我一点也不感兴趣。相信我，虽然有很多有钱人向我的女儿提过亲，但我对这些人一点兴趣都没有。我到以色列来时也同样身无分文，我带着两个年幼的孩子，一个刚刚一岁，另一个才两个月大。我在学校里教书，直到今天，我还是住在租来的公寓里。我只对新郎的人品感兴趣。”

弗兰克尔拉比在特拉维夫生活了51年。他在这个城市做了14年的首席拉比，但他从来没有过自己的房子或车子。他对物质生活完全不感兴趣。但是至于我，他害怕缺失家庭给我带来的精神创伤。他担心我不懂得感情、慷慨或妥协的含义。这就是弗兰克尔拉比要和我经学院的室友私下交谈的原因。他想知道我和其他人相处得好不好，孤儿的身份是否对于我的人际交往造成损害。

在拉比位于佛罗伦坦的朴素的家中结束那番私密的长谈后，弗兰克尔拉比宣布："如果你愿意的话，我们愿意把你接纳为这个家庭的一员。欢迎你的加入。"我喜出望外，但同时又为父母不能和我分享这一快乐时刻而暗自神伤。这时，弗兰克尔夫人和她的女儿也回到了家，弗兰克尔拉比把我们谈话的内容告诉了她们。1959年6月初的那个星期，我们邀请我的两个哥哥耶霍舒阿和拿弗他利，以及给我做媒的堂兄什穆埃尔·伊扎克·劳，与弗兰克尔拉比的四个儿子见了面，我们一起为签订订婚协议举杯庆祝。订婚仪式在几个星期后举行，那天是息汪月22号（1959年6月28日），正好是我的生日。八个月后，也就是1960年的2月，我们在特拉维夫结了婚。

我们结婚七个星期后，在逾越节期间，发生了两件改变我一生的大事。

第一件事是令人伤心的，我妻子69岁的祖父阿龙·弗兰克尔拉比住进了特拉舍莫尔医院。他因为血块凝结整条腿都变青了，马克·摩西教授为他做了腿部截肢手术。

逾越节前夕晚祷仪式后，我们去弗兰克尔拉比的家里等待逾越节家宴的开始。每天都会去医院看望父亲的弗兰克尔拉比答应为病房里所有的病人，也包括他的父亲举行一个简短的逾越节家宴。家宴结束后，他不得不走几里路，从特拉舍莫尔返回佛罗伦坦。因为我们知道家宴会推迟，于是在他家里等他回来。由于弗兰克尔家的门是开着的，因此每隔几分钟就有人加入进来。我们正等着时，厄尔托拉会堂的两个管事兹斯金德·芬克尔斯坦和约瑟夫·以利叶胡·荷洛奇克走了进来。厄尔托拉会堂是阿龙·弗兰克尔拉比通常任职的会堂。这个会堂也位于佛罗伦坦区，但是这里已经开始流失会众。他们中的很多人转到城北去了。此外，会堂现在没有拉比可以吸引余下的居民。这种形势令会堂的管事们非常担心。他们要我第二天早上去会堂，在节日的第一天领着大家诵读《哈利诗篇》、祈祷甘露并布道。想到我不是在弗兰克尔拉比的会堂里祷告，而是在他父亲的会堂祷告，我便答应了下来。在逾越节家宴的那个晚上，等着弗兰克尔拉比从他父亲住院的特拉舍莫尔医院里返回时，我接到了第一份邀请，尽管是非正式的，却是让我担任讲坛拉比的邀请。我于1959年夏天被授予神职，那差不多是在我订婚的时候，但我开始成为拉比是在逾越节的第一天，尽管没有报酬，我在妻子祖父的会堂做拉比。弗兰克尔拉比回家听到这个消息后，非常激动。当我把这件事告诉他生病的父亲时，他要我好好地代他布道。尽管他后来回到了会堂，但不幸的是，只有短短的三个月。在第一次截肢手术康复后，医生不得不把他的另一条腿也截掉了，从此他再也没有回过会堂。我在那里做了五年半的拉比，直至1965年8月我成为城北的提弗罗特兹维会堂的拉比。

第二件被我视为人生转折点的事也发生在逾越节期间。那时，我和妻子住在拉比的家里，那是一个三居室的公寓。其中两个房间是相通的，既做饭厅又做接待室；第三个房间是父母的卧室。我和妻子睡在饭厅里。凌晨四点钟，我们听到救护车和消防车发出的刺耳的警笛声。我睁开眼睛，向外看去，只见天空像被血染了一样红。弗兰克尔拉比的公寓正对着沃勒贝尔斯基中心，那里面有很多手工艺人的作坊，主要是木制结构的木工车间。这种小棚房常常由于电线短路或点燃的香烟引发火灾。当时的场景非常可怕，火光冲天。火势似乎没有停止蔓延的迹象，已经威胁到了整个佛罗伦坦区。我问自己是不是该把全家人都叫醒，一起逃生，就在那时，我听到走廊里有动静。我小心地打开餐厅和客厅之间的门，发现那个窄窄的走廊里已经挤满了人。弗兰克尔拉比穿着长袍站在那里。像个警察一样，指挥着那群爬了50级台阶才到他家里的人。那些进不了这个拥挤的小公寓的人就站在楼道里。沃勒贝尔斯基中心的那些木房子里的居民就在那儿默默地等待着。

我发现这是常有的事。每隔几个月，只要发生火灾，这个社区的居民就会来弗兰克尔拉比的家，将家中值钱的东西存放在这里，他们相信贵重物品放在这里是安全的。拉比指着地板，告诉众人该把东西放在哪里。很快房间的中央就堆了一大摞：烛台、唱片、书、光明节烛台、相册，还有照片。有人留下了一个摇把留声机；还有人挤到拉比面前，递给他一个包裹，告诉他橡皮圈里包着600美元，那是他存下来给女儿做嫁妆的。接着一个年轻女人走上前来，把裹在羽绒枕里的一个婴儿放在地板上。

当我看见那个婴儿的母亲为了让他免受火灾而把小孩抱到拉比家里时，我实在控制不住自己的情绪了。我离开房间，走到火焰对面的阳台上，哭了起来。我记得自己很小的时候，为了躲避盖世太保的搜查，和母亲一起藏在彼得库夫的阁楼上。我记得当时为了不让我哭，母亲将一个蜂蜜饼干放进我的嘴里。我一边流泪一边想，如果我有一天能成为拉比的话，我希望自己成为弗兰克尔拉比这样的拉比。成为一个公众完全信赖的拉比；一个母亲可以为了挽救孩子的生命，将她最珍贵的财产——孩子送到自己这里的拉比。

在我就任以色列首席拉比的那天，我的脑子里一直有一个形象。当我说完那天早上发生的事情后，我补充道："我可以了解一本又一本书的内容，也可以熟读无穷无尽的拉比释疑解答，但最主要的问题是我将成为一个怎样的拉比。"我向大家描绘了我的父亲、卢布林的梅厄·沙皮拉拉比、我的伯父科龙密亚拉比以及我在基雅特莫茨金的姑父。但是，我告诉大家，看到逾越节时弗兰克尔拉比在佛罗伦坦区他家的阳台上的所作所为时，我才真正明白那才是理想的拉比形象。

弗兰克尔拉比是平民的拉比，是社区的拉比。他是每个人的父亲。他从来没加入过任何政党；正好相反，他一直远离政治。他是感觉与他亲近的人的拉比，他们闭上眼睛都能信任他，他们愿意把家里的留声机、600美元，甚至自家的小孩都托付给他。

当四个小时后大火渐渐熄灭，佛罗伦坦的居民取回自己的财物，离开时他们知道只有一个地方是安全的，那就是弗兰克尔拉比的家。了解这一点将给予他们巨大的力量和信心。那天晚上的形象一直留在我的记忆中，直至今日，它一直是指引我的拉比事业的灯塔。

后来我和妻子搬出去独立生活，我们的家位于特拉维夫中心汽车站和莫沙瓦广场之间的佩雷兹大街18号，我们的家是一个两居室的公寓，回家要爬75级楼梯。我们前三个孩子都是在那里出生的。带着两个婴儿车或食品杂货爬那么高的楼梯不是一件容易的事，但是我们就这样生活着，毫无怨言。结婚后最初的几年里，宗教事务部副部长佐拉奇·沃哈福提曾经主动提出让我去伦敦亨顿区的埃达特—伊斯雷尔社区做拉比。这个工作一做就至少三年。当弗兰克尔拉比听到这个消息，而且知道我们正打算提前到伦敦考察四天后，他整晚都没能入睡。第二天早上，他叫他的儿子阿莱试着说服我们取消这次行程。我和弗兰克尔拉比探讨了这件事，我想明白他的顾虑在哪里。他的态度非常坚决："伊斯雷尔，他们永远不会让你离开的。别说是3年，13年也不行。我不想要形式上的孩子。你和我的女儿会隔几天就给我发一个电报、写一张明信片，还把我外孙子的照片寄过来。那只是形式上的家庭。我希望你们能和我在一起，就在我身边。"拉比坚持要求我们留下来。为了让他宽心，我回答道："您是我的父亲。即便我想做这个决定，如果您坚决反对的话，我也不能做。我钦佩您的勇气，您接纳我这个一文不名的孤儿做您女儿的丈夫。所以我听从您的劝告。"我回绝了这份颇具诱惑力的来自英国的任职邀请，留在了以色列，留在我岳父的身边。

我常常听我的岳母引用她丈夫的一句话，这句话简短却切中要害："我从来没对以色列失望过。尽管他伸出的手算不上完美，但我的直觉告诉我问题总会解决。"对我而言，这句话就是千金难买的金玉良言。

多年以后，一个非常受人尊敬的拉比的儿子向我的女儿求婚。有这么一个出自极好家庭的理想的年轻人提出这样的请求，对我来说是很大的赞美。但是，未来新郎的家人同时也提出了很多令我们难以接受的条件。对我来说这些条件太高了。我那时是内坦亚的拉比，我的岳父弗兰克尔拉比是特拉维夫的拉比。我叫我的妻子去特拉维夫向她的父亲征求有关这场婚事以及对方提出来的条件的看法。弗兰克尔拉比回家吃晚饭时，查娅—依塔向她的父母很详细地讲了整个事情的经过。弗兰克尔拉比仔细地听着，但是一句话也没说。他喝完了汤，吃完了主菜，查娅—依塔一直在说，但他还是保持沉默。查娅—依塔以为他对这件事不感兴趣，或者并不觉得这件事很重要。她感觉父亲根本没有听她说话。当她讲完以后，她看着父亲，不太满意地说："父亲，您一言不发。您到底有没有在听我跟您说的话啊？"

他把目光投向她，回答道："你想听我的想法吗？伊斯雷尔怎么能忍受别人向你们优秀的女儿提出如此带有羞辱性的求婚条件呢？他们以为自己是谁啊？"他喊了起来，并说，"出身？他们就出身名门了吗？他出身不好吗？哪家像他家那样拥有38代拉比？他小时候经历了那么多事情，而今天他是内坦亚的拉比！我告诉你，内坦亚不是他的最后一站——他还会继续晋升。现在他必须委屈自己接受这样的条件吗？他们是不是觉得把儿子给他是一种恩赐啊？他们应该感谢他同意和他们见面。我从来没有告诉过你我对你丈夫的看法，但是，你知道我是很敬重他的。你们决不能接受这门亲事！"他说道。

听完这番话，我妻子满意地回家去了。正如贤人所言："没有什么比排除疑虑更令人高兴的了。"多亏了他的果决，她肩头的那副重担才卸了下来。她原本对这门婚事也有很多疑惑。但是听完父亲的一席话后，她不再怀疑犹豫了。我们接受了他的建议，立即回绝了那门亲事。查娅—依塔从未听自己的父亲吼叫过。他说话之前总是先掂量一下，但是这次他气急了，那个家庭对待我们的态度伤害了他，于是他把自己的感受一股脑儿地喊了出来。而且他极少表达对我的看法，他说的话令我和妻子都非常高兴。

弗兰克尔家人的和睦相处给人们留下了很深的印象。弗兰克尔夫人最大的幸福就是站在丈夫一边，无论发生什么事情，她都会支持他，听从他的安排。她既崇拜他又支持他，两个老人共同营造了同心协力的家庭气氛。我可以举一个例子，这个例子足以阐明弗兰克尔家庭的结构。弗兰克尔的儿子阿莱是公认的有才华的塔木德学者，他为人谦逊、彬彬有礼，是一个真正的天才。他住在耶路撒冷，每天坐公车去皮塔提瓦，他是那里的宗教法院的法官。在他50岁生日那天，下班后他没有回耶路撒冷，而是到他父母在特拉维夫的家，对他们说："我过来是想和你们喝一杯，感谢你们给了我这50年。"那天晚上，他的父母本打算像往常一样到耶路撒冷去为儿子庆祝生日并送给他一份生日礼物，特别为他的50岁生日准备的礼物。他的父母知道儿子并不是那种为自己举办生日酒会的人，不过他们觉得他不会介意和他们喝上一杯庆祝一下。但是他们的儿子并没有遵照惯例，而是赶在了他们的前头，他感谢父母赐予他生命，并把他养育成人。

两天后，阿莱像往常一样从耶路撒冷坐车去皮塔提瓦。当汽车快要抵达洛德机场时，他突然对坐在他旁边的人说他喘不上气来。汽车停了下来，有些乘客将阿莱拉比放在汽车的地板上，对他进行人工呼吸。同时，他们叫来机场附近的救护车。救护车赶忙把他送到阿萨夫哈罗菲医院，在急诊室的门口，他对耶路撒冷的约瑟夫·西格尔拉比（这个人是他在车上认识的，也是陪着他一起进医院的）说道："和我一起背诵《施玛篇》吧，我感觉自己快不行了。"西格尔拉比非常吃惊，试着让他平静下来，他说他们只是送他到急诊室，不会有什么事的。但是阿莱开始自顾自地背诵起《施玛篇》："神统治着我们，神已经统治着我们，神将永远统治着我们。"他就是在背诵祈祷文时过世的，那时他50岁零两天。坐车的时候，西格尔拉比已经知道了阿莱拉比的家庭情况，但他不知道该怎样把阿莱去世的消息告诉他的父亲弗兰克尔拉比。他知道我是阿莱拉比的妹夫，于是给在内坦亚的我打了电话。我立刻赶到阿萨夫哈罗菲医院，但是除了为失去亲人流泪之外，我也无能为力。急诊室的值班医生是一个刚从苏联移民过来的人。当我问他阿莱拉比过世前的情况时，他用震惊的口吻回答道："他一定是一个虔诚的人。我从来没有见过一个人离世的时候如此纯洁、如此安详。”

与此同时，阿莱的兄弟伊塞尔和西蒙去通知他们的父母。当弗兰克尔夫人听到儿子的死讯时，她突然晕倒在地，心脏停止了跳动。依其洛夫医院的伊兰·梅提斯大夫忙了六个小时才将她的病情稳定下来。他们用救护车将失去知觉的她送到了医院；我们则组织起来一起去耶路撒冷参加我内兄的葬礼。七日丧期在耶路撒冷举行，但是弗兰克尔拉比想先去依其洛夫医院看望他的妻子，因为他担心大家隐瞒了双重悲剧。我开着车，他坐在我的旁边，撕裂的右衣领清晰可见，那是在悼念他亲爱的儿子。当我们到达卡尔巴赫大街，我正要调转车头开向医院时，他用憔悴的声音问我是否愿意把他先送回家，这样他可以换一件衣服，遮住那件为参加儿子葬礼所穿的撕裂的衬衫。他换完衣服后我们才去医院看望他的妻子。这个深情的丈夫，处处为他的妻子着想，担心她看见为儿子撕裂的衣服会想起儿子已经死了，这个可怕的消息将导致她的病情再度恶化。拉比希望妻子镇静，脑子里暂时不要想那个悲剧，他不希望有任何事给她提醒。

我们到了依其洛夫医院，他的妻子还没有完全清醒，氧气罩还在她的脸上。弗兰克尔拉比靠近她，在帘子后面小声地说着：“查娜，我需要你。”我不知道她是否听到了他说的话，但是他想给她力量，想告诉她自己是多么地需要她，激励她战胜病痛。我想我看见她在朝他微笑。当他说这些话的时候，他正以一种不易察觉的方式告诉对方，他是多么需要她，她用食指指向自己，然后指向他，接着点了点头，仿佛在说：“我也一样需要你。”即便他们被死亡、疾病和无尽的痛苦包围着，显然他们之间的关系是那么异乎寻常，几乎可以说是超乎尘世的。弗兰克尔夫人几周后康复了，但是儿子阿莱的死让她痛苦了一辈子。

弗兰克尔拉比常常借用《圣经》里雅各的一句话：“我必悲哀着下阴间到我儿子那里。”古尔拉比，也就是西姆察·布尼姆·艾尔特拉比，也在七日丧期前来吊唁阿莱。他说话简明扼要，这正是哈西德派的特点：“两个月前，也就是敬畏节日期间，几千人聚集在耶路撒冷的古尔自修课里。但没有一个人能与阿莱相比……”

两年后，1986年9月，弗兰克尔拉比死于癌症，去世时不到73岁。在他72岁生日时，他说他认为自己实现了《出埃及记》中的那句话：“我要使你满了你年日的数目。”在希伯来的数位命理学中，“我要使你满了”的字母数值是72。在依其洛夫医院的重症监护病房里，在他最后的时间里，他叫我除去他的氧气面罩，因为他必须告诉我一些事情。我低下身去听他说："别让母亲背着包，挨家挨户地去看孩子。让我们的家维持原样，你要像往常那样去看她。"他是一个伟大的人，他的身上集合了我一生所见的所有伟大品格，没有人比他对我的影响更大，无论是和他相处的那27年，还是在以后的岁月里都是如此。他的妻子于1997年1月去世。在她守寡的10年里，她竭尽全力地维持全家的团结，她是我们至高的荣耀。

自从我成为弗兰克尔家族中的一员开始，伊扎克·耶迪亚拉比就像父亲一样待我。快要结婚的时候，我开始管未来的岳母叫"母亲"。上一次叫母亲还是在我7岁半的时候，那时母亲在最后一秒钟将我推到18岁的哥哥拿弗他利的怀里，她以一个母亲的直觉意识到那是挽救我生命的唯一办法。我的哥哥对着她大声喊着："妈妈，妈妈。我该拿这个男孩怎么办啊？"当我伤心地哭着，绝望地尖叫着"母亲！母亲！"的时候，我的母亲已经登上了死亡列车，从此我再也没能见到她。我很多年都没有说过这个词，直到那一天我用它来称呼我的岳母——查娜·弗兰克尔夫人。

引文出处：

人要离开父母、与妻子连合、二人成为一体。——见《创世纪》2:24

思考三个问题——见《列祖道德论》3:1

我必悲哀着下阴间到我儿子那里。——见《创世纪》37:35

我要使你满了你年日的数目。——见《出埃及记》23:26

第13章 追忆

“一个人也不向他说句话，因为他极其痛苦。”

（《约伯记》2:13）

拿弗他利打电话告诉我一条新闻：阿道夫·艾希曼已经抓到了。以色列总理大卫·本—古里安正准备向公众宣布这则消息。此事是伊森·哈雷尔领导的以色列安全部门负责的。

正是这一消息促使我告诉我的家人艾希曼这个名字对我意味着什么。1960年5月，深埋于我心中的那段经历如大坝溃决一般暴发了。

我年轻的时候，几乎从不谈论大屠杀时期的那段记忆。我把它们积在心里，只留给我自己。我没有和任何人分享过那段经历，因为我觉得那只是我个人的记忆，而且当时整个社会都对大屠杀这个话题保持意味深长的沉默——大屠杀的沉默。

我从未把我的大屠杀故事完完整整地告诉过任何人，哪怕是对我的妻子和她的家人。如果我的生活中遇到什么与之相关的人和事，我也只是零零星星地说几句。即便是对我们的大屠杀故事了解得更准确更全面的拿弗他利也总是保持沉默。

我恐惧不安地等待着审判。每个人都知道，这次大屠杀审判将具有非凡的历史意义。当那一天到来的时候，我看见拿弗他利站在我家的阳台下。他是《国土报》的特派记者，专门负责报导在耶路撒冷进行的这次审判。从耶路撒冷回来的路上，他没有回家，而是从中央汽车站坐车直接到了我家。“发生了什么事？”我关切地问道。他说我能不能上来说说话。拿弗他利与我和查娅—依塔聊了一整夜。整晚他都在回忆那些战争年月。这是我第一次听他按时间先后顺序清晰地重述那个可憎的年代。我们生活在一起后，我的妻子查娅—依塔也是头一次知道我和我哥哥在大屠杀时期所经历的恐怖。

审判阿道夫·艾希曼是一个转折点，这不仅仅是对我们而言。对阿道夫·艾希曼的审判唤起了人们对大屠杀的记忆；而这之前，人们选择将它压制住，或者将那些细节变成可怕的秘密。许多人开始站出来讲话，或多或少地谈论起他们在那段黑暗的日子里经历的事情。审判将大屠杀和它的恐怖告知全世界。而这在很大程度上要归功于卡—齐尼克（耶希勒·费尼尔的笔名。他把他的名字希伯来化为迪努，德语fein的意思是“火花”）那令人难忘的证词。在德语中，卡—齐尼克意为“集中营囚犯”。

他的证词很短，只有九行；但正是因为它短才在审判中的几百份证词中凸显出来。他站在证人席上，注视着玻璃屋里的艾希曼，他所描述的奥斯威辛就像是另一座星球。在他看来，奥斯威辛并不是我们已知世界的一部分。他开始形容受害者们从火车上下来，站在门格尔面前接受挑选。他无法说完这句话，他说不出门格尔的名字。他只是重复着，“我看见……我看见……我看见……”卡—齐尼克的脑子里又在重放那段经历。在感情上，他又回到了被囚禁在奥斯威辛的那些日子。他失控了，崩溃了，晕倒在证人席上。因为他被带走接受治疗了，他的证词也就此结束了。

对阿道夫·艾希曼的审判结束后，我有时也会遇到卡—齐尼克。他过去认识在霍霍梅卢布林犹太经学院教书的我父亲以及我父亲的表哥梅厄·沙皮拉拉比。耶希勒·迪努是上世纪的拉比领袖、犹太经学院的伊斯雷尔·约瑟夫·皮卡斯基拉比的高徒。

迪努/卡—齐尼克的住所离我家很近，但是他很少出门。我过去经常去找他，并与之交谈，主要是他讲我听。我也会和他分享我过去的一些记忆。我们之间的友谊日渐深厚。

不仅审判艾希曼的过程将奥斯威辛的恐怖经历重现在他眼前——这种幻觉影响了他的一生，也在他的作品中得以体现。

移居以色列后，卡—齐尼克娶了尼娜，她是约瑟夫·谢尔曼教授的女儿，谢尔曼是特拉维夫基雅医院妇科部主任，也是当时以色列最受人尊敬的医生之一。卡—齐尼克曾在一次交谈中告诉我，尼娜的父母并不赞同他与尼娜的婚事。尼娜是这个富裕高贵家庭的独生女，他们认为尼娜的世界与这个大屠杀幸存者的世界格格不入，卡—齐尼克怪异的习惯、古怪的表达方式和邋遢的装束，以及他整个人都令他们无法理解。卡—齐尼克与谢尔曼家族努力维持的形象截然相反。尽管她的父母反对，婚礼还是在谢尔曼家的院子里举行了。由于害怕人群，卡—齐尼克要求来观礼的人数不要超过10名男子的法定人数。事实上整个婚礼只持续了10分钟，卡—齐尼克开始浑身颤抖，不停地喃喃自语:“动一动，给我点空间，让我呼吸，我不能呼吸了，每个人都动起来。”谢尔曼教授猛拉了一下他的袖口，试图暗示他表现得规矩一点，不要打断婚礼，但卡—齐尼克依旧不能平静下来。婚礼结束后，他用颤抖的声音告诉他的新婚妻子，好似刚从梦里醒过来:“每个人都来参加我的婚礼。我没有活动的空间了。我的父亲站在这儿，我的母亲朝我微笑，我的兄弟姐妹、我的叔叔阿姨，我的拉比——每个人都挤在我的周围。”一个接着一个，他列举着他的家庭成员和来宾的名字，毫无疑问他们都来参加他的婚礼了。他当时感觉人群几乎让他窒息了。

他就是这个样子。他还活在大屠杀的记忆里，仿佛那些事就发生在眼前，他忘记了那些事早已成为过去。他把自己隔离在田野里的一间小屋里，写出了《蝶螈》、《玩偶之家》、《他们叫他皮佩尔》、《头顶上的钟》，他完全与当下脱节，而是整个人沉浸在“那边”的现实里。有一次他向我袒露心声，他写书的时候既不用打字机，也不用墨水，而是用“我的心血”。

“我无法苟同。”初次会面时我对他说。当时我是特拉维夫—雅法的首席拉比。“我们虽然从未见过面，但是我在报纸上看过你的照片，那时你站在证人席上。我通过收音机听了你在审判期间所做的证词。证词中的一句话激怒了我。你杜撰了‘奥斯威辛是另一座星球’——这种说法并不准确。如果奥斯威辛真的是另一座星球，那么大屠杀就容易被人接受了。但实际上，奥斯威辛的灾难发生在我们之前生活的、现在生活的、将来还要继续生活下去的星球上。那些残忍杀害无辜百姓的人也是普通人，他们杀完人回家后，还要在自家的花园里浇花除草。他们充满爱心小心翼翼地伺候着这些花朵，这样它们才会开花，而就在刚才他们却把婴儿撕成碎片，将男人们和女人们的头盖骨击碎。把几千人推进毒气室致死后，他们回到自己的家中，和他们的小女儿一起玩布娃娃，欣赏古典音乐，闭着眼睛陶醉在巴赫和贝多芬的音乐世界里。他们明确地知道集中营里正在发生什么，但是他们还能丝毫不受影响地继续享受生活。”“这能说是另一座星球吗？”我问卡—齐尼克。“不，绝对不是。”我坚定地回答了自己提出的问题，“那些人和你我一样，而这就是整个问题的关键。当你将所有这些恐怖转移到另一座星球时，你是在把问题缩小化。你是在说，大屠杀这样的事情绝不会再发生了。依我的拙见，”我说，“你错了。”

卡—齐尼克陷入了沉默。他没有争辩，他只是退回到他自己的世界里。对我来说，一切再清楚不过了，我们不能用“另一座星球”来形容奥斯威辛，因为大屠杀根本不是这么一回事。这种措辞是对历史的极大歪曲。不幸的是，我们无法保证这种扭曲的暴行不会在某地再次发生。经验告诉我，我们不得不相信一些表面疯狂的人，同时也不能低估他们的力量。我们不能相信诸如此类的话，“他疯了”、“他不是这个意思”或“那不可能，世界绝不会允许那种事发生”。每次听到这种话时，我都会哑口无言。我不怀疑我们必须认真对待每一个狂热者，即使是最弱小的那个。

那个矮小的奥地利下士在慕尼黑的地下室里清晰地阐述了罪恶的种族理论，可是之前我们谁把他当回事过？没有人。在20世纪40年代初的欧洲，人们坚信世界不会允许实施这种理论。可是直到今天，我们还听见像亚西尔·阿拉法特这样的领导人夸张地号召一百万烈士进军耶路撒冷。

大屠杀之后，我们不能允许自己忽视或小看那些看似荒谬的宣言的意义。每一个“狂热者”都有其真实的意图，如果我们不把他们的筹划当回事，不竭尽所能地遏制他们，这些意图就可能成为现实。如果这种事能发生在文明的中心，那么它也能在任何地方发生。

布痕瓦尔德集中营距德国和欧洲文化的摇篮——魏玛剧院只有八分钟的路程。在高雅的剧院里欣赏戏剧、舞蹈和音乐作品时，20世纪40年代的观众也能看见从近旁的焚尸炉里冒出的浓烟。这一场景不可能错过，但是他们选择视而不见。马伊达内克集中营在卢布林市内，奥斯威辛—伯克瑙集中营是奥斯威辛市的一部分。没有一个德国人可以藏身在虚假的断言背后——“我们不知道，我们没听见”。

开始审判艾希曼两年后是华沙隔都起义20周年，波兰的共产党政府计划举行一个盛大的仪式来予以纪念。他们邀请了一个以色列代表团，代表团成员包括伊扎克·耶迪亚·弗兰克尔拉比、因在艾希曼审判中担任公诉人而闻名于世的以色列总检察长吉迪恩·豪斯纳、世界犹太人大会主席纳胡姆·戈德曼博士，以及几位隔都战士，比如斯蒂芬(舍洛姆)格拉捷克和后来成为波兰犹太人联合会主席的安申尔·莱斯。

媒体对这个纪念仪式进行了深入的报道，并在全欧洲范围内播放这个节目。参加这次纪念活动的有波兰总统、总理和政府各部的部长。但是这次活动给人留下了错误的印象，参加隔都起义的战士是波兰人，而不是犹太人。仪式上没有听到一句希伯来语或意第绪语，组织者也没有安排以色列的代表发言。在波兰共产党看来，这次起义象征了社会主义者反抗德国法西斯的英勇斗争。组织者甚至没有邀请吉迪恩·豪斯纳——这位因控诉敌人而蜚声国际的人物讲话。

但是威严的弗兰克尔拉比却引起了大家的注意。对于观众来说，他的外在形象令人们回忆起了演讲者们正在称颂的那些人。隔都被毁20年以来，像他这样身穿传统服饰的犹太人在华沙已经见不到了。对波兰人而言，弗兰克尔拉比让他们回想起了真正的犹太人形象。几个世纪以来，这样的犹太人曾经是世界不可分割的一部分，可是第二次世界大战以后，他们变成了过去的遗迹，博物馆里的陈列品。任何看过这次典礼的人都不能无视他的存在。

这次活动在纪念华沙隔都战士的内森·拉帕布特纪念碑前举行。这次令人印象深刻的军事庆典中有颂扬反法西斯战争胜利的波兰语演讲，但是只字未提犹太人或犹太教。该纪念仪式所要表达的是二战期间共产主义者反抗法西斯分子的斗争，前者给世界上了英雄主义的一课。

在两次演讲中间暂停的时候，趁着会场上一片寂静，弗兰克尔拉比决定采取行动。他在几千观众面前站了起来，打断了仪式的原定计划。由于他不是正式的演讲人，因此他没有麦克风，但是弗兰克尔拉比本能地发出来自心灵深处的呐喊，他为几百万在欧洲大地上逝去的犹太人诵读了《卡迪什》:“我们天上的父，愿人都尊你的名为圣。”

多少年来，只要描述当时的场景，他都会热泪盈眶，仿佛再一次在波兰的土地上吟诵《卡迪什》:“当我吟诵《卡迪什》时，我看不到周围的那些人。我只看见林特施茨、莱克茨卡、里平、华沙和其他波兰城镇的犹太人，我是为他们诵念《卡迪什》的。在纪念碑周围，我看到人们在纪念仪式开始前的那个晚上就爬到树上——他们没有被邀请，但是他们不想错过这个纪念仪式。他们在树顶上划定位置，我诵读完《卡迪什》时，我看到了他们的响应，‘阿门’。我听不到他们的声音，但是我看见了他们的脸。他们是我的唱诗班，我的会众。”

他还回忆了代表团访问特雷布林卡的情景。铁轨的尽头是一地的人骨，就这样赤裸裸地暴露在所有人面前。弗兰克尔拉比见此情景，整个人都呆在了那里。他把那种令人毛骨悚然的情景描述给我听，“我就像先知以西结站在平原中，‘谁知在平原的骸骨甚多，而且极其枯干。’”他当时带了一张报道前一天纪念活动的波兰报纸，于是他把一些白骨捡到报纸里包了起来。一个波兰摄影记者记录了当时的场景：一位留着大胡子，头戴宽边黑天鹅绒帽子的来自特拉维夫的拉比，弯下腰，眼中含泪，把在特雷布林卡惨遭屠杀的波兰人的枯骨捡到一张波兰报纸上。[①]当拉比问随团导游为什么波兰政府不埋葬或至少盖上这些人骨时，导游的回答令人不寒而栗：“弗兰克尔拉比，您不知道我们盖了多少次，我们用土，有时甚至用沥青，还用压路机压，但是一年以后，它们又从地下冒出来，好像我们什么也没做似的。”一些定期访问特雷布林卡的安特卫普和纽约的犹太人证实了他的说法：骨头有时候是露着的，有时候是盖着的。就好像波兰的土地听见并听从了人们为大屠杀受害者诵念的丧亲纪念祷文一样——“哦，大地，不要隐藏他们的鲜血，否则他们将无有可以哭泣的安息之地！”

弗兰克尔拉比带着这些用波兰报纸包裹的骨头返回了以色列。他联系了几家石材厂，请求他们捐献石头。他用获赠的大石头在特拉维夫的纳查拉特伊扎克公墓竖起了一座纪念碑，他将来自特雷布林卡死亡谷的人骨埋在了那里。碑上只刻了一个词：“特雷布林卡”。每年，在大屠杀纪念日的下午4时，弗兰克尔拉比都要为特雷布林卡的幸存者举行一个纪念礼拜会。今天，他的儿子伊赛尔·弗兰克拉比继承了父亲的这一传统。

在代表团访问波兰期间的一个安息日，我们参加了在诺茨克犹太会堂举行的礼拜会，该会堂是华沙市保留下来的唯一一所犹太人会堂。在大屠杀期间，德国人曾经将这个会堂用作马厩。1963年的春天，在战争结束18年后，犹太人聚集那里举行安息日晨祷。那个星期的《托拉》学习内容是从《利未记》第10章开始的，该章讲述了犹太教第一祭司长亚伦的儿子拿答和亚比户之死。弗兰克尔拉比着重强调了这一句：“只要你们的弟兄以色列全家为耶和华所发的火哀哭。”没有哪一段比这一段更适合这样的时间、地点或人物了，这群犹太人来自世界的各个角落，他们在大屠杀过后第一次踏上波兰的土地。《托拉》中的那句话就是说给他们听的，他们也确实在“为火哀哭……”

当时捷克斯洛伐克的布拉迪斯拉发市拉比，以利叶胡·卡兹拉比也出

① 第二天，许多欧洲报纸都刊登了这幅照片，这幅照片还赢得了当年的一个最佳新闻摄影奖。

席了那次纪念仪式，也在那座会堂里。捷克斯洛伐克政府批准他的波兰之行，显然带有宣传的目的，他们想向全世界表明他们并不压迫少数民族，在共产党的统治下犹太人的生活仍然继续着。然而观察家们注意到，代表团出访波兰期间，这位拉比未发一言。安息日那天，会堂里的犹太人为了表示对布拉迪斯拉发市拉比的敬意，请他发言。卡兹拉比登上讲台，俯下身去亲吻了约柜帘，然后转身面向会众。作为欧洲国家沉默的犹太人的代表，他也应该就当周学习的内容布道，但他只用希伯来语讲了一句话："亚伦就默默不言。"①

不仅是在访问波兰期间，弗兰克尔拉比每次演讲总会提到大屠杀——在赎罪日前的赎罪祷告中，在转经节过后的"第二次游行"时，在受戒礼上，在以色列独立日，以及在《托拉》经卷完成的仪式上。他还养成了每天阅读至少一章犹太社团纪念书籍——《纪念祷文》全集——的习惯，这些书会逐年增厚，书中讲述了大屠杀前那几个世纪里活跃的犹太人生活，以及战争中的一些细节。这种书他收集了好几摞，放在壁橱上面，每天晚上诵读《施玛篇》之前他都会选一些内容阅读。

一天，我在特拉维夫拦了一辆出租车。这个城市的居民已经熟悉我的模样了。出租车司机一边开着车，一边从后视镜里看着我，就这样，我们之间的谈话开始了。"您是劳拉比吗？"他问道，"您是大屠杀的幸存者，对吗？我在广播里听您谈到大屠杀。我想告诉您我自己的一个故事。我年轻的时候也经历了大屠杀。现在我已经有了三个孩子，我很重视每天回家和妻子、孩子们一起吃午饭。我的同事们都知道我有这个习惯。对我来说，在午饭的时间和放学回家的孩子们坐在一起聊天很重要。一天中我只有在那个时候能见到我的孩子们。晚上等我下班回家的时候，他们都已经睡着了。"

"这个星期，"他说，"当午饭吃到一半的时候，我八岁的儿子问我，'爸爸，告诉我，你真的是个杂种吗？'我的脸色立即变得煞白，食物堵在嗓子里，卡得我喘不过气来。我训斥他说：'你胆敢这样和你的父亲讲话！你说杂种是什么意思？我们不能这样讲话。'我儿子吓了一大跳，他想为自己辩解，说他班上的一些孩子用这个词。孩子们问老师杂种是什么意思，老师巧妙地解释说，杂种就是一个不知道自己的父母是谁的人。'我们有

① 卡兹拉比后来成为比尔谢瓦的拉比。

姥姥和姥爷，’儿子解释道，‘妈妈知道她的父亲和母亲。但是你呢？我们没有爷爷和奶奶。这就意味着你没有父母，你不知道他们是谁，难道你不就是杂种吗？’”

司机给我讲这个故事时，我感觉他越说越生气。“我从椅子上跳了起来，泪水哽住了我的喉咙。我冲进浴室，大哭起来，我以前可没这样过。”他告诉我说，“除您之外，我从没和任何人说过这件可怕的事。”我很同情他，但是我回答说他的儿子是对的。“你的举止欠妥当，你的父母不在世上了，他们不能在光明节的时候给你的儿子硬币，你的儿子也不能在逾越节家宴上将无酵饼藏起来，所以孩子怎么能知道他是不是有祖父母呢？你为什么不告诉孩子他们的祖父母究竟发生了什么事——他们在世的时候是怎样的？他们又是如何去世的？他们是谁？当然，你不能告诉一个八岁的孩子大屠杀的全部细节，当然也不能告诉他你父母的悲惨结局。但是为了你家族的延续，为了让每个人都知道这段历史，你的孩子们应该知道，直到那个可怕的结局之前，他们一直过着充实丰富的生活。”出租车司机点了点头，我下车的时候，他向我表示了感谢。我能想象得到第二天午餐的时候，他是如何与孩子们交谈的。

这位出租车司机是一个典型的例子，以色列建国初期社会上弥漫着一种氛围，人们不愿意提及大屠杀的恐怖。一些人不想重新揭开伤疤，一些人为此感到羞耻，虽然这么做是没有理由的。还有一些人不希望让自己的痛苦和纳粹扭曲的人性成为孩子们的负担。

但那只是部分真相。幸存者们宁愿缄口不言，但是以色列地的犹太人也加入了沉默大军——他们情愿不听。

战后来到以色列地的大屠杀幸存者们在这里发现了一个现实——英雄主义。建国前的一些军事组织，如莱希、哈加纳、帕尔马赫，为了以色列的建国，实施了了不起的军事行动。那时的犹太人口约有60万，许多人参与了准军事行动，或自愿报名当志愿者，或用其他方式为建国做出贡献。接着我们这些大屠杀难民到了。我们的战争已经抛在身后，而这个诞生中的国家现在面临的最大威胁是1947—1948年的战争。

对以色列当地人来说，我们只是从“那边”来的一块“肥皂”。

很多年后，当我成为首席拉比时，我接到了当时以色列议长杜夫·施兰斯基的电话。他也是大屠杀幸存者，立陶宛的沙布利人，曾被监禁在达豪集中营。他请我修改一下纪念大屠杀受难者的一篇祈祷文。他解释说，因为我是第一个经历过大屠杀的首席拉比，我应该理解他读到这篇祷文时的悲痛心情。他说的那句是："为了纪念像羔羊一样被屠宰的大屠杀受害者"。"像羔羊一样被屠宰"这句话令施兰斯基惊骇，他想要删掉它。我答应了他，满足了他的请求。我的父亲没有像羔羊一样被屠宰。直到生命的最后一刻，他和其他犹太人都一直昂首挺胸地站着。他们为自己身为犹太人而感到骄傲，他们尽自己最大的努力在每一个个体身上保留神圣的火花，而且将它们实实在在地表现出来了。

年轻的以色列正在为成立犹太国而战斗，同时一个错误且负面的大屠杀受难者和幸存者的形象也成形了。许多大屠杀幸存者感到羞愧，因为以色列本地人出于无知，将他们与无助和人性破坏等同起来。经历了打骂、严寒、饥饿、疾病、羞辱、孤独和悲痛尚能活下来，难道还有比这更伟大的英雄主义吗？

2005年1月27日，在奥斯威辛—伯克瑙集中营举行了纪念苏联红军解放60周年的仪式。以色列、欧洲各国以及美国的领导人都参加了此次纪念活动。穿着最暖和的衣服，他们在漫天飞雪的刺骨严寒中坐了三个小时。他们对集中营里的囚犯们能在那么多年里只穿着破破烂烂的条纹制服忍受如此的寒冷感到惊讶。

对鲁道夫·卡斯特纳的审判是历史的里程碑，对艾希曼的审判更是打破了大屠杀幸存者的沉默。对于那些仍然压抑着他们的大屠杀记忆的人来说，对臭名昭著的特雷布林卡集中营纳粹党卫军警卫约翰·伊凡·德米扬鲁克（人称"恐怖伊凡"）的审判则像给大坝开了一个口子。

过了这么多年，人到老年才意识到，这些大屠杀幸存者是活着的参与者和见证人，他们有责任将自己的人生故事公布于众，否则明天就可能太晚了。有些人害怕他们会把这些秘密带到坟墓里，而世上的人永远不知道。而在世界范围内蔓延的否认大屠杀的现象又迫使他们从那时开始与人分享自己的经历。与此同时，学校也要求学生们调查家族的根源，因此也加深了他们对个人历史的认知。年轻的男孩女孩们与他们的祖父母们进行了广泛的对话，祖父母们向孩子们详细描述了那个时代的历史，并讲述了一些他们原来不想让孩子们听到的故事。大屠杀幸存者们向他们的第三代，而不是第二代透露了更多有关大屠杀的经历。为什么那些幸存者不想让他的孩子们知道那段恐怖的历史，其中一个首要原因是，他们想让下一代成长为情感健康的以色列人。当这些孩子长大后，父母们发现他们的养育方式很成功，于是他们觉得可以把个人的故事告诉给第三代人，因为这些土生土长的以色列人的父母在情感上很坚强正常。此外，电影制片人史蒂芬·斯皮尔伯格为亚德瓦谢姆档案馆启动了一个非常重要的记录大屠杀幸存者证词的计划。事实证明，这个关键的计划为纪念大屠杀做出了重大的贡献。年轻人通过“迈步生命”计划、学校、以色列国防军以及其他组织，参观了波兰境内遭到破坏的地点和集中营。所有这些力量联合起来攻破了曾经遮蔽大屠杀记忆的沉默之墙。

1951年，以色列议会宣布，尼散月27日（逾越节后不久，华沙隔都最后一次战役发生的那天）为“大屠杀及英雄主义纪念日”。但是，我内心里对选择这一天和这个纪念名称是有抵触的。

以色列议会称其为“大屠杀及英雄主义纪念日”，但是在我看来，“及”并不是连词表示“和”的“及”，它意味的是“分离”。这个“及”的潜台词是给那600万人贴上一个负面的标签，好像是说：那儿有一个大屠杀，站在它旁边的是英雄主义。好像华沙隔都起义和莫迪凯·阿尼勒维奇代表英雄主义，其余的都是大屠杀。有少数几个真正的英雄，剩下所有的人都是无名的受害者——等待宰杀的羔羊。这是对事实的歪曲，是对亡者记忆的无情鞭打，尤其是对幸存者的侮辱。那些保存了神意的火花并堂堂正正活着的人与那些从自家的窗户朝德国坦克扔燃烧瓶的人相比，前者身上的英雄主义一点也不比后者少。纪念日名称的选择可以理解为有倾向的暗指。它忽视了《列祖道德论》中所说的“只有你站在他人的立场上才能给他人下判断”。依我看来，把这一天称作“大屠杀英雄主义纪念日”或“大屠杀及大屠杀英雄纪念日”可能更准确公正一些。

如果我能决定的话，我会选择在另一个日子纪念大屠杀：万湖会议召开的那一天或是二战爆发的那一天。1942年1月20日，万湖会议召开，会上德国领导人正式决定了针对犹太人的“最终解决办法”。相反，以色列议会却选择了尼散月27日，华沙隔都开始沦陷的那一天。但是德国人在1943年4月19日那天并没有成功地铲除华沙隔都。元首的忠实士兵们想把清洗隔都当做生日礼物呈献给希特勒，他的生日是4月20日。于是4月19日那一天，德国人集中火力向被围困的隔都发起了猛攻。但即便如此，被围困的隔都还是没有完全投降。基于这个原因，我不明白以色列议会为什么会选择将这一天作为纪念日。梅纳赫姆·贝京提议将所有的犹太纪念日合并到一起。他想宣布将尼散月9日，我们纪念两个圣殿被毁的日子，定为纪念大屠杀烈士和所有在战争中阵亡的以色列将士的总纪念日。尽管我对提出这项提议的伟人心怀崇敬，我还是不赞同这个主意，因为如果选择这个日期的原因是这一天是夏末，所有的学校都放假，从幼儿园到大学，也包括犹太经学院，那么这个理由实在有些无聊。如果唯一的纪念日正赶上暑假，那么谁来教育，谁来解释？谁来提升意识，谁又来向大家灌输毁灭的记忆呢？

忍受过集中营恐怖的并不仅仅是“大屠杀幸存者”，那个群体还包括来自世界各地的许多犹太人。20世纪80年代初，纽约市市长埃德·科奇邀请我到他的办公室，此后我们之间建立了一种有趣的关系。他是一个温和的犹太人，非常感性且感情丰富，他非常热爱以色列和犹太人民。我们初次会面时，他向我做了自我介绍，说他也是大屠杀幸存者。出于礼貌，我克制自己没有问他是如何活下来的，以及二战期间他在什么地方。我想给他一个机会，让他主动给我讲他的故事。他说他出生在布朗克斯，一辈子都在纽约生活，但是他坚持说他是一个真正的幸存者。我微笑着，斗胆问他这怎么可能呢——埃德·科奇开始给我解释。

早些年，他曾经去德国游学。到了其中一个地方，导游把曾经摆在希特勒桌子上的地球仪拿给大家看。“这让我想起了查理·卓别林演的《大独裁者》。但是这个地球仪和卓别林电影里的那个不一样，那个大地球仪上有许多用黑笔标注的数字。导游转动地球仪的时候，我发现欧洲黑压压的一片，都是标注的数字，相比之下，其他大洲则少得多。那个导游解释说：20世纪30年代，希特勒掌权后，战争爆发的时候，希特勒记录了每个国家的犹太人人数。毕竟它们代表了他的人生目标。比如，阿尔巴尼亚上面标了数字‘1’，这就意味着只有一个犹太人生活在阿尔巴尼亚。我们的敌人认定，只要阿尔巴尼亚的那个犹太人（一个对他来说完全陌生的人）还活着，他就寝食难安。美国的版图上标有600万这个数字，这其中也包括我。”科赫说着，毫不掩饰自己的愤怒，“所以我也是大屠杀的幸存者——如果同盟国没有阻止纳粹的暴行，那么毫无疑问，我也将成为遇难者中的一员。”

我热烈地摇了摇他的手，说道：“今天，我在您这儿上了一堂非常重要的课，我要把它带回家，带回以色列。我听说并不是所有的犹太社团都觉得自己和大屠杀纪念日有关。从现在开始，我要告诉他们，一个在纽约土生土长、一辈子都生活在美国城市里的犹太人，却感觉自己是大屠杀幸存者，他也确实言之有理，因为纳粹的暴行是没有限度的。如果是希特勒取得胜利，这个世界将继续允许他施暴，他会继续毁灭全球每个角落里的所有犹太人。这就是他宣称的目标，他活在这个世上的原因。”

又一次访问纽约时，我从我的朋友、纽约犹太遗产博物馆的创立者亚伯拉罕·乔治·克莱恩那里收到了一份纪念品：一张希特勒的政治遗嘱的照片，这份遗嘱是用德文写的，上面有他和四位见证人的签名，这四位见证人分别是宣传部长约瑟夫·戈培尔、他的私人秘书马丁·鲍曼，以及他的两位副手，威廉·布格道夫和汉斯·克莱勃斯将军。希特勒在柏林的一个掩体里写下了这个政治遗嘱。我同时也收到了这份遗嘱的英文版本。这份遗嘱中最令人不安，也是最值得研究和回忆的一句话是：“最重要的是，我命令政府和人民要竭尽全力拥护种族法律，无情地打击一切民族的毒害者——国际犹太人。”

收到这份遗嘱后不久，我就有幸在家中招待了维兹尼兹拉比，摩西·耶霍舒阿·哈格，他是来参加我儿子泽维科的受戒礼的。我们大概聊了一个半小时。我们谈到了我父亲（我父亲是他的姑父，他对我父亲知之甚多）以及对大屠杀的一些看法。当我给他看那张遗嘱照片时，拉比拒绝碰它。他看着那份遗嘱，读着上面的文字时，他的整个身体都在发抖。

希特勒在他的遗嘱中将犹太人定义为“一切民族的毒害者”，这是在提醒我们，人脑中存在着怎样的狂热潜能，我们的责任就是，不要让这个世界——或是我们自己——忘记这一点。

引文出处：

谁知在平原的骸骨甚多，而且极其枯干。——见《以西结书》37

只要你们的弟兄以色列全家为耶和华所发的火哀哭。——见《利未记》10:6

亚伦就默默不言。——见《利未记》10:3

只有你站在他人的立场上才能给他人下判断。——见《列祖道德论》2:4

第14章 “他以力量束以色列的腰”

清晨感恩祈祷

“当你听到‘行动’的命令时，你们这些坦克兵应该明白，对于我们以色列国防军而言，‘行动’只意味着朝一个方向：前方。永远向前，也只能向前。因为我们犹太民族，没有其他地方可去。”六日战争期间，史密尔·葛龙，这个土生土长的以色列人、专制的上校、第7旅的指挥官，向他的士兵们做了上述的训话。沙伯塔·泰维特在他1968年出版的《暴露在炮塔下》一书中引用了葛龙的这段话。以色列电视台宗教节目的制作人哈依姆·豪斯曼告诉我，还是个孩子的时候，他和葛龙在耶路撒冷的一所守旧的生命之树和读学校[①]一起读过书。当我遇到葛龙时，我问他如何能说出这样的话，毕竟他是耶路撒冷人，从小就在和读学校上学，只能从他的拉比们那里间接地了解大屠杀，他自己并没有亲身经历过。葛龙回避了这个问题，而是说：“没关系，我也不知道怎么说出来的。这并不是事先计划好的。”但是他这种规避风险的做法让我意识到大屠杀的记忆已经深深地植入了每个犹太人的意识里，即便他们不一定和大屠杀有直接的联系。葛龙代表的是典型的以色列军人。他不是一个虔诚的教徒，不是卡一齐尼克，也不是“穆斯林人”，但是大屠杀对他来说仍然是全民性的体验。

确实以色列经历的这几场战争对于唤起人们对大屠杀的记忆和认知起到了至关重要的作用。

绝大多数以色列人都记得六日战争中以色列国防军取得的伟大胜利。但是他们忘了在圆满结局前的三个星期，从战争准备阶段一直到打仗的那些日子，整个战争都处在大屠杀的阴影之下。每年，当我在以色列安全部门的领导和以色列国防军总参谋部的高级官员面前谈论大屠杀时，我都要引用葛龙的话。同样我也把这些话当做范例用于我在以色列国防军基地所

① 译者注：犹太教宗教教育的初级学校。

做的演讲里。我一上来就谈到战争爆发前的那几个星期，我把听众带回位于格瓦特拉姆的希伯来大学体育场，为了庆祝以色列独立19周年，那里正在举行简短的以色列国防军阅兵仪式。根据与约旦签订的停火协议，鉴于耶路撒冷是以色列和约旦的分界线，以色列的飞机禁止从耶路撒冷上空飞过，所以通常情况下都会进行的以色列独立日飞行表演也被取消了。以色列国防军总参谋长伊扎克·拉宾站在阅兵台上，他的右边是扎勒曼·夏扎尔总统，左边是以色列总理兼国防部长列维·艾希科尔。期间一名情报官员走到总参谋长身边，递给他一张纸条，就是这张纸条引发了六日战争。纸条上写着埃及总统麦尔·阿卜杜勒·纳赛尔已经将也门北部的1000辆坦克转移至西奈前线，此外，他还在西奈部署了10万埃及士兵，已经做好了开战的准备。

我提醒听众们，1967年的5月中旬，独立日刚一结束，以色列就宣布对预备役部队发起总动员。战争爆发前的三个星期准备期就是从那时开始的。一切正常活动停止，街上看不到年轻男子，实行全面的灯火管制。人们将防空洞清空，开始储存食物。5月30日，约旦国王侯赛因飞往开罗加入泛阿拉伯国家联盟。阿拉伯人威胁着以色列，已形成合围之势：北边有叙利亚，东边有约旦，南边有埃及。战争前的这段时间，以色列国内的气氛日渐高涨。示威者们要求任命摩西·达扬为国防部长，并提出以色列国防军是否做好战争准备等尖锐问题。高级军官们批评列维·艾希科尔没有下令袭击阿拉伯国家，而集结在三面边界上的他们已经让以色列喘不过气来。他们反复强调以色列国防军不准备防御，只想进攻。艾希科尔把他准备好的讲稿打乱，通过广播向全以色列人民发表讲话。由于当时电视时代还没有到来，人们无法理解到底发生了什么，听众认为艾希科尔说话时吞吞吐吐，根本没有把信心和决心传递给以色列人民。在战争开始前五天，摩西·达扬接受了国防部的任命，但是走在以色列的大街上，几乎感觉不到安全。这让许多人想起了20世纪30年代末在欧洲街道上弥漫的气氛。大多数移民至以色列的大屠杀幸存者还活着，有关以色列被阿拉伯国家包围，而这些阿拉伯国家想要彻底摧毁以色列，并将犹太人扔进海里的言论又让他们清晰地回想起了那段痛苦的往事。此外，公众都有一种强烈的感觉，那就是以色列在国际舞台上是孤立无援的，就像35年前的犹太人。灯火管制使街道变暗，使人们的心情变暗，尽管这个国家的大多数人依旧相信以色列国防军的力量。

那时我是会堂拉比，还在特拉维夫的泽特林高中当老师。除了平时在中央和南部指挥部的军队首席拉比院做讲师，以色列国防军还任命我为预备役征兵办的干事，因为我有汽车和电话。我帮助学校里的学生们准备迎接可能爆发的战争；我还帮助医院和养老院做好准备。大屠杀的记忆挥之不去，阴魂般徘徊在报纸头条和广播新闻的四周。尽管人们没有直接地谈论大屠杀，但是每个人都感觉得到，几乎触手可及。它掐住了每个以色列人的脖子。我们感觉自己正走在黑暗的隧道里，隧道的尽头却看不到一丝光亮。

当我读到葛龙对他的战士所说的话时，我意识到大屠杀的遗产不仅仅属于幸存者们，它还属于所有的犹太人，即便他们并不总是将它挂在嘴边。

每年我在有关大屠杀的演讲中还会提到一句话，这句话表达了20世纪70年代初的国防部长摩西·达扬的观点。1974年5月15日，三名阿拉伯恐怖分子将萨法德宗教高中的100名11年级学生劫持为人质。学生们当时正在外地军训，他们在马洛特—加龙省小学宿营时，持有武器的恐怖分子闯进学校，挟持了学生、老师和军训教官。恐怖分子提出，如果想要他们释放人质，就必须先释放关押在以色列的阿拉伯恐怖分子。三名恐怖分子挟持了110名人质（包括学生和成年人）。在长时间熬人的谈判过程中，恐怖分子要求释放他们被关押的同伙，并用飞机把他们送到大马士革。以色列政府拒绝了他们的要求，决定通过军事行动解救人质。作为国防部长，摩西·达扬埋伏在学校围墙后面的射击掩体里，他的身边是他的政治顾问和私人助理——我的哥哥拿弗他利·劳。达扬从未跟拿弗他利提起过他的过去，也从未谈到过他肩负的有关大屠杀的沉重记忆。拿弗他利也将他的记忆深埋在心底，极少将这种情感表露出来。

日出之前，还在射击掩体里时，达扬用他的一只眼睛[①]看拿弗他利，看了很长时间，他说：“在这漫长的一天一夜之后，躺在马洛特—加龙省小学前面的掩体里，我明白了一件事：我现在能更好地理解大屠杀了。我一直在想那110名人质，他们中大多数人是土生土长的以色列人，正在接受军训的年轻人。很多人知道如何使用武器，特别是那些在军队里待过的老师和教官。为什么这些蠢货竟然将步枪留在卡车里而没有随身带进学校

① 达扬在一次行动中失去了左眼。

呢？这大概是‘不会发生在我身上’综合征又一次发作了吧。我问自己，面对三名恐怖分子，这110名被挟持的人质为什么就没有一个人挺身而出呢？就没有一个敢采取行动呢？我理解在面对卡拉什尼科夫冲锋枪的枪管时，人们的心理会有所不同。在这种情况下，人们的行为是完全无理性的。每一个可以想象到的行为——分散恐怖分子的注意力，攻击他们，从房子里面跳出来——这时都飞到九霄云外了。

“今晚我理解了大屠杀。你们那时挨饿受冻。我见过照片。我见过人们遭罪的情形。我见过人们的身体和精神都跌入最低谷。而且你们也知道即便用手杀死盖世太保的军官，接下来你们也无路可逃。即便你们设法越过了带电的钢丝网，穿着那身条纹囚服，长着一张犹太面孔，你们又能跑到哪儿去呢？况且还没有身份证件。今晚，在马洛特—加龙省，我全明白了。人们总是说‘待宰的羔羊’。恐怖分子就在这儿挟持着110名年轻的以色列人。这些年轻人知道整个以色列站在他们一边。他们并不是在敌人的地盘上，也不是在任何险恶的地方或国外。他们在自己的国家。他们知道，学校的窗户下面，我们的人正拉着帆布等他们，这样他们就可以从楼上跳下来——但还是没什么人动。在这里，在马洛特—加龙省，我意识到在这种情况下，人类的心理是完全不可预知的。”

拿弗他利在他的《巴兰的预言》一书中回忆道：攻坚战结束后，他和达扬冲了进去。几十个男孩女孩，还有几个成年人倒在地上，死的死，伤的伤。还有一些坐在地上，呼喊着救命。“这种可怕的场景将我带回到30年前，带回到奥斯威辛和布痕瓦尔德的恐怖场景中。我无助地站在那儿，感觉双腿发软。我跑到外面，坐在操场旁的一块石头上。一个战士走过来把他的水壶递给我，我喝了几口水才感觉能站起来了。”

葛龙在六日战争前夕对坦克兵所讲的那番话，以及达扬在马洛特—加龙省的一席表白，好似一根明线，将过去与现在、那里和这里、那些从欧洲地狱来到以色列的人和土生土长的以色列人联系在了一起。战时的以色列人常常会问我：作为一名大屠杀幸存者，我是怎么想的。我通常这样回答他们：“难道非得是大屠杀幸存者才能理解这样的处境吗？”我们被包围了，我们的生命受到威胁，而且我们被毁灭的危险还没有过去。我们犹太人还在为生存挣扎。从某种意义上来说，所有的犹太人都是大屠杀幸存者。但是对大屠杀幸存者来说，当包围圈缩紧的时候，这个问题就成了人们注意的焦点，也就给它赋予了额外的意义。

1973年，我在北特拉维夫的特法拉兹维会堂做拉比。这个会堂有930个座位，每年到了赎罪日，所有的位子都被坐满。但是那年的赎罪日正好也是安息日，那天早上我注意到有几个位子是空着的。尽管这激起了我的好奇心，但我并没有花太多时间去思考这个问题。另一个不祥的征兆是，那天上午晚些时候会堂里的人都听到了汽车发动机的声音。通常，赎罪日那天，特拉维夫的街道非常安静，见不到什么汽车，除非是偶尔经过的救护车或警车。

终于，那个赎罪日的下午，这个每年最神圣的日子的宁静被拿着后备役军人名单的穿着军服的人潮打破了。他们走到一个个会众面前，拍着他们的肩膀，并对着他们轻声耳语着。“紧急征召令”这类的词语开始在屋子里散播开来，同时夹杂着礼拜用语。很显然，一些不寻常的事情发生了。那天下午，会堂里几乎见不到任何年轻人。

空气中弥漫着战争的味道，它来得如此出人意料。与六日战争相比，这回报纸没有报道即将发生的战争，广播新闻里也没有谈及紧张的局势。商讨只发生在军队总部，却没有传递到普通百姓这里。因此在会堂里动员预备役战士简直令人猝不及防。没有人有这种心理准备。

当天下午差10分两点，警报声划破了宁静，震惊了会众。有人宣布广播里正在播放针对不同预备役部队的征召令。刹时间，整个气氛都改变了。首先，军队征募后勤人员：司机、厨师、通信专家和医疗工作者。许多作战部队的成员留在座位上继续他们的祷告。赎罪日过后的那个晚上，特拉维夫实施全面的灯火管制，黑暗笼罩了特拉维夫和整个以色列。

我在以色列国防军预备役部队中的主要职责是为部队的拉比院做发言人，同时还在南方指挥部担任预备役征兵干事，但是赎罪日那天，我没有接到征召令。那场可怕战争的第一个阶段，没有人需要发言人，这种时候我无法待在家中，无所事事，我希望能为战争贡献自己的一份力量。我发现特拉维夫的依其洛夫医院已经改为战地医院，医院把一些病情稳定的病人都送回了家，把其他病人转到了别的医院。我想我也许可以在依其洛夫医院帮帮忙。

我给平查斯·沙因曼打了个电话，当时他是特拉维夫宗教委员会的主席，负责管理特拉维夫的社区拉比，我问他能否为伤员及其家属提供精神上的支持、祈祷，给他们一个肩膀可以依靠。沙因曼非常支持我的想法，他代表特拉维夫城拉比院通知医院，劳拉比将负责管理这个医院的宗教和精神事务。我穿上白大褂，胸前戴了一个印着我官方头衔的塑料牌：“医院拉比”。我在医院里日以继夜地工作了三个月。同时，我还继续在特法拉兹维会堂布道，尽管外边在打仗，但是生活还要继续，我们还要做照例要做的事。

战争期间，南方前线的475名重伤员被送到依其洛夫医院。一般轻度、中度的伤员都被送到了其他医院，而重伤员则由直升飞机送到了依其洛夫。大部分人被重度烧伤，还有一些人伤了头部、脊柱或眼睛。医院的外科医护人员24小时连轴工作，他们的奉献精神非常人可比。我也有很多时间待在医院里，主要是在西奥多·维什尼兹教授的外科病房，和一些严重烧伤的坦克兵们在一起。在那里，我才知道以前我听到的一些有关战争的传言是多么的错误荒谬：“伤员是不会大声喊叫的。”当他们感到剧烈疼痛时，他们会大声叫出来。我从未听过那样的尖叫，就是烧伤病人在约哈南·普拉西基兹教授给他们做完皮肤移植术后他们第一次洗澡时发出的尖叫。

其中一间外科病房里躺着四名坦克兵，他们是在坦克里被烧的，身体几乎全部烧伤。其中一名坦克兵喊得声音非常大，我无法理解，他的身体已经被注射了大量的吗啡，他怎么还有力气这样尖叫。我们请求他安静下来，不要打扰其他三位室友，但是不管用。我们跟他解释，情绪过于激动不利于伤口复原，结果还是无济于事。突然，年轻人的尖叫声停止了，他甚至都不啜泣了。房间里突然的寂静让我很惊讶。我害怕最不好的事情发生了。我不敢看他的床，不想证实我的恐惧。

我担心的事情并没有发生。这位伤员竟然安静地睡着了。他烧焦的脸庞呈现出一种奇怪的平静，曾经见证他极度痛苦的用力尖叫没有留下一丝痕迹。原来，他的母亲，一刻都未离开儿子病床的母亲突然在他的膝盖旁边发现了一小块皮肤，大概有几厘米大小，这块皮肤是他儿子的，没有烧伤，也不是移植过来的。母亲开始抚摸着那块完整的皮肤，一遍又一遍地重复着儿子的姓名。“妈妈在这儿，安静下来，我的儿子，安静下来。”她一边说着，一边不停地抚摸着那块未受伤的皮肤，强忍着不让泪水流下来。是母亲的话语以及这些话语中透出的慈祥、亲切，和它们充满爱意的抑扬顿挫，让饱受精神折磨的儿子的病痛暂时得到了缓解。他终于可以闭上眼睛休息了。第二天凌晨回到家里后，我告诉我的妻子在依其洛夫的那个晚上，在那个烧伤病人的床边，我终于明白了《以赛亚书》最后一章中的一句话的含义。他在愤怒中开始了他的预言，耶和华说，“我养育儿女，将他们养大，他们竟悖逆我。”在第40章中，先知把它转变成“你们要安慰，安慰我的百姓”。在最后一章中，他用一个意味深长的隐喻来表达安慰的概念：“母亲怎样安慰儿子，我就照样安慰你们。你们也必在耶路撒冷得安慰。”在所有他可以选择的形象中，他选择了一位母亲安慰儿子的形象，是母亲，而不是父亲。“今晚，”我对我的妻子说，“我进一步理解了那句话的含义。什么都不能帮助那个受伤的人，什么也无法让他平静下来——吗啡不行，解释不行，甚至责难都不行。只有当他的母亲温柔地走近他，抚摸他，用母亲特有方式在他耳边私语时，他才能平静下来，并安然入睡。”

战争结束30年后的一天，我在一个特拉维夫伤员聚会上遇见了当年曾经在依其洛夫住院的一个烧伤的坦克兵。他满怀期待地走到我的面前，介绍他是来自拉马夏沙隆的摩西·谢米西。我没有认出他来，但是他说他经常谈起我。“那时，我身上几乎每一寸皮肤都被烧伤了，仅有鼻子上的一块是完好无损的。除了您，没有人站在我的病床前，当然，敬业的医护人员除外。每个人都肯定我是一个人在以色列，没有家人，但是您站在那里，您在医疗卡上查到我的名字，并一直与我交谈。我清楚地记得当时您说的每一句话：‘摩西，’您问道，‘我们能给你的父母打电话吗？我们能通知你家人让他们过来陪你吗？我不能一直在这儿。医院里有几百个病人，护士们太忙了。你需要一直有人陪在身边。’”摩西继续说，“但是我不会给您我父母的电话号码或地址。我看见病房里的其他三位伤员。我的眼睛没问题。我几乎不能说话，全身上下动也不能动，但是我的眼睛好好的。我知道我肯定看起来和他们一样，他们看上去真可怕。我知道我的父母，我知道我的母亲如果看到我这个样子会犯心脏病的。”

耶霍舒阿·拉比诺维茨市长的妻子葛优拉·拉比诺维茨当时挨着我站在他的床头。她要求我说服这个男孩给家人打电话。我编了一个故事才最终说服了这个男孩。“你有父亲和母亲，对吧？”“对。”他回答道。“那你知道吗，自从战争开始以后，他们一家又一家医院地跑，强迫军方查看阵亡名单，因为你一直没有和他们联系，他们不知道你是不是还活着，也不知道你身处何方。难道你不为父母的健康担忧吗？他们每天晚上都睡不好觉！”“好吧，我听您的。”他说道，“但是我没法起身给他们打电话。”我把一个可移动的公用电话拿到他的床边，投入一枚硬币，拨通了他给我的号码。我一点点地，柔声细语地跟他妈妈解释，我告诉她她的儿子还活着，就在我身边。在此我就不描述这名战士和家人见面时的情景了。30年后，他们向我表示了感谢。

在医院五楼摩西·拉札教授的眼科病房里，我注意到一个年轻人盘腿坐在床上，独自哼唱着希伯来歌曲。我走进去看他，原来他来自马洛特—加龙省。他在战争中失去了双眼。为了打发时间，减轻伤痛，他用嘶哑的嗓音不停地唱一首流行歌曲：“我向你保证，我亲爱的姑娘，这将会是最后一次战斗。”这首歌由那个正在遭受痛苦的盲人战士唱出来，歌词变得更加有力量，同时歌声还传递了一种希望，希望他们的诺言真的能兑现。我站在他的床边，跟他讲话，这样如果他看不见，也至少能把自己的感受说出来与他人分享。他说：对于他的家人来说，从马洛特—加龙省到特拉维夫是件很麻烦的事，但是即便如此，还是有人来看他，尽管比起其他伤员来，看望他的人要少一些。这个盲人战士的乐观情绪打动了我，尽管他身负重伤，却还能歌唱，并为家人能不怕麻烦来看他而感到快乐。

我在跟他谈话时，一名老年妇女走到我身边，问我是不是拉比。我给了她肯定的回答，并问她自己能否帮上什么忙。“我本人就不用了，”那位妇女说道，“但是我的儿子需要您。您能到他那儿去吗？”我向那位盲人战士表示歉意，然后跟着那位母亲走了。她把我领进了神经外科的一个病房。她告诉我：“这是耶胡达，我的儿子。”一个年轻人躺在床上，他的头部全部用绷带缠着，只有鼻子、嘴和眼睛的一小块勉强露在外面。看上去，他应该是刚刚做完脑外科手术。他下巴以下的部位全部被被单盖着，所以我无法得知他其余部位的伤势。他的身体仍处于麻醉状态，还处在手术后的恢复期。几分钟后，当他能把注意力放在周围的事情上时，他发现我站在他母亲的旁边，便问我是不是拉比。我再次回答“是”。“那么现在几点了？”他问道。我敢肯定他当时并没有完全清醒，但我还是很认真地看了一下表，然后告诉他现在是12点。他还不满意，又问我是中午12点，还是晚上12点？我告诉他是中午12点。“如果是这样的话，”他问道，“那天没有戴经文护符匣的人是不是可以现在戴上？”我注意到他这句话说得有点别扭。他没有用我们常用“佩经文护符匣”，而是用了“戴”这个动词。虔诚的犹太人每天都会诵读赐福经文护符匣的戒律：“谁用他的戒律洗清我们的罪孽，命我们佩上经文护符匣。”他有关时间的问题也很奇怪；我回答他全天都可以佩经文护符匣。但他还是不满意，继续追问道：“告诉我，如果我不能戴在额上，因为我头上有绷带，是不是可以把它系在手臂上？那么我是否可以戴在手腕上呢？”这是一个值得探讨的塔木德问题：履行戒律的时候是不是可以把经文护符匣既戴在额上又系在手臂上？

这个问题使我想起了布痕瓦尔德集中营。集中营里的一个犹太人把它的一个手臂经文护符匣藏在了营房的木地板下面，他过去只把它系在手臂上。回想起当时的情景，我告诉那位躺在床上的伤员，可以佩手臂经文护符匣，不一定非要戴在额上。听完我的回答，他把左手从被单下抽出来，并问道：“如果是这样，那就给我戴上吧。我很乐意这么做。”我和他一起诵念了《施玛篇》，我们还在诵读的时候，他就睡着了。我轻轻地把经文护符匣从他的手臂上取下来，然后离开了房间。后来，我们成了朋友，当他的身体状况好转后，我听到了他的故事，而这是我从和他第一次会面时就想知道的。这个故事发生在赎罪日后的住棚节期间。

转经节前夕，住棚节的最后一天，耶胡达少尉与其他五名比他年纪大职位高的军官，坐在苏伊士运河边的一辆指挥车内，等候命令。这时一辆卡车停在他们旁边。卡车上搭了一个专门为节日准备的苏克棚。两名慧智知派的代表邀请年轻的军官们进苏克棚喝杯酒，吃些蛋糕，并诵念祝福词后，摇动四种植物。军官们想拒绝这个邀请，解释说即使在平常的日子里，他们也不遵守苏克棚律法，更不要说现在还在打仗。但是卡车上的慧智知派教徒没有放弃，他们仍旧试图说服他们，于是争辩道：“你们在乎什么，反正你们也是坐在那里，无事可做。上来吧，不会超过10分钟的。”他强迫着军官们。军官们对视了一眼，决定接受他的邀请。他们上了卡车，吃了几块蛋糕，喝了几小杯甜酒，准备一边摇动卢拉夫，一边赞颂祈祷。突然他们听见一声震耳欲聋的爆炸声。他们被掀翻在卡车的地板上，他们摸了摸自己的身体，看看四肢是否齐全。当他们向车外看时，发现一分钟前他们还坐在里面的那辆指挥车被直接击中，已经被炸得片甲不留了。

等周围再次安静下来时，耶胡达少尉对其中一个慧智知派的教徒说：“你很可能会把刚才发生的事称作奇迹。”慧智知派教徒反问道：“那你管它叫什么呢？”耶胡达觉得自己的生命是苏克棚和卢拉夫赐予的。他盯了那个人很久，然后指着天上说：“我感觉我的生命是‘主’赐给我的，我欠他点什么。我得救是因为你坚持要我们进你的车，并一起诵经祈福。”那个慧智知派教徒建议他遵守每天佩戴经文护符匣的诫命。耶胡达想马上就履行自己的誓言，他让慧智知派教徒立刻就把经文护符匣佩在他身上。但是这么做没有意义，因为那时住棚节已经快结束了，而在这个节日期间是不必佩戴经文护符匣的，只有在住棚节结束后，才允许佩戴经文护符匣。“但是我不知道那个时候我会在哪儿。”耶胡达解释道，并补充说他自己没有经文护符匣。“我在受戒礼上收到过一对经文护符匣，但是从那以后我一直把它放在父母家的壁橱里。”慧智知派教徒问了他的姓名和部队番号，并许诺住棚节结束后他一定会有自己的经文护符匣的。耶胡达少尉渡过苏伊士运河来到法伊德，明显贴有以色列国防军邮票的经文护符匣也成功地送到他手里。他遵守戒律，每天佩戴经文护符匣。在法伊德，也就是《圣经》中的歌珊地，如今的埃及，耶胡达脊柱受伤，被直升机送到神经外科中心接受脑外科手术。当他在医院里睁开眼睛时，他想到的第一件事就是受伤以后他还没有履行他的誓言，于是他让母亲帮他找一位拉比，回答他两个急切想要知道的问题。这么晚了，是否还可以佩戴经文护符匣？是否可以将经文护符匣戴在手臂上而不是头上？

在赎罪日战争期间，我也有一个伤心的个人经历。我在特拉维夫泽特林高中教过的一个学生死了。他叫亚阿里·斯特恩，他是在举行婚礼的前一天被杀的。他为了结婚，专门向部队请了一天假去买结婚戒指。很长时间，他的未婚妻奥拉·弗兰克尔把那枚戒指穿在一个链子上，一直戴在自己的脖子上。

在我的提议下，再加上电视节目的宣传，我又得知了另一个在战争期间发生的痛苦的死亡故事。在战争一周年纪念日之前，我接到了哈依姆·豪斯曼打来的电话，他是以色列电视台宗教事务部的一名制片人。他提议让我在1974年10月赎罪日之后的那个晚上主持一档半小时的节目，主题是赎罪日、祈祷和斋戒。他还让我参与纪念战争一周年的工作。我不知道如何才能将这两件重大的事情联系在一起，但制片人让我放心，说他们的工作人员们已经从参战的士兵和他们家人那里收集了素材，包括从前线寄回家里的书信和明信片。我需要做的就是早到几个小时，在开始录制节目之前到演播室，挑选出我想要的素材，思考一下在节目里说些什么。

这个主意听起来很具挑战性，我接受了他的提议。我在一大堆明信片中筛选，但吸引我注意的是一张很厚、很糙的牛皮纸，跟社区杂货店里按重量出售的用来做面粉袋子或大米袋子的纸差不多。我看见有人用这种纸写了一张字条。我把它从一大堆素材中挑出来，当我读完上面写的内容后，我用颤抖的声音告诉电视台的工作人员，我必须见一下这个写纸条的人，或者那个收信人。这张纸条深深地感动了我，上面写的内容我到现在都没忘。

据我所知，写信人的父母是大屠杀幸存者，赎罪日战争期间他们60多岁。他的父亲在大屠杀期间失去了自己的第一任妻子和孩子，他的母亲失去了自己的第一任丈夫。这两位失去伴侣的人遇见了彼此，后来搭同一艘船前往以色列地。英国人把他们押送到塞浦路斯，他们就在等待移民的那几个月里结了婚。当阿里亚的大门最终打开后，他们来到布内布拉克并在那里定居下来。他们唯一的儿子在当地上了国立宗教小学，然后上了叶希瓦高中，他是当地的宗教复国主义青年运动中的积极分子。他加入纳哈尔旅——年轻战斗先锋队后，部队派他去接受伞兵部队军官培训。他在基地里认识了一个来自西加利利的哈肖默哈扎伊尔基布兹的年轻女战士。一个是红色贝雷帽下戴着针织小圆帽的年轻小伙子，一个是来自狂热世俗主义基布兹的年轻姑娘，两个人之间分歧很大，气氛紧张。他们无休无止地争论着，从大屠杀和神意到宗教和民族群体、宗教和国家、犹太人的价值观念以及社会主义。

一天，这位女战士背着旅行包走进伞兵办公室。她说自己是来辞行的，因为她马上就要退役了，准备返回她父母的基布兹去。军官说了几句客气的告别语后，她向门口走去，给人感觉她马上就要离开了。但就在那时，她转过身来。她承认尽管她不知道这个年轻人对自己的感觉怎么样，但是她对对方的感觉已经远远超过了那些有关宗教的争论。“我只有一个请求，”她说，“如果我给你写信，请一定要给我回信。还有，你一定要保重身体。”她说了声再见后，开始向外走，但这次是那个年轻人把她叫住了。他告诉对方最好立即结束他们的关系，因为他对这个姑娘也产生了很深的感情，深得难以言表。年轻的军官担心如果他们有规律地通信，他们的关系会变得更加深厚。他解释说，他们不能一起生活，因为双方的背景迥然不同。“我们吃不一样的东西，你的安息日经历与我的完全不同。你的父母生活在基布兹，而我的父母是来自布内布拉克的大屠杀幸存者，他们之间存在着不可逾越的鸿沟。如果我们严肃地交往，一定会给家人带来严重的伤害。我是独生子，我不能做这种事。如果我们有了孩子，我们会争论孩子该上哪家幼儿园，接着又为他们上哪个学校吵来吵去。让我们现在就说再见吧。”他坚持己见。他们就这样分开了。

三个星期后，这位姑娘（她现在已经是一个平民了）来到了基地，敲开了伞兵军官的门。她身着平民装束，背上背着行囊，对伞兵说：“我已经开始沿着我们祖先亚伯拉罕的足迹向前走了。《圣经》中上帝对亚伯拉罕说：‘你要离开本地，本族，父家。’我参军时离开了我父亲的家，但是自从我回到基布兹，我就不是从前的我了。我的父母和朋友也注意到我有点魂不守舍。我跟他们讲了你的事。那些日子，尽管没有见到你，他们已经开始了解你了。除了部队发给我的退伍费，我还从基布兹带了一些钱来。我想让你帮我在布内布拉克找个地方住，如果可能的话，再帮我找份工作。什么样的工作都可以，服务员、洗碗工，哪怕是清洁工，我都不在乎。最重要的是你要找个人来教我祈祷文，安息日的律法，教我怎样准备洁食。如果我决定这么做，你决定我是那个你要找的人，那么也许我们可以共创未来。如果不是这样，也没什么关系，我还是会学习犹太教，然后回家。”伞兵按她说的办了。他的母亲帮她在一位老年妇女的家中找到了一个房间，这位老人也是大屠杀的幸存者，她独自一人生活在一个三居室的公寓里，她也希望有个年轻女孩和她做伴。老人管吃管住，只要这个年轻女孩每天晚上的某段时间一定要在家里，并帮助老人购物。她找到了一个自愿给她讲解犹太教的人。她与军官之间的感情也日渐加深，一年后，他们结了婚。他们住在布内布拉克，离他父母家不远，他们还生了两个儿子。

当他们的小儿子只有两周大的时候，赎罪日战争爆发了。那个安息日，军官正在布内布拉克和一群宗教复国主义青年团的朋友一起祷告。礼拜会上，他的很多朋友都被征召到预备役去了，但是他没有接到命令。斋戒过后，他回到家中，诵读了安息日结束礼的祷告词，然后给他的部队打了电话。办事员叫他在家里等电话。但是他没有耐心，心里非常紧张，所以他穿上军装，蹬上了军靴。他的妻子为他准备了很多的干粮，其中包括一个牛皮纸袋的饼干。半夜过后，一辆吉普车停在了他家门前。部队的人来接他了。他亲吻了两个儿子，跳上吉普车，就再也没有回来。他死后送到他妻子手中的个人物品就是那个牛皮纸袋。他在上面草草写道：“亲爱的，要么是我，要么是这个牛皮纸袋，只有一样会回到你的身边。如果我能回家，我现在感觉不太可能，你将永远见不到这张纸条。但是如果你收到这张纸条，这就意味着我将永远回不来了。你可以自由地开始新的生活。我想这应该是感谢你的时候了，感谢你为我做了这么多，陪我走了这么长的路。我知道你的关心，也知道一路走来你有多辛苦。我从来没有向你表达过感激之情。正如我所说，你不亏欠我任何东西，但我对你有一个请求：请教育好上帝赐给我们的两个儿子，就像当初我父母教育我一样。你的……”

伞兵部队军官的遗孀仍旧是个虔诚的信徒。当她听说这个电视节目向战士和他们的家人征集战场上写来的书信时，她也寄上了过世的丈夫写的那张纸条。当我和她谈论有关那张牛皮纸纸条的事情时，她问我：“告诉我，尊敬的拉比，这是否也是一堂伦理道德课？”这确实是一堂完全意义上的伦理道德课。这是一个平凡人终其一生都在宗教和良心的指引下生活的范例。这张纸条的独特之处在于，它向世人表明，一个战士在他生命的最后一刻都在想什么：对下一代的宗教教育，延续世代的传统。他把自己看作连接两代人的桥梁。起初，他考虑的是他的父母；在他生命的最后一程，他想的是下一代的未来。城市里没有缅怀这个伞兵部队军官的醒目的纪念碑；没有一个街道是以他的名字命名的；他的画像也没有出现在邮票上。他只是在赎罪日战争中牺牲的2659名战士中的一个。

1991年海湾战争带来的恐怖气氛与大屠杀时期极其相似。我们戴着德国产的防毒面具，把双手交叉在胸前，坐在用塑料和蘸了碳酸氢钠的破布密封的房间里，孤立无援，无所事事。这一切无一不令我们想起毒气室。那时，我是特拉维夫的首席拉比。我还留在城市里，尽管已经有很多居民害怕丢掉性命，离开了那里，特拉维夫变成了一座幽灵之城。我的好朋友舍洛姆·拉哈特（昵称Cheech）市长把那些选择离开的市民称作“背弃者”，而我与他不同，我克制自己不对那些人做评价。我一直谨守《列祖道德论》中的一条铁律，这条规则可以用在这件事上：“不要评判你的同伴，除非你与他站在同一立场。”每个人都有他错综复杂的情况，来自父母、孩子或配偶的压力。基于这一原因，我觉得我并没有试图臆断那些面临伊拉克的导弹威胁，离开特拉维夫，选择耶路撒冷和埃拉特的人的真实想法。我也没有指责那些经历过大屠杀的老人们，他们的忍耐已经到了极限。

我的岳母，弗兰克尔夫人，在海湾战争之初是跟我们待在一起的。战争开始三天后，我的嫂子提出让弗兰克尔夫人到耶路撒冷和她一起住，直到威胁解除后再返回。我们非常高兴地接受了嫂子的这个建议。威胁是确确实实存在的，我心里也很害怕。但是我有一个强烈的感觉，作为这个城市的首席拉比，我不能离开。我的离开对那些选择留下来的居民或者没有机会离开的居民是巨大的打击。当我看见大批人仓促逃离时，我并没有过度地低估特拉维夫人的精神力量。那并不是他们最好的时刻。我担心我们的敌人会对这个现象产生错误的理解，因为那样可能会鼓励他们发动新一轮的进攻。但是可以肯定的是《圣经》里那条“你们要分外谨慎”的原则已经向百姓们授权可以采取任何可能的预防措施。

海湾战争期间也有奇迹发生。一个星期五的晚上，特拉维夫拉马特哈塔亚希姆社区的一个会堂遭到一枚导弹的正面袭击，顿时化为废墟。而就在导弹袭击的六分钟前，最后一波会众刚刚结束晚祷，离开了会堂。这个会堂的名字是“奇迹会堂”。

一切都在上帝的掌控之中。那场战争是对以色列的考验，但是我们并没有被判处死刑。伊拉克向我们这个小国发射了39枚飞毛腿导弹。房屋被炸毁了，但事实是我们的人民几乎没有一个受伤的，这并非巧合。海湾战争也有它的积极意义，它影响了以色列人对大屠杀幸存者的态度，加深了公众对幸存者行为的理解，并开始认同他们在那些黑暗岁月里的经历。

引文出处：

我养育儿女，将他们养大，他们竟悖逆我。——《以赛亚书》1:2

你们要安慰，安慰我的百姓。——《以赛亚书》40:1

母亲怎样安慰儿子，我就照样安慰你们。你们也必在耶路撒冷得安慰。——《以赛亚书》66:13

你要离开本地，本族，父家。——见《创世纪》12:1

不要评判你的同伴，除非你与他在同一立场。——《列祖道德论》2:4

你们要分外谨慎。——《申命记》4:15

第15章 做善事

“谁死于火中……谁死于刀下……谁将受苦……谁得升华”

1996年2月的一个星期天，早上8点，以色列首都交通高峰时，一个自杀爆炸者在耶路撒冷的18路公共汽车上引爆了身上的炸弹，造成26名乘客死亡。我的首席拉比办公室主任只要听到一起恐怖袭击事件，她就尽快收集所有有关遇难者的情况，以便于我能参加他们的葬礼，或者至少在七日丧期内拜访死难者家属。袭击过后的几小时里，我就在办公桌上找到了一份简明的名单，上面有24位遇难者的姓名以及他们在耶路撒冷的住址。我在广播里听到有26人遇难，两位遇难者的姓名被漏掉了。我的秘书解释说，她是从负责收集遇难者信息的耶路撒冷市政府的社会福利部门获取这份名单的。我坚持让她再打一个电话，询问其他两名遇难者的姓名。她按照我的吩咐做了，耶路撒冷市政府确认了那两名遇难者，他们是从独联体的克什尼洛夫新移民过来的一对夫妇。他们八岁的儿子和一个三个月大的婴儿幸免于难。福利部门通知我，他们很可能不举行丧礼，因此没有必要提供他们的住址。我还是坚持查出了他们的地址，他们生前住在卡达蒙区。我永远不会忘记那次家访。

我是下午到那间公寓的。在那儿，我见到了三个尚未从震惊中恢复过来的成年人，一个年轻妇女和这栋楼里两个岁数大一些的邻居。弗拉迪克，那个八岁的男孩，坐在地板上；而托马，那个婴儿，则躺在婴儿床上。我进来的时候，弗拉迪克惊奇地看着我，一个陌生人进了他的家，穿着长长的黑色外套，戴着一顶帽子，确实是一个奇怪且难忘的情景。我想和他说话，主要是想把他的注意力从悲伤中分散出来。房间里有两张简易的窄床，他们让我坐在其中一个上，那几个成年人坐在我对面。他们盯着我，我也盯着他们。就这样尴尬无语地坐了一两分钟，接着那个年轻的女人用带着浓重俄罗斯口音的希伯来语向我介绍自己。她叫拉瑞莎，是那位遇难母亲的妹妹。她在恐怖袭击事件发生前的三个星期刚结婚。在我开始自我介绍之前，她就对那个小男孩说：“弗拉迪克,你知道谁来看我们了吗？是以色列的首席拉比劳拉比。”那个小男孩抬起眼睛看着我，好像在问，拉比来这儿做什么？他的小姨继续说：“你知道吗，弗拉迪克，劳拉比八岁的时候，他也失去了自己的父母。他在没有父母陪伴的情况下来到了以色列——但是，你看，现在他是以色列的首席拉比。以他为榜样吧，弗拉迪克，一切都在你的掌控之中。”当拉瑞莎说完后，那个小男孩从地上站了起来，走到我身边，坐在薄薄的床垫上，把头靠在我的怀里。他就这样坐了整整一个小时，一句话也没说。

过了一会儿，我对他说：“我们的命运确实很相似，但是我们之间有一点很不同。我来以色列的时候，身边还有一个照顾我的哥哥。当我在你这个年纪的时候，除了担心自己的未来之外，我不需要担心其他什么。但是你现在肩负着双重责任，尽管你年纪很小，但是除了你自己之外，你还必须照顾好托马，那个躺在床上的婴儿，他什么也不知道。这就是我与你之间最大的不同，而这意味着你有责任。”当我和这个悲伤的家庭说再见的时候，我问他们，如果他们愿意，可以在丧期结束后到我在耶路撒冷的办公室来。后来，弗拉迪克和拉瑞莎来到了我的办公室。我很高兴地得知在七日丧期结束后，拉瑞莎和她的丈夫合法收养了她去世姐姐的两个小孩。我想这对于她的丈夫而言是个巨大的挑战，因为这两个小孩也是“嫁妆”的一部分。

在18路公共汽车上发生的那起自杀性袭击事件结束四年半后，我又遇见了弗拉迪克。每年逾越节的前一天，慧智知派教徒都要在哭墙为1000名独联体移民举行受戒礼。通常他们会邀请一些贵宾出席受戒礼，其中包括政府部长、耶路撒冷市市长以及以色列首席拉比。在我担任以色列首席拉比的十年间，我从未错过这项活动，当然，那年也不例外。我讲了话，并将经文护符匣分发给每个男孩，把烛台分发给每个女孩。孩子们就像是在传输带上一样，一个接着一个走上讲台接受礼物。突然，一个孩子从背后抱住我，从我手中夺走了放着经文护符匣的袋子。我转过身去，发现身后站着一个高大结实的男孩，但是我没把他认出来。男孩注意到我的尴尬，于是自我介绍说：“我是弗拉迪克，今天是我的受戒礼。当年我父母在18路公共汽车上发生的恐怖袭击中遇难，您曾经去卡达蒙看过我们，您还记得吗？我当时和我的弟弟托马在一起，您记得吗，拉瑞莎姨妈曾经告诉我，您和我一样，八岁的时候就失去了父母？”我回答说，我当然记得，但是更重要的是，他应该记得拉瑞莎姨妈对他说了什么：“一切都在你的掌控之中。”我一个字一个字地重复着她说的话。“她说如果你渴望成功，并努力争取，你就能成功。我和她一起祝福你。希望宇宙之王可以照亮你的人生之路。”分别时我们用力地握了握手。

不幸的是，在我担任以色列国首席拉比的10年间，我遇到过许多类似弗拉迪克的情况。

以色列首席拉比的选举于1993年举行。有选举权的150人中工党就占了26名，工党指定了一个由七人组成的委员会。该委员会的任务是对三名参与竞选阿什肯纳齐首席拉比的候选人以及三名参与竞选塞法尔迪首席拉比的候选人的品格做出评估。在经过多次研究后，他们要在工党总部大楼举行的会议上提交一份推荐报告，指出他们要支持的那位候选人。当时，我是特拉维夫—雅法的首席拉比，是竞选阿什肯纳齐首席拉比的候选人之一，其他两位候选人是海法的首席拉比和荷霍沃特的首席拉比。海法市市长阿莱·古尔—艾尔发言支持海法拉比；荷霍沃特市市长摩西·拉比多也替他的城市的拉比说话。我没有市长替我说好话，因为我所在的城市的市长舍洛姆·拉哈特属于利库德集团。但是其他三个人表示支持我，他们是：伊弗列姆·海勒姆准将，他谈到了我在戈兰高地与士兵们的会面。他详细描述了我在与士兵交谈中是如何提高他们的士气的。“我是一个世俗犹太人，是一名军人。我对拉比一无所知，”海勒姆说，当时他是拉马夏沙隆市议会的主席，“但是，”他引用了《列王记》中那个书念妇人对先知伊莱沙的回答，“我在我本乡安居无事。”“我知道首席拉比就是他。”他说。接下来支持我的还有犹太地市市长莫迪凯·利尼科。他说他是一个大屠杀幸存者，曾在俄罗斯的强制劳动集中营中做过苦役。他是在帐篷营里开始在以色列的生活的。后来，他成功地做到了市长这个职位。“我认识所有的候选人，但是他们之中只有一个人是从灰烬中重生的。他是犹太民族复活的象征，值得我们支持他，他就是劳拉比。”第三位发言支持我的是尤瓦尔·弗兰克尔，他是伊扎克·拉宾阵营中的一名工党成员，他发言道：“我代表年轻一代讲话，如果有一位拉比，与我们交谈，理解我们，与我们感同身受，他就是劳拉比。”

我从未归属过任何一个党派，尽管我经常接到一些邀请我担任官职的电话。我总是对致电者给予的支持表示感谢，并向他们解释，我需要考虑的不是选举日，选举日之后的那一天。我说尽量避免在身上贴上任何党派的标签。我从我的岳父，弗兰克尔拉比那里学到这句箴言，他在特拉维夫做了50年的拉比，在那50年中，有14年他是那个城市的首席拉比。我在没有任何政党支持的情况下做到了他的位置。他是整个犹太民族的拉比，他知道只有采取这种态度才能在拉比的位置上获得成功。我告诉自己，如果我没有成为以色列首席拉比，这也不是很糟糕的事情；但是如果我当选了，我需要确认的是，我是否获得了公众的信任，而不是某个政党的信任。我曾经历过七次不同职位的竞选，没有一次失败过。这次也是如此，在担任特拉维夫首席拉比五年后，在上帝的帮助下，我成为以色列首席拉比。支持我竞选的人来自不同的社团、政党，拥有不同的世界观。

根据规定，以色列首席拉比必须完成两项任务。在他任期的第一个五年，他将担任最高拉比法院的首席法官以及首席拉比委员会的主席。在接下来的任期里，他将负责国家的宗教事务，比如犹太教饮食教规、安息日、宗教委员会、葬礼、神职授任考查；在他任期的第二个五年，他将担任最高拉比法院的院长以及宗教司法系统的最高领导。

但是，法律并没有界定首席拉比在其余的时间里应该做什么，他应该出席什么样的场合，对什么样的群众讲话。历任首席拉比在首先扮演好《托拉》教师和哈拉卡仲裁者的角色后，都将尽力完成他认为重要的事情。

我决定将工作重点放在我认为最重要的领域：戒律和一项使命，那就是与疾病和悲痛有关的社会福利活动，特别是看望病人和安慰死者的家属。我对这些事情的敏感以及它在我的私人和首席拉比世界中所占的特殊地位，源于大屠杀对我的影响，无论我做什么都有它的影子在。我经常回忆起我小时候的情形，当时我得了麻疹，一个人躺在隔离室里；而拿弗他利当时得了斑疹伤寒，他也被隔离在布痕瓦尔德医院里。所以在当时的情况下，没有一个人来看望我、问我的感受或是握住我的手。这段童年记忆一直深埋在我的意识里。这促使我去以色列境内的所有医院，鼓励那些正在遭受病痛折磨的人们；这也同样把我带到那些哀悼亡者的房子里，安慰那些悲痛的人们。在我看来，出现在医院里，对每个奋战在工作岗位上的医护人员说一些鼓励加油的话，是我的责任。作为拉比法官，我承担的另一项职责是去看望那些遭受丈夫虐待的妻子，或者拜访那些被丈夫谋杀的妻子的家人，我试图了解为何一对夫妻的关系可以落到如此的境地。我也想从这些悲剧中吸取一些教训，以帮助那些处于困境的夫妻。

像世界上任何一个遵守戒律的犹太人一样，我的每一天是以晨祷开始的，这包括一系列的戒命：“谁在这个世界上享受报偿就要把他的原则完整无缺地留在未来的世界上。”以及“尊敬你的父母，”——令我伤心的是，我没有机会履行这一戒命——“友爱仁慈的行为，参加早课和晚课，殷勤招待客人，看望病人，向新娘提供服务，护送逝者，专心祈祷，让人们和睦相处；学习《托拉》与上述行为具有同等重要的意义。”当一个人把这些戒律重复60年，他也就对它们产生了深深的义务感。因此，在我看来，虔诚的犹太人应该献身慈善事业，特别是应该看望病人。

在我担任以色列首席拉比期间，巴勒斯坦人发起暴动，恐怖袭击夺去了很多人宝贵的生命。几千名受伤者住进医院，伤痕伴随他们度过了余生。由于这些恐怖事件，我认识了他们中的大多数人。我为一些人主持了婚礼，参加了一些人的受戒礼。大部分受伤者在耶路撒冷或中部地区的医院接受治疗，为了看望他们，我走访了以色列境内的所有医院，从南部的索罗卡到北边的哈麦科。

巴勒斯坦暴动期间，许多人被夺去了生命，也发生了许多感人的故事，我尤其被一个家庭的故事感动，我与这个家庭建立了深厚的感情。我们的关系还要从我担任内坦亚首席拉比时说起，那时我认识了一个叫约瑟夫·弗里德曼的内坦亚市民。他是匈牙利移民、一个托拉学者和知识分子，他靠着自己一个人的力量在内坦亚的老工业区建了一个酿醋厂。他和他的妻子都是大屠杀幸存者，他们组建了一个小家庭。我在贝特梅厄会堂教授《塔木德》的时候，他来我这里听课，并为内坦亚宗教社团的文化生活贡献了力量。在我当选内坦亚首席拉比后，他给我打电话，告诉我他的大女儿特莰拉要结婚了。虽然我们认识的时间不长，他还是邀请我主持他大女儿的婚礼。我问了新郎家的情况，他说他未来的女婿莫迪凯·施瓦舒尔德的家人住在荷兰，他独自一人移居到以色列。我记住了那个拗口的名字。

20年后的一天，我在耶路撒冷首席拉比办公室的秘书告诉我，一个名字说起来很拗口的先生给我打了个电话，想跟我谈谈教育方面的问题。秘书将电话转进来，打电话的人正是莫迪凯·施瓦舒尔德，多年前，我曾主持过他的婚礼。我邀请他到我的办公室，并问了他的家庭情况。他告诉我说，他和他的妻子幸运地有了许多孩子，他们住在《圣经》里便雅悯部落曾经的聚集地——太巴列的内里亚（塔尔蒙）。他原本做从荷兰进口化学品的生意，她的妻子每天跑通勤，到耶路撒冷的一所极端正统派的学校给有听力障碍的孩子们讲课，那所学校的名字是“听我们的声音”。由于不满意自己的孩子所受的宗教教育，他决定放弃进口生意，为他所在地区的男孩们建一所极端正统派的律法学校。他以他父亲的名字——约瑟夫·施瓦舒尔德，以色列正教组织在荷兰的一个领导人——命名了这所小学，并借用了《诗篇》中的一句——“领约瑟如领羊群的他”，原文是“领约瑟如领羊群之以色列的牧者阿”。他问我能否来学校讲话，向在那里上学的孩子和家长们提供支持，并鼓励更多的孩子到这个学校注册，“如果以色列的首席拉比都能远道赶到内里亚给孩子们讲话，或许其他家长们也会把孩子送到我们学校来。”他又补充说，他需要我的支持，因为他目前给老师发工资都成了问题。我答应他去一趟。

2001年7月，第二次巴勒斯坦人暴动发生大约一年之后，一天的下午两点，一个自杀爆炸者在耶路撒冷市中心斯巴罗的一个人很多的比萨饼店引爆了身上的炸弹，造成15人死亡，大约100人受伤。那天晚上9点，我在特拉维夫家中的电话响了起来，打电话的是一个年轻女性，电话那头的她哽咽着说：“我是从耶路撒冷的比克柯林医院打来的电话。您还记得特茨拉·施瓦舒尔德吗？我是她的妹妹。我姐姐在斯巴罗餐馆的爆炸事件中身亡了。他的丈夫莫迪凯也死了。因为是暑假，他们夫妇抽出一天时间带着孩子去了耶路撒冷。中午他们去斯巴罗吃比萨饼。他们带去的五个孩子里有三个死了（他们是拉阿雅、艾弗拉姆·伊扎克和凯美达）。他们中最小的才两岁，最大的14岁。三个大一点儿的男孩活了下来。两个在部队服役，第三个没有跟家人在一起。两个小一点儿的女孩，利亚蕾和查雅蕾活了下来，她们受伤了，住在医院里。”当我从震惊中缓过神来后，我问她特茨拉的父母是否得知了这场可怕的灾难；如果他们知道了，他们对这个可怕的消息有何反应。她说，她的父母都在内坦亚，由于受惊过度，他们也接受了治疗。她的父母想起我主持过她姐姐和姐夫的婚礼，于是问我可不可以在他们的葬礼上致悼词，葬礼第二天早上十点在耶路撒冷的哈拉哈—梅努霍特公墓举行。我答应了。

该如何形容一个父亲、母亲和他们三个年幼孩子的葬礼？该如何理解五副并排的担架，两副上面盖着祈祷披巾，三副上面盖着以色列国旗？如何敢注视利亚蕾的眼睛，当这个10岁的小女孩看见抬着她亲人的担架，而她则躺在医院的病床上，全身裹着纱布，一个医生在床的这边，一个护士在床的那边？利亚蕾坚持要参加她父母和兄弟姐妹的葬礼。医护人员同意她的特殊请求，因为他们想如果不让她去，她永远也不会原谅自己。心情沉重，满腹担忧的医务人员们允许这个伤势不太重的女孩去参加葬礼，和她一起去的还有她的病床、点滴以及肉体和情感上无法形容的痛楚。

我站在她面前，我们的目光相遇，但我说不出一句话。我只能大声感叹："耶和华啊，恶人夸胜要到几时呢？要到几时呢？"

在一瞬间的沉默之后，我想起了贤人们的米德拉西[①]："我们站在芦苇海（红海）的岸边，历经四代的奴役、强迫劳动和邪恶的法令，我们被敌人包围。乌扎，埃及的救死扶伤天使曾说过：'宇宙之王，以色列不应该得到奇迹。我的孩子们，埃及人不应淹死在海里。这两者之间有什么区别呢？一个是偶像崇拜的民族，另一个也是。'就在这时，米迦勒，以色列的救死扶伤天使，以色列天庭辩护士向加百利做了一个手势。加百利飞了起来——这是米德拉西中的语言——他俯冲到埃及，把比东和兰塞城墙上的灰浆和黏土移走，发现一个犹太婴儿夹在其中。当希伯来奴隶完不成每天的工作量时，埃及的工头们就从他们的家中将婴儿抓走，并将婴儿推到墙里，借此完成砌墙的工作。加百利将小婴儿放入米迦勒的怀中。当米迦勒将婴儿放在天平上时，被残杀的婴儿的身体比整个国家还重。

"当艾弗拉姆、凯美达和拉阿雅上天堂的时候？天上究竟会发生什么？一家中有五个人——五个被残忍杀害的年轻人。莫迪凯有多大？特莰拉有多大？他们的生活才开始。他是一名教育家，她教那些残障学生，他们共同养育了八个小孩。现在这家超过一半的人都被杀害了。"

葬礼过后的第三天，我去沙阿雷—莰厄德克医院看望在斯巴罗炸弹袭击事件中受伤的人。我试着和一个受了重伤的16岁女孩聊天。她后来终于讲话了："当时，我和两个朋友在斯巴罗，我们正在吃比萨饼。在我们旁边是两个拼在一起的桌子。一大家子人坐在那儿，父亲、母亲和他们的孩子们。突然，我们听到一声巨响，接着就看到了可怕的火焰。很快，我就感觉自己身上着火了。我听到旁边那桌的父亲说：'孩子们，和我一起大声念《施玛篇》。'他们一起念着《施玛篇》，不久，声音就沉寂了下来，后来，我就在医院里醒来了。"那骇人的情景深深地印在我的脑海里。莫迪凯已

① 希伯来文意为"解释"。

经知道他们要死了，所以他要确保从孩子们口中说出的最后的话是《施玛篇》。这只能让我想起大屠杀，让我想起父亲和彼得库夫、普雷肖夫的犹太人一起走进特雷布林卡的毒气室时，他们嘴里念诵的也是《施玛篇》。

去沙阿雷—茨厄德克医院的第二天，我去看望了施瓦舒尔德家中仍然在世的成员。孩子们决定在内里亚，他们父母盖起来的房子里守七天丧期。午祷时，一辆救护车停在了门前，利亚蕾在两名医护人员的搀扶下走了进来。她坚持要出院，和她的兄弟姐妹们一起守几天丧。几个小时后，我起身准备离开，但是“再见”两个字却说不出口。我走到利亚蕾身边。我问她仍在住院的妹妹的情况。利亚蕾告诉我，她来这儿之前，已经去妹妹的加护病房里告诉她准备回家了。利亚蕾对我说：“妹妹知道是您在爸爸妈妈的葬礼上讲过话，她也知道，当年也是您主持了他们的婚礼。我们常在婚礼的相册上看到您的照片，我们的外祖父也多次谈起您。查雅蕾让我问候所有看望我们的人，她还特别强调劳拉比肯定会来看望我们。她叫您去医院看她，她说，‘提醒劳拉比，看望病人和安慰哀悼者都是戒律上要求的，请他也来看看我。’”

第二天，我做的第一件事就是去医院看望查雅蕾。她的脸烧伤了，胳膊和腿也断了，尽管注射了大量的吗啡，显然她还是很痛苦。看到她那个样子，我也帮不上什么忙，我想该对她说些什么呢。我发现自己自然而然给她讲了一个故事，我没有提主人公的名字：“我认识一个八岁的男孩，他没有父母。你比起他来要幸运一些，至少你还有祖父、祖母和外祖母，他只有一个哥哥，后来他来到了以色列地，他发现他在这儿还有一个哥哥。而你，却还有三个哥哥和一个姐姐。”

“这个八岁的小男孩来到以色列的时候，不懂希伯来语，除了他的哥哥以外，他谁也不认识。但是你，以色列的每个人都认识你爱着你。当大家听到你们家的悲惨遭遇后，他们从全国各地送来了祝福。大家等着看你再次站起来，健康地走出医院。我听说总理亲自到这里看望过你，教育部长里夫纳特还给你带来了一本《诗篇》和一个泰迪熊。我昨天看望你家人的时候，还遇见了摩西·卡察夫总统。所有这些都是在表达爱。与你的情况不同，没人去看望那个我跟你说的八岁的小男孩。人们几乎都不知道他的存在。快要成立的政府也不知道有他这么一个人，所以当然谈不上爱他了。但是他仍然坚持着，没有放弃，他没有为悲惨的命运哭泣，他不觉得自己可怜。他努力在这个新国家重建自己的家园。”这时，令我吃惊的是，查雅蕾说：“我知道，那个小男孩就是您。”“那么，”我继续说道，“就把我的故事当成榜样吧。”这是一次很简短的对话。有医护人员的陪伴，我觉得再继续下去不太合适，对她来说也很困难，为了说话她要费很大力气。那时，大家的眼眶都是湿润的。

几个月后，这个家庭叫我去为小女孩的哥哥主持婚礼。这是一场非常感人的婚礼。新郎在没有父母陪伴的情况下走到新人帐下。是他的外祖父、来自荷兰的祖母以及他的叔叔、婶婶护送他到新人帐下的。每个人都在流泪，那是痛苦的泪水，也是幸福的泪水。小查雅蕾和她的姐姐利亚蕾来到我面前。如果不是看到她们的眼泪，我很难相信这就是刚刚成为孤儿，哀悼过她们的兄弟姐妹，并忍受过可怕的肉体伤痛的那两个小姑娘。这两个迷人的小姑娘懂得如何快乐。我知道她们会像我故事里的那个小男孩一样好起来的。

我帮助过的遭受病痛和苦难的人不仅限于犹太人。

我与约旦国王侯赛因的亲密关系开始于一次家访。在一次随学校去以色列和约旦边界的拉哈加亚姆游览时，七个来自贝特舍梅的女孩被一个约旦狙击手打死了。侯赛因国王为此事专门访问了以色列，并看望了遇难者的家属。他在遇难者的父母面前跪下来，请求他们的原谅。贵为国王做出此等罕见的举动着实令人难忘。包括这些悲痛的家人在内的全体以色列人都非常钦佩国王的举动，而且都被他感动了。

第二天，当我到贝特舍梅看望遇害者的家人时（遇到这种灾难事件我都会这么做），侯赛因国王的拜访成了那天人们谈论的焦点。每个人都在谈论这件事，因为他感动了所有的人。他的行为，完全没有政治的考虑，也给我留下了很深的印象。国王表现了他对他人痛苦的敏感。我听说过有关他的事情，和所有以色列人一样，我也关注他在维护和平方面的举措。我在阿拉瓦沙漠见过他，当时他和伊扎克·拉宾签订了《约以和平协议》，在场的还有比尔·克林顿总统和埃泽尔·魏茨曼总统。后来，在他对特拉维夫进行国事访问时，我们在萨得达沃机场握了握手，并进行了简短交谈。再后来，我们在特拉维夫索拉斯基医疗中心纪念拉宾的一次活动上见过面。但是我们没有真正地交谈过。

国王身患癌症后住进美国明尼苏达州罗切斯特的梅约医学中心。当时我可以在芝加哥停留一天。我打算去看望病中的国王。作为对他在贝特舍梅所做事情的回报，我想向他表达以色列人民美好的祝愿，并祈祷他早日痊愈。我通知外交部和以色列驻约旦大使埃弗拉伊姆·哈列维，让他们帮忙将我的请求转达给国王的家人。国王的家人对我表示了感谢，但他们通过哈列维转告我，就在那天国王将接受新一轮的化疗。因为他的头发掉光了，所以除了自己最亲近的家人，他不想见任何人。我尊重他的决定。

当我的手机响起来的时候，我已经在芝加哥了。电话的那头是希曼·哈迪·马贾利，侯赛因国王办公室的主任。马贾利是国王的心腹，他负责安排国王的日程，国王的每次会见他都在场。他称呼我为“伟大的贤人”。他说国王知道我在美国，知道我想抽时间去医院看望他。“国王是一个虔诚的人，非常重视您的祈祷和祝福。他烦透了那些说他不能接见访客的人。国王确实不能接见任何人，他当然不想自己被拍照。他想把自己光辉的形象留在人们心里，而不是现在这个样子。但是他不愿意错过您的来访和您的祈福。”马贾利澄清了以前的说法。我问什么时候可以拜见国王。我说我第二天就可以去医院。希曼·哈迪·马贾利在挂上电话之前强调他和国王会等着我。我不知如何解释，但是在回以色列之前，我就有种感觉，或许真能见到侯赛因国王。我将我从以色列带来的、白皮装订的希伯来文和英文对照的《圣经》作为礼物送给了侯赛因国王。

第二天，也就是1998年8月23日，我手里拿着《圣经》去了梅约医学中心。我被领到国王病房隔壁的一个房间，在那里等着。随后，国王就进来了，他的手上还打着点滴。他在医院的病号服外套了西服。他热情地和我握手，并微微地笑了一下，对自己没戴领带向我表示歉意。他向我解释说，他很难在病号服外打领带，但是因为他觉得不能这样去见首席拉比，所以为了对我表示敬意，他在外面套了一件西服。我们都笑了，接着我们坐下来谈了40分钟。会见快要结束的时候，我将《圣经》送给他。在《圣经》的封二上，我写了一句《耶利米书》中的话：“求你医治我，我便痊愈，拯救我，我便得救。因你是我所赞美的。”关于这段献词，我补充道：“我代表所有欣赏您的品格，钦佩您为和平所做的不懈努力的全体以色列人，祝愿您幸福安康，早日康复。”侯赛因国王接过《圣经》，在看完我的题词后，他将《圣经》的上端送到嘴边亲了一下。他痛苦地闭上眼睛，举起《圣经》，将它置于头上。我注意到泪水从他闭着的眼睛里流出。

接着他放下《圣经》，又亲了一下，并说道：“伟大的贤人，您有孩子吗？”我回答说有。“那孙子呢？”他问道。我又回答说有。“他们都在以色列吗？”“他们都在以色列。”我回答。国王接着说：“我在真主面前向您保证，”他的声音虽然虚弱，却很坚定，“如果他赐予我生命，我将用尽我全部力量，在我剩下的日子里，实现最终的目标：让您的孙子们和我的孙子们友好相处，成为好邻居。之前，我也向伊扎克·拉宾，这位我敬爱和钦佩的伟大的战士和英雄保证过。”我向他表示感谢，并特别提到当他在赫茨尔山国家公墓伊扎克·拉宾的葬礼上为他致悼词的时候，我就坐在他的对面。“我感觉，当您谈到拉宾时，您的话是发自肺腑的。”我强调说。侯赛因国王点头道：“我喜爱他的诚实和勇气。”接着国王转换了话题，他所了解的情况令我惊讶。“我知道您的过去和您童年时的经历。我知道对您来说，生命的圣洁是人生的最高价值。或许就是这个价值观将您带到了梅约医学中心。我向您保证，回到约旦后，我将尽我所能维护两国人民间的和平。”我试着鼓励他，说现在梅约医学中心就是他的战场。“您总是那么勇敢、那么坚定，您是一位伟大的英雄。您要聚集您全部的力量和才智，打赢这场战斗。”我这样要求他，我说的每个字都是真心的。国王流下了眼泪。

40分钟后，当我们结束这次谈话时，侯赛因国王坚持送我上电梯，他走得很慢，费了很大劲才走过医生、护士和他的警卫的房间。“您是伟大的贤人。我必须尊重您，我是一个有信仰的人。”他解释说，他拖着沉重的脚步走向电梯，手上插着针管，病号服外套着考究的西装。即便在最艰难的时候，侯赛因国王仍旧努力保持他的皇室形象，非常注重自己的仪表和说话方式。尽管可怕的疾病正侵袭着他的身体，他却没有丝毫的自哀自怜。在我拜访他六个月后，他过世了。我是从他的办公室主任希曼·哈迪·马贾利那里知道这个消息的。他通过以色列驻约旦大使请我加入出席国王葬礼的以色列代表团。哈迪·马贾利解释说，我在梅约医学中心的拜访给国王留下了很深的印象，他常常提及此事。“您送给他的那本《圣经》，一直陪伴着他，直到他生命的最后一刻。”

国王下葬后，就在国王的葬礼上，国王的儿子阿卜杜拉站在那里接见了祝贺他荣登王位的各国政要。我碰巧是第三个恭喜他的人，排在叙利亚总统哈菲兹·阿萨德和法国总统雅克·希拉克之后。我说我希望他能像他父亲一样继续开辟新天地，沿着和平之路前行。他肯定了站在身边的哈迪·马贾利所说的话，告诉我他父亲总是提及我拜访他的事，他将追随父亲的脚步，继续为两国之间的真正和平做出努力。我借机给了他一封信，请他通过与伊朗政府之间的关系，释放关押在设拉子的无辜犹太人。

1997年秋天的一个下午，从耶路撒冷的拉比办公室回特拉维夫的家的路上，我从广播中听说埃及驻以色列大使穆罕默德·巴西欧尼住进了依其洛夫医院。据新闻报道，大使因为心脏病复发被紧急送至医院，并在医院做了心脏搭桥手术。我叫我忠实的司机鲁比在回家路上绕道去医院看望一下大使先生，因为我和他在很多正式场合见过面。当我到他的病房时，我被告知大使已经离开了恢复室，现在还在睡觉。我请医护人员等大使先生醒来后把我的祝福转告给他，并告诉他明天我还会来看他。我正向外面走时，听见身后有一个女人喊我："首席拉比，首席拉比。"原来是大使夫人，她从排成人墙的保镖身后认出了我，并邀请我进去。

她很激动，推开她丈夫的保镖来到我面前。我向她解释，既然大使先生睡着了，我应该离开，但是她坚持让我进去。她说她的丈夫信仰真主安拉，既然他是一个有信仰的人，他需要我的祝福。她再三要求我进入病房，站在他的床边。我不能拒绝她的请求，但是我的脑子里出现了一个想法，这么做可能不是最好的方案。如果病人睁开眼睛，迷迷糊糊地透过插在他身上的管子看见穿着长袍、头戴黑帽的高个子男人，这一惊吓可能导致心脏病再次发作，这可不是我想要的。但是当我站在病床的这一边，大使夫人和保镖站在另一边，大使睁开眼睛，看到我时，他的脸上浮现出一个灿烂的笑容，好像在说："伟大的贤人，赐福于我。"我确实这样做了，祝愿他早日康复。

一个月后，我在耶路撒冷的办公室的电话铃响了。是穆罕默德·巴西欧尼打来的电话。他问我能不能马上见一面。一个小时之内，他就来到了我在耶路撒冷的首席拉比办公室，并带来了一封埃及总统胡斯尼·穆巴拉克的私人信件。总统邀请我第二天，也就是1997年12月17日，去总统官邸拜见他。我很吃惊，因为我既不是政党代表，也不是政治家。"我想知道为什么我有幸让总统接见我？"我问道。大使笑着说："你知道埃及国内有很多人认为我在以色列的时间太长了，我在这儿的18年里，许多任外交部长多次想把我换掉，现任外交部长也要这么做。但是我在总统的圈子里有一位重要的支持者，他就是我的朋友奥萨马·阿尔·巴兹。我做完手术恢复身体的那段时间，我告诉过他，我活过来后见到的第一个人就是你。

当换掉我的问题再次出现的时候，奥萨马·阿尔·巴兹把这个故事告诉了穆巴拉克。为了向穆巴拉克证明我在以色列是多么的受欢迎，阿尔·巴兹说首席拉比特地从耶路撒冷赶到特拉维夫来看我，首席拉比是第一个来看我的人，他和我握了手，还祝我早日康复。穆巴拉克惊得下巴都掉了，他说："我想见见这个人。""那就邀请他吧。"阿尔·巴兹回答道。

在我去埃及之前，外交部长阿里尔·沙龙给我家打了个电话，"我听说您要与埃及总统穆巴拉克见面。我在这里有一个请求。"他说，"有一个以色列公民叫阿扎姆，他目前被囚禁在开罗的监狱里，但是他是无辜的。请让总统放了他。或许一位宗教领袖能对他有些影响。"

第二天，我就去了开罗。可惜的是，由于身体状况欠佳，巴西欧尼大使不能陪着我。显然开罗方面已经对我的来访做了准备：我开车经过的所有道路都实施交通管制，人们站在人行道上好奇地盯着我的车队。我们会面的时候，穆巴拉克告诉我，我访问埃及期间有1万名警察遍布街道，确保首都的治安。这个庞大的数字令我惊奇。穆巴拉克解释说："如果不这样做，所有反对我的人以及反对与以色列建立和平关系的人将采取自由行动。"他继续解释道，"如果有什么事发生在像您这样的来访者身上，我该怎么办呢？在您访问期间，我不允许任何事情发生。"

大约有20个人参加了这次会晤。以色列这方包括以色列驻埃及大使兹维·马泽尔、总领事科比·布洛什以及三位陪我访问埃及的首席拉比院的代表。其余都是埃及人。我们的会谈持续了一个半小时，会谈是用英语进行的。穆巴拉克首先想起以色列有了一位新总理——本雅明·内塔尼亚胡。我想让总统明白，我不是一位政治人物，也不属于任何一个政党。但是，我解释说，抛开总理的政治观点不谈，以色列受够了战争，最重要的是，以色列想和邻居们和平相处。证据就是，内塔尼亚胡，这个右翼利库德集团的领导人，把希伯伦归还给了巴勒斯坦。西蒙·佩雷斯签署了《奥斯陆协议》，但是真正执行这个协议的人是内塔尼亚胡。会议室里安静了一会儿。我不知道是否激怒了总统，我想知道他会作何反应，但是我很清楚地表达了我们结束战争的愿望。"您说得很对。"穆巴拉克大声说，打破了僵局。

我告诉总统，在麦比拉洞大屠杀后，我和拉宾政府的另一位首席拉比以利叶胡·巴克希·多兰作了一些特别的安排，同时允许犹太人和穆斯林在希伯伦祷告。一年中有10天留给穆斯林在那里祷告，还有10天留给犹太人。其余的345天，不同宗教的信徒从不同的入口进入各自的大厅。大屠杀发生在1994年的3月，犹太人的普林节期间。从那时起直到1997年12月我与穆巴拉克会晤，这个协议非常有效，没有任何人使用过武力，更没有流血事件发生。依我看来，这一点充分证明了，只要我们希望在互相理解和心平气和中生活下去，我们就一定能做到。

在我们商讨的过程中，我向穆巴拉克提出了另一个问题：赎罪日战争期间，埃及人从驻扎在苏伊士运河旁的一个以色列部队里抢走了一份《托拉》经卷，当时正在埃及战争博物馆里展出。我解释了《托拉》经卷对于犹太民族的重要性，以及为什么它不能作为战争工具的原因。因此，我继续说道，把它当成战利品在战争博物馆里展示的做法有欠妥当。总统答应会调查这件事。我本人也和那卷《托拉》有着不解之缘。它经历过在罗马尼亚发生的大屠杀，后来到了宗教事务部，后来又被送到了以色列国防军的首席拉比院。1973年10月他们把它送到驻地官兵的手中是用来做赎罪日礼拜的。

多年以后，我参与了《托拉》经卷的回归工作，这些经卷是在大屠杀期间被劫掠的。这次完全或不完全地索回了超过300部《托拉》经卷以及其他神圣的羊皮卷经文，这些经卷在维尔纽斯存放了60年。我们将它们运至耶路撒冷，我亲自把第一部《托拉》经卷运回新家。

我还向穆巴拉克提到了阿扎姆，他提出了一个行动计划，我在这里不方便详述，但是科比·布洛什把它列入了会议记录。回国后，我向外交部长沙龙以及阿扎姆的家人通报了此事。

会谈接近尾声的时候，穆巴拉克提了一个请求。他说自己是一个世俗的人，但是开罗住着一位埃及的大穆夫提①，穆罕默德·坦塔维博士，他是埃及的最高宗教领袖，也是开罗的爱资哈尔大学的校长。穆巴拉克诚挚地邀请我与坦塔维博士见面。对于他的邀请，我并不感到意外，因为之前我已经向巴西欧尼表示过想和这位宗教人士见面。

我们去看望了坦塔维博士（又称爱资哈尔长老）。我们在爱资哈尔大学校长办公室见了面，这间办公室在一幢又旧又暗的建筑里，操场上几乎没有学生。爱资哈尔大学主要是伊斯兰教逊尼派培养阿訇、穆夫提和卡迪（宗教法庭法官）的机构。参加会面的有坦塔维博士、副长老扎夫扎夫（我和他在欧洲和美国的不同聚会上见过几次面）、以色列驻埃及大使兹

① 回教长老。

维·马泽尔（他给我和校长做翻译），以及科比·布洛什（他负责将此次会议的情况报告给以色列外交部）。我们的会谈持续了大约一个半小时。当我看到窗外天色渐晚的时候，我想起来我已经答应去开罗的沙阿雷·沙马伊姆会堂参加午祷和晚祷。该会堂是埃及唯一一座拥有法定教徒人数的犹太会堂。我知道犹太人都在等着我的到来。

我向坦塔维博士说明了情况，并对这次温馨的对话表示了感谢，我向他表示歉意，因为我必须去犹太会堂。出于礼貌，我邀请他在适当时候访问耶路撒冷。我保证将以同等的规格接待他，但是他的回答极其生硬："除非我的护照上盖上巴勒斯坦国的印章。我不会让我的护照上盖有以色列政府的印章的。"我不愿意让他这种极端主义的言论就这么过去，于是我对他施加压力，"我们在这里是在探讨友谊和睦邻友好，为什么印章会让您烦恼呢？我的护照上盖着埃及的印章，我也很骄傲能拜会穆巴拉克总统。我们欢迎任何增进和平和理解的事情。"

但坦塔维博士并没有改变立场。在他的眼中，以色列人从伊斯兰人手中偷走了耶路撒冷。我不允许这种说法顺利通过。我承认："针对您，我做了一点'功课'。我知道您有博士学位，我很好奇您的博士论文题目是什么。我发现您写的是《古兰经》中的犹太人和犹太教。所以我推断您不仅了解伊斯兰教，对犹太教也有所了解。我对犹太教也了解一点，但我对伊斯兰教知之甚少。所以请允许我问您一个问题，《古兰经》中出现了多少次耶路撒冷？毕竟，我们谈论的是圣城。伊斯兰教的经典著作中也必然提到了圣城。"坦塔维博士沉默地看了我许久。我继续陈述自己的观点："在我们的《圣经》中，'耶路撒冷'以及它的同义词'锡安'不止出现一次或两次，而是821次。这证明了在犹太人的信仰和意识中，耶路撒冷就是中心。在《圣经》的每个角落，都可以看到耶路撒冷的影子，所有主题都和它有关。《圣经》反复说到，我们必须让各宗教、各民族的信徒进入圣城。先知在《以亚赛书》第56章中讲道：'我必领他们到我的圣山，使他们在祷告我的殿中喜乐。他们的燔祭，和平安祭，在我坛上必蒙悦纳。因我的殿必称为万民祷告的殿。'至于主权和历史联系，821这个数字教会了我们一些事情。所以请告诉我，"我把我的问题又重复了一遍，"在《古兰经》中，耶路撒冷出现了多少次？我可以猜一下，"他静静地看着我。我问道："答案是不是零？"这时，副校长点了点头。我带着这个令人难以忘怀的确认，离开了那里，前往开罗的犹太会堂，和开罗的犹太小社团一起做午祷和晚祷。我感觉，尽管以色列和埃及保持着一种官方认可的和平状态，但是想要达到稳定和持久的和平，仍要走很长的一段路。因为一些人、一些政党和一些运动组织仍然拒绝承认以色列国这个既存的事实。

返回以色列后，阿里尔·沙龙告诉我阿曼的一份报纸上刊登了一幅嘲讽这次会晤的政治漫画。漫画上画了两头猪，一头顶着伊斯兰新月，另一头戴着大卫星。下面的说明文字是："爱资哈尔大学校长会见伟大的贤人劳。"消息传到了穆巴拉克那里。他勃然大怒，阿曼人居然可以这样侮辱校长，于是他颁布了一条新法令，要求阿曼居民进入埃及时必须申请签证。

对埃及的简短访问以及这两次关键的会晤，使我再一次认识到：我们对不同民族、国家、宗教和种族之间实现和平不能失去希望。实现和平不能通过最高的领导层，而是秉承人文主义精神，通过人与人之间的接触达成这个目标。这才是影响的真正力量——人们之间的关系鼓励领导者们见面并实现相互理解、友谊，并最终实现真正、持久的和平。

引文出处：

谁死于火中——《赎罪日祷文》

我在我本乡安居无事。——《列王记下》4:13

领约瑟如领羊群之以色列的牧者阿。——《诗篇》80:1

恶人夸胜要到几时呢？要到几时呢？——《诗篇》94:3

求你医治我，我便痊愈，拯救我，我便得救。因你是我所赞美的。——《耶利米书》17:14

我必领他们到我的圣山，使他们在祷告我的殿中喜乐。他们的燔祭，和平安祭，在我坛上必蒙悦纳。因我的殿必称为万民祷告的殿。——《以亚赛书》56:7

第16章 伊扎克·拉宾——倒塌的桥梁

1995年11月4日，星期六的晚上，伊扎克·拉宾遇刺身亡。这天正值希伯来历5756年赫舍汪月11日，《圣经》中拉结的忌日。同样是在这一天，彼得库夫的犹太人在特雷布林卡遭到屠杀：市区和郊区总共28000名居民惨遭杀害，其中包括我的父亲和我的哥哥塞缪尔·伊扎克。按照彼得库夫悼念亲人的惯例，我来到特拉维夫的作家之家，参加大屠杀第二代和第三代为纪念彼得库夫受难者举行的周年纪念活动。晚上10点后我回到家中。我的一个亲家，耶路撒冷的伊扎克·拉尔贝格拉比打来电话，问我是否听到了消息。他说，伊扎克·拉宾遭到枪击，被紧急送往了依其洛夫医院。我非常震惊。在不知道拉宾的状况、凶手的身份以及刺杀动机的情况下，我很快赶到了医院。我的脑子里闪过很多念头：但我确信那个暗杀者一定是恐怖分子。

我花了大约七分钟的时间来到地下二层，医生们正在奋力抢救总理的性命。利亚·拉宾和他们的女儿达利亚·拉宾被留在护士的办公室里，我和其他人一起在外面等。等待的人中包括西蒙·佩雷斯；以色列国防军总参谋长阿莫隆·李普金·沙哈克；工党总书记尼西姆·兹维利；美国驻以色列大使马丁·因迪克；公务委员会主席施慕尔·霍兰德；拉宾任国防部长时的发言人阿维·贝纳亚胡；还有其他官员和好友们：艾坦·哈伯、西蒙·谢夫斯、哈依姆·拉蒙，以及拉宾的司机：达马蒂和沙拉比。所有人都焦急地等待着，渴望了解总理的状况。有那么一刻，我们有理由希望最好的情况出现：院长走出来说心电监护仪跳了一下，表示有生命的迹象。但是几分钟后，三位身着白大褂的教授走出了治疗室。好像事先商量好了一样，他们都没有说话，他们一起摇摇头，像是在说“就这样了——我们已经尽力了。伊扎克·拉宾死了。”

与此同时，我们听到一些有关暗杀者身份的只言片语。传闻指向一个年轻的以色列人；我们希望他不是犹太人。我们甚至听到有传闻说他是一名巴—依兰大学的学生，我们仍然认为他不可能，他肯定不是犹太人。很难相信，一个犹太人会在以色列国暗杀一位犹太总理。然后有消息证实，一名巴—依兰大学法律系的名叫伊加尔·阿米尔的学生，用自己的手枪射出了那三发子弹。我向旁边的人表达了我的担忧：阿米尔不仅杀害了一个朋友和领导人，他还摧毁了连接以色列各个社会阶层的桥梁。拉宾生前正在努力弥合右翼和左翼、宗教与世俗之间的裂痕，他的遇刺将使他的努力在很大程度上倒退。

我们还在医院的时候，西蒙·佩雷斯像往常一样冷静地问我第二天最晚何时可以举行葬礼。我回答说，由于这是总理的葬礼，应该体现整个国家的敬意，所以我们可以推迟24小时，以便等候想参加葬礼的各国领导人的到来。佩雷斯想让我帮他个人一个忙，陪他去利亚·拉宾的房间，向她说明这些想法。利亚·拉宾无法自控地啜泣着。佩雷斯说："尊敬的拉比说，我们可以在星期一举行葬礼，以便各国领导人前来……"没等佩雷斯说完，她便表示她不在乎他们做什么。"按照你的想法去做吧。我都无所谓。伊扎克已经走了——我的整个世界也毁了。"佩雷斯抓住我的手，我们离开了房间。我们找到马丁·因迪克时，他正在打电话。我们告诉他葬礼的日期后，他继续打电话，然后通知我们，克林顿总统将出席葬礼。这个消息公布后，许多国家的领导人表示出席葬礼，包括埃及总统穆巴拉克和约旦国王侯赛因。

在离开医院之前，有记者要我就暗杀事件谈谈自己的想法。我回答说，现在致悼词为时尚早，但是应该从现在开始就提防内战，在过去的几个小时里我已经感觉到了这种气氛。我补充说，但愿我的想法是错误的。

出殡之前，以色列著名的新闻人伊拉娜·达扬请我在国家电视二台的一档特别节目中接受采访，谈一谈我与伊扎克·拉宾的交往。由于情绪激动，我的喉咙哽咽着，连讲话都很困难，这种情况对我来说极少出现。我与拉宾最初的相识与其他以色列人一样。我知道他是一名已经升到最高军衔的军人。他的一张1967年拍的照片给我留下了很深的印象。那是六日战争期间，他站在耶路撒冷老城的狮门旁。站在他身边的是摩西·达扬，乌兹·那基思和雷哈瓦姆·泽维则站在他们身后。从他的站姿来看，拉宾似乎在向他站的那块地方道歉。这个态度腼腆的军官吸引了我。战争结束后，希伯来大学授予他荣誉博士学位。伊扎克·拉宾在斯科普司山校区发表了一次演讲。对我来说，他的演讲似乎体现了那句米德拉西的精髓："书和剑绑在一起，同时从天而降。"拉宾说他不是代表自己接受这个学位，而是代表所有的以色列国防军指挥官。我非常欣赏这一点，它让我想起赎罪日时领唱者的咏唱："我在这里，无所适从……我站在你面前恳请你，代表派我来的以色列人民。"

我和伊扎克·拉宾的初次见面是在特拉维夫的一次慈善晚会上，那时以色列在戈兰高地开办了一所军事学校，让官兵在服役期间研习犹太教义。我代表"书"发言，他则代表"持剑者"。他的讲话给我留下了深刻的印象，我发现他喜欢沉思，同时还有一点疏离。我们的第二次会面是在20世纪90年代初的内坦亚，我们共同出席大卫·安泽勒维奇的葬礼，他曾经是内坦亚市副市长、工党活动家、前帕尔马赫斗士和布痕瓦尔德集中营的幸存者。我当时是特拉维夫的首席拉比，但由于我们都有过在布痕瓦尔德集中营的经历，而且我在内坦亚做过很多年的拉比，所以大卫·安泽勒维奇的家人请我致悼词。

我称赞了大卫·安泽勒维奇，着重强调了他的大公无私。"你的灵魂，"我说，"正在升入天堂。但它不会孤单地到达那里；由你签署的帮助人们获得住房、教育基金和医疗保障的文件，如雪片般纷纷从天而降，将你的灵魂接住，送它升至天堂。"当时身为总理候选人的拉宾非常欣赏这些话。我看他和他的选举总部秘书尤瓦尔·弗兰克尔耳语了几句。随后，尤瓦尔告诉我，拉宾建议我担任以色列的首席拉比。

我和拉宾在安泽勒维奇的葬礼上边走边谈，并说好了见面聊一聊。1992年6月，他被选为首相的10天前，我们见了面。我邀请伊扎克·拉宾及夫人、特拉维夫市长舍洛姆·拉哈特及夫人，以及我的邻居摩西·柏恩斯坦到我家中做客。令伊扎克惊讶的是，我们的会谈持续了四个多小时。"四个小时过去了，我居然没有抽一根烟？"他想了想，简直不敢相信。

那天晚上，我们谈到他和前任总理们的不同之处，他表达了对列维·艾希科尔、梅纳赫姆·贝京和大卫·本—古里安的敬意。当我引用贝京讲过的话并模仿他戏剧性的声音时，拉宾笑了，但他表示，这种戏剧性并不是他的风格。最重要的是，我记得伊扎克问我有关个人经历的问题："我知道您在'二战'时的一些事情，有些是听别人说的，有些是从您的哥哥拿弗他利（他当时是国防部的发言人）那里得知的。我知道他把您藏在袋子里，救了您一命。我还知道你们两个来到以色列时是孤儿。这对我来说是个未解的谜：一个没有任何情感支持的孤儿如何成长为特拉维夫的首席拉比？这当然不是您的最后一站。是谁教育了您？谁将您抚养成人？”听到这个问题，我感到非常诧异，一年半后，古巴领导人菲德尔·卡斯特罗也问了同样的问题。我告诉伊扎克·拉宾有关沃格尔曼拉比的事情，还告诉他是犹太经学院教育我为了从德国人手中夺取胜利，我必须把继承家族的拉比传统当成人生目标。拉宾认真地听着。

1993年2月22日，拉宾当选总理九个月后，我被选为以色列的首席拉比，同时以利叶胡·巴克希·多兰拉比当选以色列塞法尔迪首席拉比。就职的第一天，我们与伊扎克·拉宾会面。除了总理一职外，拉宾还兼任国防部长和宗教事务部部长。会谈中他提到的第一件事就是作为宗教事务部部长，他应该如何帮助我们。拉宾对首席拉比院的地位有着精确的理解，我解释了一个最严肃的问题——首席拉比院是宗教事务部的一个部门。

我提醒他，广播事务局不仅仅是总理办公室的一个部门。机场也拥有独立的职权。我们至少也要和国家公园管理局差不多吧。我解释说，当我想要一张以色列拉比院创始人亚伯拉罕·伊扎克·库克的照片好把它挂在我的办公室里时，我不得不求几十个宗教事务部的工作人员，同时我还要申请微不足道的40谢克尔（当时约15美元）的额外财政预算！拉宾听到这里面红耳赤。他问坐在身旁的宗教事务部副部长拉斐尔·平查斯是否确有此事。他又说：“我理解拉比院需要大展宏图，需要宗教上的权力，并免除这些限制。为了国家考虑，你们需要最大程度的独立。”我建议做出改变。在初始阶段，首席拉比院将成为政府部门的一个独立机关。如果这种安排确实有效，那么在一年内，拉比院将成为一个独立的机构。拉宾指示政府秘书长施慕尔·霍兰德，他后来成为公务委员会主席，给予拉比院“高等独立单位”的地位。拉宾的实干精神和通情达理给我留下了深刻的印象。他理解拉比院需要脱离政治，不依赖于个别的宗教事务部部长。

我们的正式会谈结束后，拉宾要求与我私下交谈。“尊敬的拉比，”他说，“每一个安息日，我都尽可能待在尼弗阿维维姆阿西拉比大街我的家中。我有一个不公开的电话号码：642–4455。记下来吧。工作日的时候，我可能说了些什么或做了些什么，或者正相反，没说什么或做什么可能会招致您批评的事。如果您有什么意见或有什么事情要与我商量的话，最好在安息日前一个小时或安息日后的半小时与我联系。如果您打这个电话，我将不胜感激。保持联络吧。”直到现在，那个号码还记在我家的电话簿里。

围绕着《奥斯陆协议》，我与拉宾展开了讨论，协议中规定，以色列将从加沙和杰里科撤出军队，并将这些地区的控制权转交给巴勒斯坦人。有人联系上我，说杰里科有一座古老的会堂，会堂的马赛克地板上写着“以色列和平”。他们说，会堂内有一所经学院，尽管没有宿舍，但是学生们还在里面上课。由于知道我和拉宾的密切关系，他们希望我转告拉宾，他们担心协议执行后那座会堂和经学院的命运。在他们的要求之下，我给总理打了电话并询问他的意见。我从古巴回国后，得到了他的答复，当时卡斯特罗托我转交给拉宾一盒雪茄作为礼物。在电话中我向拉宾说起了雪茄，问他应该送到哪儿去。“尊敬的拉比，”他说：“利亚在国外，家里只有我一个人。如果您有一个小时的时间给我，今晚9点我会在特拉维夫的家中等您。我对雪茄不感兴趣，因为我只抽烟，但我们可以坐下来谈谈。我也有一点东西给您看。”

我去了他家，我的助理鲁比拿着那盒雪茄。伊扎克开了门，脚上戴着振荡按摩器。出于犹太教的饮食规定，他抱歉不能招待我吃点什么，他递给我一杯水。然后，他到房间的一角，从他的公文包里取出一份文件，并谈起了时任拉宾政府外交部长的佩雷斯：“西蒙今晚刚从开罗回来。在穆巴拉克组织的一次会议上，他与阿拉法特进行了会谈，并根据您的要求加上这个限制条件——杰里科的‘沙洛姆埃尔以色利’会堂的宗教事务应由以色列当局管理。”它还明确指出，白天以色列人在会堂内研究托拉，巴勒斯坦警察负责进入会堂的道路安保。公事就聊到这儿，接下来的时间我们轻松地聊天。

忙完了杰里科的事情后，我把注意力集中到将伯利恒转交巴勒斯坦人的事情上。又有人向我汇报，每天晚上，犹太人团体都会到位于伯利恒入口处的拉结墓进行午夜祈祷。如果伯利恒也像杰里科会堂那样，由巴勒斯坦警察负责维护通道安全，那么犹太人将会害怕在白天尤其是夜间出门。那个星期，政府就这一问题召开了专门会议，会上佩雷斯表示要继续同阿拉法特就此事谈判。有些担心此事的人丈量了从耶路撒冷的吉洛区到拉结墓之间的距离。他们发现这之间的距离只有大约500码，并且此地没有阿拉伯民居。因此，许多人要求由以色列国防军的士兵负责这一地段的安全。外交部长支持这个建议，但是拉宾拒绝了，他认为我们已经签署了协议，并承诺将吉洛以南的地区归还给巴勒斯坦人。他并不打算放弃拉结墓，但这条路由巴勒斯坦人负责。他说，要么我们信任他们，允许他们用步枪武装自己，要么就别这么做。在周三的特别会议上，政府决定在星期日的例会上讨论该问题。

星期三到星期日之间的那几天里，几十个人给我打电话，要求我说服拉宾改变主意。我的压力越来越大。那个星期五我第一次在安息日之前使用了他给我的电话号码。我把电话打到伊扎克在尼弗阿维维姆的家中，并请他加入到维护拉结墓权利的行列之中，就是那个拉结在《耶利米书》中表达了犹太复国主义的根本思想："你禁止声音不要哀哭……他们必从敌国归回。"拉宾听后发出疑问："这座墓有什么特别之处吗？"我解释说，从流散地归来的有信仰的犹太人会在寻求配偶、遇到生育难题或做手术之前去三个主要的圣地祈祷。这三个圣地是：哭墙、希伯伦附近的麦比拉洞和拉结墓。我们不能夺走他们在拉结墓祈祷的权利。拉宾坚持认为，他并不否认他们的权利，但应以处理杰里科会堂的方式处理此事。拉结墓仍在以色列的主权范围内，但巴勒斯坦人负责道路的安全。拉宾满怀真诚地问我："这有什么区别呢？""杰里科，"我回答说，"是一个有历史意义的会堂。但这是国母拉结的墓地，我们不能抛弃我们的母亲。"这些话是我的信仰中最根本的理念，我们就这样结束了此次谈话。伊扎克要求我允许他先睡一晚再做决定。

星期日那天，政府会议结束后，拉宾把电话打到首席拉比院，用他标志性的男中音说道："拉比，您的那一句'我们不能抛弃我们的母亲'感动了我。在刚刚结束的政府会议上，我走到西蒙的身边，我们做出了一致的决定。我们坚持认为，拉结墓以及通往墓地的道路将由以色列政府和以色列国防军完全控制。"我太高兴了，都不知如何感谢他才好。

1994年，我又与拉宾一起解决一个对犹太人民来说至关重要的问题。密特拉尔肉制品进口公司请求最高法院允许他们进口非洁食肉制品，自以色列建国以来这就是被禁止的。基于以色列的行业自由基本法，法院准许他们进口非洁食肉制品。由于以色列还没有宪法，所以"基本法"具有超越法律的地位。我联系了总理，因为他兼任宗教事务部部长，我向他解释说，这一决定有可能损害犹太国家的形象。此外，我还暗示他，作为宗教事务部部长，应该通过无数道法律来保护犹太教的饮食教规，其中涉及所有的公共机构、以色列国防军、宴会厅以及类似的聚会地点。已经运转到现在的犹太教饮食教规监管系统将垮掉，取而代之的是一个华而不实的、超越当时宗教事务部能力范畴的系统。拉宾专心地听我讲话，并评论道，我所描述的情况听起来是不能接受的。他让我允许他来处理这件事。为了在议会上通过一项禁止进口非洁食肉制品的法律，只赢得简单多数票是不够的。还有，因为这种做法是受基本法保护的，所以议会需要一个特别多数，或者一半以上议员投赞成票的绝对多数才能通过，而不仅仅是靠当天的多数投票。因此，至少要有61名议员投票否决进口非洁食肉制品。

拉宾建议我去找一下议会经济委员会的主席，向他说明该问题的重要性。他说，以这种方式，我会帮助他争取到多数票，从而通过这项新法。经济委员会的主席是反对党的成员，他劝我不要管这件事。他认为没有机会争取到绝对多数票禁止进口非洁食肉制品。他把这种形势与梅纳赫姆·贝京的观点做了比较，几乎对政府的所有不信任票到最后都变成了信任票。委员会主席说："尊敬的拉比，如果您要求就此事进行投票，这将是以色列议会有史以来第一次通过多数赞成票允许进口非洁食肉制品。我个人一直遵守犹太教的饮食规定。如果看到这种事情发生，我会很难过。"他最后这样说。我向他表示感谢，然后打电话给伊扎克·拉宾，把我们的谈话内容告诉了他。拉宾一针见血地说："简直是一派胡言。让我来办这件事。"1994年12月29日，作为对政府的财政预算案投票的一部分，以色列议会就这个提案进行了表决。以色列议会以74票赞成、14票反对、1票弃权的投票结果通过了禁止进口冷冻非洁食肉制品的法案。

表决结束后，我们才意识到，由于拟定法律的时候过于仓促，只涉及到了冷冻肉制品，而没有提及冷藏、熏制或腌制肉制品。因此，在1995年，以色列议会就此问题进行了第二次表决。他们从基本法修订案中删除了"冷冻"的字样，取而代之的是"肉制品及其副产品"，这就包括了所有类型的可供人们食用的肉制品及其副产品。表决的结果是决定性的：66票赞成，11票反对。伊扎克·拉宾的游说工作做得很出色。他亲自找每个议员谈话。表决结束后，我打电话对他为通过这部法律做出的努力表示感谢。我问他："你没有联盟上的义务，除了霍兰德秘书长，你的政府里没有一个头戴小圆帽的人，你为什么要付出如此大的努力呢？"如果我们没有这么密切的关系，我绝对不敢问这样的问题。他回答："我这么做有两个原因。首先，我们国内已经生产了大量的洁食肉制品，没必要再从国外进口非洁食肉制品。"我们都笑了，然后他补充说："但严肃地讲，这是犹太国家，对不对？如何体现这一点呢？"这是他说的所有的话，尽管没有华丽的辞藻，但我永远不会忘记。他遇刺的那天，这些话在我脑子里回响，那时我站在特拉维夫依其洛夫医院的重症加护病房旁，我说，他是以色列宗教和世俗社会之间仅存的桥梁，他遇刺之后，这座桥也就倒塌了。直到今天，我都没有从那个星期六的夜晚恢复过来。我认为，广场上的那起暗杀事件会导致我们的国家流泪。

七日丧期时，我去安慰拉宾的家属，却激怒了利亚·拉宾，我希望她发表一个和解和宽恕的声明，不是针对凶手，主要是为了缓和国内信众的仇恨和紧张情绪，因为凶手是一个虔诚的犹太人。我知道，整个世界都会倾听她的声音。她没有跟我争辩，只是断然拒绝了。我想我可能说得太早了，就像圣贤们说过的那样，在人们遭受严重创伤时，他们是不对自己说过的话负责的。伤口尚未愈合，剧烈的痛苦让他们无暇考虑修复裂痕。

我在国内外很多场合、很多人面前颂赞过伊扎克·拉宾。他遇刺后的第30天，几千人聚集在巴西圣保罗的贝特雅阿可夫会堂，听我做有关拉宾的演讲。巴西政府派出了代表，犹太人和非犹太人一起分担这份痛苦和震惊。那天晚上，我飞往纽约，参加在麦迪逊花园广场举行的盛大集会，并在集会上发言，出席这次集会的还有美国副总统戈尔、西蒙·佩雷斯和利亚·拉宾。当我的朋友、歌手杜杜·菲舍尔唱起悼念祷文时，数以万计的人流下了眼泪，纪念拉宾逝世30天的悼念活动在哭声中结束了。

每年拉宾的遇刺纪念日，我都在耶路撒冷的雷沙维瓦高中向学生们讲述伊扎克·拉宾的遇刺、内战和毫无理由的仇恨。然后我会去赫泽尔山参观他的纪念碑，并在那里参加由全国学生联合会组织的宗教和世俗犹太人会议。会上我和他们谈论同一主题。2004年，拉宾去世九年后，我在特拉维夫纪念拉宾的仪式上演讲，举行仪式的广场原名特拉维夫国王广场，为了纪念拉宾，更名为拉宾广场。

至少我可以通过参加这些活动，向伊扎克·拉宾，我的私人朋友和永远铭记在心的国家领导人，献上我的敬意和怀念。

引文出处：

你禁止声音不要哀哭……他们必从敌国归回。——《耶利米书》31:16

第17章 与教皇会谈

教皇瞥了一眼天花板，然后说了一句我永远不会忘记的话。他用英语讲的话仍在我耳畔回响："无论走到哪里，和谁谈话，我都会强调我们对我们的兄长——犹太民族的延续和未来所承担的义务和承诺。"

听完这些诚恳坚定的话语，我觉得我可以和他谈谈犹太人民的未来。

我们的会谈是在教皇的夏宫冈道尔夫堡举行的，在此之前，圣艾智德团体付出了真诚的努力，我们这一方也经过长时间的深思熟虑。

我和圣艾智德团体之间建立了特殊的联系，这是一个意大利天主教社团，他们把自己看做以色列的亲密朋友，为了促进国际和平，每年他们都会组织不同的教派开会。他们第一次邀请我参加会议的时候，我正任特拉维夫的首席拉比，会议每年10月召开，所以我无法接受邀请，因为那段时间正是犹太人的敬畏节日。但在1993年，他们将会议改在9月举行，所以我终于可以参加了。这是我担任以色列首席拉比第一年的事情。

会议召开的那个下午，与会者聚在米兰的斯卡拉大剧院。台上有四位发言者，他们从自己独特的视角阐述了不同的和平理念。米兰的枢机主教卡罗·玛利亚·马尔蒂尼代表基督教。当时人们认为他可能继承教皇皇位。约旦王子哈桑本该代表伊斯兰教，但在最后时刻，他被一位来自阿尔及利亚奥兰的伊斯兰神学教授代替。我代表犹太教。第四位与会者是当年的苏联总统米哈伊尔·戈尔巴乔夫，他代表无神论者和世俗社会的观点。

会议开始之前，我收到信息，教皇希望与我面谈。我很清楚梵蒂冈和首席拉比院之间的关系曾经很紧张。我记得曾担任阿什肯纳齐首席拉比的伊扎克·赫尔佐克拉比，曾在以色列建国前和他任期的第一个10年（1936—1959年）间，至少三次要求会见教皇庇护十二世，希望借助教会把犹太人从纳粹的迫害中解救出来，但他断然地拒绝了。1946年，大屠杀发生后，应他的第三次要求，教皇才同意与他会面。

我也知道以色列的塞法尔迪首席拉比（1955—1972年）伊扎克·尼西姆拉比，在1964年，教皇保罗六世出访以色列期间想要和他见面。尼西姆拉比提议，在教皇访问完附近的多米蒂安修道院后，在耶路撒冷锡安山的大屠杀博物馆的会议厅的入口旁与教皇见面。但教皇通知拉比，无论会面时间有多短，他的日程排得太满，没有时间做出安排。作为回应，尼西姆拉比拒绝和其他国家政要一起出席在美厉多举办的欢迎教皇从约旦到来的正式招待会。其他在那里等候保罗六世的国家政要有：扎勒曼·夏扎尔总统、列维·艾希科尔总理以及外交事务大臣阿巴·埃班。尼西姆拉比的儿子摩西·尼西姆（1986年至1988年间任财政部和司法部部长）曾经引用他父亲的话说："如果他不来耶路撒冷见我，也不到巴尔弗大街我的家中或者乔治王大街首席拉比的办公室见我，甚至拒绝在锡安山大屠杀纪念馆会议厅入口处和我会面的话，那么我也不会在通往美厉多的路上等他。"

和他的前任们相比，教皇约翰·保罗二世对犹太人的总体态度，尤其是对大屠杀的态度，与他们大不相同。这位教皇出生于波兰，相当了解大屠杀的历史。我意识到他要见我的要求带有个人意味，但我仍犹豫是否要接受邀请。考虑很长时间以后，我给了圣艾智德代表一个否定的回答。我解释说，我不能因为那里的基督教雕像和十字架进入梵蒂冈。我知道，访问梵蒂冈对我来说并不像赫尔佐克拉比那样是为了拯救生命。第二次世界大战期间，赫尔佐克拉比渴望与教皇庇护十二世会面，是希望这次会面能够解救一些欧洲的犹太人。1944年6月，赫尔佐克拉比第二次尝试与其会面，是希望至少可以解救剩下的匈牙利犹太人。当拉比在战争结束后最终见到教皇时，他让教皇把那些藏匿在教堂、修道院和天主教家庭里的孩子交给他们并送还给犹太家庭。这些会面全都事关拯救生命，因此赫尔佐克拉比不得不忽略其他很多方面的考虑。

可是1993年，教皇约翰·保罗二世的会面提议并不事关生死。这只是一个礼节性的拜访。我决定，作为犹太国家的首席拉比，走进布满基督教雕像和十字架的梵蒂冈与我们的世界观相悖，并且毫无可辩解的理由。此外，因为这是异族通婚和吸收同化的一代人，我担心拉比和教皇的会面如果被宣传为一次友好的对话的话，可能会传递给尚未形成本体意识的年轻犹太人一个错误的信息。我问自己，是否应该由我来推倒阻隔在我们之间这么多年的高墙，我的答案是"不"。除了这个背景，圣艾智德的代表还不断劝说我出席会议。他们的不懈努力在我脑子里敲响了警钟。我想弄明白他们想通过此次会面得到什么，教会的兴趣点在哪里。六个月前我被任命为首席拉比，我不知道他们是否别有用心。媒体将如何描述这次会面？这次会面将会对谁产生影响？我是不是在不知不觉间沦为了某个不明目的的工具？

拒绝这个邀请后，我以为梵蒂冈会就此放下这个想法。但几个月后，圣艾智德的代表又通过信函和电话与我接洽，向我提出了一个新的建议。教皇在冈道尔夫堡有一个夏宫，距离罗马约40分钟车程，每年的七八月他都住在那里。由于圣艾智德会议计划于9月中旬在米兰召开，所以教皇愿意在冈道尔夫堡多逗留些日子，以便同我见面。我仔细研究了该建议，认为在教皇的私人住所会面不会有问题。但是，为了给这次访问一个理由，并为会见做好相应的准备，我想提几点问题，并事先了解一下教皇在这些问题上的立场。

我把这些问题寄给圣艾智德的代表。第一个问题涉及在作战中失踪的以色列国防军士兵：耶胡达·卡茨、扎迦利·鲍梅尔、兹维·费尔德曼和朗·阿拉德。教皇和许多与以色列国没有外交关系的国家有联系，我想知道他是否愿意讨论一下帮助找到这些士兵的可能性。我的第二个问题涉及他是否愿意以宗教的名义拟定一个世界宗教领袖反恐宣言。第三个问题令我不胜其烦，那就是基督教在以色列的传教活动。我认为，传教士利用经济和社会困境来让人们改变信仰的做法是令人无法接受的。他是否愿意和我讨论通过什么途径来阻止这种行为的发生，并允许人们有自由选择宗教信仰的权利，而不是借助物质手段购买？我提出要讨论的另一个较为次要的问题是，教皇是否能批准公众在梵蒂冈图书馆里查阅犹太书籍和手稿。几个星期后，我收到了梵蒂冈方面的肯定答复，明确表示教皇愿意讨论我提出的所有问题。这回我可以全身心地投入到会谈中去了。我觉得我有一种脚踏实地的感觉，无论从哪个方面讲，本次会面都是合理合法的：犹太法律、国家和教育。

在出发去意大利之前，我考虑要给教皇送一个合适的礼物。我的妻子认为，既然我会和他谈到朗·阿拉德以及其他失踪人员，而且我们的会面是在犹太新年前，送给他一只朔法尔（在节日时吹的用公羊角做成的号）很合适。我们还要在礼物上刻一句日祷文："为我们的自由，吹响伟大的朔法尔。"我认为这是一个极好的主意。我们从米兰的一个朋友那里收到了一只朔法尔，但是没有时间在那里刻字。在罗马，以色列大使馆帮我们找到一位书法家，他将这句话刻在了托着朔法尔的塑料底座上。当我们收到成品时，我看见朔法尔已经被昂贵的纸包了起来，我鬼使神差地打开了包装，察看上面的字。当我看到塑料底座上的字样时，我的脸沉了下来，我看到的是："为我们的自由，吹响偷来的朔法尔。"那个雕刻师不是犹太人，他写错了一个字母。他把gadol（意为伟大的）这个词里的字母daled最上面的横线缩短了，变成了zayin，这样这个词意就变成了"偷来的"。这次会面定于第二天早上9点进行，因此我们不得不当晚就把这个错误纠正过来。我们找到那个雕刻师，恰好他还在店里，我们向他说明如何纠正错误。我终于松了一口气，真不敢想象如果我不把包装打开结果会怎么样。

与教皇的会面定于9月19日，星期二，这之前，我参加了在米兰举行的圣艾智德年度会议。我在这次演讲中的主要观点借用了先知以赛亚对世界末日的描述——我还在其他类似的会议上重复过这个观点——"豺狼必与绵羊羔同居，豹子与山羊羔同卧。"在米兰，我对听众们说："对于我们来说，这个预言听起来很夸张，像一个不可能实现的梦。"我即席脱稿发言，因为我想看着他们的眼睛，读到他们脸上的表情。"但我想告诉你们我的一个亲戚是怎么解读这句话的。梅厄·沙皮拉拉比是波兰卢布林的拉比，我沿用了他的名字。他问：'我们为什么认为这种情形站不住脚？事实上，这样的事情曾经发生过，以赛亚的预言有一次曾经变成了现实——在诺亚方舟里。动物们两个两个地进入方舟。方舟里面有各个种类的动物，但是他们都表现得很规矩。没有一个动物噬咬、蜇刺或者吞食比它弱小的动物。洪水退去后，动物们离开了方舟。每一个动物都回到自己的栖息地，直到今天，他们仍留在那里。'我问沙皮拉拉比：'以赛亚的预言有什么特别之处吗？'"我感觉4000双眼睛牢牢地盯着我。

稍稍地停顿了一下，我继续说道："卢布林的沙皮拉拉比给出的答案之所以精彩是因为它简洁。在诺亚方舟里，豺狼和羔羊、豹子和孩子生活在一起，因为它们别无选择。外面肆虐着他们的共同敌人——洪水。它们知道，它们所做的任何不适当或不愉快的行为，都会把它们判处死刑，将它们抛于方舟之外。没有其他选择，它们只能控制自己的本能，联合起来一致抗敌。以赛亚先知谈论的并不是别无选择的境地，相反，他谈的是自由意志：'在我圣山的遍处，这一切都不伤人，不害物。因为认识耶和华的知识要充满遍地，好像水充满洋海一般。'换言之，即使动物可以选择吞食、压碎、践踏和撕咬，它们也不会去伤害或毁灭彼此。这就是我们渴望的和平梦想，有一天人类会明白和认识到，自己活也要让别人活，要做到这一点，我们必须充分地尊重彼此。”

“女士们，先生们，听完这个问题和答案，让我们看看我们所处的这个时代。我们还没有达到以赛亚所说的那种境界。然而，我们有责任吸取诺亚方舟的基本理念。让我们像在诺亚方舟里那样共同生活，至少是因为我们别无选择。动物们面对的共同敌人是洪水。今天我们人类也有许多共同的敌人。我，作为大屠杀幸存者，经历了我们在逾越节家宴上回忆的‘有血有火，有烟柱。’我亲身体会了所有人类的共同敌人的真正意义。我经历过邪恶、仇恨、残忍，沦落到连猎物都无法忍受的地步。实际上，狮子不吃幼仔；母虎也不会捕食其他母虎的幼仔。然而我亲眼看见人与人之间自相残杀。我看见他们攻击并肢解比他们弱小的人。我们都有共同的敌人：原子弹、艾滋病病毒、癌症、心脏病、贫穷、无知、犯罪、暴力和恐怖。我们必须团结一致，战胜这些共同的敌人。作为宗教领袖，难道我们不明白，我们正生活在诺亚方舟里吗？”

我所传达的讯息似乎触动了大家的心弦。第二天，在米兰举行的记者招待会上，记者们向我提出了大量有关犹太人对耶路撒冷的权利问题。对于意大利媒体而言，我把耶路撒冷放在了地图的中心。稍后，在罗马的以色列大使阿维·帕兹尼尔陪我一起参加了在冈道尔夫堡与教皇的会面。他的车里装满了意大利报纸，报纸的标题引述了我的演讲辞：“根据上帝的意愿，耶路撒冷是犹太人民永恒的首都和圣城。”副标题写着：“这是首席拉比在与教皇会面前的第一次出击。”

当我到达将与教皇会面的那幢两层楼时，我发现陪同人员留在了一楼，而我们的会面将在二楼私下进行。阿维·帕兹尼尔陪我朝二楼走去。楼梯上每隔几步就站着几个瑞士仪仗兵，我经过的时候他们向我敬礼。突然，帕兹尼尔拍了一下脑袋，感叹道：“我简直不能相信！上星期，戈尔巴乔夫会晤教皇的时候，我也在受邀外交人员之列。这个楼梯的每个角落里都立着一个雕像，但是现在一个也看不见了。为了向你表示敬意，教皇移走了所有雕像。他这么做就对了。”还真是如此，在通往会议室的路上，我没看到一个雕像。我在信中并没有提及此事，因为我知道这次会晤已经从梵蒂冈改到教皇的夏宫里了，我没有考虑到私人的住所里也会有雕像。

但是教皇显然对我的顾虑非常敏感，并很专心阅读了我的来信，因此，在我们会晤之前，他就移走了塑像。

在楼梯上的某一处，教皇的秘书长请帕兹尼尔离开。大使预料到了这种情况，便走开了，让我和秘书在一起，这位秘书和教皇一样，也是波兰人。“救过您性命的哥哥也在这里吗？”秘书悄悄地问我。我回答说，他正在一楼等着。秘书让我叫他也上来，因为教皇希望他也在场。他们这么认真地了解我的背景，还知道我哥哥的情况，给我留下了深刻的印象。拿弗他利当然接受了教皇的邀请，我们一同来到了开会的楼层。经过大大小小的许多房间，突然，教皇从其中一间走了出来，用希伯来语和我们打招呼：“Shalom，你好。”我们跟随他走进房间，房间里放着三把椅子。教皇坚持让我坐在中间，他和拿弗他利分坐两边。在我们落座之前，他指给我们看窗外的那片湖水。这时我们才意识到我们身处山顶的一座堡垒之中。然后，教皇指着梵蒂冈的方向。他解释说，冈道尔夫堡的空气比罗马更清洁更纯净，他感谢我答应在这里而不是梵蒂冈与他见面。

落座之后，教皇客气地询问我在意大利是否受到了很好的接待。我回答说接待得非常热情。我接着说：“但是，如果您允许的话，仍有一件事困扰着我。”教皇显得有点紧张，并试图弱化这句话的严肃性。他说，他在电视上看到斯卡拉大剧院的观众给我热烈地鼓掌，以及他们对我的演讲表现出的浓厚的兴趣。我回答说，在这方面我没有抱怨过，那里的每个人都热诚地欢迎我。我说：“只有一个词让我觉得有点刺耳。在以色列，人们称我ha-rav ha-rashi。在英语国家，我是the chief rabbi（首席拉比）。在俄罗斯，我是glavnii ravvin，在法国我是grand rabbin，在瑞士，他们叫我Oberrabbiner，还有在南美洲，我是gran rabino。但在这里，在意大利，飞机刚一降落在费米齐诺机场，每个人都称呼我rabbino capo。Rabbino capo di Israele。我很纳闷，capo？我是capo吗？当然，我知道在意大利语中这个词的意思是‘首长’。但对我来讲，capo这个词只有一个意思，它是Kameradenpolizei的缩写，意思是‘集中营卫兵’，这意味着大屠杀那段黑暗的日子。”我没有必要把这个解释扩展下去。教皇明白了究竟是什么在困扰我。他笑着回答说：“对我来说，你永远是naczelny rabin。”——波兰语的“首席拉比”。

友好的开场白之后，我们把话题转向了这次历史性会晤的主体部分。我请教皇允许我讲一个在《大屠杀：第二次世界大战欧洲犹太人史》一书中读到的故事，作者是马丁·吉尔伯特爵士，他因撰写丘吉尔的官方传记而闻名。我有兴趣听听教皇对这个故事的反应。教皇点头默许。

克拉科夫的一对年轻的犹太夫妇，大卫和海伦·赫勒，有一个两岁的儿子，名叫沙赫恩。1942年，纳粹来到了克拉科夫，将一些犹太人驱逐到波拉斯佐的奴役营，将另一些驱逐到奥斯威辛集中营。赫勒夫妇将他们的孩子暂时托付给他们的邻居——信奉天主教的雅科维奇一家，说好了他们会回来找他。不幸的是，孩子的父母再也没有回来。

孩子渐渐长大。四岁的时候，他熟记了在天主教堂里听到的星期日祈祷词。到了五岁，雅科维奇夫人找到当地的神父，要求为孩子施洗礼，将他变成基督徒。神父问她，如果这样做，她能想象孩子亲生父母的反应吗。雅科维奇夫人回答说，她必须对神父说实话。“那一幕我记得非常清楚。”她说：“我怀里抱着孩子，我的好邻居海伦站在门旁向她的儿子挥手告别。她请求我说，‘雅科维奇夫人，如果我没有回来，请您试着把孩子还给犹太人。’”年轻的神父回答说：“如果那就是她希望的，我不愿意为他施洗，无论在何种情况下。”

我激动地对教皇说：“这位神父名叫卡罗尔·沃依蒂瓦。他就是您。”然后，我问他是否记得这件事。一时间，寂静充满了整个房间。接着，教皇的脸上浮现出灿烂温暖的笑容，教皇说：“那个孩子，沙赫恩·赫勒，现在生活在布鲁克林，是个虔诚的犹太人。顺便提一句，这种事情发生过不止一次。在所有的类似情况下我都是这么做的。”他的回答令我惊讶。我快速计算了一下，然后发现，从1945年到我们会晤的1993年，38年过去了。这么多年来，从克拉科夫拒绝给那个男孩施洗开始，教皇一直关注着那个犹太男孩的成长。

是雅阿可夫·巴一奥尔让我注意到了沙赫恩·赫勒的故事。巴一奥尔曾是特拉维夫地区的检察官，后来担任总检察长助理，他是阿道夫·艾希曼审判中的四名公诉人之一。当巴一奥尔得知我即将与教皇会晤时，他给我带来了吉尔伯特的这本书，并在书中标出了这个故事。用他的话说，这是“旅途上的干粮”。

会晤结束后，我立即返回了以色列的内坦亚，我在那里担任了九年的首席拉比。那天，当地的犹太复国主义青年运动经学院的自修室刚刚落成，人们希望我在典礼上发言。每一个人，包括媒体在内，都知道我去了什么地方。到达典礼现场时，我宣布我只讲一个小故事，就是那个被解救的犹太儿童沙赫恩·赫勒的故事。我解释说：这个孩子被救过两次，一次是波兰的天主教家庭把他从纳粹的魔掌中解救出来，另一次是一名天主教神父把他从天主教会解救出来。“这位神父就是今天的教皇，教会的领导者。”听了这个故事，一个叫宗尼施恩的内坦亚市民昏了过去，他的孙子是这所经学院的学生。原来，这个曾在米兹拉奇银行内坦亚支行当警卫的犹太人，曾经是克拉科夫的大卫和海伦·赫勒童年时的朋友。38年后，听到我说他们的儿子沙赫恩还活着，而且在布鲁克林一切安好时，他因为太激动昏倒了。

后来的几年间，我不断收到有关沙赫恩·赫勒的消息，他在布鲁克林的贝尔茨哈西德派的一座小会堂里祈祷，后来他把家搬到了新泽西。

在我动情地和教皇谈完沙赫恩·赫勒之后，把我们分隔成天主教徒和犹太人的那堵墙倒了，我们继续像两个普通人那样交谈。按照我的计划，我提出了1982年在黎巴嫩的苏丹雅库柏战役中失踪的以色列士兵的事情。我以失踪士兵耶胡达的父亲约瑟夫·卡茨的故事作引子。约瑟夫是奥斯威辛集中营的幸存者，现住在拉马特甘。“这位奥斯威辛的幸存者有一个儿子，曾经在军事学校学习，同时也学习犹太教义。”我补充说，耶胡达的妹妹皮尔什雅上高中时我曾教过她。教皇认真地听着。“耶胡达参军后，进入了坦克团，并参加了在黎巴嫩的苏丹雅库柏的战斗。从那时以来，我们就不知道他的下落了。他的父母，约瑟夫和莎拉，像其他失踪士兵的家长一样，只要听到电话铃响或门铃响就会跳起来，一直期盼着儿子的消息。”教皇保罗二世留心所有的细节，并问我士兵们失踪多少年了。我回答后，他又问：“请您告诉我，首席拉比，您认为他们还活着吗？”我诚实地回答他，我也常常问自己这个问题，但我没有一个明确的答案。

我继续说道：“当以色列发布了我们即将会晤的消息后，一些家长来到我在耶路撒冷的办公室，鼓励我和您谈谈他们孩子的命运。我告诉他们，我就是为了他们才与您会晤的，他们正是我此行的原因。我们的谈话结束时，其中一位家长要求与我私下交谈几分钟。他说：‘我不肯定我的儿子还活着。我希望自己相信他还活着，但是我不敢肯定。但我发誓，只要我活着，就尽一切可能将我的儿子留存在公众的意识中，不把他的名字从犹太人中抹去。最起码，我希望能在墓地里竖一座纪念碑，在碑上刻上我儿子的名字。所以说，至少还有他的名字留在这个世界上。如果我能做到这一点，我所有的努力都是值得的。'”

我告诉深受感动的教皇，“我已经把这位父亲的话给您捎来了。这位父亲别无他求，他只想每年去一次儿子的墓地，诵读一下‘纪念悼词’。”我是用英语说的最后那个词。教皇约翰·保罗二世纠正了我，他回想起在克拉科夫那段日子里学到的希伯来文，并用阿什肯纳齐口音纠正我说：“卡迪什，卡迪什。他想为他的儿子诵读《卡迪什》，”教皇说，并把那个词重复了三遍。我们沉默了一会儿，因为教皇陷入了沉思。然后，他答应尽力而为。“这没有什么，既然我已经知道了大概的情况，我会尽我所能帮助他们。”我很高兴他能这样表态，我鼓励他说：“您见证了犹太人民的悲剧。话说回来，我们在这里谈论的父母，有些人是大屠杀的幸存者。他们已经熬过了大屠杀，难道还让他们承受更多的痛苦吗？”我和他都想知道这个问题的答案。

他又沉默了一会儿，然后换了个话题。让我大为惊讶的是，他说：“从克拉科夫时起，我就记得您的外祖父，西姆察·弗兰克尔·特奥密拉比。”表面看来，我与教皇的会晤是两个宗教领袖之间的会面。但是，教皇的个人风格以及他对50年前发生的事情的兴趣着实令我吃了一惊。“我记得安息日的时候，他向会堂走去，一群孩子围着他。您的外祖父有多少孙子和外孙子？”我不得不承认我不知道。我知道我们是个大家族，但我不知道战争爆发前具体有多少家庭成员，当时我只有两岁。我瞥了一眼坐在我旁边的拿弗他利。他知道答案——他回答说，一共47个，而这仅仅是我们母亲那边的。教皇保罗二世问大屠杀中有多少幸存下来。我知道答案——只有五个，其中就包括我的哥哥和我。

我告诉教皇在我动身去米兰的前一天晚上，以色列又发生了一起恐怖袭击事件。从特拉维夫开往阿什杜德的艾格德公司的300路公交车上，一名阿拉伯恐怖分子高喊着“真主伟大”，把刀刺向了司机的脖子。我向教皇解释，对我来说，用神的名义为自己的滥杀无辜辩解除了伤人之外还是侮辱。我问他如何制止这种可耻的现象。他的回答是明确的：“我反对暴力和恐怖行为，在任何情况下我都会站在他们的对立面。我也很愿意就这一点签署一份宣言，但我们需要另一方同意。”

我们把话题从暴力和恐怖转向了反犹主义。教皇坚决地说：“我访问过120个国家，在每一个国家我都谈到过反犹主义。请告诉我，尊敬的首席拉比，”他问，“您是否认为基于宗教的反犹主义自基督教创始起直至今日一直存在着？”我请求他允许我用一个笑话来回答这个极其严肃的问题。他吃惊地笑了，我很快解释说，这个笑话的核心是真理，一个严肃可靠的真理。当他好奇地期待我继续讲下去的时候，我说：在美国中西部的一个小城里有一个叫约翰尼的人，他身材高大，皮肤黝黑。一个星期日的下午，他站在市中心，卷起衣袖，高声喊着：‘一个犹太人！给我一个犹太人！我这里需要一个犹太人！’他的朋友想让他安静下来，于是问他为什么需要一个犹太人。这个城市里一个犹太人都没有。但是约翰尼坚持认为，他必须杀死一个犹太人。‘我要毁了他！我要亲手把他撕碎！’约翰尼咆哮着。这位受到惊吓的朋友想弄明白约翰尼到底哪根筋不对劲。‘你怎么啦？是不是喝醉了？为什么突然要杀犹太人呢？犹太人把你怎么了？’约翰尼早就准备好了答案。‘对我做了什么？他钉死了我们的上帝！他绞死了上帝，所以我要杀了他。’朋友提醒约翰尼，那件事发生在两千年前，但是约翰尼拒绝接受这个历史事实，他高喊着：‘你这是什么意思？！我是从教堂的神父那里听说的，就在半个小时前！’”教皇笑了。他并没有开怀大笑，而是看着我的眼睛说：“我的脑子里出现了一个画面，我们两个人在世界各地做宣传，破坏那些以莫须有的罪名指责犹太人的头脑简单的家伙的计划。”他的果断又一次给我留下了深刻的印象。

这之后我继续提出计划好的其他问题。我向教皇描述了传教士在以色列的活动，他们如何利用那些经济上有困难的人以及犹太根基薄弱的新移民。我强调指出，这些传教士并没有让这些人参与有关宗教神学的辩论，而是利用他们暂时的经济困难，企图廉价购买他们的信仰，说服他们放弃祖先的传统。无论是在逻辑还是宗教上，这都是站不住脚的。在我看来，这是将人民和信仰商品化，必须予以制止。教皇向我说明这只是边缘团体的个别行为，与教会的主流观点相悖，他对这种行为非常不满。他用反感的口气谈论这种现象。他引导我理解这种现象主要存在于极度不发达国家，他已经受够了。

被我列入议程的另一个议题是允许借阅那些保存在梵蒂冈图书馆中的犹太神圣手稿。教皇已经预先准备了答案。他回答说，只要遵循公认的程序，任何感兴趣的人士都可以查阅这些精神宝藏。此外，他还将下令将这些文本复制成缩微胶卷。手稿原件将保留在图书馆里，以免因时间久远损坏。缩微胶卷为所有对细读这些文本感兴趣的人提供了一个绝好的解决办法，也必将为世界文化遗产做出贡献，这些珍贵的资料不用再被锁藏在黑暗的地下室中了。

我们的会谈持续了大约40分钟。会晤结束后，教皇叫等在一楼的我的陪同人员上楼，他好和他们握手。我的妻子就在这些客人中间。教皇过去问候她，向她伸出了手。她有些发慌，因为根据犹太教谦逊的律法，女人是不和男人握手的。一想到这短暂的尴尬可能会破坏我们努力营造的友好气氛，我的心里充满了忧虑。走廊里所有人的目光都转向教皇，看他如何处理这种情况。教皇的波兰秘书在他的耳边轻声说了些什么。教皇立刻将他伸出的那只手举向空中，又将另一只手抬到平行的位置，并上下挥动两只手，用希伯来语向她问候道："你好，你好，你好。"教皇约翰·保罗二世很快就找到了解决这种尴尬场面的外交方法。

我与教皇在他的夏宫冈道尔夫堡的会晤发展成了一种积极的关系。这种关系让我可以心无障碍地拿起笔给他写信，信中提到了埃尔赫南·塔南鲍姆，他被真主党绑架并关押在黎巴嫩。下面是2003年1月29日，我在任首席拉比期间写给梵蒂冈城的那封信的内容：

您好，

首先，我希望您健康安好。我特意与您取得联系，是为了一个急迫的请求，因为这事关道德和人道。事件的主人公是一名以色列公民，埃尔赫南·塔南鲍姆，1946年8月12日出生。1971年9月2日，我有幸主持了他和妻子埃丝特的婚礼。2000年10月，他的妻子、妹妹和儿子来到我的办公室，请求我尽一切努力把他带回家。他于2000年10月15日被真主党绑架，并关押在黎巴嫩。

埃尔赫南·塔南鲍姆患有慢性哮喘和其他慢性病。他需要不断地接受治疗，但他得不到维持生命所需的药物。他除了被剥夺自由，与家、国、人民分离，糟糕的医疗条件还很可能置他于死地。我所有想把他和其他囚犯以及失踪士兵带回家的努力都是徒劳的。我为此会晤了联合国秘书长科菲·安南先生、国际红十会委员会主席，还有世界范围内的宗教领袖，但都没有达成目标。

据我所知，这个星期五（2003年1月31日），黎巴嫩总理哈里里先生将在梵蒂冈拜会您。在此，我恳请您，我尊敬的领袖，在您会晤黎巴嫩总理时，请求他派一名医生去探访一下被绑架的埃尔赫南·塔南鲍姆。这是一个出于基本礼仪的人道主义要求。如果哈里里先生没有权力释放埃尔赫南·塔南鲍姆并送他回家，他至少可以确保医生能够出诊，并对这名男子实行全面的医疗救治。

2003年1月5日，真主党总书记谢赫哈桑·纳斯鲁拉宣布埃尔赫南·塔南鲍姆还活着，基于这个事实，我才向阁下提出这种请求。根据我们先前的会谈，以及阁下见证过欧洲犹太人遭受的毁灭性悲剧的事实，我确信，您会对我的请求表示同情和理解。请尽您所能挽救此人的生命，将一个健全的埃尔赫南·塔南鲍姆活着送交给他的家人。所有的人类和历史都会感激您基于信仰、正义和人权的人道主义行为。

向您表示尊敬和感谢，为真正的和平祈祷

伊斯雷尔·梅厄·劳
以色列首席拉比

我通过外交部把这封信送给以色列驻圣座大使奥德特·本胡尔，并要求他亲自将这封信交给教皇。一个星期后，罗马教廷大使彼得·赞比大主教带着梵蒂冈国务秘书处给我本人的信来见我。信上说，教皇已经收到了我关于埃尔赫南·塔南鲍姆的信，并且在黎巴嫩总理最近访问梵蒂冈时，提请他注意此事。信中继续写道："我趁此机会献上我的祝福和最美好的祝愿。"落款是：枢机主教安杰洛·索达诺，国务秘书处。

据我所知，以色列首席拉比和教皇之间从未有过如此私人、亲切、细腻的关系。当我回想起第二次世界大战期间赫尔佐克拉比为了拯救犹太人而请求会见教皇的情形时，就更感觉到这种关系的特别。那个时候，不止是一个埃尔赫南·塔南鲍姆的问题，拉比试图从纳粹敌人的魔掌下解救的是几百万犹太人，但是教会还是拒绝了他的要求并保持沉默。

1994年2月，46年后，梵蒂冈第一次决定与以色列国建立外交关系。我并不认为我的访问直接促成了这一历史性决定，但是我与教皇的会晤显然对梵蒂冈的提议起到了推动作用。

三个月后，在以色列独立日那天，以色列总统邀请外交人员到他的府邸参加招待会。当时的外交部长西蒙·佩雷斯问我是否看了《华盛顿邮报》。我回答说没有，佩雷斯告诉我，教皇访问了美国并接受了该报的采访。当记者问他有关耶路撒冷地位的意见时，他回忆说，几个月前，以色列国的首席拉比拜会了他，我和他的交谈令他重新思考了这个问题。

我并没有在以色列同梵蒂冈建交之前参与讨论，但是将我的拜访与《邮报》的访谈并列在一起引起了我的注意。此外，我了解到那一年教皇约翰·保罗二世下令成立了一个委员会，并委任他的同事、梵蒂冈的枢机主教爱德华·卡西迪为该委员会主席，他代表教会向犹太人民致歉。他们计划把这封道歉信交给我。我无法相信自己的耳朵。卡西迪枢机主教在耶路撒冷拜会过我两次，每次都带着不同的草稿，第一次是他本人，第二次是与巴尔的摩的枢机主教威廉·基勒以及波兰的大主教亨利克·穆新斯基一起。草稿泛泛地讲述了第二次世界大战期间教会成员对犹太人民和其他国家所犯的罪行。但事实上，在最好的情况下，教会里的某些人也只是消极地袖手旁观，最坏的情况是他们参与并挑衅公众反对犹太人、分发各种种族主义出版物，并发表演说呼吁希特勒出台“最后解决”。尊敬的主教们向我提交的草稿里没有一句对这些人谴责的话。他们也没有批评教皇庇护十二世的行为，而此人本可以阻止许多犹太人被杀，但他却什么都没做。

我评论说，这些草稿开头的道歉部分写得很精彩，但是草稿里必须包含额外的声明。当枢机主教们问我具体是什么意思时，我向他们解释道，教皇庇护十二世与他的继任者教皇约翰二十三世不同，他是大屠杀和大屠杀恐怖的见证者，然而他并没有出面阻止。我提议三个枢机主教跟我一同前往亚德瓦谢姆，以色列的大屠杀纪念馆，那里距我的办公室仅有10分钟的路程。他们可以亲眼看到那些林荫大道，每一条都以在大屠杀期间救过犹太人性命的正义外邦人的名字命名。如果在20世纪三四十年代，教皇说上本该说的一句话，那么那条大道将从耶路撒冷的亚德瓦谢姆纪念馆一直延伸到罗马的梵蒂冈。无数的天主教徒将加入帮助犹太人并拯救他们性命的正义外邦人的行列。我诚心诚意地说了这番话之后，天主教的枢机主教们离开了我的办公室。他们在文件中作了一些修改，加上了几句话，并最终发表了一份我没有再参与的文本。

但是伴随我与教皇的会面发生了很多事情。其中之一是，2001年，在十字军东征1000周年的时候，由各种基督教教派组成的一个500名宗教领袖代表团访问了以色列，请求宽恕他们在十字军东征中屠杀无辜犹太人的行为。我应邀在耶路撒冷大会堂的大厅里向到访者发表讲话。他们的代表团成员视我为犹太人民的代表，希望把一个由代表团领导签字的请求宽恕的卷轴交给我。他们让我代表历史上所有的犹太人接受它。我回答说，我既没有授权赦免，也没有权力宽恕——我在纪念布痕瓦尔德集中营解放50周年的庆典上也讲过同样的话。我确实向他们来到耶路撒冷的事实表示感谢，并认为他们真诚明确的道歉具有教育和历史意义。我说，我祈祷并希望相信，类似的事情不会在未来再次发生。不过，我也澄清，把道歉信呈送给我决不能抹掉过去那些可耻的罪孽。

我们决不能忘记过去，也不能抹掉大屠杀期间发生的任何一件小事。我把自己看做记忆的信使，尽我一切所能让这份记忆永存，并防止任何想要抹去污点的行为。多年来，我在全世界的很多国家参加过无数次集会、纪念日以及纪念大屠杀的典礼。一种深深的使命感驱使我去参加所有这些活动。

最难忘的一次纪念集会发生在1995年的大屠杀纪念日、第二次世界大战结束50周年那天。与会者聚集在纽约的麦迪逊花园广场。美国总统比尔·克林顿从华盛顿赶来，主席台上坐在他旁边的是两名来自纽约的参议员：丹尼尔·帕特里克·莫伊尼汉和阿方索·达马托，此外还有新泽西州的参议员弗兰克·劳滕伯格、纽约州州长乔治·帕塔基、纽约市市长鲁道夫·朱利安尼以及我本人。我当时是以色列的首席拉比，但我以一个大屠杀幸存者的身份出席了该会。克林顿总统发表了感人的讲话，他热情地讲述了犹太人民的命运，并强烈谴责反犹主义。

我谈到了记住历史的责任以及大屠杀的教训。我说，我们应该学到的一个教训是，以色列国是犹太人民的诺亚方舟。我提出了一个假想。如果以色列在1947年联合国大会在此地做出决议的10年前，就在纽约大都会地区的成功湖建国，会发生怎样的事情呢？或者，1937年日内瓦的国际联盟做出了类似的决议，更不用说1920年的圣雷莫会议或1917年的《贝尔福宣言》，那么情况会怎样呢？历史会呈现怎样一种面貌，又有多少犹太人至今还活着？我知道，这些问题都没有答案，但它们一定会令当今的人深思，这就是我试图达到的目标。

我们不必提及被屠杀的600万人，也不必说起被杀害的150万名儿童。相反，我们要说的是小什洛伊米和摩西米、年轻的利亚蕾和萨拉蕾。安妮·弗兰克的故事就是最好的影响个体的例子。我们很容易明白大屠杀期间发生的事情，当谈到一个特定的人、一个家庭，或者充其量一个社团的时候，我们也很容易加工这些信息。但是人类的头脑无法在情感或者经验上加工几百万人的概念。在每一次集会演讲上，我都会要求观众不仅仅要谈论大屠杀的受害者是怎么死的，还要了解他们过去是怎么活的，以及他们是谁。最重要的是，他们应该把以色列国看做犹太民族的家园，思考如何深化基础犹太教育的根基，以确保历史的延续。

我是否认纳粹在大屠杀中杀害了600万犹太人中的一员，但这并不意味着我否认600万犹太人死亡或者否认大屠杀的发生。相反，在大屠杀中受害的犹太人多于600万。在肉体上，纳粹确实用无以形容的残忍杀害了600万犹太人。但是就情感、信仰和意识而言，他们杀害的人数远不止600万。在某些方面，大多数大屠杀幸存者也是受害者。有些人如活死人般行走在我们中间。他们的身体还在运转，他们也能工作，但他们没有活着的精神。当我的外祖父西姆察·弗兰克尔·特奥密拉比回忆起赎罪日祷告的一句话时，我们就可以明白这一点："我们的父，我们的王，为那些因尊你的名为圣而步入水火的人作为。"弗兰克尔·特奥密拉比说，那些走入火里的人被完全焚化了，没留下任何肢体，只有灰烬。但是那些走入水中的人保全了整个身体。没有一根头发掉落，没有一个指甲缺失。他们的肉体是完整的，然而他们没有活着的精神。在大屠杀中，那些走入火中的人在毒气室里窒息而死、活活地饿死，或者死于各种奇怪残忍的方式。他们属于那600万人。那些走入水里的人看起来好像从大屠杀中幸存下来了，保全了完整的身体，但是他们失去了生之喜悦，失去了给他们力量令他们坚持下去的信念。

奇怪的是，另一个给我留下鲜明印象的活动是在柏林召开的纪念"水晶玻璃之夜"60周年大会。1939年11月9日，在这个"水晶玻璃之夜"，德国暴徒焚烧了1000座会堂，捣毁商店，并杀死数百名犹太人，大屠杀的恐怖就是从那时开始的。1998年11月，德国的犹太会众联合会主席伊格纳茨·布比斯邀请我在柏林的犹太大会堂发言。我同意，但有一个条件：我拒绝睡在德国的土地上，于是我要求在到达的当天离开柏林。布比斯同意了。

我旁边坐着施罗德，此前一周他被选为德国总理。他头上戴着一个白色的大圆帽，或者说是无边的便帽。我的另一边坐着德国总统罗曼·赫尔佐克。仪式开始时，一位当地的领唱者咏唱“El Male Rachamim”祷文。这个意为“上帝充满慈悲的”祷文依照传统是在墓地和纪念礼拜会上演唱的。柏林领唱者是在管风琴的伴奏下演唱的。管风琴让我感觉不舒服，因为这种乐器是在教堂里使用的，而不是在传统的犹太会堂里。我觉得这样纪念烈士并不妥当。但是我确保面向会堂观众的脸上不泄露任何情感和疏离。当轮到我发言时，我用英语谈论了反犹主义。我说我们从大屠杀中学到的唯一的教训就是我们什么也没学到——因为，就在此刻，种族灭绝正在科索沃发生，从柏林去那里坐飞机只需一个小时。如果我们容许有两百万儿童在1968年饿死在比夫拉，那么我们就什么都没学到。此外，我谈到那些犹太人，当东德的铁幕不复存在后，他们从东德跑到西德，这只是换了一个流散地而已。

我研究了一下坐在第一排的人们，赫尔佐克和施罗德，我在他们的脸上没有发现一丝痛苦的表情。在我发言的末尾，在德国总统和总理的面前，我呼吁犹太人放弃这个杀戮场，回到祖国以色列。我的讯息通过广播和电视传遍了整个欧洲，并引起了广泛的反响。当我从柏林飞往阿姆斯特丹的史基浦机场，以便搭乘以色列航空公司的飞机回国的时候我感受到了这一点。机场里的店主们看到我朝那架航班走去时，他们从商店里出来，站在走廊上向我致谢。几小时前他们已经看到并听到了我的演讲，并以非常人性的方式表达了他们的赞同。多亏了他们，我才明白我的要求并不是很夸张。

我的演讲结束后，一名年轻的经学院学生登上了柏林集会的讲台。他戴着戈尔教派风格的黑帽子。下巴上留了一圈胡子，看起来非常像犹太人，像是一个青年学者。就像一个真正的戈尔哈西德派教徒那样，他穿了一件黑色的长外套，黑色长袜套在裤子上。这个经学院学生叫伊扎克·梅厄·赫尔夫哥特，是特拉维夫唱诗学校的毕业生，在法兰克福担任领唱者。他站在麦克风前，在没有音乐伴奏的情况下唱起了戈尔哈西德的旋律：“我完全相信弥赛亚的到来，即便他会耽搁，我仍每天期待他的到来。”当施罗德听到这首歌时，我看见他脸上的表情很严肃，好像被感动了。他跷起二郎腿，又把腿放下，过于兴奋而找不到一个舒服的姿势。他抓住我的胳膊，用德语说：“太纯洁了！这是从心底里唱出来的。”我告诉施罗德，这位领唱者来自以色列，并补充说他是一个哈西德教徒，忠实地代表着那些我们聚在这里要纪念的人。在这个纪念“水晶玻璃之夜”60周年的集会上，布比斯明白了，悼念死者的祈祷由管风琴伴奏是不够的，它无法表达这个事件的真正精神。因此，他把这位年轻的领唱者从法兰克福带到了柏林，用他出色的嗓音来演唱这首能够打动人心的宗教歌曲。

后来，我去安曼参加约旦国王侯赛因的葬礼。和我站在同一排为国王送行的是四位美国总统：比尔·克林顿、吉米·卡特、杰拉德·福特和老乔治·布什。当我们向前走时，我感觉有两只手抓住了我的肩膀。我被这意想不到的拥抱吓了一跳，回过头来发现是德国总理施罗德。“首席拉比，自从我们在柏林的那次集会上见面后，我时常充满敬意地回想起那位犹太领唱者演唱的美妙歌曲。您能不能提醒我他唱的那个旋律？”他令我吃惊地问道。稍后，当我恢复平静后，我在他耳边哼唱了那首戈尔哈西德派歌曲。写这首曲子的是戈尔派教徒雅阿可夫·塔木德。那个旋律来自一个戈尔哈西德派教徒的心，也打动了施罗德总理的心，以致让他离开原来的位置，绕过警卫的方阵，走到我身边，向我表达了他的欣赏，而且还想再听一遍那个旋律。

依我看来，这也是在向大屠杀和大屠杀死难者的虚拟纪念碑上添砖加瓦。有时我会惊讶地发现，大屠杀是如何、在何处，以及在何种程度上铭刻在人们的头脑和心中。这就是我要在世界各地出席纪念大屠杀活动的目的。我试着阻止这段记忆沉入忘川。有时即便大屠杀不是主要讨论的话题，它也会从一些表面无关的话题中浮现出来。

2003年5月，圣艾智德团体邀请我参加在德国亚琛举办的会议，会议的主题是和平。在这次会议上，我经历了一场根本没有经过预先筹划的对抗，对抗的起因涉及一个完全出人意料的对大屠杀的解读。我谈到了我对国家和人民之间和平的看法以及耶路撒冷在这个问题上的立场。我的发言结束后，一名巴勒斯坦宗教领袖站了起来。他对我和其他与会者进行了严厉的谴责：“我想向你表达一下巴勒斯坦人民的感受，事实上，我们可以被认做你们的大屠杀的受害者。我们现在站在德国的土地上，我根本不想否认大屠杀。但我有一个问题。为什么我们也是受害者？直到第二次世界大战结束时，你们还跟我们和平地生活在一起。我们和以色列土地上的犹太人保持着密切而和平的关系。大屠杀事件发生后，你们寻找家园，侵略了我们的国家。因为欧洲摧毁了你们的家园，你们利用了我们的弱点和解体将我们从家里全部撵了出去。为此我们流亡了50多年。我们为什么要为你们的大屠杀付出代价呢？”巴勒斯坦代表问道。

当他说完后，我起身回答。首先，我纠正了他的说法，我们没有入侵，也没有来到陌生的土地。公元前586年，我们被巴比伦人逐出以色列地，公元前70年又被罗马人流放。我赞同他不否认大屠杀的观点，但我无法接受他的错误立场，而不予以纠正。伊斯兰教是在公元622年诞生的，而550年前，我们在耶路撒冷的第二圣殿就已经被毁了。我记得《圣经》中谈到“豺狼必与绵羊羔同居”，并允诺“这国不举刀攻击那国”。同是这本圣书里，先知耶利米向犹太人民承诺“你的儿女必回到自己的境界”。先知以赛亚曾经描述过世界末日的情景，说离散的犹太人民将聚集起来返回自己的土地。顺便说一句，我对那个巴勒斯坦人说，至于说到大屠杀之前我们两国人民之间的友谊，在德国这片土地上回忆这件事是非常恰当的，世界上只有一位宗教领袖飞到柏林与希特勒握手，并鼓励他实施针对犹太人的“最终解决”。他不是别人，正是巴勒斯坦人的宗教领袖，耶路撒冷的穆夫提，哈吉·阿敏·侯赛尼。其他领袖保持沉默，虽属不义之举，但至少他们没有鼓励敌手。当时还不存在巴勒斯坦难民的问题，大屠杀难民也没有寻找民族的家园。我告诉他，那个时候我家里，在我的家乡波兰，我没有打算把任何人从家里扔出去。

我问他，如果是这样，你指的是什么友谊？我提醒他注意另一个历史事实。1929年，第二次世界大战爆发前的10年，在犹太人没有任何挑衅行为的前提下，巴勒斯坦人在希伯伦杀害了69名犹太人，把孩子从母亲的怀里夺走。我向那个巴勒斯坦人建议：“作为对话伙伴，我们必须正确理解事物，并处理这些问题。但是你们以大屠杀受害者的面目出现完全是对历史的歪曲。”我发言完毕后，会议的主席、教皇的得力助手枢机主教罗歇·埃切加雷告诉观众，我是布痕瓦尔德集中营最年轻的幸存者。那个巴勒斯坦人一个字也没说。在一天艰苦紧张的讨论结束后，我越过德国边境来到荷兰，就是为了在荷兰的一个小镇上过夜。

引文出处：

豺狼必与绵羊羔同居，豹子与山羊羔同卧。——《以赛亚书》11:6

在我圣山的遍处，这一切都不伤人，不害物。因为认识耶和华的知识要充满遍地，好像水充满洋海一般。——《以赛亚书》11:9

有血有火，有烟柱。——《约珥书》2:30

第18章 为了和平

“女王陛下，”坐在我左边的约旦王子哈桑对英国女王说，“我想抱怨一下，这里有歧视。拉比的食物比我们的可口！”他刚刚尝了一块我给他切的白面包。接着他表情严肃地补充说，“但是他应该有这样的待遇，特别是因为他仁慈的表示，他曾经去明尼苏达州罗彻斯特的医院里拜会过我的哥哥，已故的侯赛因国王。”

白金汉宫正在庆祝英国女王伊丽莎白二世登基50年。女王拒绝举行公开的庆祝活动，但她对她的丈夫菲利普亲王的恳求做出了让步，在全球环境研讨会后，她在那天为30位客人举办了皇家晚宴。

我有幸受邀参加了此次活动，我从犹太人的视角就空气和水污染、保护动植物等环境问题发表了意见。其他与会者包括坎特伯雷大主教以及世界银行总裁詹姆斯·沃尔芬森。白金汉宫特意为我准备了达到犹太教饮食最高标准的晚宴，使用的洁食餐具也与他们的官方餐具相匹配。

在我的拉比职业生涯的每一个阶段，担任不同的职位时——北特拉维夫社区拉比、内坦亚拉比、特拉维夫—雅法拉比，当然还有以色列首席拉比——我会见过国王、女王、总统、宗教和政府领导人。许多会议都是私下进行的，我们长时间地交谈，怀着诚实和好奇，试图了解和理解彼此。大屠杀的话题在大多数讨论中都会被提起，令我震惊的是，几乎所有的东道主都很了解我的故事。每一个人都用自己的方式，就“二战”中决定犹太人民以及我个人命运的那可怕的六年的某一特别方面发表评论。我在下面列了那些人物的名单，目的是表明我有幸见到了各种各样的人。其中的几次会议值得详述，因为它们为他人如何看待犹太人提供了线索。

列在名单最上方的是美国总统罗纳德·里根、吉米·卡特以及比尔·克林顿；苏联总统米哈伊尔·戈尔巴乔夫。

我在侯赛因国王病重时拜见过他，在他的葬礼上见到了他的儿子阿卜杜拉国王。

在以色列驻西班牙大使赫塞尔·英巴尔以及当地犹太社团主席伊扎克·基洛夫的陪同下，我与西班牙国王胡安·卡洛斯会面。我们就犹太人与阿拉伯人在西班牙的格拉纳达黄金时代的关系展开了会谈。

我与法国总统雅克·希拉克会谈过，当时他是巴黎市长，他在自己的住所举办了欧洲拉比会议。

2000年，捷克共和国总统瓦茨拉夫·哈维尔邀请我参加在捷克的古代要塞——布拉格城堡举行的“2000论坛”，探讨如何促进和平。在那次会议上发言的还有：美国参议员希拉里·克林顿；美国前国务卿亨利·基辛格教授；爱资哈尔清真寺副长老福齐·扎夫扎夫；开罗的坦塔维博士。我和匈牙利总统阿佩贡斯博士一起，向一座纪念匈牙利犹太人毁灭50周年的纪念碑献词。

在罗马尼亚出席圣艾智德会议期间，我会见了罗马尼亚总统伊昂·伊利埃斯库。在那里，我还见到了伊朗总统阿里·阿克巴尔·哈什米·拉夫桑贾尼的女儿法伊泽·希米。

我曾就隐藏在地下室几十年而后被保存在维尔纽斯国家图书馆的托拉经卷问题，接触过立陶宛总统瓦尔达斯·阿达姆库斯。我要求总统介入此事，将经文返还给犹太人民，再将它们送到耶路撒冷。

我和波兰总统莱赫·卡钦斯基一同参与了从奥斯威辛到伯克瑙的“迈步生命”计划。

在纪念“水晶玻璃之夜”60周年的柏林集会上，我见到了德国总统罗曼·赫尔佐克和约翰内斯·劳。德国总理格哈德·施罗德也参加了那次集会，此后我们还一起参加过侯赛因国王的葬礼。

我和加拿大总理让·保罗·克雷蒂安在他的渥太华办公室就作为以色列首都和圣城的耶路撒冷犹太人民的地位等问题展开了冗长而激烈的辩论。

在以色列大使哈卡比的陪同下，我会见了墨西哥总统哈维尔·萨利纳斯。

巴西总统费尔南多·恩里克·卡多佐告诉我，每年的逾越节他都参加在女儿家里举办的逾越节家宴，他的女儿嫁给了一个犹太人并虔诚地遵守逾越节家宴的习俗。我们谈到他的姓氏起源，卡多佐这个姓在西班牙犹太人中很普遍，他们被迫成为基督徒。我和萨夫拉兄弟，约瑟夫和摩西，以及以色列大使伊扎克·凯南一起访问了巴西的新首都巴西利亚。

在阿根廷布宜诺斯艾利斯的以色列大使馆和犹太社团中心发生恐怖袭击，100多名犹太人遇害后，我会见了阿根廷总统卡洛斯·梅内姆。他和内政部长——一个叫库尔茨的犹太人，希伯来文中叫科拉赫，一起接待了我们。我此次会谈的目的是想知道为什么阿根廷人没有试图抓到发动这次恐怖袭击的人。在阿根廷犹太社团领导人的陪同下，我还会见了梅内姆总统的接班人费尔南多·德拉鲁阿律师，他是一个和蔼可亲的男人，深爱着以色列。

在乌拉圭首都蒙得维的亚，我会见了该国总统胡利奥·玛丽亚·桑吉内蒂博士，并与前任总统路易斯·阿尔贝托·拉卡列共进了洁食午餐，他是第一个在拉美国家建立纳粹大屠杀纪念碑的主席。那座纪念碑矗立在蒙得维的亚郊区，太平洋的岸边。在此之前我见过拉卡列，他和我随乌拉圭公民耶希尔·里奇曼一起“迈步生命”，里奇曼是特雷布林卡集中营的幸存者，曾在审讯约翰·德米扬鲁克时担任证人。站在纪念碑前，拉卡列说，听到我在奥斯威辛的演讲，他深受鼓舞，决定在乌拉圭竖起一座大屠杀纪念碑。2004年，我与拉卡列出席了在大卫王酒店举行的耶路撒冷峰会，并在会上了讨论了全球反犹主义的议题。

在格鲁吉亚首都第比利斯，我会见了戈尔巴乔夫当政时期的前外交部长及后来的格鲁吉亚总统爱德华·谢瓦尔德纳泽。

奥地利总统托马斯·克莱斯蒂尔是一位坚定的以色列支持者，他在维也纳接待了我，并和我，以及犹太社团主席阿里尔·穆兹坎特、以色列大使亚伯拉罕·托莱多进行了一番长谈。

秘鲁和巴拿马总统、澳大利亚总理约翰·霍华德、日本首相小泉纯一郎、欧盟主席罗马诺·普罗迪，以及联合国秘书长科菲·安南怀着浓厚的兴趣听取了我对宗教、民族以及以色列国等问题的看法，尽管我们并不总能达成一致意见。

最奇异的会面发生在我和幕屋成员之间，幕屋是一个极度亲以色列的日本基督教教派。我担任内坦亚的首席拉比时，曾经应邀参加过在日本京都举行的宗教领袖会议。当我按计划到达本—古里安机场时，却遭遇了一场车祸，最后没能到日本，却去了阿萨夫哈罗菲医院。我以前在皮塔提瓦高中教过的一名学生阿里尔·哈列维教授是那天急诊室里的值班外科医生。他在我的前额缝了七针，还开车把我送回了内坦亚。若干年后，当我成为特拉维夫的首席拉比时，幕屋再次邀请我参加在京都召开的宗教领袖会议。许多幕屋成员都起了《圣经》里的名字：幕屋的一位领导人，神藤晃博士，取了希伯来名字阿齐瓦，他的妻子虹子叫以斯贴。他的三个儿子分别叫约西亚、约伯和艾什来以。幕屋成员虔诚地研读《圣经》，他们的犹太复国主义者思想比很多犹太人都强烈，而且他们无条件地热爱犹太人民和以色列国。幕屋的代表陪同我到开会地点，随行的还有以色列驻日本领事阿莫斯·拉迪安。

会议中心坐落于比叡山山顶，是一连串的竹廊，在一个可爱、宽敞的日本庭院里。我感觉这激动人心的景色体现了造物的奇妙精髓。

会议的组织者——佛教和神道教的代表主要侧重两个议题。首先是犹太人对来世的看法：灵魂的永生，未来的世界，奖惩原则，天堂与地狱。他们想讨论的第二个议题是，根据犹太人的看法，上帝是否存在于某一个特定的地方，或者他是否存在于宇宙的每一个角落。

我开始用英语发言，但刚说了一句，神藤博士就让我停下。他很有礼貌地让我用希伯来文讲。他说幕屋的成员希望听到先知最初使用的语言，而且我的到访对他们来说是个千载难逢的机会。他说，反正也不是所有听众都懂英语，还是需要翻译，所以最好由他将希伯来语翻译成日语。于是，神藤博士翻译了我的演讲，并把它传达给几百名坐在那里，闭着眼睛、脱掉鞋子的人。

这是我第一次受邀在一个与政治或历史无关的非犹太人会议上发言，而且会议的主题是纯粹的宗教问题——信仰的基础。首先，我谈到了灵魂的永生，这一点涉及自由选择的概念——“你要拣选生命”的圣经原则。说到公平回报的观念，我引用了迈蒙尼德的13条信仰条款——“创造主洞察世人一切思想行为。创造主予遵守律法者奖赏，对践踏律法者惩罚。”接着我阐述了神圣的普遍存在，就像每天的站立祷文中所表达的那样：“圣哉，圣哉，圣哉，万军之耶和华。他的荣光充满全地。”

在我发言之后，他们让我去见山田惠谛先生，他是第253世天台座主，也是日本6000万佛教徒的实际领导人。他已经是一位94岁的老人，瘦骨嶙峋的样子与印度的精神领袖圣雄甘地十分相似。接见我时山田先生盘腿坐在竹屋的地板上。他整个人的身上都体现出苦行两个字。他看起来好像没有从这个世界吸收过营养。我是在以世界联邦主义者运动日本宗教委员会执委中田次郎为首的会议领导的陪同下拜访他的。他们邀请我坐在散落在地的枕头上。山田先生颤颤巍巍地用日语对我说:“既然您在我家的墙壁之间,在我的屋顶之下,我正在与您握手——现在我可以把我的灵魂交还给造物主了。对于这次访问我期待已久,从此以后,我就可以离开这个世界去一个更好的地方了。

“我年轻的时候,”他回忆着,“不认识任何犹太人,也不知道犹太教。20世纪三四十年代,我是通过被翻译成日语的袖珍本《锡安长老会纪要》知道犹太人的。那个时候每个日本孩子的书包里都有一本。正如您所知,我们的领导人与纳粹德国签订了协议,一致对抗自由世界,特别是犹太人。尽管我们的国家没有杀犹太人或建立集中营,与“最终解决”也没有关系,但是,他们还是打了美国人,从而迫使美国用大部分兵力抗击我们,而没有拯救在欧洲濒于毁灭的你们。与美国交战就意味着我们辅助德国人杀害犹太人。我知道您的过去,而且这些年来我一直关注着您的事业。作为帮凶国的一员,我对您父母的遇害深感内疚。尽管我几乎从不离开我的房子,更不用说京都或者我的国家日本,但我还是去了波兰,向华沙隔都纪念碑敬献了花圈。现在,我终于有机会代表全体国民,恳请您的宽恕——您还是孩子的时候就经历了大屠杀、父母也被纳粹杀死了。如果您同意我的请求,我就能把灵魂交还给造物主了。”

我认真地听着,惊讶于他的决心和清晰的表述能力。但我不能给予他宽恕。我向山田先生解释说,依据犹太人的说法,坐视不管的人和行凶者一样都是有罪的。没有直接犯罪的证据并不能为他开脱罪责。因此,我向这位日本领袖解释,我不知道我是否有权力代表受害者原谅他。至于我自己,我有一个使命要完成:要记住,而且不允许这个世界遗忘。尽管如此,我还是强调我对他坦诚的声明、仁爱的方式以及去波兰向纪念碑敬献花圈这一诚恳的举动表示欣赏。“您的这些话值得永远记住。不只是我,还有贵国所有的人以及数以亿计的您的信徒都应该听到。”我补充说。

我从我们的资料中列举了几个例子,说明目击犯罪却不作为的人的法律地位。我回想起大卫王在押尼珥的墓旁放声而哭,押尼珥是扫罗军队的元帅,被约押和他的兄弟亚比筛杀死。“你手未曾捆绑,脚未曾锁住。你死,如人死在罪孽之辈手下一样。”《塔木德》中的《最高议会书》一章解释说："大卫在后者的葬礼上谴责了押尼珥。"大卫训斥死去的押尼珥没有阻止扫罗王杀害无辜，尽管他的地位可以对国王产生影响。当扫罗王听说挪伯城的祭司亚希米勒又给大卫食物，又给他杀非利士人歌利亚的刀时，扫罗王杀了亚希米勒和他的全家。"然而，你却沉默，允许他杀戮。"大卫责难押尼珥。然后，他说没有人捆锁住押尼珥的手和脚，大卫委婉地暗指，你当时在哪里？为什么你不抗议？我用《圣经》上的这个故事为例，向日本的佛教徒解释了我的立场。

我又给山田先生举了一个《最高议会书》里面的例子。在《出埃及记》的第一章中，埃及的法老说："我们不如用巧计待他们，恐怕他们多起来。"他让他的顾问出主意加重担苦害以色列人，奴役他们，并确保他们不会生养众多。实际上，这是历史上的第一次"最终解决"，第一次万湖会议。据贤人们说，法老王的三个顾问是预言家巴兰、成为米甸祭司之前的叶忒罗和先知约伯。巴兰是提议"最终解决"的那个人。他通知国王，他已经观了星象，一个犹太孩子将要出生，会给法老造成很大的麻烦。他建议把希伯来的收生婆变成合作者，就像纳粹的囚犯头那样。他们将实行门格尔式的第一次"挑选"。法老王采纳了巴兰的建议，命令所有的收生婆："你们为希伯来妇人收生，看她们临盆的时候，若是男孩，就把他杀了，若是女孩，就留她存活"。希伯来的两个收生婆施弗拉和普阿，贤人们把她们等同于是尤希维德和米里亚姆，拒绝合作。正如《圣经》中所说的那样"但是收生婆敬畏神，不照埃及王的吩咐行事，竟存留男孩的性命。法老吩咐他的众民说，以色列人所生的男孩，你们都要丢在河里，一切的女孩，你们要存留她的性命。"。

当巴兰提出这个建议时，人道主义者叶忒罗拍着桌子反对杀害无辜的婴儿。这件事发生后，叶忒罗感觉在埃及待得不舒服，于是逃到米甸，并成为那里的祭司。叶忒罗把他的家门向逃离埃及暴政的难民敞开。后来摩西见一个埃及人打希伯来人的一个弟兄就把埃及人打死了，然后逃往米甸地居住。叶忒罗的女儿们告诉她们的父亲："有一个埃及人救我们脱离牧羊人的手，并且为我们打水饮了群羊。"

约伯虽然不赞同巴兰的建议，但他没有叶忒罗的勇气和决心。他保持沉默，尤其是因为他看到法老喜欢巴兰的主意并采纳了它。根据《塔木德》，这就是后来约伯受苦的原因之一。为了明白到这一点，我们先岔开话题，说一说贤人们的米德拉西。当约伯听到亚伦的两个儿子拿答和亚比户死亡的消息时，他说："这是我最担心的"。这是一个令人惊讶的评论。为什么拿答和亚比户的死会让约伯忧虑呢？为什么他们的死会让他产生恐惧感呢？《塔木德》给出了一个亚伦的儿子们死亡的原因。"摩西和亚伦在前面领路，第二代领导人拿答和亚比户紧随其后……拿答对亚比户说，'这两位长者什么时候死啊，他们死了你和我才能成为下一代领导人？'至圣者、赐福者对这对兄弟说：'我们要看看谁埋葬谁。'"然后《塔木德》引用了一句广为流传的阿拉米谚语："我见过许多老骆驼来到市场，驼峰上扛着许多年轻骆驼的皮出售"。

故事仍在继续，约伯为拿答煽动性的问题所困扰。但亚比户没有作答，那么，为什么他要和拿答一同受罚呢？答案是他受罚是因为他保持沉默。换句话说，当一个人在必要的时候本该阻止罪孽却保持沉默，那么他就变成了罪犯的同伙。约伯说："如果这是造物主的行为方式，这就是我最担心的了。因为我和法老开会时，巴兰提出了那个建议，当时我也保持了沉默。谁知道等待我的是什么呢？"

我将这个圣经故事以及对它的米德拉西注释讲给那个日本的宗教领袖山田老先生听，他的随从人员也专心地听着。我离开会场时感觉到，他说话很诚恳，他真心想求得宽恕。作为一个有信仰的人，他对来世充满敬畏，他想在到达那里之前为自己赎罪。尽管我不能答应他的请求，但我仍然非常欣赏这一点。

最独特也是最异于其他的一次会面是和古巴领导人菲德尔·卡斯特罗。多年来我有一个未了的心愿，那就是了解一下那些从欧洲，特别是从波兰逃到古巴的犹太难民生活得怎么样。在战前和战争的最初几年，整个世界都对犹太人关闭了大门。1939年5月《麦克唐纳白皮书》签订后，英国对发放去以色列地的阿里亚证书有严格的配额限制。古巴是向犹太人抛出小救生筏的少数几个国家之一。

1939年，一群富裕的德国犹太人，他们都是学有所长的专业人士，挤上了"圣路易斯"号客轮。他们已经申请了美国的入境签证，但还没有拿到手里。但他们有在古巴上岸的证明，这意味着古巴只是他们行程中的一个停靠点。他们在行李箱里装满了贵重物品和珠宝，从汉堡出发前往哈瓦那海岸。但他们不知道的是，古巴的政局发生了变化，在该船启航的八天前，古巴人决定不再授予他们上岸证明。客轮继续向美国行进，但是罗斯福总统因新政中有关移民的限制法令和民意的影响改变了主意，决定不批准难民入境。这些难民们别无选择，只得返航回到欧洲。尽管犹太人组织与欧洲各国政府谈判，允许这些乘客进入大不列颠、荷兰、比利时和法国，但是最终，他们中的许多人还是落入了纳粹的统治之下。在法国的大多数人死在了集中营里。

当其他欧洲的犹太人听说了“圣路易斯”号的命运后，他们开始寻找另一个落脚点。毫无条件地欢迎这些犹太人并向他们敞开大门的地方就是古巴。

我父亲的妹妹，我的姑姑梅塔和她的丈夫布鲁诺—贝尔奇亚胡·舒恩夏尔带着他们两个年幼的孩子从捷克斯洛伐克的伯尔尼逃到了古巴，这样总算保全了性命。战争结束后，他们移民到美国，在他们晚年的时候，以色列建国后，他们又移民到了以色列。由于家庭的关系我很好奇，想更多地了解古巴犹太人的生活。

1959年，卡斯特罗与切·格瓦拉以及他们的同志们并肩作战领导了古巴革命，并迫使纳德沃尔纳哈西德王朝的梅厄·罗森鲍姆拉比离开了他暂居的国家。从那时起，哈瓦那就没有拉比了。我清楚地知道，20世纪90年代，世界上只有古巴和朝鲜这两个社会主义国家禁止犹太教育和犹太社团生活。偶尔我会从对古巴做过短暂访问的人，也包括不同情报部门的代表们那里听到一些消息。但是窥一斑不足以见全豹。我了解到尽管有各种限制，一些人还是认同自己是犹太人。我意识到我没有机会和他们见面，因为以色列与古巴没有建立外交关系，而且持有以色列护照的人，尤其是首席拉比，是不能获准进入的。此外，大家都知道，卡斯特罗与伊拉克的统治者萨达姆·侯赛因和叙利亚领导人哈菲兹·阿萨德都有着密切的关系。我将我访问古巴的想法搁置下来，但是强烈的好奇心还是在我的内心继续燃烧。我还是保留了一点希望的火花，也许有一天我可以到古巴探究那些欧洲犹太难民的命运。值得庆幸的是，合适的时机终于到来了。

1993年底，在我担任以色列首席拉比的第一年，巴—依兰大学的代表来见我，他们是这所大学的副校长大卫·奥特曼和我的朋友伊扎克·尤海，尤海是南美人，讲一口流利的西班牙语和葡萄牙语。他们让我在委内瑞拉首都加拉加斯发表演讲。那个国家有很多支持巴—依兰大学的活跃分子，他们的首席拉比平查斯·布伦纳拉比还是巴—依兰大学的校董。作为对委内瑞拉犹太人活动的回报，巴—依兰大学每两年会派一名讲师到他们的首都。在我之前，他们解释说，伊扎克·拉宾和西蒙·佩雷斯已经参加了这个活动，其目的是加强委内瑞拉犹太社团与以色列国的联系。听到这番解释后，我表示愿意同行。我们和委内瑞拉大使馆以及布伦纳拉比共同安排此事，把访问日期定在1994年2月1日。我计划先飞纽约，再从迈阿密去委内瑞拉。在我逗留的那个星期，每天都会在诸如学校、幼儿园和圣约之子俱乐部这样的集会地点发表演说。当此行的组织者问我希望得到什么样的报偿时，我与他们分享了我的秘密愿望："我有一个梦想，也许你们可以帮助我实现它。很多年来，我一直梦想着见到古巴的犹太人。我不知道那里是否有会堂，是否有任何形式的犹太生活。我知道有犹太人生活在古巴，但我不知道有多少人，他们的处境如何。因为古巴和委内瑞拉是邻国并建立了外交关系，或许你们可以安排我访问哈瓦那。这就是我想要的。如果你们可以帮我实现它，那将是令人难忘的回报。"

大卫·奥特曼和伊扎克·尤海答应促成此事。几天后他们答复我说，古巴驻委内瑞拉大使恰好是布伦纳拉比的一个私人朋友。他们的初步交谈让拉比相信古巴当局不会反对以色列首席拉比的到访，我也有见到古巴犹太人的可能。不过，布伦纳拉比事先警告我不要期望过高。我喜出望外，又提了一个小要求：如果真能成行，我希望讲西班牙语的布伦纳拉比陪我一起去。他们问我是否带夫人一起去，我说是，他们说，那么布伦纳拉比也偕夫人同行。我飞到委内瑞拉，心中怀着小小却依旧燃烧的希望。我见到了一群很热情的欧洲血统的犹太人。大部分人是大屠杀幸存者的孩子，有一些人我以前在奥斯威辛见过，我们一起参加过委内瑞拉代表团的"迈步生命"计划。我演讲的主题是犹太教育的重要性。我还向伊扎克·科恩拉比领导的塞法尔迪犹太社团发表过讲话，那是在一个会堂里面，会堂里挤满了渴望听到《托拉》教义的会众。

我在加拉加斯停留期间，布伦纳拉比收到了古巴当局的正式邀请，请我们的代表团去哈瓦那两天。当我们听说委内瑞拉的犹太富翁雅阿可夫·查尔芬要把他的八座私人飞机借给我们，送我们去古巴时，我难以抑制自己的兴奋之情。与此同时，一群年轻的委内瑞拉男子包了另一架飞机。因为他们担心我们在古巴找不到祈祷团，为了保险起见，他们为我们为期两天的访问准备了一个现成的法定祈祷人数。在加拉加斯，我们还往行李里装了一些洁食。

当两架小型客机降落在哈瓦那机场时，我的热情也消失了。我曾经如此期盼这一时刻，并在精神上做好准备，希望找到逐渐衰落的微微发热的犹太教的余烬。我曾经希望用力煽它，好让它活过来，变成火苗。刚一下飞机我就被介绍给一个叫阿曼多的男子，我不知道他姓什么，他将是我此行的私人陪同。阿曼多是一个留着胡须的青年男子，穿着整洁且举止文雅。他的样子使我想起了卡斯特罗和切·格瓦拉，当然，我只是在照片上见过他们。他能流利地讲英语、西班牙语、葡萄牙语和俄语，甚至可以用意第绪语的发音读“禁食节”。阿曼多是卡斯特罗的得力助手，显然也是情报部门的领导。从我登陆古巴的那一刻起一直到我离开，他一直陪伴在我左右。做了自我介绍之后，他又介绍了宗教事务部部长卡里达·迭戈，他也陪同我们访问。在两天的访问期间，卡斯特罗将他的黑色轿车借给我们使用。1994年2月，哈瓦那街头几乎没有什么汽车，由于美国对古巴的贸易禁运造成了汽油的严重短缺。宝贵的燃料只留给接送工人上下班的看起来像拖拉机的交通工具。私家车在哪儿也见不到。有保镖护送的卡斯特罗的黑色轿车，再加上前后的摩托车队在首都的街道上引起一片喧嚣。人们驻足观看，那几分钟内，所有的哈瓦那人都忙着确定那个来他们国家访问的贵宾的身份。轿车驶出机场，直接驶向哈瓦那的犹太人社团中心。我得知每天下午会有几个儿童和老人参观该中心。每个月墨西哥瓜达拉哈拉的西蒙拉比会来这个中心一次。我的陪同说起他的姓氏斯泰因汉德勒来就像是在说绕口令。他在布宜诺斯艾利斯长大并在那里接受了教育，后来移民到墨西哥。古巴政府允许他每月访问哈瓦那一次是为了让他教犹太儿童希伯来歌曲。在中断了35年后，1993年，西蒙·斯泰因汉德勒拉比第一次在古巴为犹太人举行受戒礼。为了证明古巴存在完整的犹太人生活，东道主安排斯泰因汉德勒拉比在我访问的那段时间也在场，他是特意从墨西哥赶来的。中心邀请的嘉宾还包括犹太社团的主席何塞·约瑟夫·米勒博士，他是一名出生在加利西亚的外科医生。

我们开车经过哈瓦那的中央大街。它被命名为“第五大道”，这会令人想起与它对应的曼哈顿的那条精英之道，但是这种对比很有讽刺意味。哈瓦那的第五大道很窄，道路两旁是密密麻麻的房子。来访者还是能够辨认出它们残留的建筑美，但是这些房子年久失修，涂料已经褪色，墙壁开始出现裂缝。这条街道上布满了外国使领馆和豪华的私人住所，显然可以看见好日子的痕迹。人们将头从窗户和阳台里探出来，想亲眼看看领导人的黑色轿车在街上巡游的壮观景象。好像这样的吸引力还不够，一幕超现实的景象出现了：从汽车上下来一名男子，头戴高高的黑帽，身穿黑色的长外套，像这样的人在古巴的街道上已经多年未见了。

犹太儿童们在犹太社团中心的小阳台上等候我。我带着积蓄多年的兴奋紧张和旅途的劳累离开了汽车，这时我看到街对面有一名男子在人行道上走，我敢打赌他是犹太人。他的面孔，他的骨瘦如柴，最重要的是，他眼神中的恐惧让我毫无疑问地断定这个人是欧洲来的犹太人。我不能分辨出他来自哪个国家或城市，但我确定他是犹太人。他站在离我三码远的地方，我决定采取行动——我要靠近他并试图和他讲话……阿曼多和迭戈夫人在另一侧下车，并向我慢慢走来，但我依然斗胆用清晰的阿什肯纳齐口音向那个男人打招呼——“平安赐给你”。他毫不迟疑地给出恰当的回应：“赐给你平安”。那一刻我知道我回到了家里。我的眼力没有让我失望。“你的犹太名字是什么？”我问。“盖特泽尔。埃尔亚吉姆·盖特泽尔·科雷普拉赫。”他回答。“你从哪儿来，是哪儿人？”我继续探问。他说，他出生在波兰的希德勒夫。“希德勒夫的犹太人在这里做什么？”我很纳闷，他哈哈一笑，就像我什么都不知道。“当时我有选择吗？”他问。接着，他开始用第三人称讲述自己的故事，就像在“肖洛姆·阿莱赫姆”的故事里那样。

“盖特泽尔嗅到灾难的临近。”他讲道，“盖特泽尔是一个年轻的男子，他明白不能再在波兰待下去了。如果盖特泽尔想活下来，他就必须离开，不只是波兰，而是整个欧洲。灾难始于德国，然后蔓延到奥地利和捷克斯洛伐克的苏台德区，然后整个欧洲都将毁于火灾，一场大火。”他就是这么形容的，用简单精练的语言。这时，更多的人聚集在我们身边，他兴奋地说着——终于有人听他讲话了，而且是用意第绪语！他继续讲：“美国闩上了门，以色列地仍是一个梦，后来波兰有人说起古巴还是开放的。那时我还是一个年轻人。我拿出所有的积蓄。我不想描述这一路上我都经历过什么，因为您没有时间听，但在这里所有的门都向我敞开着。从那时起我就待在这里，到现在已经50多年了。”当我问他是否有家庭时，他继续按“肖洛姆·阿莱赫姆”的方式讲述，并引用了《圣经》里的句子：“他若孤身来，就可以孤身去。我是一个人在这里。”听到这里，我眼中的盖特泽尔比先前更瘦弱更可怜了。这时，阿曼多和迭戈夫人已经赶上了我，他们朝犹太社团中心做了一个手势，示意我客人们都在那里等着。我不得不长话短说，对我的东道主而言，我们谈话的时间已经够长了。当我和陪同一起走开时，我半转过身对盖特泽尔说："我希望在我逗留的这两天还可以再见到你，我们可以再谈一谈。想一想，我能为你做些什么。"他的眼睛蒙上了一层泪水，他的回答简明、诚实且坚定："带我回家，回到以色列地。"

盖特泽尔的话触动了我的灵魂。我不能答复他，因为陪同我的人正在引着我朝社团中心的入口走去。直到今天，他的恳求一直跟随着我，让我无法心安。相当长的时间内，我都有一种感觉，整个这次访问有与盖特泽尔的见面就值了。我找了这个犹太人很多年，刚到古巴就找到了他。整个访问期间，盖特泽尔一直忠实地跟在我身后。无论我走到哪里，都能瞥见他的影子，尽管他退在一边，并不靠近我。我在犹太中心发表演讲后的第二天，古巴儿童演唱传统的希伯来歌曲，竟然全部用希伯来语演唱《金色耶路撒冷》，那时他也出现在观众席里。我看到他坐在第五排长椅上，但他不敢靠近。他们已经看见他，并给他拍了照片，他感觉到对我太感兴趣会很危险。但是当他有机会躲在别人的肩膀后面时，他会快速地朝我挥一下手，这样我就可以注意到他并想起他。

在犹太中心时，我向参观者询问哈瓦那的犹太人生活。他们说，这座城市里有三座会堂，一座还在使用，其他两座已经关闭了。当我问他们是否有祈祷团时，他们回答说："有古巴的祈祷团。"他们指的是由八名波兰老人和两份托拉经卷组成的10个法定教徒人数。在犹太世界的其他地方我从未听到过类似的事情。

中央会堂是一座宏伟的建筑，高大、宽敞、通风，椅子仍然是用红色天鹅绒包着的，大部分都被老鼠啃过了。唯一完好无损的椅子也是最豪华的那个。可以说过去这个社团很富裕，他们为中央会堂投了不少钱。但是我到访的那段时间，一切都改变了。放置圣柜的地方、领唱者的诵经台和唱诗班的房间好像很多年都没有人碰过：上面覆盖着好几层污垢、灰尘和人类的排泄物。很显然，这个城市的无家可归者曾经在这座建筑里遮风避雨，并把它当成了盥洗室。当我在粪便中间审视这座建筑时，突然注意到一张白色的光面纸，纸上印有希伯来字母。尽管上面覆盖着可憎的污物，我还是忍不住抓着干净的那一边，把它从地上捡了起来。这是一本印着节日祷文的折叠小册子，里面的内容还包括专门为以色列独立三周年所写的感恩祷文。这篇祷文是由社团拉比梅厄·罗森鲍姆拉比编写的："我们，古巴犹太人和全世界的犹太人，向正在遭受赎罪折磨的我们的兄弟姐妹，以色列国公民们，献上这份特别的祈祷，祝愿他们和平、平安、康乐。"罗森鲍姆拉比是在独立战争后写成这篇祷文的，当时移民浪潮吞噬了这个年轻的国家，迫使政府实行配给制。他们奢华的会堂证明当时古巴犹太人的经济状况显然非常舒服，他们诵念这篇专门为我们撰写的祷文是为了表达他们对以色列国局势的真诚关注。我把那几页纸带回了以色列，它们是对古巴犹太社团光荣的过去，和我访问期间对犹太生活忽视的不二证明。

整个古巴的犹太社团有大约2000人，其中大多数人只有部分的犹太血统。由于异族通婚和共产主义意识形态，他们没有真正的犹太教育或犹太社团生活。他们的政府不允许他们接触蓬勃发展的迈阿密犹太社团，尽管去那里乘飞机只需半个小时。

这些年来，我已经明白，如果想要了解一个犹太社团和它的根，就必须去看它的墓地。因此，我要求去看一下哈瓦那的公墓。阿曼多和迭戈夫人陪我去了那里。我发现一个哈瓦那犹太士兵的墓碑。碑文用希伯来文这样写道："这里躺着一位圣洁的青年，伊扎克·本·阿莱·勒伊布·本·都夫，他在5712—1952年息汪月5日的对韩国正义战争中牺牲。"墓志铭是以传统的方式结束的，"愿他的灵魂永生。"显然，这个犹太士兵是古巴的志愿兵，曾参军援助朝鲜抗击韩国及其西方盟国。当美国军队在这场战争中损失他们的犹太士兵时，在对方，共产主义那一方也有犹太士兵牺牲。一名古巴犹太人将这名士兵的尸体从朝鲜运回哈瓦那。他的墓碑上刻着三种文字：希伯来语、西班牙语和俄语——"在对韩正义战争中"牺牲。我现在看到的是犹太人历史和命运的另一面。这名士兵的父母很可能逃离了欧洲和纳粹的魔爪。他们在世界的另一边找到了避难所，结果他们的儿子却被送到最远东的国家的最北端，牺牲在一场共产主义反对帝国主义的战斗中。在哈瓦那的公墓，我和来这里悼念亡者的其他旅行者一起，站在刻有希伯来文和大卫星的墓碑旁，充满感情地诵读了《卡迪什》，我想只有我自己祈祷他的亡灵。古巴领导人卡斯特罗的得力助手阿曼多和我带来的祈祷团一起应了一声"阿门"。

那天发生了很多事情，晚些时候我们来到卡斯特罗名下的一幢豪华建筑的套房里。这座可爱的建筑完全是由花岗岩和红木建成的，周围是一个漂亮的花园，但是屋子里空空的，几乎没什么家具，只有一张简单的铁床和两把简单的草编椅——这就是所有的家具。那情景看着真令人沮丧。这座建筑被可怕的贫穷围绕着。

虽然我们无法品尝当地的美味佳肴，因为它们不符合犹太教的饮食规定，我们却享受了一顿文化盛宴。壮丽的剧场里有很多文艺活动，街道上回响着歌唱团体和音乐家们的歌声。

在准备前往古巴时，我没想过会见到卡斯特罗本人。我以为那是不可能的，因此我也没有奋力争取。还是像五个月前拜会罗马教皇那样，我和妻子说好了准备一份礼物，以防万一。我们再次选择了朔法尔，将日祷文刻在上面："为我们的自由吹响伟大的朔法尔。"我们希望有机会把这份礼物呈送给卡斯特罗，并暗示他我们有关自由移民的要求，希望他们允许所有渴望移民到以色列的古巴犹太人完成心愿。就在我访问的第二天，我的东道主告诉我，卡斯特罗要求与我见面。阿曼多补充说，卡斯特罗听到过很多关于我的事情，他也一直关注我的来访，要求与我进行私人会谈。

当我问到我的同伴们是否也将获准出席时，答案是只允许男人和我一起进去。我们被安排在住处等候，晚上卡斯特罗的工作人员将把我们送到他的宫殿。晚上差五分十点，我们抵达了卡斯特罗的办公室。他伸开双臂迎接我们，一个翻译站在他的右边。尽管我肯定他的英语非常好，因为他是一个受过高等教育的律师，而且住得离美国很近，显然他的民族自豪感促使他只说西班牙语。

我们的谈话持续了三小时零五分钟，这是我经历过的最引人入胜的一次讨论。古巴领导人的个性令我着迷。我以为会碰到一个固执严厉的反以色列共产主义者。卡斯特罗确实提到我们的敌人是他的朋友，他指的是萨达姆·侯赛因和哈菲兹·阿萨德。"他们给我武器和石油。"他解释说，"戈尔巴乔夫毁了共产主义这个美好而公正的理念。"他继续说，"他正在解体苏联，把它变成一个西方资本主义国家。阻止美帝国主义的东西一点也没留下，戈尔巴乔夫的名字将永远刻在历史的耻辱柱上。"我表达了我的观点，全世界都支持戈尔巴乔夫和他升起铁幕的倡议，但我的意见对卡斯特罗没有任何影响。他用一个著名的隐喻回应道："那又怎么样？我是大卫。我旁边这个大国是歌利亚。我不需要向您这位首席拉比解释是谁赢得了战斗。当然是大卫。"这个例子表明了他直言不讳且生硬刺耳的表达方式。他还在空中挥舞着手指，突然他的语调却完全切换成了另一种。他抛下了意识形态的幌子，着眼于私人和人道主义："有一件事我想问问，以便了解您。我要满足一下自己的好奇心。我知道有关您的一切。我知道在反对德国法西斯的战争期间，您的哥哥把您藏在袋子里，在集中营里背着您走。

我知道您在童年时就失去了父母，八岁时到了巴勒斯坦，那时犹太国家尚未建立。但有一件事我不明白，而且我想听您亲口说。您是怎么走到现在这一步的？在古巴，如果一个八岁的孩子在没有父母的情况下成长，特别是那些不懂当地语言的会变成少年犯。社区和社团里的人会害怕他，或者他被暴徒虐待，成为他们的牺牲品。但是您赤着脚、一贫如洗地来到以色列，而您今天就像是犹太人的教皇。谁抚养了您，首席拉比？谁教育的您？一个一无所有的街上的男孩如何被选为国家的最高宗教代表？”

从这个令人惊讶的问题中恢复过来花了我一点时间。接着我告诉他，两年前，也就是1992年6月，伊扎克·拉宾曾坐在我家里问过同样的问题，10天后他成为以色列总理。“我将把给拉宾的回答原封不动地转告给您。我是一个犹太拉比家族的第38代代表。我父亲留给我哥哥的口头遗嘱是要求他尽一切努力让我活下来，这样才能将我们家族的传统不间断地延续下去。我父亲有智慧，有判断力，而且对人类成熟的过程有敏锐的认知。他意识到，战争开始时我只有两岁，如果我幸存下来，我能够将战争抛在身后，并重新开始生活。当然，他不可能知道战争会持续六年。形成对照的是，我的哥哥当时13岁，已经处在性格形成阶段。因此他失去了最好的六年，当他再次开始生活时已经19岁了。

“我是在以色列的姑父家里长大的，他在波兰时就是受人尊敬的拉比，在以色列也担任拉比。后来我去经学院学习，我父亲以前的一个学生，一个年轻的拉比负责照顾我。我留在经学院的世界里，身边有思想巨人做伴。然后我的岳父伊扎克·耶迪亚·弗兰克尔拉比保护了我27年。我的拉比角色是根深蒂固的，一生从未中断过。我一直觉得有责任继续我们的家庭王朝。虽然我没有父母，但我的父母一直和我在一起。我没有父亲或母亲，但他们从未离开过我，甚至连一分钟都不曾离开过。我的家人、我的哥哥以及我在以色列见到的另一个哥哥，都激励我追随父亲的脚步。由于这一切，我成了首席拉比。”

好奇的卡斯特罗听入了迷。他问我是否认为我的孩子们也将继承祖先的传统。我回答说我的两个孩子已经被授予了神职，他们是劳家的第39代拉比。当他问我有多少孩子时，我回答说八个，卡斯特罗问他们的母亲是否一起来了。我回答是的，但我提醒他说，他的工作人员已经交代我们不要带女人出席会议。所以我的妻子和布伦纳夫人留在了住处，尽管她们很想与他会面。这时卡斯特罗第一次把西班牙语转换成了英语。就像说电影里的台词一样，他戏剧性地宣布："把女士们也带来吧。"他的信使冲了出去，我们继续聊天，直到两位女士赶到。在我们交谈的过程中，卡斯特罗在不同的话题间轻松地转换。他放弃了孩子和拉比王朝的话题，由个人转向了公众。

他指出，他很欣赏伊扎克·拉宾，也很佩服西蒙·佩雷斯在签署《奥斯陆协议》后，1993年9月在华盛顿迈出的勇敢的一步。"您必须明白这两个人做出了彻底的转变。"我试图澄清，"虽然我远离政治，但是我认识他们本人。他们都曾经是鼓励解决以色列国土问题的国防部长。拉宾是六日战争期间的国防部长，他拓宽了国家的边界。仅作为第一步，他们就决定给巴勒斯坦人两万支步枪，并归还加沙和杰里科，这已经是一次非常戏剧性的革命。"我继续阐述。卡斯特罗钦佩地睁大眼睛，说道："他们干得很好！这才是勇敢的士兵。"

在此期间，女士们到了。我的妻子把我们准备好的礼物送给了卡斯特罗。他认真研究着朔法尔，我把刻在底座上的那句祷文的意义讲给他听："为我们的自由吹响伟大的朔法尔"。"可惜的是，我们两国自1959年以来就没有了外交关系。我仍然不明白您为什么与我们断交。"我说。卡斯特罗用一句简短的话解释说，因为我们压迫另一个民族。但我决定继续把这个话题说下去。我列出已与我们建交的东欧国家。"我们与古巴没有纷争。我们没有共同的边界——没有什么横在我们中间。如果我们有什么可争论的东西，这正是互派外交官，互设使领馆的原因所在，我们可以通过他们传递消息、讨论问题。为什么在我们可以相互借鉴之时，你们却把自己封闭在隔都里呢？至少我们知道我们有什么可以讨论的——我们已经谈了两个小时了。您能想象得到自己和一个从以色列国来的犹太拉比坐在一起，并享受和他的交谈吗？我感谢您抽出时间见我，因为我对您的形象和个性一向很感兴趣，也很好奇，想见到您。"

卡斯特罗微笑着回答说，他也认为我们的讨论是愉快有趣的。我们为什么不能交谈呢？他婉转地问道。我充分利用这一开放且舒适的氛围，试图搞一搞外交。"既然您如此欣赏拉宾和佩雷斯，也许您可以通过我向他们表达您的敬意，这不涉及政治或政策。"我提议。卡斯特罗望着天花板，静静地说："我很贫穷，我没有钱，没有燃料，没有食物。而你们，相比之下，是个帝国。你们缺什么是我能给的呢？"他诚实地承认。我试着解释说，这种姿态的货币价值并不重要，重要的是附在上面的名片。此外，我以朋友的语气补充说："你们的哈瓦那雪茄闻名世界。如果您送拉宾或佩雷斯一盒雪茄，并附上您的名片，上书'菲德尔·卡斯特罗总统……'"他打断了我的话并纠正道："卡斯特罗总司令"。我向他道歉，然后继续说："每当有人在总理或国防部长的办公桌上看见这盒雪茄，并问它们是什么时，两位领导人就会回答他，'这是菲德尔·卡斯特罗送给我的。'当拉宾或佩雷斯把名片出示给发问者时，它将很清楚地表明你们之间存在着某种关系。这将是对话的开始，希望获得友谊和理解的开始。"

卡斯特罗问我这两位领导人是否抽雪茄。我告诉他，拉宾的烟抽得很凶，而佩雷斯最近在意大利接受了戒烟治疗。但在这种情况下，雪茄的重要性在于它是作为象征摆在他们的办公桌上的，雪茄旁边摆着卡斯特罗的名片。只要来我们领导人的办公室，看到这个非言语的陈列品，都会明白，以色列和古巴之间有对话的可能："我们有谈话的内容，主要是有谈话的对象。"为了让他理解我说的话，我又强调了一次。我说完后，卡斯特罗热烈地鼓掌，并让阿曼多拿来一支笔，记下了收雪茄人的姓名。"拉宾，伊扎克"；"佩雷斯，西蒙，"为了表示个人的敬意他将"科勒克，泰迪[①]"也加入了那个名单，并附上了一句赞美的话："一位伟大的市长"。

我们聊完这个话题后，卡斯特罗请我允许他提出另一个已经困扰他一段时间的问题。他跳回到几千年前："《圣经》上说，60万犹太人离开埃及，而我从别处了解到只有70名犹太人从迦南来到了埃及。在400年间，70人怎么可能发展成60万呢？这样的事情真的发生过吗？"卡斯特罗深感困惑。我也很惊讶这样的问题会困扰他一段时间。"在《出埃及记》的第一章中，"我解释说："《圣经》说：'以色列人生养众多，并且繁茂，极其强盛，满了那地。'我们的贤人解释说，在那个时代，犹太母亲通常一胎能生六个孩子。'"卡斯特罗不相信。"六个婴儿在一个子宫里？"他问道。他怀疑地挥着手，好像无法相信有这样的现象。"能有这样的事——六胞胎？"他问道。我们交谈到这个时候，我感觉可以向他敞开心扉，我告诉他我的儿子是三胞胎的父亲。如果三胞胎在今天是可能的，那么我们为什么要臆断六胞胎在古时候是不可能的呢？我又补充说，在以色列，几年前一个母亲曾生过五胞胎。卡斯特罗非常吃惊。我想这应该是他第一次听说三胞胎，更别说五胞胎了，他坚持要探讨这一话题。"您家里有三胞胎？"他像孩子一样兴奋地问道。他后来邀请过来的我的妻子这时已经到了，她

① 前耶路撒冷市长。

从钱包里拿出我们的三胞胎孙子们的照片递给他。卡斯特罗被这张照片吸引住了，盯着看了很长时间。他拿着它，用手摩挲着，喃喃地说："这是个奇迹。三个孩子在一个子宫里。他们每一个都这么的漂亮。有趣的是，他们并不完全相同。"

他把照片还给我妻子后，把精力集中在《圣经》里的算术题上。他拿出一打纸，开始列表计算，以证明《圣经》里的数据是否准确。他把来到埃及的70名犹太人分成35对夫妇来计算。每对夫妇乘以六个后代，然后再乘以若干倍。过了几分钟，他给了我一个失望的眼神，并宣布计算结果对不上。落败的他解释了自己的逻辑，并说他帮了我一个忙，他是按照每20年一代人算的，而不是通常的30年。如果35对夫妇在20岁结婚，并开始有孩子，那么400年相当于20代人。乘以每一代人的六个子女，结果仍然不等于60万。我让他再耐心细致地算一次，但这些数字让他越发困惑了。然后我问他为什么不用计算器。卡斯特罗愤怒地盯着我。"计算器？那个用手指敲来敲去的东西？我是用脑子思考的一代人，而不是用手指。无论如何，首席拉比，计算结果就是合不上。"我感觉有些不舒服，因为我亲眼目睹了他非常努力严肃地试图解决这个数字难题。我给了他一个明显的提示："为了解决这个问题，我建议您查看一下《圣经》中同一章里的另一句话：'又有许多闲杂人和他们一同上去。'"卡斯特罗松了一口气，好像我卸掉了多年来压在他肩上的负担。"那么你怎么知道埃塞俄比亚的犹太人是真正的犹太人？"

我对卡斯特罗将《出埃及记》和这个新问题联系到一起感到惊讶。我解释说，在与埃塞俄比亚犹太人代表的长时间会面中，我们发现他们有500年的传统，而且一个16世纪的哈拉卡权威，埃及的大卫·伊本·兹姆拉(拉德巴兹)拉比已经确定他们的确是犹太人。他们遵守我们的戒命，比如有关犹太婚姻生活的律法。他们一直向上天祷告，祈求返回耶路撒冷，为了做到这一点他们甚至冒过生命危险。以色列国成立时的首席拉比——赫尔佐克拉比和乌兹伊尔拉比接受了研究埃塞俄比亚阿比西尼亚问题的雅克·费特洛维奇教授的观点。在首席拉比们通过了准许埃塞俄比亚犹太人移民的决议后，以色列政府组织了两次大规模的空运，被称做"摩西行动"和"所罗门行动"。我很惊讶卡斯特罗知道埃塞俄比亚移民潮，并对此很感兴趣。当他感觉我们已经结束这个话题后，他又把话题切换到一个间接相关的问题。"你知道我讨厌教会，这并不是因为我的共产主义世界观，而是因为我的个人经历。当我还是个孩子时，我在一个修道院里学习，那里的神父，也就是我的老师，教我憎恨犹太人。当他们教我英语时，”——卡斯特罗不经意地透露了他对英语的精通。“他们告诉我们，犹太人是猛禽，飞来飞去寻找猎物。为什么呢？因为犹太人有‘胡子’，他们把‘胡子(beard)’等同于‘鸟(bird)’。他们从这方面得出结论，说犹太人就像老鹰和秃鹫一样追捕猎物。从那时起的很多年，每一次我看到秃鹫，都认定那是犹太人。作为一个孩子，我从来没想过犹太人是用两条腿走路的人。我确信犹太人是长着翅膀到处飞、捕食腐肉的动物。所以现在，既然我了解了更多，我不会允许反犹主义在我的国家上演。这是我对自己在教会里所受的童年教育的回应。这并不是说我更爱犹太人，但是我不仇恨任何一个民族，您知道这一点对我来说很重要。”

在与卡斯特罗谈话的整个过程中，我感觉我们是从一个惊讶飞奔到另一个惊讶。接下来他谈到的犹太基督教的问题又令我大吃一惊。我决定趁着这个新的交谈方向，请他允许我提一个请求。我说：“现在是二月份，再过两个月，世界各地的犹太人都将庆祝逾越节。如果您知道《出埃及记》和从那70个人繁衍下来的60万以色列人，那么您一定知道，逾越节期间犹太人禁止吃面包。七天之内，他们只能吃无酵饼。或许您可以允许古巴的犹太社团进口无酵饼？”卡斯特罗气势汹汹地打断了我。“但不能从他们那里，”他指着美国的方向，那个他蔑视的地方。我保证布伦纳拉比会从加拉加斯或者墨西哥进口无酵饼。卡斯特罗同意了，并问我们需要多少。我们一致同意，犹太社团的主席米勒博士将计算出一个数量，布伦纳拉比将确保逾越节期间每个犹太人都能吃到无酵饼。

受到卡斯特罗合作的鼓励，我斗胆又提了一个要求：允许布伦纳拉比进口洁食肉制品到古巴。我再次承诺，他们不会从美国进口。我向古巴领导人解释，犹太人禁止吃非洁食肉制品，因为古巴没有拉比或法定的屠宰人员，犹太人可能违心地违反了禁令，或者克制自己不吃肉。我能想见，希德勒夫的盖特泽尔·科雷普拉赫每星期可以吃到四分之一只鸡，而且逾越节家宴的盘子上还会有胫骨。但就在这时，卡斯特罗不再冷静，满脸的愤怒，露出他众所周知的凶猛的造反者形象。他用雷鸣般的声音回答道：“我告诉过您我的国家反对反犹主义。您是不是想让我的人民变成反犹分子？我没有面包给我自己的人民。我们每天只有150克（5盎司）面包的配给，难道古巴犹太人还要吃肉吗？您是这个意思吗？人民会拼命地憎恨他们，嫉妒他们，抢夺他们的财物。因为我的邻居歌利亚，我的人民没有足够的粮食，他们切断了我们的供应线。如果您在这种情况下为犹太人进口洁食肉制品，您自己，首席拉比，将引发我正在极力阻止的反犹主义。”不管怎样，我还是向他施压，我提醒他就在刚才，他还同意为逾越节进口无酵饼。但他仍然态度坚定，并强调说：“无酵饼不是食物，是宗教用品。允许犹太人进口肉制品是绝对不可能的。”他坚决地宣称，我知道在这一点上我输掉了。

结束会谈前，我告诉卡斯特罗，这次访问期间，我了解到有一个出生在古巴的犹太学生以班里最优异的成绩完成了医学培训。这名学生想得到卡斯特罗的批准，去加拉加斯的一家医疗设备先进的医院进行为期一年的专业培训。卡斯特罗听后大笑一声，用一个坚决的“不”回答了我。他的推理是完全利己主义的。他争辩道，既然他们终于有了一个自己培养的人才，为何还要允许他体会西方的自由呢？谁能保证这个有才华的青年医生将来会返回古巴？古巴需要这个人才，这样他们就可以有比二流医生更好的人来医治古巴人民。我又向他施压，问他能否给一个出境签证，让一个犹太家庭团圆。他愿意签发这样的签证。“您已经看到了现在的情况，”他用显然很自豪的口吻说，“我从瓜达拉哈拉带来了一名拉比，犹太社团有一个主席米勒博士，我邀请您看到了这一切。您参观了犹太社团中心，您见到了会唱希伯来歌曲、学习《圣经》的孩子们。我确实对贵国政府有微词，但我不恨任何犹太人。”

卡斯特罗坚持送我上电梯。在路上我跟他提起了在作战中失踪的以色列人：空军领航员罗恩·阿拉德以及在苏丹雅库柏战役中失踪的12名战士。我请他利用他与萨达姆·侯赛因和哈菲兹·阿萨德的关系帮这个忙。卡斯特罗抬起手指，问我是否相信这些战士们在12年后仍然活着。我告诉他，五个月前，教皇曾问过我同样的问题。我用其中一名士兵的父亲的话回答他，他说如果他的儿子已经不在了，他唯一的希望就是他儿子的名字可以永远存在。在他去那个更美好的世界之前，他要确保他儿子有一块墓地，墓碑上刻着他的名字。尽管他穿着军装，外表严肃，但我发现卡斯特罗是个内心很敏感的人。他回答说：“确实如此。我明白这个道理，您使我确信这么做是正确的。我答应您，我会和适当的人说这件事。正如我告诉您的那样，你们的敌人是我的好朋友。”那时已是凌晨一点钟。我们的谈话持续了整整三个小时。

大约两小时后，我们听见有人在敲我们住的别墅的门。由于会议后情绪状态以及脑子里充满各种各样的想法，我根本没睡着。我打开大门，站在我面前的是几个搬运工，他们扛着两个箱子，每个箱子都有三个抽屉，里面装满了雪茄。搬运工说是总司令叫他们送来的。卡斯特罗还附上了三个小信封，里面有他的名片，他在每一个信封上手写了收件人的姓名："伊扎克·拉宾"、"西蒙·佩雷斯"和"泰迪·科勒克"。我把这些包裹带回到了以色列。

毫无疑问，访问古巴是我这一生中最迷人的经历之一。我们的会面显露了一个领导人的外在形象与其真实个性之间的巨大差异。我发现了一个生活朴实不招摇的男人，至少对外面的世界如此。他的国家爱他，因为他把自己看做生活俭朴、尊重平等、充满民族自豪感的榜样。我还发现他很健谈、充满好奇心而且知识渊博。

我与犹太社团的会面极其感人。这次访问真是令人惊异，这里的犹太人没有学校或会堂，很多年没有见过拉比，他们的根被埋葬了，甚至连他们自己都看不到。我为自己能有机会踏上这个至少35年来以色列官方代表没有涉足的国家的土地而感到自豪。我想到了姑姑梅塔和姑父布鲁诺—贝尔奇亚胡，以及生活在古巴的数百名犹太人。过去没有人在乎他们是否活着，生活得怎么样。我们与他们没有任何联系，无论是通邮件还是打电话。即便在20世纪末，我们与他们也是完全隔绝的。我一直在想，欧洲的大屠杀已经过去50年了，我们仍然没有吸取教训——我们仍旧与古巴犹太人分离。我很高兴，在这次访问期间，我至少尽了微薄之力，让一些古巴犹太人重新回到犹太人民的行列里。

我不能对古巴犹太人说这些，在那里我不得不小心我说的每一个字。但是我向南非的犹太人明确地说："我来这里不是要求你们捐款的，而是要问及你们的灵魂，或者至少是你们孩子的灵魂。"这是我频繁造访南非犹太社团时常说的话。几乎每次我到那里都是为了吸收新成员——聚合灵魂，而不是金钱。当然，我并没有低估向筹款运动捐款的重要性，我也深知这些富裕的犹太社团为以色列国提供了经济支持。我对南非犹太人有些偏爱，因为他们中的许多人是大屠杀幸存者，或者在战争之前或期间离开了欧洲。几年前，丹麦的本杰明·班尼特·梅尔基奥拉比邀请我去哥本哈根做一系列演讲。在我访问期间，东道主把我带到丹麦附近瑞典马尔默城的一个小小的犹太人墓地。在作家肖洛姆·阿莱赫姆的墓旁，我发现了两名南非犹太飞行员的墓，他们曾在第二次世界大战期间驾机轰炸德国，他们的飞机被德国人击落。这些年轻的犹太人死于德国的土地上，后来被带回马尔默安葬。此后每次访问南非，我都能回想起他们的墓地。对我来说，他们象征着犹太人参加了反对纳粹机器的战争。众所周知，以色列空军大部分是由来自南非的志愿者组成的，他们在独立战争中，向以色列提供了援助。

年轻时我经常听我的老师，波内维奇经学院的院长约瑟夫·卡哈内曼拉比说起南非犹太人。我在那儿就读的那些年，经学院的资金主要依赖这个社团的支持。许多立陶宛犹太人逃到南非，卡哈内曼拉比在立陶宛的波内维奇镇当拉比时他们就认识他。卡哈内曼拉比在布内布拉克成立波内维奇经学院后，他们就把资助这个学院当成己任。

我从经学院毕业后，犹太代办处移民部的领导们——拉斐尔·科特洛维奇、乌里·戈登、大卫·莱文和哈依姆·阿龙——常常让我一起和他们去南非处理移民事务，我也总是很乐意奉陪。南非社团很温暖，他们热爱以色列，有着强烈的犹太复国主义情绪。1996年，社团举办了一次大型的聚会，向担任了十年首席拉比的西里尔·哈里斯拉比致敬。作为以色列的首席拉比，他们邀请我作为贵宾出席此次集会。出席会议的还有南非总统弗雷德里克·德克勒克，他因为同意结束种族隔离制度荣获诺贝尔和平奖。来南非机场迎接我的有犹太社团领导人哈里斯拉比以及纳尔逊·曼德拉的副总统，后来当选为总统的塔博·姆贝基。我们前往南非首都比勒陀利亚，曼德拉总统在他的官邸接见了我们，穿着他标志性的花衬衫。从一见面开始，我就认识到这是我与非犹太世界代表以及各国领导人会见中最友好的一次。我们没有必要说任何空话来破冰，因为根本没有冰。会议开始时，曼德拉热烈地拥抱了我，后来我们一直手挽着手。他的脸上散发出不寻常的光芒。当我把皮封面的希伯来语—英语《圣经》呈献给他时，我说我赞赏并尊重他的英勇斗争，是他带领人们从奴役走向自由，并给予他们平等和独立。我补充说，我知道他为自由的圣坛受苦牺牲了很多年。我想让他注意《申命记》第28章中的一句话，这对于他来讲一定意义非凡："你因心里所恐惧的，眼中所看见的，早晨必说，巴不得到晚上才好。晚上必说，巴不得到早晨才好。"对于一名坐牢的男子用他的指甲在墙上划出度过的每一天，对于一个渴望在隧道的尽头看到光亮的人来说，非难他们是相当困难的。

当我解释这句话时，曼德拉的精神非常集中。他要求用英文再读一遍。然后点点头，把那页用书签做上记号。他说他了解我的过去和儿时的经历。“因为您知道我的过去，所以我可以告诉您，您的命运比我的更苦。”我很惊讶他会得出这样的结论，我在战争中受了六年的罪，而他和他的同伴坐了26年的牢。但曼德拉知道所有的细节。他同意我所说的时间长度，但他补充说：“他们没有像杀害你的父母那样，杀害我的父母。”

这句话阐明了他对我诚挚热情的原因。他详尽地了解过我在大屠杀期间的个人经历。他知道，拿弗他利把我藏在袋子里，把我背在肩膀上，他遵从父亲的遗愿尽全力保护我。他也知道我的哥哥拿弗他利是摩西·达扬的首席助理。我们谈到两个民族共同的命运，我们都是被迫害的少数民族，一方是犹太人，另一方是黑人，几个世纪以来我们流散在世界各地。我提醒他，最先举起从奴役到自由的反叛旗帜的不是南非，而是同一个大陆的北部地区，是摩西和亚伦率领以色列的子民离开了埃及。争取自由的斗争实际上是从非洲大陆开始的这个想法令他激动。世界上奴隶制最首要的象征曾经存在于这个大陆，而自由的旗帜实际上在几千年前就被人们高举起来了。

我阐述道：“大约在3400年前，一位流散地的犹太领袖起身向压迫他们的统治者说：‘容我的百姓去。’我们走出埃及已经成为世界上各民族学习的榜样，”我解释说。“您启发了我。”曼德拉说，并表示了谢意。曼德拉热情地接待了我，并对我表示了无限的友好。几年后，我给他写了一封私人信件。“一名前囚犯代表今天的囚犯写给另一名前囚犯。”我写道。我希望他为17名犹太囚犯伸张正义，伊朗人怀疑他们在设拉子为以色列从事间谍活动，未经审判就把他们逮捕了。我在信中描述了他们遭受的酷刑，例如，一个16岁的青年在监狱中待了6个月，母亲再见到他时，已经认不出他来了。可惜的是，我没有收到曼德拉的任何答复，那时他的总统任期即将结束，我也不知道他是否为那些被监禁的犹太人做过什么。

在开普敦，我会见了德斯蒙德·图图大主教。我们会面前不久，曼德拉任命他为南非的真相与和解委员会主席，负责调查种族隔离罪行。非常关心这件事的他问我，同是宗教领袖，我如何从宗教角度处理这一角色，考虑到他的职责既包括调查合作者，又要调和黑人和白人的关系，我说，“作为一个局外的旁观者，我很清楚地看到寻求真相与追求和平之间存在着强烈的冲突。”我试图分析他的境况。我引用了《塔木德》中伊莱拉比的一句话：“为了求得和平，我们可以背离真相。”换言之，当和平危如累卵，是容许更改真相的，因为和平才是最高价值。我从《创世纪》的第50章给出了一个具体的例子。约瑟的哥哥们见父亲雅各死了，就说：“或者约瑟怀恨我们，照着我们从前待他一切的恶足足地报复我们。”因为害怕约瑟报复，他们就借先父的口说：“你父亲未死以先吩咐说，你们要对约瑟这样说，从前你哥哥们恶待你，求你饶恕他们的过犯和罪恶。如今求你饶恕你父亲神之仆人的过犯。”伊莱拉比在《塔木德》中解释说：“哪里写着雅各吩咐过？是他们为了求和平而更改了事实。”在把约瑟卖身为奴39年后，他的哥哥们害怕遭受惩罚，于是歪曲了事实试图避免约瑟报复的可能性。但约瑟回答说：“不要害怕，我岂能代替神呢？从前你们的意思是要害我，但神的意思原是好的，要保全许多人的性命，成就今日的光景。”约瑟说，实际上，他被从坑里救出，并卖给以实玛利人都是上帝计划的一部分，这样他能保全他的哥哥和家人的性命。即使哥哥们的意图是消极的，但是结果是成功的，是好的。

伊莱拉比的说法是我给图图大主教举的第一个为了求和平可以更改真相的例子。此外我还补充了内森拉比的观点，他说，这不仅是被允许的，而且为了和平做出改变也是一个积极的戒律。《圣经》里最突出的例子是当天使前来拜访亚伯拉罕，并告知他明年这时候，你的妻子撒拉必生一个儿子时，撒拉心里暗笑，说，我既已衰败，我主也老迈，岂能有这喜事呢？耶和华对亚伯拉罕说，撒拉为什么暗笑，说，我既已年老，果真能生养吗？她责备亚伯拉罕，但是耶和华对他说她是在自责。换言之，内森拉比说，为了和平修改真相是积极的行为；在这种情况下，和平存在于在丈夫和妻子之间。在另一个例子中，先知撒母耳害怕扫罗知道他去伯利恒人耶西那里为新国王涂膏油后的反应，于是耶和华为了避免激起扫罗的愤怒，给他找了一个借口。诺贝尔和平奖获得者德斯蒙德·图图认真地听我讲话，而后开怀大笑，告辞时还对犹太传统大加夸赞。

很多年以后，在2002年，我们都出席了世界经济论坛。那一年，为了声援双子塔楼的灾难，论坛在纽约的华尔道夫酒店召开，而非平日的瑞士达沃斯。图图对我说，在写真相委员会报告时他一直记着《圣经》里的例子。我当时用先知撒迦利亚的话简明地补充了一句：“所以你们要喜爱诚实与和平。”

引文出处：

你要拣选生命。——《申命记》30:19

你手未曾捆绑，脚未曾锁住。你死，如人死在罪孽之辈手下一样。——《撒母耳记下》3:34

谋害挪伯的祭司——《撒母耳记上》22

我们不如用巧计待他们，恐怕他们多起来。——《出埃及记》1:10

你们为希伯来妇人收生，看她们临盆的时候，若是男孩，就把他杀了，若是女孩，就留她存活。——《出埃及记》1:16

《塔木德》关于约伯、拿答和亚比户——《最高评议会》52a

他若孤身来，就可以孤身去。——《出埃及记》21:3

又有许多闲杂人和他们一同上去。——《出埃及记》12:38

早晨必说。——《申命记》28:67

我们允许为了和平而改变——《妇女》篇65b

或者约瑟怀恨我们，照着我们从前待他一切的恶足足地报复我们。——《创世纪》50:15-20

撒拉心里暗笑。——《创世纪》18:12-13

撒母耳说，我怎能去呢？扫罗若听见，必要杀我。耶和华说，你可以带一只牛犊去，就说，我来是要向耶和华献祭。——《撒母耳记上》16:2

所以你们要喜爱诚实与和平。——《撒迦利亚书》8:19

第19章 普雷肖夫——回复古时荣耀的王冠

“我想请你做件不寻常的事，”拿弗他利对那个乐于助人的国际接线员说，她已经确定可以查询捷克斯洛伐克的电话号码，而且她有普雷肖夫的电话号码簿。“请帮个忙。”他请求道，“请读出普雷肖夫电话号码簿上的名字。从‘A’开始，所有的名字。当我听到我要找的那个名字时，我会让你停下，并请你读出电话号码。”那个接线员也许很惊讶，但她还是同意了这个不寻常的请求。

那是1992年，拿弗他利不知道普雷肖夫的犹太社团发生了什么。他不知道在希特勒、斯大林之后，在同化过程造成损害之后，那里是否还有犹太人留下来，但他决定查证一下。接线员耐心地读出像博贝克和霍雷克这样的斯洛伐克名字，直到她读到兰道这个犹太名字。拿弗他利让她停下来，把兰道的电话号码给他。

“二战”前我的父母在波兰结婚后，普雷肖夫的犹太社团让父亲担任市拉比一职。在靠近波兰南部边界的普雷肖夫有一个很大的犹太社团，这里的成员大部分是说德语和匈牙利语的犹太人。能说一口流利的波兰语、意第绪语和德语的父亲在这个城市做了八年的拉比。我的哥哥希科和拿弗他利都是在那里长大的，我的第三个哥哥塞缪尔（米雷科）出生在那个城市，他的幼年时期也是在那里度过的。

20世纪90年代初，铁幕开始落下，持以色列护照访问东欧成为可能。苏联解体后，革命席卷了捷克斯洛伐克，它开始与西方世界恢复友好关系。那时拿弗他利是当时被称为犹太联合捐募协会的耶路撒冷办事处的主任，他渴望寻根，回到和平时代他曾度过童年的地方。那里还有犹太人吗？会堂和墓碑都还在吗？这些问题困扰着拿弗他利，最终他决定采取行动，看看是否还能与普雷肖夫取得联系。

在得到那个显然拥有犹太姓氏的人的电话号码后，拿弗他利马上就给他打了电话。电话那头是一个充满活力的男人的声音。拿弗他利说的是德语，那是他童年时在普雷肖夫使用的语言：“兰道先生？”那个人纠正他说：“兰道博士。”拿弗他利心想，坚持要别人称其为“博士”的一定是犹太人。这增强了他的信心，于是他直奔主题。他问普雷肖夫是否有犹太社团。那个人没有让匿名的来电者告知其身份，他马上回答了问题，他的回答是典型的犹太式的：“是，也不是。我是犹太社团的主席，但我几乎不能称它为社团，既然我们还没达到法定教徒人数。我们只有八个犹太人，但是那个著名的大会堂还在。每个星期五我都会去打扫，它还跟战前一样。还有两个犹太人是从附近的贝尔迪耶夫来到普雷肖夫的，他们是沙皮拉和杰克波维奇。其中一人懂得如何在祈祷和阅读《托拉》时领读，另一个会吹朔法尔。加上他们，我们在敬畏节日时就可以组成祈祷团了。”拿弗他利问他的社团是否有拉比。“您在开玩笑吧？”对方回答道，“谁的拉比？谁来供养拉比？自从首席拉比在战前离开我们后，我们再也没有选出另一位拉比。很难找到像他那样的人。”当拿弗他利问首席拉比是谁时，社团主席回答说：“劳拉比，摩西·哈依姆·劳。您没听说过他吗？”谈话进行到这里，兰道博士才想起来询问对方是谁。拿弗他利请他坐下，并答应会立即回答他的问题。博士坐下后，拿弗他利自我介绍说他是首席拉比劳的儿子。兰道博士表示怀疑。“我是一个老人。”他说道，“我请您尊重我的年纪和地位，不要和我开玩笑。我知道首席拉比没有一个儿子活下来。”拿弗他利用他在普雷肖夫时的昵称重复介绍自己：“我是图雷科。”电话的另一头没有声音。“图雷科·劳？”兰道博士声音颤抖地问道，“我是在和图雷科·劳讲话？”“是的，就是我。”拿弗他利回答道，并补充说他们俩可能在大会堂的院子里一起打过球，我们家的房子就在那里。当兰道得知拿弗他利是从耶路撒冷打来的电话，他又一次沉默了，接着惊讶地问道：“我是在和耶路撒冷通话？”

他平静下来后，询问了我们的哥哥希科的情况。拿弗他利告诉他，希科还活着，在耶路撒冷生活得很好。接着他问到了米雷科，拿弗他利说他和父亲一起死在特雷布林卡了。“但是，”拿弗他利补充说，“我还有一个您没见过的弟弟，他出生在彼得库夫，父亲离开普雷肖夫后，在那担任拉比。这个弟弟和我一起幸存了下来，他现在还活着。”通过这种方式，他告诉了博士我的存在。兰道问我是否也住在耶路撒冷，拿弗他利告诉他我是“特拉维夫的首席拉比”。博士再次沉默，接着是惊愕：劳首席拉比的儿子也是首席拉比？在希特勒时代过去后？“我不能去看你们，真是太遗憾了。”兰道博士抱歉地说。拿弗他利随后提出的建议，又一次出乎他的意料。他们那次谈话是在5月份。“在6月份，禁食日之前的安息日，我和弟弟会去看望您。那天是默示的安息日，我们会在会堂里诵读《以赛亚书》。告诉普雷肖夫会堂里的八个犹太人，在默示的安息日那天，我和我弟弟会帮你们凑齐法定教徒人数。我还没有和弟弟说这件事，但我可以肯定当他听说这个可能后，一定会和我一起来的。”

拿弗他利选择在默示的安息日那天去普雷肖夫有很大的象征意义。在禁食日的挽歌中，我们哀悼降临在犹太人身上的一系列可怕事件，其中包括：第一圣殿和第二圣殿被毁、密西拿时期的罗马王朝杀害十名犹太殉教者、驱逐出西班牙的最后期限，以及发生在1648年至1649年间的赫米尼基事件。我们哀悼被成批杀害的施佩耶尔、沃尔姆斯和美因兹市的犹太人，我们还将背诵耶胡达·哈列维拉比的哀歌《锡安颂》，其中的第一句是“锡安啊，你可不可以不问你的俘虏是否安宁？”在我担任特拉维夫的首席拉比时，我为禁食日的祈祷文又增添了一项内容：由现代拉比撰写的有关大屠杀的七首哀歌。他们当中的很多人，如迈克尔·杜夫·魏斯曼德拉比和舍洛姆·哈伯斯塔姆拉比（波波夫的拉比），都是大屠杀幸存者。我把这些小册子分发到遍布特拉维夫—雅法市的700所会堂。

1992年夏天的一个星期五，我们到达了普雷肖夫的酒店。酒店入口处的喧闹说明兰道博士已经把我们将要到访的消息散布出去了。主人们陪我们来到市议会的会议厅，普雷肖夫的市长正在那里等候我们。他送给我们一本普雷肖夫的纪念相册。我快速地翻了一遍，发现里面只字未提曾经生活在这里的几千名犹太人。那本精美的相册是在斯大林时期出版的，描绘了普雷肖夫的风光和历史，却根本没有提到犹太人。我忍住心中的怒火。

一名60来岁的妇女坐在市议会的大厅里，不停地抽泣着。突然，她起身来到拿弗他利面前，问他是否记得他们曾一起玩耍过。拿弗他利不记得了，并问她是谁。“希罗伊梅·施瓦兹的女儿。”她回答说。拿弗他利当然记得希罗伊梅（舍洛姆）·施瓦兹，那个靠我父亲接济的洁食监督员。他穷困潦倒，住在会堂的院子里，就在我们家对面，全家人只有一间屋子。这名妇女是我父母的邻居，就像我们家里人一样。她家只有她一个人活了下来。

"我听说你们要来。"她泪眼蒙眬地对拿弗他利说，"这里也没有洁食，我就给你们烤了安息日的birkes。"当地人把白面包称作birkes，因为我们对着它们诵念祝福词(berachot或brochos)。接着，她继续说道："当我父亲——愿主为他报仇——50岁时，劳拉比从克拉科夫给他带回一件礼物：一个银质的安息日区别礼上用的香料盒，形状像一座宝塔。这么多年，我一直保存着，今天我想把它送给他的儿子——特拉维夫的拉比。"几分钟前，对我们而言，这名妇女还是一个完全陌生的人，现在她却想把这份珍贵的礼物送给我，一个她素不相识的人。

如今，父亲从克拉科夫带到普雷肖夫的那个香料盒摆在我特拉维夫的家中。父亲曾经握过的这个银制品是我从他那儿继承下来的唯一物件。

我们向会堂走去，去那里进行安息日前夕的午祷。我们期待见到兰道博士在电话里向拿弗他利描述的那八个普雷肖夫犹太人，但是当我们走进会堂时，却发现八个人变成了60个人。从5月到7月，我们即将到来的消息已经在当地传播开来，促使共产主义时期埋在地下的犹太种子长出新芽。一个人透露自己的犹太身份，另一个人开始寻找犹太亲戚，最后几十人聚集在会堂里。"你们无法想象这里发生的事。"兰道博士惊奇地说道，"这是死人真正的复活。"

那些困惑的犹太人主要对和拿弗他利讲话感兴趣，他们聊起往事，询问问题。他们对我的态度则不同，甚至令人尴尬。他们盯着我，就像盯着一尊雕像。我穿着黑色的长外套，戴着高帽子，他们几十年都没见过这样的装束了，对他们来说我一定是一道奇怪的风景。他们不敢靠近或接触我，只是目瞪口呆地看着我。

这个场面没有持续多久。突然，我感觉他们的目光从我身上移开了。他们朝门口看去，一位老者正从那里走进来，他是我能想起来的最英俊的人之一：高个子、宽肩膀，美丽的脸庞，一头银发上戴着一顶黑色天鹅绒的大圆帽，构成引人注目的黑白效果。"教授先生。"人们惊讶地喊道，"您来这儿做什么啊？"后来我们得知，这个人是斯洛伐克最著名的心脏病专家，是斯洛伐克首都布拉迪斯拉发（原来叫普雷斯堡，摩西·施雷伯拉比的故乡）心脏病学部的领导。尽管他住在普雷肖夫，但没有人想到他是犹太人。

这位教授认识在场的许多人，他深深地鞠了一躬，和拿弗他利握了手，也和我握了手。接着，他叙述了感人的经历。他出生在普雷肖夫。上次来会堂还是在60年前，是为了举行受戒礼。“正好是劳首席拉比搬到另一个城市之前。”他回忆道，“他在安息日的早晨对我讲话，他就站在这儿，靠近这个讲坛的地方。我站在他的右边。我几乎记得他说的每一个字，就像刚刚发生的一样。

“战争爆发时，我是布拉迪斯拉发的一名大学生。”他继续说着，“我们躲了起来，但我父亲活下来。他在特雷布林卡和劳首席拉比一起被害了。我成了一名成功的医生，但是这些年来，我从没说过我的犹太人身份。我的家中也没有任何犹太教的痕迹。唯一知道我犹太人身份的是兰道博士。两个月前，他打电话来，告诉我他和劳首席拉比的儿子通话了，说拉比的三个儿子还活着，其中有两个将在今天晚上六点来到这里。我从未怀疑过，到了约定的日期和时间我一定会出现在这所会堂里，这个60年来我未曾踏足的地方。今天，我要向逝去的劳拉比的儿子们表达我的感激之情，这60年间，他的话一直在我耳边回荡。”

“我的一生当中，有两样东西提醒着我的血统：拉比在我受戒礼上的演说以及我父亲的黑色圆帽，那顶圆帽一直躺在抽屉里。我告诉自己，去你们所在的这个会堂时，我一定要戴上从父亲那儿继承的那顶黑天鹅绒的圆帽。如果有来世或者伊甸园，他一定在那里，他一定对自己的儿子很满意，因为他的儿子没有完全切断他的根，而是最终戴着圆帽回到了会堂。”

普雷肖夫的会堂非常漂亮。整个天花板用约瑟的梦境装饰。在一幅场景中太阳、月亮，与十一个星向年轻的约瑟下拜。另一幅场景中有他的部族和约瑟的哥哥们，是根据约瑟的话绘制成的：“请听我所做的梦，我们在田里捆禾稼，我的捆起来站着，你们的捆来围着我的捆下拜。”会堂的天花板上很少有绘画，但这种做法也不是完全禁止的，只要图画中出现的不是人类的形象，而是一捆捆的禾稼和神的身体。会堂的入口处挂着一块用德语、斯洛伐克语和希伯来语书写的匾额，用来纪念普雷肖夫的大屠杀受难者，他们是和父亲以及彼得库夫的犹太人在同一天到达特雷布林卡的。1942年10月（5703年赫舍汪月11日），彼得库夫的犹太人和普雷肖夫的犹太人从火车上下来，一同踏上了特雷布林卡的站台。他们说着不同的语言，却有一样是共同的：摩西·哈依姆·劳拉比。从1936年我父亲离开普雷肖夫后，直到我写这本书的时候，普雷肖夫城再也没有选过另一个拉比。

在普雷肖夫这座宏伟的会堂里，兰道博士带我们看了父亲过去站的讲坛，上面仍然盖着属于那个久远年代的丝绒。每个星期，兰道博士都会一丝不苟地擦拭那块丝绒。在东边，靠近讲坛的地方，有一把父亲过去坐过的皮椅，靠墙处还有三把小一点的皮椅。兰道博士告诉我们，那是拉比的三个儿子，希科、图雷科和米雷科过去坐的椅子。看见这些父亲和家人那时生活的点滴片段，我们激动得说不出话来。

兰道博士打破了沉默。他提醒拿弗他利曾在第一次通话中承诺他的弟弟，特拉维夫的首席拉比将在默示的安息日，在他父亲、普雷肖夫最后的拉比曾经演讲过的讲坛上发表演说。仿佛历史从未被《圣经》中的洪水冲断过。

我在演说中谈到了大屠杀和禁食日。我是以米德拉西中关于《哀歌》的一个唤起人们回忆的故事开始讲起的。《哀歌》是有关挽歌和圣殿被毁的一卷经文，出自预言毁灭的先知耶利米之手。在亚笔月初九，尼布甲尼撒二世命令其残忍的护卫长尼布撒拉旦放火烧毁了圣殿。锡安和耶路撒冷的许多孩子血流成河，曝尸荒野。于是，耶利米去伯利恒的拉结墓和希伯伦的麦比拉洞，唤醒长眠的先父们和女祖先们。就像《米德拉西》中所说的那样，他这么做“是为了在圣殿付之一炬时，为他们即将倒在剑下，且被迫流亡的子女们乞求怜悯。”《米德拉西》描述了先知是如何把男女族长们从沉睡中唤醒，行洗手礼，并告诉他们发生在子民身上的事情的。

亚伯拉罕是最先向主讲话的人：“这为什么发生在我的人民身上？”耶和华回答：“你的子民罪恶甚重。”亚伯拉罕接着问：“谁来证明他们有罪？”他和主的对话也出现在《创世纪》的第18章中，他想知道：“难道审判世界的法官却不秉公行义吗？”耶和华回答说：“就让组成《托拉》的22个字母来证明，你的子民确实违反了《托拉》中的律法。”22个字母走上证人席。第一个自愿作证的是第一个字母alef。亚伯拉罕走到alef面前，还没等它开口，亚伯拉罕就开始挖苦它，问它不为此感到羞愧吗？“我是耶和华你的神，曾将你从埃及地为奴之家领出来。”“谁承认了《十诫》？谁接受了它们的权威？”亚伯拉罕问道。“是我的子民！但现在，当他们需要一句好话时，你却以怨报德，来这里作证反对他们。”听到这儿，alef羞惭地溜到一个角落里。

接着，第二个字母bet接替了前任的位置。但是当它开口要作证时，亚伯拉罕却让它闭嘴，说：“bet，你应该自惭形秽。整部《托拉》是以你开始的：'起初神创造天地。'主把《托拉》送到世界上所有的民族面前，问谁愿意接受它。里面说些什么？他们问道。他们分析着：值得还是不值得、容易还是难懂、称心还是讨厌？只有我的子民没有问里面的内容。相反，他们在听之前就付诸了行动：'我们愿意做，我们愿意听。'今天，他们需要鼓励，需要你肯定他们。但是，你，希伯来语字母bet，却来否定他们。你真可耻。"bet感到很丢脸，跑到一个角落里。亚伯拉罕以同样方式对付了剩下的字母，说服《托拉》里的每一个字母撤销自己的证词。

在《申命记》的结尾，摩西临终前写了一篇歌教导以色列人。这一章描绘了世界末日的情景，因为《申命记》中说"以后以色列中再没有兴起像摩西的先知。他是耶和华面对面所认识的。"摩西说："那时，有许多祸患灾难临到他们，这歌必在他们面前作见证，他们后裔的口中必念诵不忘。"在向聚集在普雷肖夫会堂里的犹太人解释这句话时，我采用了我岳父弗兰克尔拉比的解释。他说摩西真正想说的是：我用心灵之眼看见的画面与亚伯拉罕所见的不同。亚伯拉罕让《托拉》的字母们撤销它们的证词，而我正相反，我要请《托拉》来作证。这首歌——我们的生命之歌《托拉》——将在神圣的主面前见证，这歌必在他们后裔的口中念诵不忘。它将告诉主，在大屠杀期间，犹太人如何为了不违反犹太新年的戒律，跑进森林里吹响朔法尔；犹太人如何在很长时间内自动放弃面包片，为的是换取过逾越节用的土豆；他们又是如何省下小块的人造黄油，用一锡杯热气腾腾的茶将它们制成油，然后把油倒进条纹制服的纽扣里，点燃光明节的烛火，并从衣袖上扯出线制成灯芯。既然他们乐于做这一切，那么亚伯拉罕真的需要让《托拉》禁口不言吗？相反，"这歌必在他们面前做见证。"做什么证呢？"它将在他们后裔的口中念诵不忘"，即使是在最艰难的岁月里。

对我来说，我在普雷肖夫父亲的会堂里发表的这个演说，并在演说中解释了弗兰克尔拉比对《申命记》中那个句子的理解，意味着走了一圈又回到了原处。在普雷肖夫我父亲的会堂里，我解释了我们选择在禁食日前夕聚会的原因："这个星期，我们诵读了《耶利米哀歌》。今晚，我们阅读了先人们的祈祷词。当我们看到普雷肖夫会堂里的空位时，我们会想起曾站在这个讲坛上演说的那个人，他抱着《托拉》经卷去了特雷布林卡，以便它'在口中念诵不忘'。他尽一切所能地守卫着它，并和你们的社团，普雷肖夫的犹太人以及他的社团——彼得库夫的犹太人一起背诵了《施玛篇》。他以忏悔祷告开始，以《卡迪什》结束。现在你们明白‘不朽以色列’的意思了吗？现在你们理解‘以色列民族万岁’的含义了吗？”

我选择以乌尔克·纳切尔尼克的故事结束我的演说。他为了保护《托拉》经卷，毅然跳进了波兰兹顿斯卡佛拉会堂燃起的烈火之中。在禁食日前夕，在普雷肖夫我父亲的会堂里，这个故事在信众中产生了强烈的共鸣，因为它体现了那句“念诵不忘”的灵魂。当我和拿弗他利——普雷肖夫社团最后拉比的儿子，站在他的会堂里时，我们觉得我们就是犹太人民永恒品质的见证。

引文出处：

请听我所做的梦，我们在田里捆禾稼。——《创世纪》37:7

关于《耶利米哀歌》的《米德拉西》——经卷开头部分的《耶利米哀歌拉巴蒂》

以后以色列中再没有兴起先知像摩西的。他是耶和华面对面所认识的。——《申命记》34:10

那时，有许多祸患灾难临到他们，这歌必在他们面前作见证，他们后裔的口中必念诵不忘。——《申命记》31:21

第20章 “活人之路”

“犹太人，你们给烤箱的瓦斯付费了吗？”这句冷冰冰的话几十年来一直压在我心头。1982年7月，黎巴嫩战争爆发后的一个月，我受邀去澳大利亚的墨尔本和悉尼的犹太人社团发表一系列演说，并与布痕瓦尔德的幸存者见面，自从集中营解放后，我就再也没见过他们。当我移民以色列时，他们只能选择澳大利亚。安息日前夕，我和住在墨尔本东圣基尔达犹太人区的伊扎克·格罗纳拉比在他家中共进晚餐。晚饭过后，我和做律师同时也是慧智知派成员的海西·库珀一同向我的住处走去。我们俩都是一副典型犹太人装扮，都戴着黑帽子，穿着黑色的长外套。当我们站在市中心等红灯时，一辆豪华轿车停在了人行道旁。车里面坐着两个40多岁、西装革履的男人。他们摇下车窗，其中一个喊道：“犹太人，你们给烤箱的瓦斯付费了吗？”接着车就开走了。我们惊呆了。1982年，在澳大利亚，在地球的另一端，我们竟然听到这种话？真是令人难以置信。我看着海西，这个澳大利亚本地人，好像是在乞求他给个解释。但他什么也没说。我问他我听的是否正确，他点了点头。我又问他在这种地方做什么。他回答说：“我也经常问自己同样的问题。”但是接着他试图缓和气氛，说这种爆发只是例外，不是常态。我无法接受他的解释。我提醒他，那两个质问者和我年纪差不多，所以二战期间，犹太人在欧洲被屠杀时，他们还是孩子。澳大利亚有一小部分犹太人和当地居民和平共处。如果在这个地方，一名年轻人突然站起来宣称犹太人没有付够费用，犹太人还欠着非犹太人世界浪费在他们身上的瓦斯钱——那么我们只能下这样的结论：这个世界上除了以色列地，没有一个地方容得下我们。

这件事一直烦扰着我，在一次参与“迈步生命”计划时，我在奥斯威辛向来自45个国家的与会者重述了此事。讲完这个故事以后，我情绪失控地说道：“这块可恶的土地是人类历史上最大的墓地，就是在这儿，我们的人民遭到屠杀。然而时至今日，还有人问我们有没有为他们杀害犹太人的瓦斯付钱。这类问题强调了这样一个结论，反犹思想还没有在这个世界上灭亡。”

在我担任北特拉维夫地区拉比时，我的岳父伊扎克·耶迪亚·弗兰克尔拉比担任南部地区的拉比，有一次他让我陪他去看望杰出的意第绪语诗人伊齐克·曼格尔。弗兰克尔拉比告诉我，这位贤明的文人，同时也是剧作家和小说家，正在哈茨菲尔德老年医院接受治疗，他的情况很糟糕，可能无法康复了。弗兰克尔拉比想履行看望病人的戒律，并安慰这个已经走到生命的尽头，且公众已经不再对他感兴趣的孤独的男人。

我们去看望了伊齐克·曼格尔。我们走进一个阴暗的房间，房间里散发着酒精的臭味。弗兰克尔拉比立即观察了环境。他打开窗户，让清新的秋风吹进来，驱走弥漫在房间里的令人窒息的气味。房里唯一的一张床上躺着一个闭着眼睛的男人，他身形瘦小，憔悴如枯枝。他看上去了无生气。我和弗兰克尔拉比站在床的两边，盯了他一会儿。几分钟后，我看着弗兰克尔拉比，像是问他我们在做什么。我担心如果伊齐克·曼格尔突然醒过来，看见我们俩在那儿会吓一跳，尤其是看见弗兰克尔拉比威严的样子。慢慢地，曼格尔睁开一只眼睛，接着另一只眼睛也睁开了。他敏锐的小眼睛一下认出了我岳父。他对我岳父说的第一句话，就是用带着华沙口音的意第绪语和他打招呼：“平安赐给你，弗兰克尔拉比。你不要埋怨我也不要怨恨我。不要以为发生了不好的事。不要批评。我是洪水之后的挪亚。”我和弗兰克尔拉比交换了一下眼神。我们俩都认为他产生了幻觉，可能是因为他一直在喝酒，也可能是病情影响了他的神志。曼格尔说的话有两点很奇怪，他没有问那些客套的问题，也没有询问来访者的健康状况。这个病重且孤单的人急需找人说话，而这就是他正在做的事情。

我们仍然沉默着，他继续说道：“你要知道，弗兰克尔拉比，从我童年起，就有一个问题一直困扰着我。经书上说‘挪亚与神同行’——他是主为了使他免遭洪水而邀请进方舟的唯一的一个人。主告诉他：‘因为在这世代中，我见你在我面前是义人。’《托拉》也评价他说：‘挪亚的后代记在下面。挪亚是个义人，在当时的世代是个完全人。’宇宙之主这样赞扬过其他人吗？我知道，有些注释者认为这是批评挪亚，因为他只是‘他那代人中’正直的人，是相对洪水那代人而言的。如果是在亚伯拉罕时代，他就不会引人注目了。一直都有些人说，你是这代人中正直的人，但与其他代人相比，你什么都不是。但是在一代人中，一直保持强大，保持着正直，所以主说你是正直而有道德的人——难道这真的微不足道吗？挪亚是一个杰出的人，所以主选择他来重新开始整个世界。亚当有三个孩子：该隐、亚伯和塞斯。10代人以后，挪亚诞生了，而他也同样有三个儿子：闪、含和雅弗。世界从挪亚开始。如果是这样，那他是真正的例外。但是接下来呢？我们神圣的《托拉》说道：'挪亚做起农夫来，栽了一个葡萄园。他喝了园中的酒便醉了，在帐篷里赤着身子。'也就是说，挪亚在帐篷里是裸体的。"瘦弱的诗人继续表明自己的观点，好像被心中的烈火推动着："一个正直而有道德的人怎么也是一个酒鬼呢？我总是思考这个问题，但现在当我到了这个年纪和身体状况时，我理解了挪亚。他和他的妻子、他的三个儿子以及他的儿媳们进入了方舟。但是当他回到家中，开始寻找他的家乡、他的小村时，却一无所获。他想去看看社区的祈祷小屋，他的自修室，他的会堂，但却找不到一丝踪迹。街角的杂货店哪儿去了？他认识的那个邮差，那个马车夫去哪儿了？没有人在。没有房子或街道，没有社区或朋友——一个活人都没有。'凡地上各类的活物，都从地上除灭了。'为了忘记孤独和世界的毁灭，'他喝酒并且喝醉了'。"曼格尔用微弱的声音解释着。

他的声音马上又响亮起来："我是洪水之后的挪亚。"伊齐克·曼格尔在哈茨菲尔德老年医院的病床上宣布道。他继续猛烈抨击这个世界。"华沙在哪儿？老犹太人区的纳雷奇街在哪儿？"他一一说出了华沙的哈西德派团体和犹太经学院的名字、他所认识的拉比以及他的家人。"所有这些都不在了。只有我一个人留在这世上。因此弗兰克尔拉比，如果有时候我为了忘却这些痛苦，喝了一点酒，你要原谅我。"那就是伊齐克·曼格尔，那位杰出的意第绪语诗人和多产的剧作家，他在大屠杀中失去了全部的家人，只有他这个孤独的老人来到了以色列。当他到达以色列时，波兰的读者和敬慕者热情地欢迎了他。但随着时间的流逝，他的声望日益降低，追随者也逐渐减少，甚至完全没有了。只剩下孤立的人承认他的才华和创造力。

这就是这个诗人的命运，总的来说也是意第绪语的命运。我无法评判他的陈述，也不能批评他的选择。对我来说，伊齐克·曼格尔是《箴言》中拔示巴警告其儿子所罗门所举的反面例子，在《箴言》中，拔示巴说："君王喝酒，君王喝酒不相宜。王子说，浓酒在那里也不相宜。"为了反对喝酒，这章后面还列举了另外一个表现真实力量和高贵举止的例子，是以“才德的妇人，谁能得着呢”开头的。尽管我不会去评判伊齐克·曼格尔，我还是选择去回忆那些在战争期间，遭受了极端的痛苦，却选择以完全不同的方式生活的人。他们所经历的那些苦难促使他们抓紧每分每秒，让生活过得更加充实。对他们来说，隔绝并不能自动成为消沉的理由。相反，孤独常常是远大抱负和成功渴望的催化剂，使人们与那些痛苦的年月达成协议。所罗门的父亲诗人大卫王在《诗篇》中写道：“求你照着你使我们受苦的日子，和我们遭难的年岁，叫我们喜乐。”

我担任以色列首席拉比时，特拉维夫大学的校长邀请我和来自法国的贵客让—玛丽·吕斯蒂热枢机主教一起在会议上发言。该大学打算在大屠杀纪念日前夕举办一场讨论会，并邀请我在晚上八点出席，这个会议与大屠杀纪念馆举行全国纪念的时间相同。我问校长为什么要与大屠杀纪念馆举行全国纪念活动的时间撞车。他解释说，能把吕斯蒂热邀请到以色列来是件大事。另外，他还说在大屠杀纪念馆举行全国仪式的同时，主教将谈论“大屠杀中上帝的地位”，他希望我和他辩论。我拒绝了。

吕斯蒂热是一个叛教者，是一个皈依天主教的犹太人。他的母亲在奥斯威辛被杀害。16岁时，他自愿在里昂的一座教堂里接受了洗礼。于是，亚伦·吕斯蒂热变成了让-玛丽·吕斯蒂热。

我拒绝参加那个晚上在大学召开的会议，因为我不愿意向呈现在年轻的犹太学生面前的这样一个例子提供支持。我认为，特拉维夫大学可以找到更好的方式来表明与大屠杀的联系。作为一名特拉维夫的居民、以色列的公民以及普通的犹太人，我坚决反对在那个特定的晚上邀请吕斯蒂热主教。

大屠杀纪念日那天，在耶路撒冷的大会堂里，就在背诵悼念亲人的祷文前，我在演说中对这个问题做出了回应。我说，希特勒给了我们六百万个理由来诵念《卡迪什》，但是选择那个吕斯蒂热意味着我们将不会有一个后代来诵念悼亲祷文。他在人民的生活最黑暗的时刻，在他们需要最大的鼓励和支持的时候，抛弃了他们。他在为犹太人生存而战的前线做了逃兵。他不仅让自己免于“布设筵席”和犹太人的生活方式，他选择的独身和不组建家庭的生活方式，也导致将来不会有人为他诵念《卡迪什》。

我知道，在他父母的忌日里，吕斯蒂热主教会脱去他的天主教斗篷，换上普通人的衣服和帽子，到巴黎的一所会堂里背诵《卡迪什》。我不是在批评他。我们有造物主和全人类的审判者，他会做出公正的裁判。但我要抨击那个提出把他作为典范的骇人主意的人。

我想起另外一个故事，开头与之相似，结局却完全不同。

这个故事的主人公是一位拉比的女儿。她在战后与一名非犹太人有了孩子，而且把这个孩子送进了天主教的修道院。她也切断了与犹太教的一切联系。一位年轻的拉比从童年起就认识她，他是她父亲的一个关系很亲密的门徒，他试图与她取得联系。他想知道她的父亲，他的老师的情况，但她总是躲着他。于是，他决定直接上门找她。当她看见是他时，就把门"砰"地一声关上了。但他没有放弃。她再次开了门，快速且愤怒地说："我和你们没有任何关系了。我已经开始了新的生活。"他请求给他一杯水。那个女人点了点头，请他进了屋。这个犹太人再次问起她父亲的情况，并解释说他一直把自己看做拉比的儿子，因此有责任纪念他。最后，那个女人讲述了她的故事。

那是一个早上，礼拜会结束后，她父亲批着祈祷披巾，佩戴着经文护符匣，坐在桌旁，学习着《塔木德》。突然，他们听见猛烈的砸门声。"我打开了门。三个盖世太保闯了进来。他们把我推倒在地。我爬起来，跑过去看他们想要干什么。他们直接冲入了我父亲的房间。父亲抬起头，看了他们一眼，那眼神直到我死的那天也不会忘记。他盯着他们，似乎在问，你们想从我这得到什么？我能为你们做什么？那也是他最后的眼神。其中有个盖世太保取下挂在肩上的步枪，使劲地用枪托击打父亲的头部。有一刻，我甚至以为头上的经文护符匣已经劈开了他的脑子。血从他的头上喷射出来，染红了他美丽的白胡子，接着他倒在了打开的《塔木德》上。

"你想从我这儿得到什么？你难道不理解我痛苦的根源吗？你不明白我的愤怒吗？他们就是那样杀死了我的父亲。"她说完了。

坐在她面前的男人为他的拉比流下了眼泪，拉比的女儿也和他一起哭泣。"我的妹妹。"他说道，"你可能不知道我有多么理解你。我同样有很多疑问，但我找不到答案。没有人能回答这类问题。《托拉》警告说'隐秘的事是属耶和华我们的神的'。然而，我们有行动的责任。'唯有明显的事是永远属我们和我们子孙的，好叫我们遵行这律法上的一切话。'你孩子的外祖父只有他一个外孙。"他继续说道，"现在，一个重大且历史性的决定要由你做出。如果他继续沿着现在的方向走，那么你正在把胜利交到杀害你父亲的凶手手中。那正是他们想要得到的——扑灭犹太教的火焰，让它永远不再燃烧。但是如果你的孩子追随他外祖父的足迹，那么他们就失败了，而你父亲赢得了战争。谁应该获胜？答案在你的手中。你想完成他们的工作吗？你会在精神上完成他们在肉体上没有完成的事情吗？要不然，就是你的父亲赢，他的外孙把外祖父没有读完的那页《塔木德》继续读下去？”

说完这些话，犹太人走出了屋子。拉比的女儿惊住了。她追着他跑了出来，上了他的汽车，说道：“我想马上带他离开那里。”接着，她补充说：“但有个条件，你得负责他的教育。我没有其他人可以托付。”他同意了，但也提出了自己的条件：她必须协助他，不要让孩子因突然的转变而受到伤害。“你让他靠近你，然后通过你，我再接近他。”他建议说。

现在这个孩子是耶路撒冷的一位首席教师。他是那位华沙拉比唯一活着的后代。

这位来自华沙的不知姓名的年轻拉比，也许永远不会有条街以他的名字命名，但他却使犹太民族得以延续。伊齐克·曼格尔的态度是试图忘记过去，忽略记忆，并以此来减轻痛苦。那位犹太人主教的方式则决然不能保证我们民族的延续。我们这些大屠杀幸存者的方式则是本着《诗篇》中大卫王所说的精神：“我将在主面前行活人之路。”确保犹太传统的火炬代代相传，并尽一切力量让它继续燃烧。

提到传递火炬，我想起了已故的拉比妻子、我女婿的姑姑缇日拉·索罗兹金的故事。她是贝特雅阿可夫运动中最主要的教育家之一，是一位老师和老师们的导师，更重要的是，她是一个了不起的人。索罗兹金夫人也是大屠杀的幸存者，她告诉我女儿米丽：“在战争的整个六年间，我只哭过一次。我待在最恐怖的集中营里，而且失去了我全部的家人。我孤零零一人留在这世上，身心俱碎，但我没有哭。我回到家乡，却发现一个活人都没有，我还是没哭。”索罗兹金夫人说道，“他们告诉我，‘去罗兹吧，难民们都聚在那里，也许你能找到一个亲戚或熟人。’于是我去了罗兹，精疲力竭。他们指给我犹太人集合的区域。我用仅剩的一点力气，行走在黄昏的街道上。突然，我听到从一扇窗户里传出熟悉的声音。恍恍惚惚地，好像屋里有人在召唤着我，我打开大门，走进一座老房子的庭院里，接着推开了一扇门。在黑暗中，我辨认出有一排留着鬓毛的男孩坐在长桌子的两边。主位上坐着一位戴着棒球帽的犹太老者。孩子们正齐声咏唱着希伯来语字母表。其他的，我记不起来了。……接着我发现自己躺在地上，人们站在我的四周，正用水泼我的脸。那位老师努力地让我清醒过来，并担心地问我：'怎么了？需要帮忙吗？坐起来。也许你想吃点东西。你是谁？你从什么地方来？'慢慢地，我清醒过来，回答说：'在过去的六年里，这是我第一次哭。但我哭不是因为痛苦，而是喜极而泣。我到处流浪，直到我来到罗兹，终于看见波兰一如从前。'如果在我们经历了那么多灾难后，我告诉那位老师：'留着鬓毛的小男孩还是坐在这里，一位年长的老师教他们希伯来语字母——那么没有人可以打败我们。让我喘口气；我很好。这是快乐的泪水，不是痛苦的泪水。'"

在我们每天要背诵三次的站立祷文中，有一个感恩祷告讲述的是被驱逐的人们相聚之事。"为我们吹起自由的号角，竖立大旗，招回被赶散的我们，又从地的四方聚集分散的我们。称颂你，主，招聚了以色列被赶散的人们。"祷文的下一句是："如以前时代那样还职于我们的士师，如最初时那样还位于先知；把我们从悲伤和叹息中解放出来。"这两句话的主题看上去毫不相关，但这只是在表面上。事实上，它们是密不可分的。当主招聚了以色列被赶散的人们，为了"把我们从悲伤和叹息中解放出来"，就必须坚持"如以前时代那样还职于我们的士师，如最初时那样还位于先知"。这是离乡者相聚必然要解决的问题。来到以色列的我们都是来自支离破碎的家庭的孤儿，都承受着各种难题。有人不知道自己是谁，不知道父母是谁，也不知道他们的配偶是否还活着。如果一名妇女自以为是寡妇，但实际上却在婚姻状态中，该怎么办？也许她未来的丈夫也有配偶，却不知道呢？一个将要再婚的男人有可能不知道他的第一任妻子实际上已经获救，并且生活在修道院或是某个偏僻的波兰小镇里呢？如果他再婚，他是不是违反了格尔绍姆拉比在11世纪颁发的关于重婚的禁令？

我那代人的移民和其他移民潮一样，都带来了属于它那个时代的大量问题。我们是流亡者相聚的一代；我们来自104个不同的地区，因此我们急需像古代那样"还职于我们的士师"。主在适当的时间放在适当位置的这些士师中，有仪式派拉比和伊拉扎·梅纳赫姆·曼·沙克拉比，他们每一个人都领导并代表了一个世界。他们的个性和世界观完全不同，但都是我们这一代的精神巨擘。我努力吸取每个人身上的精华。站在同一水平线上的还有奥瓦迪亚·约瑟夫拉比，他强调塞法尔迪犹太人及其精神领袖们的尊严，我认为他是“让王冠回复原先荣耀”的模范。我经常同他探讨拉比院和拉比法院体系内的问题，而他也总是能随时提供大量的原始资料，并给出明晰的解答。

奥瓦迪亚·约瑟夫拉比也是非常感性的人。有一天，他请我帮忙向拿弗他利要一本他的《巴兰的预言》，那本书的第一部分描述了我们在大屠杀期间的生活。“如果他愿意用他的书来交换我的书的话，我会感到很高兴的。”拉比说道。后来，拿弗他利去了拉比的家，把自己的书送给他，并在上面题了词。

一段时间之后，我和奥瓦迪亚拉比共同出席了伊齐维达特犹太经学院为庆祝获得一卷新《托拉》而举办的宴会。“我每天都会潜心地阅读《巴兰的预言》。”拉比告诉我，“但一天只能读一页。我的眼睛总是被泪水模糊着。我觉得你在大屠杀中的故事最感人。”他说道，并请我把他对哥哥的赞赏转达给他。对我来说，这再次证明了大屠杀不仅仅是欧洲犹太人的问题。它属于所有以色列人，所有怀有人性光芒的灵魂都会被它触动。

以色列人民的故事首先出现在《创世纪》中，耶和华喊着亚伯拉罕最初的名字，命令他：“亚伯兰，你要离开本地、本族、父家，往我所要指示你的地去。”耶和华向亚伯拉罕做出郑重的允诺之后（“把这地赐给你的后裔”），《圣经》描述了由于这块土地发生严重的饥荒，迫使亚伯拉罕带领子民游荡，下到埃及以获取食物。当他们来到边界时，亚伯拉罕对妻子撒拉说：“我知道你是容貌俊美的妇人。埃及人看见你……他们就要杀我，却叫你存活。求你说，你是我的妹子……我的命也因你存活。”亚伯拉罕想进入埃及购买食物，但又担心边界守卫会因为撒拉而杀死他，因此实际上，他变换了身份，秘密前进。他就像每个处于生死关头的人那样，尽力拯救自己，让自己活下去。这一独特的犹太思维方式在我们历史的各个时期都不断浮现。

一个《米德拉西》说亚伯拉罕把撒拉藏在了一个柳条箱里。这让我想起了自己——我哥哥把我藏在一个袋子里，我几乎没有空气可以呼吸。他为什么会这么做，如果不是因为那句同样的话：“往我所要指示你的地去”？

在14章中，亚伯拉罕已经回到迦南，并在希伯伦定居。接着一场神的战争爆发了：由基大老玛领导的四王征服了草原的五个国王。所多玛和哥摩拉城的居民沦为他们的战俘，亚伯拉罕的侄子罗德也在其中。“有一个逃出来的人告诉希伯来人亚伯兰……听见他侄儿被掳去，就率领他家里生养的精炼壮丁三百一十八人，直追到但……追到大马色左边的河把。”仅仅在两章之前，亚伯拉罕较年轻时，给人的印象并不是一个斗士，他没有用武力保护撒拉。

但是在这里，他突然之间成为了一个勇猛的战士，为了解放囚犯，一路追赶敌人，从希伯伦一直追到何把。这种个性转变的原因是很清楚的：是因为地理位置的改变。之前，亚伯拉罕是在流放中，但现在他是在自己的家，自己的家乡，在耶和华给他的应许之地上。这些内容可以引向一个结论：不在自己家中的犹太人无法展现他全部的光彩，完整的个性。“往我所要指示你的地去”——只有在那儿，我才让你展示你真正的样子，亚伯拉罕。只有在你自己的土地上，你才会为了更大的目标而不顾自己的生命，才会挺直腰杆做人。在流亡中，你别无选择——你只有躲藏、逃跑，有时还得改变身份，因为你不在自己的土地上。

哈依姆·拉斯科夫在以色列独立战争期间担任拉特伦战场的指挥官，后来成为以色列国防军总参谋长。尽管他一向以说话简练著称，但在描述拉特伦的战士时，言语间却不乏热情、同情和活力。他谈到了那些刚从集中营出来就直接上战场，为以色列国的独立而战的人们。拉斯科夫引用了大卫为查娜单和扫罗所写的挽歌：“他们比鹰更快，比狮子还强。”土生的以色列人批评那些大屠杀幸存者的家人和朋友如羔羊般温顺地任人屠宰。但这些战士却从非法移民的船上直接来到拉特伦的战场，并英勇地抗击敌人。他们没有身份证，没有军队里证明身份的文件，也没有预备役的征召令。他们甚至没有士兵证号码。但其中许多人的身上都有纳粹烙的编号。这几百个人，就像在法鲁加战役中牺牲的沙罗姆·泰普一样，没有时间在军事基地接受基础的训练。他们搭乘摇晃的船只逃离那片杀戮之地，一到以色列就直接上了战场，听从不懂他们语言的年轻班长们的指挥。他们“比鹰更快，比狮子还强”。他们为自己的国家而战，而不是为了犹太人在那里没有将来的外国而战。在保卫祖国的战争中，在自己的土地上，他们觉得自己是骄傲的战士，而不是难民。与任人宰割的羔羊完全不同，他们表现的不是羔羊的顺从，而是勇气和个性的力量。在全国的公墓和纪念馆的军事区里，都刻着大屠杀幸存者的名字，他们在以色列的日子屈指可数，因为他们为了替犹太人民建立家园，把鲜血洒在了这片土地上。这个现象在我看来是一个奇迹。

在那时，一阵别样的风吹遍这个新生的国家。那是另一个世界，相互负责、相互体谅和相互妥协蔚然成风。大屠杀之后，尖锐的问题开始出现，比如以色列地的犹太定居点是否为欧洲犹太人尽心尽力。当载满难民的船只在卡法维特金、那哈利亚和帕勒马希姆海边靠岸时，难民们需要片瓦遮头，没有移民吸收部和政府的指令，整个犹太人定居点都行动起来。人们在自己的房间里为来自那边的新来者腾出地方，直到他们能自食其力。总的来说，这个新生国家弥漫着理想主义的氛围。人们相信他们所从事的事业是正确的。出于这个原因，即使刚刚从死亡谷来到以色列的青年人，也会不问什么问题就准备在以色列的土地上奉献自己的生命。在流亡了几百年之后，犹太人第一次为自己的旗帜、为自己的国家、为独立而战。他们是为生命本身而战。没有人是因为战利品、勇敢的虚名和在胜利相册中留下特写而战。人们清楚一场生死攸关的战争的含义，了解为生存而战的全部意义。我想，就是因为这样，刚刚来到家乡的大屠杀幸存者打起仗来才更加坚决。在欧洲的六年期间，他们亲眼目睹了死亡，他们发自内心地不希望这类事情仅仅因为他们的犹太身份再发生在任何一个犹太人身上。他们渴望在自己的国家开始独立的生活。我确信，他们内心燃烧的强烈的渴望，使他们克服了缺乏战斗经验、武器短缺和不懂如何使用武器的障碍。他们在亲身经受的苦难激励下英勇作战。在拿弗他利的书中，他描写了在我们移民后的那段时间里，他在皮塔提瓦的经学院读书时，是如何为哈加纳军事组织参加夜间训练的。

我不属于那些自己决定道路的大屠杀幸存者。不是由我来决定是否走成为酒鬼的诗人伊齐克·曼格尔的道路，或是孤立自己的卡—齐尼克的道路，或在法鲁加战场阵亡的沙罗姆·泰普的道路，还是哥哥拿弗他利的道路。我几乎就是在这儿出生的——来到以色列时，我才八岁。在从孩童到受戒礼的几张照片中，我看见那个孩子的脸上一成不变地挂着笑容，不管是有牙还是没牙，看上去都是那么心满意足。我对姑姑和姑父家附近的基雅特塞缪尔宗教学校的记忆就是弹珠游戏——一种漂亮的有着彩虹颜色的球状物。

我记得在我上八年级时，也就是我在那个学校的最后一年，我注意到人们遵守一种悼念已故亲人的传统。他们会带上酒和自制饼干去会堂，仪式结束后，他们会用喝酒来纪念所爱的人。接着他们会组织一个学习会。那年，在我父亲的忌日，赫舍汪月的11日，我决定用弹珠代酒，把它们分给其他的孩子。我借口说，不到一年我就要去经学院了，所以我不再需要它们了。课间休息时，我站在学校的院子里，将成把成把的弹珠抛向空中，就像妇女们在幸福的场合在会堂里抛撒糖果一样。从一年级到八年级的所有小孩都争着去拾弹珠。那真是给人带来极大满足的一刻。当56年后想起这一画面时，我明白这真是一件不平常的事。在当时，当地的以色列人并不重视忌日。但我总是怀念我已故的父母。年幼的以色列当地人不知道失去双亲对孤儿来说意味着什么。尽管我们之间存在差异，我还是觉得自己是他们中的一分子。我和他们一起在操场上做游戏，和他们一样为弹珠的多彩魅力着迷。

我也不是努力重新开始生活的人中的一员，因为我的将来都是由别人决定的。拿弗他利决定让我和姑姑及姑父一起生活，他又和瑞纳拉比一起说服姑父，把我送到考尔托拉犹太经学院。当我13岁零两个月进入耶路撒冷的犹太经学院时，我才开始自己做决定。在那以前，我的世界都是由他人塑造的，因此我比大屠杀的成年幸存者要轻松很多。我没有说过一句抱怨和批评的话。我的反应就如同以色列人接受《托拉》一样："我们愿意做，我们愿意听。"

1988年，全国工人联盟（总工会）的亚伯拉罕·赫尔西森和我以前教过的学生、来自切梅德莫沙夫的塞缪尔·罗森曼博士，请我主持第一次"迈步生命"计划。参与者将从奥斯威辛步行三公里到伯克瑙，然后站在被炸毁的房屋旁，并在那里为大屠杀遇难者举行一个纪念仪式。此行的目的是为了向我们自己、向全世界证明游击队歌里所写的那句："我们的踏步有如雷鸣——我们在这里！" 这不是宣称我们想住在波兰，而是在那个特定的地方强调我们犹太人的顽强不息、百折不挠和生存的力量。正是在那个地方，我们要证明犹太人民还活着，我们有美好的未来。

我一口答应了总工会的请求。700名以色列少年和生活在流散地的犹太人参加了此次活动，此外还有一个成人代表团。代表以色列的是文化和教育部部长伊扎克·纳翁以及同样是大屠杀幸存者的议员们，其中包括：

杜夫·施兰斯基、柴克·格罗斯曼、伊扎克·阿兹、亚伯拉罕·温迪格和席瓦赫·维斯，以及从纽约赶来的作家伊莱·威赛尔和当时以色列驻联合国大使本杰明·内塔尼亚胡。

我们计划在焚尸炉旁通过发表演说和点燃火炬来举行纪念仪式。有着出色嗓音的来自安特卫普的领唱者本杰明·穆勒将主持仪式并吟唱悼念祷文。但到了最后一刻，我觉得我们还需要加点什么。有人提议我们加一段音乐，所有人都表示同意，但在没有事先告知的情况下，我们不知道谁能来演奏。一阵狂热的寻找很快就有了成果。仪式前的那个晚上，有人把一个大概15岁的、来自华沙的男孩领进我的房间，他是一名出色的小提琴手。有人暗示他可能有犹太血统。我们让他拉几首适合犹太人的曲子。他把弓放在弦上，但没有一首曲子是合适的。我们快要绝望的时候，我问他是不是就会拉这些曲子。就在那一刻，男孩回答说，他还记得小时候祖母经常在他耳边轻柔地唱一首曲子。当小提琴的音符再次充满房间时，我们都激动地颤抖起来：这是著名的意第绪语歌曲“兄弟们，我们的城镇在燃烧”的旋律。那个波兰少年的小提琴声感动了我们的心。房间里的四个人呆呆地坐着。慢慢地，我们跟着唱了起来，唱起了意第绪语歌词：Es brent! Briderlekh, Es brent。但男孩一点都不知道歌词，只知道旋律。在听完他的演奏后，我们意识到他的灵魂里一定有犹太人的火花。他告诉我们他的祖母是犹太人，他还补充说在共产主义时期的波兰，祖母曾经轻轻地、偷偷地唱这首曲子，于是他记住这个曲调。我把手搭在他的肩上，请他第二天在伯克瑙烧焦的土地上演奏这首曲子。我可以想象，几百名少年背着背包行进，看上去就像是学校组织的出游。但当这个男孩站起来演奏这首熟悉的曲子时，他将创造合适的氛围，吸引大家的注意力。事实上也确实如此：在小提琴声响起后，不再需要像往常那样用麦克风喊“安静、安静”。

来自世界各地的七百名少年在成年人的陪同下，开始了奥斯威辛博物馆之旅。这是他们人生中第一次看见在那片土地上惨遭杀害的人们的手提箱、头发和祈祷披巾。纽约犹太教育委员会主任阿尔文·希夫博士在“工作带来自由”的标语牌下吹响了朔法尔。接着行进开始了。少年和大人们穿着背面有白色大卫星的天蓝色上衣，手挽着手，一言不发地沿着曾把火车带到奥斯威辛的铁轨前进。从奥斯威辛，我们又继续来到伯克瑙的焚尸炉，一路上高举着18面以色列国旗。我否定了每个代表团举着各自的旗帜迈步的主意。我认为所有人都团结在以色列的国旗下更为合适，因为在我们看来，这才能赋予奥斯威辛这个地方以特殊的意义。我觉得我们来到这儿，是为了表明以色列国旗的存在，像祈祷披巾一样蓝白两色，中间是一颗大卫星，没有其他旗帜存在。代表团的领导们同意了我的观点。

我走在队伍的前头，直到我们到达一个斜坡，那个斜坡正对着可恶的约瑟夫·门格尔曾经进行挑选的地方。那儿只剩下一间孤零零的小屋。有人在上面贴了一张照片，照片上犹太犯人站在门格尔的面前，而他向他们的方向伸出拇指。就是那根拇指决定了人们的命运，指出谁上右边，谁去左边，谁会活，谁去死。接着，小提琴的声音穿透空气，所有人都陷入沉默。轻轻地，迈步者们和着小提琴的旋律唱起了歌词：

在燃烧，兄弟们，在燃烧
我们可怜的小镇，可惜，在燃烧！
狂风呼啸，
破碎、燃烧、散飘
你站在那儿
双手交叉
噢，你站在那里观瞧
当我们的小镇在燃烧

小提琴声震撼着在场所有人的灵魂。小提琴手浓密的金发上戴着一顶蓝色的小圆帽，他演奏着那首犹太祖母在他孩提时唱给他听的、而他甚至不知道歌词的曲调。站在斜坡上，我看着队伍沿着铁丝网篱笆前进着。所有人加在一块儿，总计约一千人，少年、大人还有年老的大屠杀幸存者都穿着蓝白两色的衣服。这些人中包括在德米扬鲁克审判中担当证人的、蒙得维的亚的耶希尔·里奇曼以及维尔纽斯隔都的游击战士哈依姆·巴索克。在这一行人中，我看见一个披着祈祷披巾的年轻人，当他走近时，我发现那条披巾已年久泛黄了。我让他上前，并询问了他的姓名和家乡。“我叫门德尔·卡布兰，来自南非的开普敦。”他回答说。后来他成为世界犹太人代表大会的主席，但当时我不知道他是谁。我问他为什么披那条披巾。“我父亲出生在立陶宛。”他回答道，“离这儿不远。父亲除了这条披巾和他的经文护符匣，什么都没留给我。他告诉我‘不论你去哪儿，都不要忘了你是一个犹太人。’今天并不适合佩戴经文护符匣，但我觉得在这个痛苦的地方披着父亲的披巾是我对父亲应尽的义务。我能感觉到父亲很骄傲，因为他知道，我用这条披巾表明了犹太民族存在的连续性。”

我们在大屠杀纪念日那天，即5748年尼撒月的27号（1988年4月14日）到达了奥斯威辛。天空下着雪。正当我们听到入口处响起朔法尔声时，雪停了，太阳出来了。而当本杰明·穆勒咏唱悼念祷文，仪式开始时，雪又下了起来。阳光和雪花交织在一起，仿佛天空也和我们一起哭泣。我来到话筒处，朗读起《诗篇》:“我必不致死，仍要存活，并要传扬耶和华的作为……因为你救我的命，免了死亡，救我的眼，免了流泪，救我的脚，免了跌倒。我要在耶和华面前，行活人之路。”我眼角的余光注意到一些11年级的女孩从背包中拿出包头和丝巾，盖住自己的头。她们感觉这是一段祷文，认为将头盖住是正确的事。她们还没结婚，这个戒律并不适用于她们，但我还是很欣赏她们本能的动作所包含的情感力量。

伊莱·威赛尔以哈西德派风格主持了午祷，那是他年轻时在匈牙利的锡盖特学到的。我们点燃了六把纪念遇难者的火炬，并以歌唱传统歌曲《我相信弥赛亚到来》和以色列国歌《希望之歌》结束了仪式。

从那次以后，我参加并主持了多次“迈步生命”活动。我总是把我们站的那个地方称做犹太人民最大的公墓。我提醒少年们，“迈步生命”是从阵亡将士纪念日持续到独立日。当我们返回耶路撒冷时，我让他们亲吻脚下的土地。那些从波兰来到以色列的人不再怀疑我们之于这片土地的权利。当我们唱起《Lecha Dodi》时，“起来，从动荡中离开；你们已经在泪之谷中生活了太久。”从我的经历和观察来看，从世界上其他国家来参加“迈步生命”的犹太人回去时都对以色列怀有更深的使命感，而回到家乡的以色列人则更认同了他们的犹太人身份。

在大屠杀教育的背景下，我经常听到“灌输大屠杀意识”的说法，这让我感觉很刺耳。“灌输”是什么意思？是用注射针头？还是通过强行喂食？还是输血？我无法理解。当我还是孩子时，正逢《安妮日记》出版，我对这本书很好奇。一个年轻的移民心理学家建议基雅特莫茨金的姑姑和姑父将此书藏起来，不让我看。她认为一个儿童需要再生，让他玩弹珠，他就会像一个全新的儿童，这是她的专业意见。但是就像灌输意识的想法一样，这种忘记过去重获新生的想法也是毫无根据的。一名八岁的儿童是不会忘记布痕瓦尔德的。他生活中的每一天都看见死亡，听见哭喊。“重生”和“灌输大屠杀意识”这类的说法毫无意义——最好避免使用它们。我12岁时读了《安妮日记》，当时是邻居在照看我。读了以后我很失望。它没有描述真实的世界。它没有描写布痕瓦尔德的恐怖和我父亲的屈辱；没有谈及死亡、疾病、无助，或者暴行。

然而这本日记还是很重要，因为它第一次向世界介绍了一个感性悲惨的14岁犹太女孩的形象。要理解600万这个天文数字很困难，也几乎不可能，而要认同一个有姓名、有家庭背景，非常感性且有才华的女孩则容易得多。这是安妮·弗兰克的秘密，我们可以从中吸取教训。

我记得一切，如果我也能让别人记起——就让这成为对我的回报吧。

我们都是洪水之后的诺亚，就像诗人伊齐克·曼格尔。我们每一个大屠杀幸存者应该经常问自己：为什么我获救，而不是其他人？或许我有一个任务、一项使命？或许我应该以自己的方式做点什么？

我的大儿子摩西·哈依姆在安息日举行受戒礼时，我们诵读了《圣经》中对以色列人和亚玛力人战争的描述。我不打算在这个场合发表演说，但是计划要发言的人们强烈要求我讲几句，其中包括我的姑父沃格尔曼拉比和我的岳父弗兰克尔拉比。于是，我谈起了这章最后的内容：“耶和华已经起了誓，必世世代代和亚玛力人争战。”我们不能用武器或弹药与敌人亚玛力人、国家或现象作战。但是我们每代人都有义务参加战斗，并将我们的遗产传给下一代。努力让犹太人世代延续是一场真正的战斗，也是以色列抗击对手亚玛力人所获得的伟大的超精神胜利。我对亚玛力人战争的胜利，就是我的儿子摩西·哈依姆继承了在一场暴风雨中升入天堂的祖父、我父亲摩西·哈依姆·劳拉比的传统。

摩西·哈依姆是我有幸创造的私人光明节七连烛台上的第一根蜡烛。我的妻子是七连烛台的底座，就是从那儿，这些蜡烛们，我们的八个孩子来到了这个世上。我就是点燃这些蜡烛的太阳神，这样他们才能散发光芒，我会让每个人以各自独特的方式宣布永恒以色列胜利的奇迹。

引文出处：

我要在耶和华面前，行活人之路。——《诗篇》116:9

诺亚——《创世纪》第6–8章

君王喝酒，君王喝酒不相宜。——《箴言》31:4

求你照着你使我们受苦的日子，和我们遭难的年岁，叫我们喜乐。——《诗篇》90:15

隐秘的事是属耶和华我们神的。唯有明显的事是永远属我们和我们子孙的，好叫我们遵行这律法上的一切话。——《申命记》29:28

亚伯拉罕和撒拉在埃及。——《创世纪》第12章

有一个逃出来的人告诉希伯来人亚伯兰。——《创世纪》14:13

他们比鹰更快，比狮子还强。——《塞缪尔记下》1:23

我必不致死，仍要存活，并要传扬耶和华的作为。——《诗篇》118:17

主阿，你救我的命，免了死亡，救我的眼，免了流泪，救我的脚，免了跌倒。我要在耶和华面前，行活人之路。——《诗篇》116：8–9

耶和华已经起了誓，必世世代代和亚玛力人争战——《出埃及记》17:16